第12版

法理学
配套测试

试题

教学辅导中心 / 组编　编委会主任 / 泮伟江

编审人员

泮伟江　许智慧　蔡　震　廖千树
董雨欣　王　乾　赵　倩　袁金钰
胡榕姣　张馨尹　郑翔元　李若涵

中国法治出版社
CHINA LEGAL PUBLISHING HOUSE

出版说明

"高校法学专业核心课程配套测试"丛书由我社教学辅导中心精心组编，专为学生课堂同步学习、准备法学考试，教师丰富课件素材、提升备课效率而设计。自2005年首次出版以来，丛书始终秉持"以题促学、以考促研"的编写理念，凭借其考点全面、题量充足、解析详尽、应试性强等特点，成为法学教辅领域的口碑品牌，深受广大师生信赖。

本丛书具有以下特色：

1. **适配核心课程，精设十六分册**。丛书参照普通高等学校法学专业必修课主要课程，设置十六个分册，涵盖基础理论、实体法、程序法及国际法等核心领域，旨在帮助学生构建系统的法学知识框架，筑牢理论根基，掌握法律思维。

2. **专业团队编审，严控内容品质**。由北京大学、中国人民大学、中国政法大学、北京航空航天大学、中国社会科学院、西南政法大学、西北政法大学、南开大学、北京理工大学等法学知名院校教师领衔编委会，全程把控试题筛选、答案审定及知识体系优化，确保内容兼具理论深度及实践价值。

3. **科学编排体系，助力知识巩固**。每章开篇设置"基础知识图解"板块，以思维导图形式梳理核心概念与法律关系，帮助学生快速构建知识框架。习题聚焦法学考试高频考点，覆盖单项选择题、多项选择题、不定项选择题、名词解释、简答题、论述题、案例分析题等常见题型，满足课堂练习、期末备考、法考训练、考研复习等需求。答案标注法条依据，详解解题思路。设置综合测试题板块，方便学生自我检测、巩固知识。

4. **紧跟法治动态，及时更新内容**。丛书依据新近立法动态进行修订，注重融入学科前沿成果，同时，贴合国家统一法律职业资格考试重点，强化实务导向题型训练，切实提升学生应试能力。

5. **贴心双册设计，提升阅读体验**。试题与解析分册编排，方便学生专注刷题，随时查阅答案，大幅提升学习效率。

6. **拓展功能模块，丰富学习资源**。附录部分收录与对应课程紧密相关的核心法律文件目录，帮助学生建立法律规范知识体系；另附参考文献及推荐书目，既明确了答案参考，亦为学生提供拓展阅读指引。

7. **附赠思维导图，扫码即可获取。**购买本书，扫描封底二维码可下载课程配套思维导图，便于学生随时查阅、灵活使用，为学习提供更多便利与支持。

尽管本丛书已历经学生试用、教师审阅、编辑加工校对等多个环节，但难免存在疏漏和值得商榷之处。法学的魅力恰在于永恒的思辨。若您在研习过程中有任何问题或建议，欢迎发送邮件至 hepengjuan@zgfzs.com，与编委会共同交流探讨。我们将持续关注法学学习需求，以更开放的姿态完善知识体系，与广大师生共同推动本丛书内容的迭代优化。

"法律的生命不在逻辑，而在经验。"——愿我们在求索路上互为灯塔。

教学辅导中心

2025 年 8 月

《法理学配套测试》导言

翻开本书，意味着你已经开启法学知识的学习，在未来学习的道路上，你不仅会接触到法学专业核心课程中包含的庞大知识点，还会逐步构建起法学知识体系，这就需要首先了解这门学科的研究内容和研究对象，并掌握一定的学习方法，也就是方法论。作为高校法学核心课程之一，法理学若使你感到与其他部门法学稍有区别，抽象难懂，那么你首先要弄清楚以下三个基本问题。

法理学是什么？法理学是法学的一般理论、基础理论、方法论和法学的价值意识形态。与民法、刑法等部门法学不同，它属于理论法学，研究的是法律的一般概念、原则、观念和特征，这决定了它既是法学学习的内容，也是学习其他具体分科的重要基础，具有不可替代的重要性。

法理学研究什么？法理学研究法律现象中的一般特点、法律现象的本质和客观规律性。具体包括法的基本概念、法律运作机制的基本理论问题以及法与其他社会现象关系的基本问题。例如，对法的概念、法的起源与发展、法的运行、法的价值与功能等法理学的基本理论进行了全面阐释。

法理学如何学习？这是初学法理学的人经常提出的问题，因为法理学稍显抽象、理论性较强，所以必须静下心来，扎实学习，慢慢积累。第一，要认真阅读法理学教材和相关经典著作，具体可见（但不限于）本书附录内容。因为这些著作是对法理学成果的总结和凝练，可以从其中快速汲取养分，所以这些著作可以说是学习和研究法理学的起点。第二，要打好部门法知识的基础，将法理学与部门法结合起来进行学习。要学好法理学，尤其要关注各个部门法中的疑难案件的裁判，从法理学的视角进行分析，通过综合运用部门法的知识与法理学的方法与思维，提升法律人理论与实践结合的能力，努力成为一个合格法律人。第三，要注意与其他学科的知识相联系，经常从其他人文社会科学以及自然科学中获取理论和方法，以不断丰富法理学的理论和方法，形成运用多学科知识解决复杂法律问题的方法和能力。

最后希望你能通过本书设置的章节脉络厘清知识结构体系，通过本书收录的练习题查漏补缺，夯实基础，激发起对法理学的学习兴趣。

目　　录

第三编　法的起源和发展

第四编　法的运行

第五编　法的价值

第六编　法治与法治中国

第一编 法理学导论

第一章 法学研究与法学教育

基础知识图解

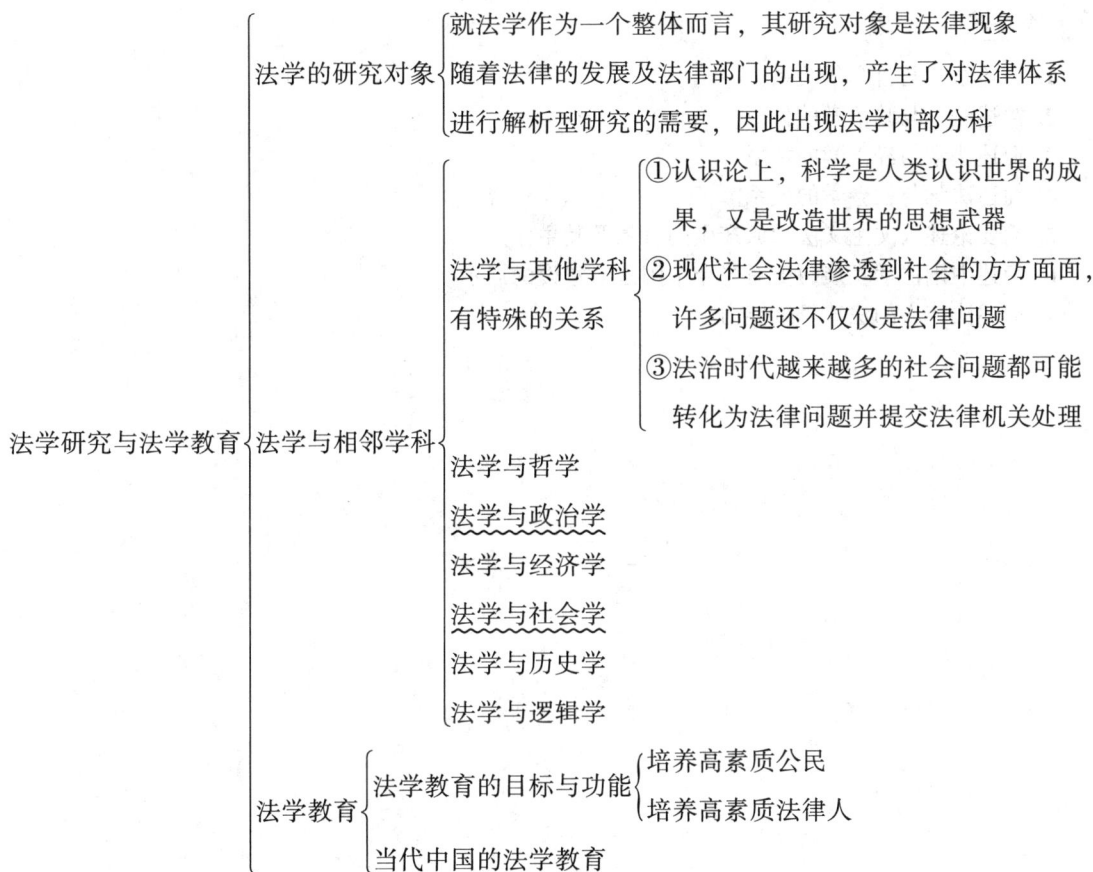

法学研究与法学教育
- 法学的研究对象
  - 就法学作为一个整体而言，其研究对象是法律现象
  - 随着法律的发展及法律部门的出现，产生了对法律体系进行解析型研究的需要，因此出现法学内部分科
- 法学与相邻学科
  - 法学与其他学科有特殊的关系
    - ①认识论上，科学是人类认识世界的成果，又是改造世界的思想武器
    - ②现代社会法律渗透到社会的方方面面，许多问题还不仅仅是法律问题
    - ③法治时代越来越多的社会问题都可能转化为法律问题并提交法律机关处理
  - 法学与哲学
  - 法学与政治学
  - 法学与经济学
  - 法学与社会学
  - 法学与历史学
  - 法学与逻辑学
- 法学教育
  - 法学教育的目标与功能
    - 培养高素质公民
    - 培养高素质法律人
  - 当代中国的法学教育

配套测试

单项选择题

1. 中国古代也存在着法学，通常将其称为"律学"，其特征是什么？（　　）

A. 根据法家原则对以律为主的成文法进行讲习、注释

B. 根据儒家原则对以律为主的成文法进行讲习、注释

C. 根据法学原则对以律为主的习惯法进行讲习、注释

D. 根据儒家原则对以律为主的习惯法进行讲习、注释

2. 在中国古代，强调"德刑并用""德主刑辅"的学派是（　　　）。

A. 法家　　　　　　B. 儒家　　　　　　C. 道家　　　　　　D. 墨家

3. 中世纪后期，随着商品经济与资本主义生产方式发展，诞生了何种法学流派？（　　　）

A. 注释法学派　　　B. 人文主义法学派　　C. 历史法学派　　　D. 实证主义法学派

4. 标志着作为独立学科的法学出现的是（　　　）。

A. 人文主义法学派　　B. 分析法学派　　　C. 历史法学派　　　D. 社会法学派

名词解释

法学

简答题

1. 简述法学与哲学的关系。

2. 简述法学与政治学的关系。

3. 简述法学与经济学的关系。

4. 简述法学与社会学的关系。

5. 简要论述人文主义法学派产生的背景及其主张。

6. 简述中国法学发展历史对当今中国法治建设的启示。

7. 简述法律人的法律思维能力。

第二章　法学的研究方法

A+ 基础知识图解

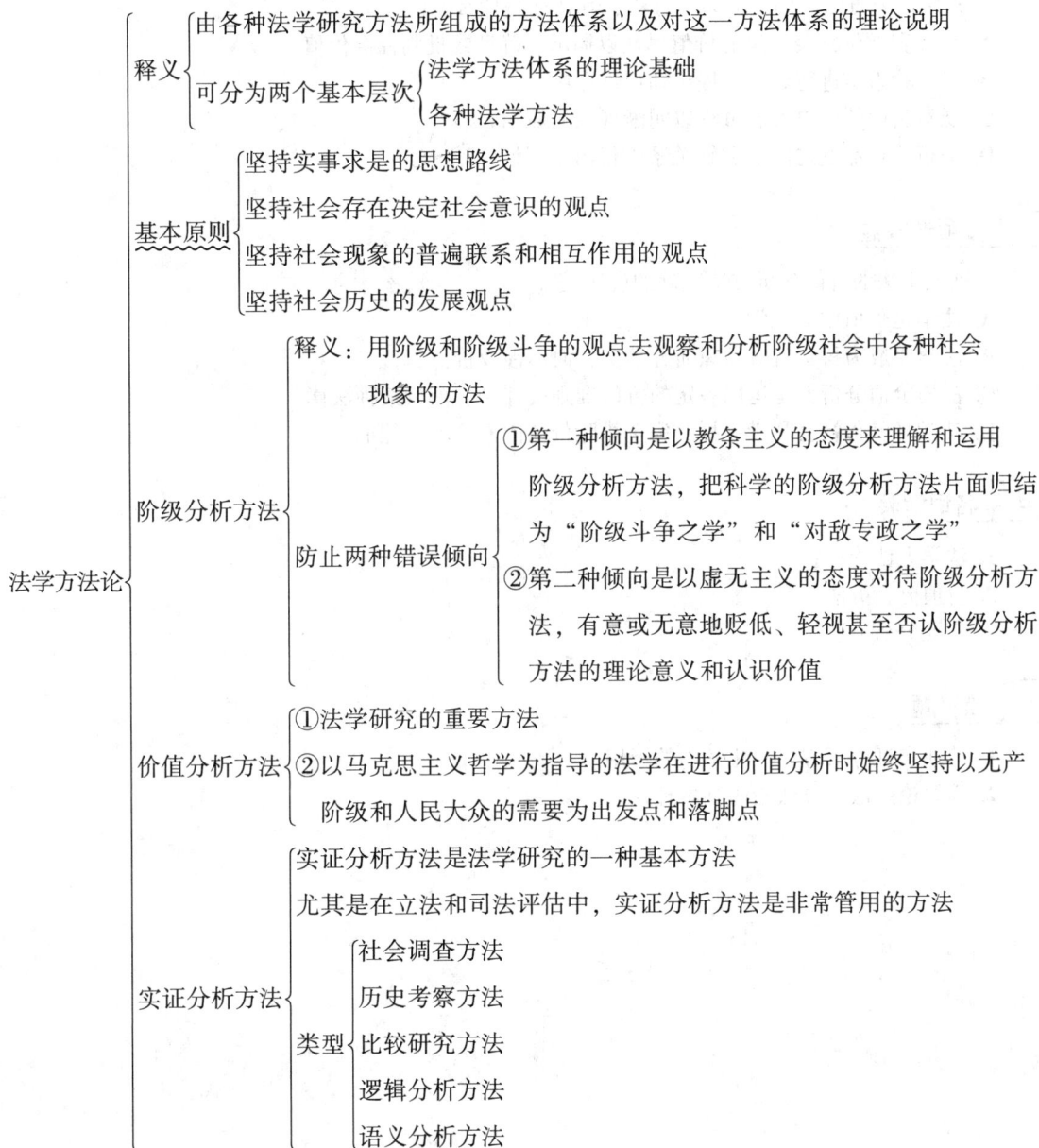

法学方法论
- 释义
  - 由各种法学研究方法所组成的方法体系以及对这一方法体系的理论说明
  - 可分为两个基本层次
    - 法学方法体系的理论基础
    - 各种法学方法
- 基本原则
  - 坚持实事求是的思想路线
  - 坚持社会存在决定社会意识的观点
  - 坚持社会现象的普遍联系和相互作用的观点
  - 坚持社会历史的发展观点
- 阶级分析方法
  - 释义：用阶级和阶级斗争的观点去观察和分析阶级社会中各种社会现象的方法
  - 防止两种错误倾向
    - ①第一种倾向是以教条主义的态度来理解和运用阶级分析方法，把科学的阶级分析方法片面归结为"阶级斗争之学"和"对敌专政之学"
    - ②第二种倾向是以虚无主义的态度对待阶级分析方法，有意或无意地贬低、轻视甚至否认阶级分析方法的理论意义和认识价值
- 价值分析方法
  - ①法学研究的重要方法
  - ②以马克思主义哲学为指导的法学在进行价值分析时始终坚持以无产阶级和人民大众的需要为出发点和落脚点
- 实证分析方法
  - 实证分析方法是法学研究的一种基本方法
  - 尤其是在立法和司法评估中，实证分析方法是非常管用的方法
  - 类型
    - 社会调查方法
    - 历史考察方法
    - 比较研究方法
    - 逻辑分析方法
    - 语义分析方法

配套测试

☑ 单项选择题

1. 当代中国对法学研究具有普遍指导意义的根本方法是（   ）。

A. 历史考察的方法   B. 社会调查的方法

C. 马克思主义哲学方法论   D. 分析和比较法律的方法

2. 法学研究方法中的价值研究方法，其特征是什么？（   ）

A. 认知和评价社会现象的价值属性以揭示、确证或批判社会价值

B. 对经验事实进行观察以提出知识性命题

C. 观察法律的历史发展过程以明晰现象的原因

D. 分析法律命题之间的逻辑关系以得出妥当性结论

☑ 多项选择题

下列关于法的价值分析方法正确的说法是（   ）。

A. 法学是价值中立之学

B. 法学要成为科学就必须只研究事实，而不涉及价值

C. 法的价值分析就是运用一定的价值准则去评判、衡量某种法律

D. 法学像其他社会科学一样，完全排除价值因素是不可能的

📚 名词解释

1. 法学方法论

2. 价值分析方法

3. 实证分析方法

✏ 简答题

1. 简述实证分析方法在法学中的运用。

2. 简要论述法学方法论的基本理论。

第三章 马克思主义法理学的产生与发展

A+ 基础知识图解

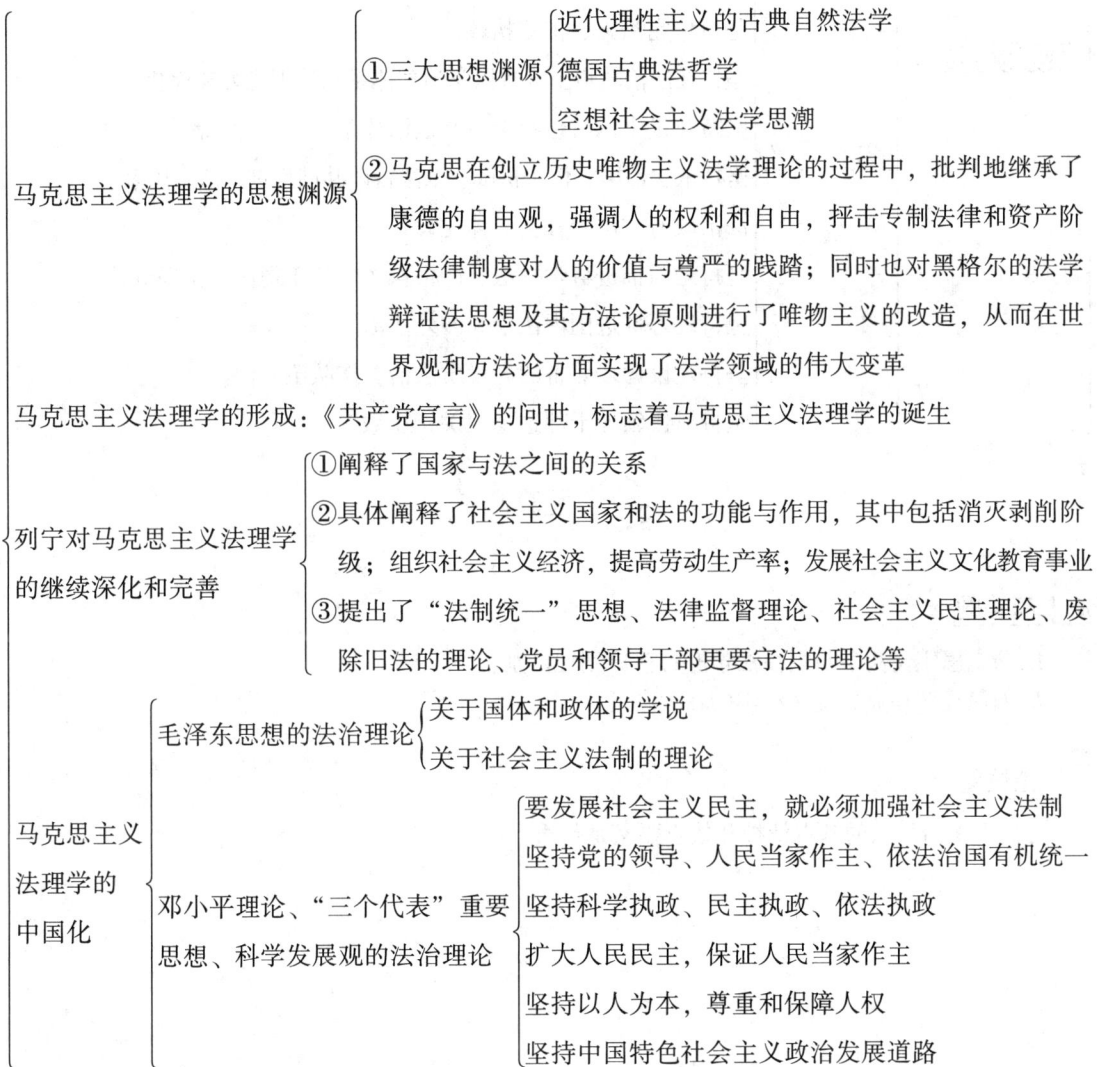

马克思主义法理学的思想渊源

①三大思想渊源
- 近代理性主义的古典自然法学
- 德国古典法哲学
- 空想社会主义法学思潮

②马克思在创立历史唯物主义法学理论的过程中，批判地继承了康德的自由观，强调人的权利和自由，抨击专制法律和资产阶级法律制度对人的价值与尊严的践踏；同时也对黑格尔的法学辩证法思想及其方法论原则进行了唯物主义的改造，从而在世界观和方法论方面实现了法学领域的伟大变革

马克思主义法理学的形成：《共产党宣言》的问世，标志着马克思主义法理学的诞生

列宁对马克思主义法理学的继续深化和完善

①阐释了国家与法之间的关系

②具体阐释了社会主义国家和法的功能与作用，其中包括消灭剥削阶级；组织社会主义经济，提高劳动生产率；发展社会主义文化教育事业

③提出了"法制统一"思想、法律监督理论、社会主义民主理论、废除旧法的理论、党员和领导干部更要守法的理论等

马克思主义法理学的中国化

毛泽东思想的法治理论
- 关于国体和政体的学说
- 关于社会主义法制的理论

邓小平理论、"三个代表"重要思想、科学发展观的法治理论
- 要发展社会主义民主，就必须加强社会主义法制
- 坚持党的领导、人民当家作主、依法治国有机统一
- 坚持科学执政、民主执政、依法执政
- 扩大人民民主，保证人民当家作主
- 坚持以人为本，尊重和保障人权
- 坚持中国特色社会主义政治发展道路

①习近平新时代中国特色社会主义思想饱含丰富的法治理论和法学理论，集中体现为习近平法治思想，开启了马克思主义法理学中国化新的历史进程

②基本精神和核心要义集中体现为"十一个坚持"

习近平法治思想

③核心要义

坚持党对全面依法治国的领导

坚持以人民为中心

坚持中国特色社会主义法治道路

坚持依宪治国、依宪执政

坚持在法治轨道上推进国家治理体系和治理能力现代化

坚持建设中国特色社会主义法治体系

坚持依法治国、依法执政、依法行政共同推进，法治国家、法治政府、法治社会一体建设

坚持全面推进科学立法、严格执法、公正司法、全民守法

坚持统筹推进国内法治和涉外法治

坚持建设德才兼备的高素质法治工作队伍

坚持抓住领导干部这个"关键少数"

配套测试

✎ 简答题

1. 马克思主义法学与以往法学有哪些原则性区别？
2. 如何理解马克思主义法学的伟大之处？

💬 论述题

习近平法治思想的基本精神和核心要义是什么？

第四章　法理学概述

基础知识图解

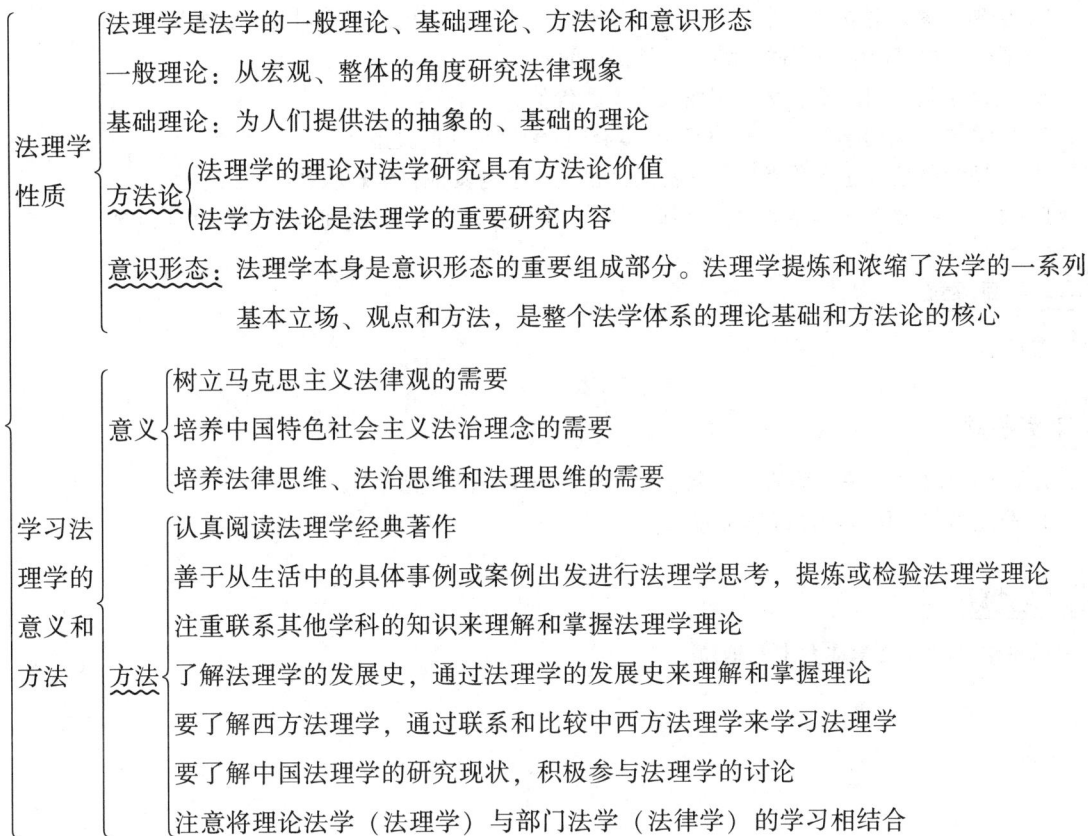

法理学性质
- 法理学是法学的一般理论、基础理论、方法论和意识形态
- 一般理论：从宏观、整体的角度研究法律现象
- 基础理论：为人们提供法的抽象的、基础的理论
- 方法论
  - 法理学的理论对法学研究具有方法论价值
  - 法学方法论是法理学的重要研究内容
- 意识形态：法理学本身是意识形态的重要组成部分。法理学提炼和浓缩了法学的一系列基本立场、观点和方法，是整个法学体系的理论基础和方法论的核心

学习法理学的意义和方法
- 意义
  - 树立马克思主义法律观的需要
  - 培养中国特色社会主义法治理念的需要
  - 培养法律思维、法治思维和法理思维的需要
- 方法
  - 认真阅读法理学经典著作
  - 善于从生活中的具体事例或案例出发进行法理学思考，提炼或检验法理学理论
  - 注重联系其他学科的知识来理解和掌握法理学理论
  - 了解法理学的发展史，通过法理学的发展史来理解和掌握理论
  - 要了解西方法理学，通过联系和比较中西方法理学来学习法理学
  - 要了解中国法理学的研究现状，积极参与法理学的讨论
  - 注意将理论法学（法理学）与部门法学（法律学）的学习相结合

配套测试

单项选择题

1. 关于法理学的研究内容与方法，下列说法正确的是（　　）。

A. 法理学仅研究法律现象中某一领域的具体问题

B. 法理学从微观、局域的角度来研究法律现象

C. 法理学关注具体法律问题时，是就事论事进行研究

D. 法理学思考和研究法律现象的一般性、普遍性问题

2. 关于学习法理学的方法，下列表述正确的是（　　）。

A. 学习法理学只需研读当代法理学著作，无须关注历史经典

B. 理解法理学的经济分析方法仅需掌握法律知识即可

C. 中国传统法律文化中蕴含的法理是现代法治的文化基因

D. 理论法学与部门法学界限分明，无须进行结合学习

不定项选择题

1. 关于法理学的性质与研究方法，下列表述正确的有（ ）。

A. 法理学作为法学的一般理论，致力于研究包括立法、司法等法律运行全过程中的普遍问题

B. 中国法理学的核心任务是构建脱离本国实践、适用于全球的法的一般理论

C. 法理学对具体法律事件的研究，需提炼出其中关于法律本质、价值等一般性问题的答案

D. 法理学家在建立理论体系时，无法完全摆脱本国法历史和现实对其研究的影响

2. 下列有关法理学的表述，哪一个是正确的？（ ）

A. 法理学是一门理论法学，因而没有实践价值

B. 汉语中"法理学"一词来自日语，与法哲学没有任何关系

C. 法理学既是沟通法学诸学科的桥梁，也是法学与其他科学相联系的纽带

D. 法理学在整个法学体系中具有基础地位，因此部门法学对法理学的研究没有影响

名词解释

法理学

简答题

1. 法理学以"法理"为研究对象，简述此种语义下的"法理"。

2. 简述当代中国学习法理学的意义。

论述题

试论法理学在法学体系中的地位。

第二编　法理学基本概念

第五章　法的概念

A+ 基础知识图解

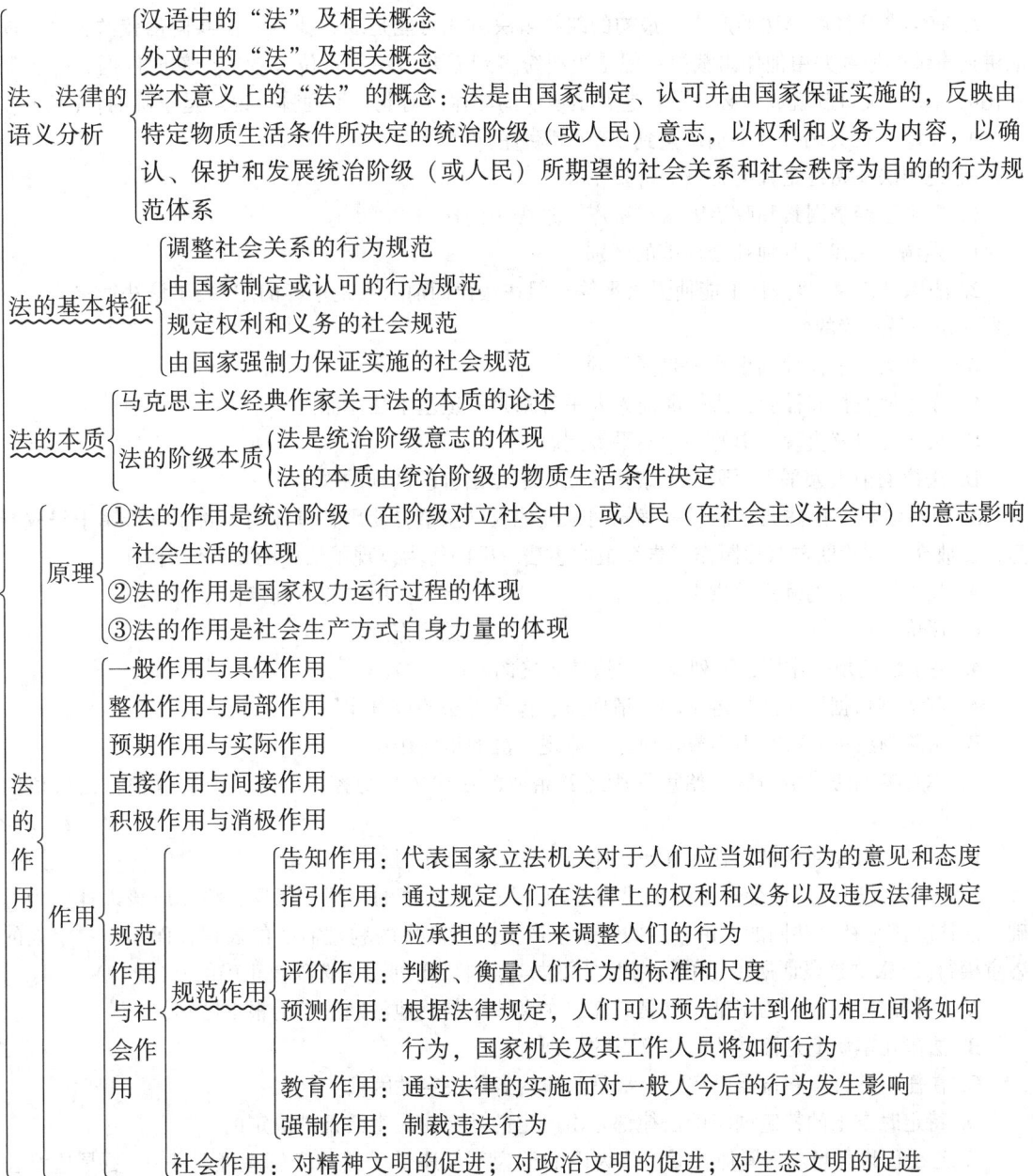

法、法律的语义分析
- 汉语中的"法"及相关概念
- 外文中的"法"及相关概念
- 学术意义上的"法"的概念：法是由国家制定、认可并由国家保证实施的，反映由特定物质生活条件所决定的统治阶级（或人民）意志，以权利和义务为内容，以确认、保护和发展统治阶级（或人民）所期望的社会关系和社会秩序为目的的行为规范体系

法的基本特征
- 调整社会关系的行为规范
- 由国家制定或认可的行为规范
- 规定权利和义务的社会规范
- 由国家强制力保证实施的社会规范

法的本质
- 马克思主义经典作家关于法的本质的论述
- 法的阶级本质
  - 法是统治阶级意志的体现
  - 法的本质由统治阶级的物质生活条件决定

法的作用
- 原理
  - ①法的作用是统治阶级（在阶级对立社会中）或人民（在社会主义社会中）的意志影响社会生活的体现
  - ②法的作用是国家权力运行过程的体现
  - ③法的作用是社会生产方式自身力量的体现
- 作用
  - 一般作用与具体作用
  - 整体作用与局部作用
  - 预期作用与实际作用
  - 直接作用与间接作用
  - 积极作用与消极作用
  - 规范作用与社会作用
    - 规范作用
      - 告知作用：代表国家立法机关对于人们应当如何行为的意见和态度
      - 指引作用：通过规定人们在法律上的权利和义务以及违反法律规定应承担的责任来调整人们的行为
      - 评价作用：判断、衡量人们行为的标准和尺度
      - 预测作用：根据法律规定，人们可以预先估计到他们相互间将如何行为，国家机关及其工作人员将如何行为
      - 教育作用：通过法律的实施而对一般人今后的行为发生影响
      - 强制作用：制裁违法行为
    - 社会作用：对精神文明的促进；对政治文明的促进；对生态文明的促进

$$\left\{\begin{array}{l}作用\end{array}\right.$$ $$\left\{\begin{array}{l}法的\\局限性\end{array}\right.$$ $$\left\{\begin{array}{l}①法只是许多调整方法中的一种\\②法的作用范围不是无限的，也并非在任何问题上都是适当的\\③法对千姿百态、不断变化的社会生活的涵盖性和适应性不可避免地存在一定的局限\\④在实施法律所需的人力资源、精神条件和物质条件不具备的情况下，法不可能\\\quad 充分发挥作用\\⑤法律作用的充分发挥依赖一系列社会条件\end{array}\right.$$

◈ 配套测试

☑ 单项选择题

1. 有学者这样解释法的产生：最初的纠纷解决方式可能是双方找到一位共同信赖的长者，向他讲述事情的原委并由他作出裁决；但是当纠纷多到需要占用一百位长者的全部时间时，一种制度化的纠纷解决机制就成为必要了，这就是最初的法律。对此，下列哪一说法是正确的？（　　）

A. 反映了社会调整从个别调整到规范性调整的规律

B. 说明法律始终是社会调整的首要工具

C. 看到了经济因素和政治因素在法产生过程中的作用

D. 强调了法律与其他社会规范的区别

2. 法律格言说："法律不能使人人平等，但在法律面前人人是平等的。"关于该法律格言，下列哪一说法是正确的？（　　）

A. 每个人在法律面前事实上是平等的

B. 在任何时代和社会，法律面前人人平等都是一项基本法律原则

C. 法律可以解决现实中的一切不平等问题

D. 法律面前人人平等原则并不禁止在立法上作出合理区别的规定

3. 甲在学习《民法典》后，明确知晓未经他人同意擅自使用其肖像用于商业宣传属于侵权行为，遂放弃了利用朋友照片制作广告海报的想法。甲的行为体现了法律的哪种作用？（　　）

A. 指引作用中的确定性指引　　　　　　B. 指引作用中的不确定性指引

C. 评价作用　　　　　　　　　　　　　D. 预测作用

4. 关于法的规范作用，下列哪一说法是正确的？（　　）

A. 陈法官依据诉讼法规定主动申请回避，体现了法的教育作用

B. 法院判决王某的行为构成盗窃罪，体现了法的指引作用

C. 林某参加法律培训后开始重视所经营企业的法律风险防控，反映了法的保护自由价值的作用

D. 王某因散布谣言被罚款 300 元，体现了法的强制作用

5. 马克思曾说："社会不是以法律为基础，那是法学家的幻想。相反，法律应该以社会为基础。法律应该是社会共同的，由一定的物质生产方式所产生的利益需要的表现，而不是单个人的恣意横行。"根据这段话所表达的马克思主义法学原理，下列哪一选项是正确的？（　　）

A. 强调法律以社会为基础，这是马克思主义法学与其他派别法学的根本区别

B. 法律在本质上是社会共同体意志的体现

C. 在任何社会，利益需要实际上都是法律内容的决定性因素

D. 特定时空下的特定国家的法律都是由一定的社会物质生活条件决定的

6. 乙在目睹丙当众侮辱他人后，认为丙的行为不仅违反了《治安管理处罚法》，更是违背公

序良俗的不道德行为。乙对丙行为的认知体现了法律的 （　　）。

    A. 指引作用　　　　　B. 评价作用　　　　　C. 预测作用　　　　　D. 强制作用

7. 下列思想家中，认为法律就是人民自己意志的记录的是 （　　）。

    A. 卢梭　　　　　　　B. 霍布斯　　　　　　C. 亚里士多德　　　　D. 孟德斯鸠

8. 下列有关法的普遍性的说法不正确的是 （　　）。

    A. 法的普遍性是指法在国家权力管辖范围内普遍有效

    B. 法的普遍约束力是以外在强制力为特征的约束，而其他社会规范以内在强制为主要特征

    C. 法的普遍性在空间上以国家主权管辖范围为界，因此，它不是绝对的和无限的

    D. 法具有普遍性，因此，一切具体的法律的效力都是完全相同的

9. 下列关于法作为社会规范的表述，正确的是 （　　）。

    A. 法会对社会中的所有行为和社会关系进行全面调整

    B. 技术规范必然会转化为法律规范以实现社会强制

    C. 法院针对某一具体案件作出的判决书属于法的范畴

    D. 法的规范性体现在其可反复适用于同类行为或社会关系

10. 把法分为永恒法、自然法、人法和神法四种的是 （　　）。

    A. 柏拉图　　　　　　B. 亚里士多德　　　　C. 奥古斯丁　　　　　D. 托马斯·阿奎那

11. 下列不属于法的特征的是 （　　）。

    A. 法是由国家制定或者认可的，具有国家意志性

    B. 法是由国家强制力保证实施的，具有强制性

    C. 法是由原始社会的习惯演变而来的，具有历史性

    D. 法是由严格的程序规定的，具有程序性

12. 法所具有的规定人们的行为模式，指导人们行为的性质的特征是指 （　　）。

    A. 法的普遍性　　　　B. 法的一般性　　　　C. 法的规范性　　　　D. 法的程序性

13. 下列有关法的规范性的表述不正确的是 （　　）。

    A. 从法存在的形态看，其首先是一种规范

    B. 法与道德、宗教等规范同属于社会规范

    C. 法作为社会规范，特点在于其调整的对象是人们的交往的相互行为

    D. 技术规范调整的对象是人与自然的关系，因此，其永远不会上升为法律规范

14. 下列说法错误的是 （　　）。

    A. 法是国家意志的体现，所有的国家意志都表现为法

    B. 所有的"国法"意义上的法都是国家意志的体现

    C. 法是国家意志的体现，因此，具有统一性和权威性

    D. 法是一种特殊的社会规范，这种特殊就在于它具有国家意志性

15. 下列表述正确的是 （　　）。

    A. 法是由国家强制力保证实施的，具有国家强制性

    B. 法是由国家强制力保证实施的，具有国家强制力

    C. 国家强制力是保证法实施的唯一力量

    D. 任何情况下法的实施都必须借助于国家强制力

16. 根据马克思主义法学的观点，下列哪一种说法是错误的？（　　）

    A. 法体现了一种意志

    B. 法体现了统治阶级意志

    C. 法体现了统治阶级整体意志

D. 所有的法律都不可能反映被统治阶级的某些利益和愿望

17. 法不同于同一上层建筑中思想意识和政治组织的基本特征是（　　）。

A. 法规定人们的权利、义务、权力　　　　B. 法由国家强制力保证实施

C. 法由国家制定或认可　　　　D. 法是调节人们行为的规范

18. 阶级对立社会的法的第一层次本质是（　　）。

A. 统治阶级赖以生存的物质基础　　　　B. 物质生活条件以外的其他因素

C. 统治阶级对被统治阶级的专政　　　　D. 统治阶级意志的体现

19. 下列不属于法的基本特征的表述是（　　）。

A. 法是调节人们行为的规范　　　　B. 法由国家制定或认可

C. 法规定人们的权利、义务、权力　　　　D. 法是阶级社会特有的产物

20. 直接对法的性质、作用和特点发生决定或重大作用的，首先是（　　）。

A. 特定的社会物质生活条件　　　　B. 社会基本矛盾的状况

C. 生产力的发展水平　　　　D. 国家的性质和状况

21. 当代中国法的本质属性是（　　）。

A. 法的国家强制性　　　　B. 法的规范性

C. 法的公平性　　　　D. 法的人民性

22. 下列关于法与其他社会规范区别的表述，正确的是（　　）。

A. 道德规范经过国家认可后，可直接转化为具有普遍约束力的法律规范

B. 宗教规范在任何情况下都无法获得国家认可成为法律规范

C. 法的统一性要求一个国家的法律体系内部绝对不能存在任何规范冲突

D. 国家制定或认可的特性使法具有高度统一性和普遍适用性，这是其他社会规范所不具备的

23. 王某在某大学已取得法学大专文凭，但他根据国家的有关法律规定认为自己必须再读一个法学本科文凭，只有这样他将来才有资格参加国家的法律职业资格考试。这体现了法的（　　）。

A. 指引作用　　　　B. 教育作用　　　　C. 评价作用　　　　D. 强制作用

24. 对每个个体行为的指引有个别性指引和规范性指引。规范性指引相对于个别性指引的缺陷是（　　）。

A. 缺乏稳定性　　　　B. 缺乏连续性　　　　C. 缺乏高效率　　　　D. 缺乏针对性

25. 现代社会中，不仅需要法律这种社会规范，还需要道德、习俗、纪律等其他社会规范。这说明（　　）。

A. 法律是可有可无的　　　　B. 法的作用范围是有限的

C. 法自身具有缺陷　　　　D. 法只是社会调整方法的一种

26. 从法是一种调整人们行为的规范这一角度出发来解释法的作用，称为（　　）。

A. 法的评价作用　　　　B. 法的指引作用

C. 法的社会作用　　　　D. 法的规范作用

27. 指引作用的对象是（　　）。

A. 违法者的行为　　　　B. 每个人本人的行为

C. 一般人　　　　D. 他人的行为

28. 下列不具备执行社会公共事务作用的是（　　）。

A. 有关技术规范的法律　　　　B. 有关犯罪和刑法的法律

C. 有关生产力和科学技术的法律　　　　D. 有关一般文化事务的法律

29. 法的指引作用是（　　）。

A. 一种律他作用　　　　B. 一种自律作用

C. 法的一种社会作用　　　　　　　　　　D. 法在各类社会规范中所特有的作用

30. 《民法典》第 1133 条第 2 款规定："自然人可以立遗嘱将个人财产指定由法定继承人中的一人或者数人继承。"从法的规范作用看，该项规定属于下列哪种情况？（　　　）

A. 个别性指引　　　　　　　　　　　　　B. 确定的指引

C. 有选择的指引　　　　　　　　　　　　D. 非规范性指引

31. 法的规范作用与社会作用是（　　　）。

A. 手段与目的的关系　　　　　　　　　　B. 理论和实践的关系

C. 目的和本质的关系　　　　　　　　　　D. 理论和价值的关系

32. 在阶级对立的社会中，法的社会作用的核心是（　　　）。

A. 维护人类社会基本生活条件　　　　　　B. 促进生产力和科学技术的发展

C. 促进人类文化事业的发展　　　　　　　D. 确认和维护社会的基本经济制度和阶级关系

33. 国家在刑法中通过罪刑法定原则，惩罚了犯罪人，又对社会上的其他人产生了一定的威慑和教育作用。这里体现了法的两个方面的作用，二者的关系是（　　　）。

A. 法的规范作用是目的

B. 法的特别预防作用是目的

C. 法的规范作用和法的社会作用是手段和目的的关系

D. 法的规范作用和法的社会作用是目标和目的的关系

34. 陈某与前妻林某婚生子陈某宝（7 岁）由林某抚养，林某与王某再婚后，王某擅自将陈某宝改为王某宝。陈某诉至法院，法官认为，陈某宝是无民事行为能力人，其变更姓名需要亲生父母同意，故判决林某恢复其子原姓名。对此，下列哪种说法是正确的？（　　　）

A. 法院判决是规范性法律文件

B. 法院判决体现了法的评价作用

C. 姓名权具有相对性

D. 陈某宝是无民事行为能力人，不享有任何民事权利

35. 法律与规律的关系体现为（　　　）。

A. 法律必然与规律完全一致，因为法律是对客观规律的直接反映

B. 法律属于"实然"范畴，规律属于"应然"范畴

C. 法律能否反映规律取决于立法者对规律的认识和尊重程度

D. 法律与规律相互独立，不存在任何联系

36. 关于法的实施与强制力的关系，下列说法正确的是（　　　）。

A. 法的每一个实施过程都必须借助国家的系统化暴力

B. 国家强制力是保证法实施的唯一力量

C. 当人们的行为符合法律规范时，法的强制力处于潜在状态

D. 法律的实施完全依赖人们的内心信念和社会舆论

37. "法是'理'与'力'的结合"，其中"力"指的是（　　　）。

A. 社会舆论对违法行为的谴责力

B. 人们内心信念形成的自我约束力

C. 把法律奉为规范的国家权力及保障实施的强制力

D. 道德规范对社会成员的引导力

☑️ **多项选择题**

1. 一外国电影故事描写道：五名探险者受困山洞，水尽粮绝，五人中的摩尔提议抽签吃掉一

人，救活他人，大家同意。在抽签前摩尔反悔，但其他四人仍执意抽签，恰好抽中摩尔并将其吃掉。获救后，四人被以杀人罪起诉并被判处绞刑。关于上述故事情节，下列哪些说法是不正确的？（　　）

　　A. 其他四人侵犯了摩尔的生命权

　　B. 按照功利主义"最大多数人之福祉"的思想，"一命换多命"是符合法理的

　　C. 五人之间不存在利益上的冲突

　　D. 从不同法学派的立场看，此案的判决存在"唯一正确的答案"

2. 法是以国家强制力为后盾，通过法律程序保证实现的社会规范。关于法的这一特征，下列哪些说法是正确的？（　　）

　　A. 法律具有保证自己得以实现的力量

　　B. 法律具有程序性，这是区别于其他社会规范的重要特征

　　C. 按照马克思主义法学的观点，法律主要依靠国家暴力作为外在强制的力量

　　D. 自然力本质上属于法的强制力之组成部分

3. "社会的发展是法产生的社会根源。社会的发展，文明的进步，需要新的社会规范来解决社会资源有限与人的欲求无限之间的矛盾，解决社会冲突，分配社会资源，维持社会秩序。适应这种社会结构和社会需要，国家和法这一新的社会组织和社会规范就出现了。"关于这段话的理解，下列哪些选项是正确的？（　　）

　　A. 社会不以法律为基础，相反，法律应以社会为基础

　　B. 法律的起源与社会发展的进程相一致

　　C. 马克思主义的法律观认为，法律产生的根本原因在于社会资源有限与人的欲求无限之间的矛盾

　　D. 解决社会冲突，分配社会资源，维持社会秩序属于法的规范作用

4. 法是统治阶级意志的体现，但统治阶级的意志（包括法本身），都是由统治阶级所处的社会物质生活条件决定的。这说明（　　）。

　　A. 法的最终决定因素是社会物质生活条件

　　B. 法的唯一决定因素是社会物质生活条件

　　C. 法不是统治阶级任性和专横的表现，而应遵循客观规律

　　D. 法是客观见之于主观的东西，即人的主观对客观的反映

5. 法在与相近的社会规范，如道德、政策等相比较的过程中显示出来的特殊象征和标志有哪些？（　　）

　　A. 法是调整人们的行为或者社会关系的规范，具有规范性

　　B. 法是由国家制定或者认可的，具有国家意志性

　　C. 法是由国家强制力保证实施的，具有国家强制性

　　D. 法在国家权力管辖范围内普遍有效，具有普遍性

6. 下列说法正确的是（　　）。

　　A. 法的规范性是其普遍性的前提和基础　　　B. 法的普遍性是其规范性的前提和基础

　　C. 法的普遍性是其规范性的发展和延伸　　　D. 法的规范性是其普遍性的发展和延伸

7. 关于法的国家强制性，表述正确的是（　　）。

　　A. 法在实施过程中，始终离不开国家强制力的介入

　　B. 在法自觉得到遵守的情况下，就没有必要运用国家强制力

　　C. 国家强制力是保证法的实施的唯一力量

　　D. 法的实施也需要社会舆论、思想教育等多种手段来保证

8. 下列不属于法的基本特征的有（   ）。

A. 规范性 　　　　　　 B. 目的性 　　　　　　 C. 程序性 　　　　　　 D. 继承性

9. 下列说法中正确的是（   ）。

A. 从体现国家意志的角度讲，法总是一元的

B. 法由国家制定或认可意味着体现国家意志的法具有统一性和权威性

C. 国家意志并不必然表现为法

D. 国家的存在是法存在的前提条件

10. 下列说法正确的有（   ）。

A. 并不是所有的法都具有规范性 　　　　　 B. 并不是所有的法律文件都具有规范性

C. 规范性是法的一个基本特征 　　　　　　 D. 法律文件包括规范性文件和非规范性文件

11. 法不同于其他上层建筑现象的基本特征有（   ）。

A. 法是调节人们行为的规范 　　　　　　　 B. 法由国家制定或认可

C. 法规定人们的权利、义务和权力 　　　　 D. 法由国家强制力保证实施

12. 法是调节人们行为的一种社会规范，从现象上说，它具有（   ）的属性。

A. 一般性 　　　　　　 B. 规范性 　　　　　　 C. 概括性 　　　　　　 D. 普遍性

13. 下列有关法的强制性与国家强制力的关系的说法错误的是（   ）。

A. 法的强制性是国家强制力的一种表现

B. 国家强制力是法的强制力的外在力量渊源，对法来说不可或缺

C. 国家强制力是法的强制性的外在力量渊源，对法来说可有可无

D. 法本身只有国家强制性而不具有国家强制力

14. 在阶级对立社会中，法律对统治阶级内部成员的违法犯罪行为也要追究法律责任，给予法律制裁。这说明（   ）。

A. 阶级对立社会中的法律不是统治阶级全体成员意志总和的反映

B. 阶级对立社会中的法律不是统治阶级整体意志的反映

C. 阶级对立社会中，统治阶级内部的个别意志与其整体意志相抵触

D. 阶级对立社会中，统治阶级为维护其整体意志会舍弃个别意志

15. 法自身特点所带来的有限性是由于（   ）。

A. 法具有主观意志性，法律总会存在某种不合理、不科学的地方

B. 法的概括性、抽象性与纷繁复杂的现实生活总会有不一致的地方

C. 法的稳定性与不断发展变化的社会生活总存在差距

D. 法的程序性，有时可能会使人们不能及时地解决问题

16. 法所具有的规定人们的行为模式、指导人们行为的性质是（   ）。

A. 法的规范性 　　　 B. 法的安全性 　　　 C. 法的程序性 　　　 D. 法的普遍性和统一性

17. 某国议员提出的法案在议会中由于反对党的反对而未获通过，这说明（   ）。

A. 在民主政体下，法并不一定体现统治阶级的意志

B. 在统治阶级利益分化的情况下，法与统治阶级的意志无关

C. 法所体现的统治阶级意志不是统治阶级内部某党派、集团或其成员的个人意志

D. 法律体现的是统治阶级的整体意志或根本意志

18. 下列有关法的特征的表述哪些是正确的？（   ）

A. 历史上的一切法的规定都是明确的、肯定的

B. 法是司法机关办案的主要依据

C. 法律以外的其他社会规范，也可作为司法机关裁判案件的根据

D. 法是以国家政权意志的形式出现的

19. 下列有关法的本质的观点是非马克思主义学说的有（　　）。

A. 理性说　　　　　　B. 自由说　　　　　　C. 利益说　　　　　　D. 主权命令说

20. 法有本质属性与非本质属性之分，下列哪些属于法的非本质属性？（　　）

A. 法的规范性　　　B. 法的强制性　　　C. 法的普遍性　　　D. 法的物质制约性

21. 下列情形中，体现法律指引作用的有（　　）。

A. 戊了解《个人信息保护法》后，在使用应用程序时主动拒绝不合理的隐私权限申请

B. 己根据《专利法》的规定，权衡利弊后决定是否向国家知识产权局提交专利申请

C. 庚发现同事的商业贿赂行为后，依据《刑法》判断该行为已构成犯罪

D. 辛通过《劳动法》预见到公司若拖欠工资将承担赔偿责任，从而与公司协商签订薪资保障协议

22. 关于法律作用的案例分析，下列表述正确的有（　　）。

A. 某法院依据《反不正当竞争法》判定某企业的商业诋毁行为违法，体现了法律的评价作用

B. 消费者依据《消费者权益保护法》的"七天无理由退货"条款，自主选择是否退货，体现了指引作用中的不确定性指引

C. 建筑公司通过研读《安全生产法》，提前规划施工安全措施以避免行政处罚，体现了预测作用

D. 公民依据《宪法》中关于言论自由的规定，判断某网络平台限制用户发言的行为侵犯其权利，体现了指引作用

23. 下列案例中，同时体现法律指引作用和预测作用的有（　　）。

A. 司机甲熟读《道路交通安全法》后，严格遵守限速规定，并预见超速将面临罚款扣分，从而安全驾驶

B. 企业乙依据《反垄断法》评估自身商业合作协议的合法性，调整条款后签订合同以避免法律风险

C. 公民丙根据《民法典》关于相邻权的规定，与邻居协商解决噪声纠纷，并预见若协商不成可通过诉讼维权

D. 律师丁依据《刑事诉讼法》为当事人制定辩护策略，同时预见到检察院可能的指控方向

24. 下列事例中，体现法作为社会规范区别于其他规范或事物特点的有（　　）。

A. 《道路交通安全法》不仅规范驾驶者行为，还通过约束交通参与者关系维护公共秩序

B. 某企业内部制定的《员工考勤制度》仅适用于本单位员工

C. 国家将建筑施工安全技术规范中的部分强制性标准上升为法律，以保障生产安全

D. 某地政府发布的《关于临时交通管制的通知》仅针对特定时段和区域生效

25. 下列关于法规定权利和义务特征的表述，正确的有（　　）。

A. 法通过规定权利和义务，为人们提供比道德更广泛的选择自由和机会

B. 宗教规范调整社会关系的核心在于规定人对神明的义务，不涉及权利内容

C. 法规定的权利义务既包括私法领域的民事权利义务，也包括公法领域的职权职责

D. 当立法者对客观规律认识不足时，法律规定的权利义务可能偏离甚至违背规律

26. 下列关于法的强制性特征的表述，正确的有（　　）。

A. 法的强制性与道德的强制性在实施方式上存在本质区别

B. 在社会主义社会，法律实施的经常性保证是国家暴力

C. 法律中的"理"是人们对客观规律的真理性认识及价值领域的"道理"等因素的集合

D. 法的"自律性"源于其以"理"为内容，"他律性"依靠国家"力"作为保障

27. 下列选项中，体现了法律基本特征的有（　　）。

A. 《民法典》通过规定民事主体的权利与义务，调整平等主体间的财产关系和人身关系

B. 某省人大常委会依据法定程序制定地方性法规，将其作为普遍适用的行为规范

C. 公安机关依法对违反《治安管理处罚法》的行为人实施行政处罚，维护社会秩序

D. 法律不仅调整人们的行为，还通过权利义务的设定影响人们的行为动机和社会关系

28. 国家制定或认可，也就是使法具有"国家意志"的形式。这一特征明显地表明法与其他社会规范，如道德、宗教规范、政党或其他社会组织的规章以及习惯礼仪等的差别。结合上述关于法的"国家意志性"观点，以下表述不正确的是（　　）。

A. 法由国家制定或认可，这是从法作为一个整体并以国家名义制定和认可来说的。实际上构成这一整体的各个法律、法规是由各种不同层次或不同类别的国家机关制定或认可的

B. 法的"国家意志性"在涉及习惯法时是不适用的，因为习惯不经国家机关依法认可就具有法律效力而成为习惯法

C. 法由国家制定或认可的特征，对以成文法或制定法为主的国家，如德国、法国以及当代中国是非常适合的，而对于以英美等国家为代表的普通法系国家来说，法院的判例同样具有一定的约束力，因而判例的形成也就意味着对于国家意志性的例外

D. 法由国家制定或认可的这一基本特征，也就表明法又具有权威性、普遍性和统一性的非本质属性

29. 法的分类，是从一定的角度或者按照一定的标准，对一个国家的法进行划分，下面关于法的分类的论述正确的是（　　）。

A. 法分为根本法和普通法，这是根据法的内容、效力和制定程序的不同而做的划分

B. 法根据调整范围的不同可划分为一般法和特殊法

C. 虽然法可以分为实体法和程序法，但是往往在所谓的实体法中也有程序法的内容，在程序法中也有实体法的内容

D. 法根据所创制和表达的形式不同可以分为成文法和习惯法，这里所指的习惯法也就是普通法系的判例法

30. 青年男女在去结婚登记的路上被迎面驶来的卡车撞伤，未能登记即被送往医院抢救。女方伤势过重成为植物人，男方遂悔婚约。女方父母把男方告到法院，要求男方对女方承担照顾扶养的责任。法院以法无明文规定为由，裁定不予受理。关于本案，下列哪些评论是错误的？（　　）

A. 支持不受理，因为法官面对的是法律不调整的"法外空间"事项

B. 支持不受理，因为法官正确运用了类比推理而没有采用设证推理

C. 反对不受理，因为法官违反了"禁止拒绝裁判原则"

D. 反对不受理，因为法官没有发挥法律在社会中的创造作用

31. 下列有关宪法的指引作用的表述中，哪些说法是正确的？（　　）

A. 宪法指引的主体包括国家机构、社会组织和个人

B. 宪法指引的范围涉及政治、经济、文化和社会生活各方面

C. 宪法的指引具有最高性

D. 宪法的指引贯穿民主的基本精神

32. 法维护阶级统治的社会作用表现在下列哪些方面？（　　）

A. 调整统治阶级与被统治阶级的关系

B. 调整统治阶级与其同盟者的关系

C. 调整统治阶级内部的关系

D. 调整统治阶级与大自然的关系

33. 法律的预测作用的对象有（　　）。

A. 当事人之间的相互行为 　　　　　　B. 国家对某种行为的态度

C. 一般人今后的行为 　　　　　　　　D. 他人今后的行为

34. 对人的行为指引有个别性指引和规范性指引。其中个别性指引具有具体、针对性强的优点，但也有缺点，包括（　　）。

A. 具有主观随意性 　　　　　　　　　B. 缺乏效率

C. 不符合人的自主、独立的心理倾向 　D. 具有客观性

35. 法的作用受下列哪些因素的直接影响？（　　）

A. 法的本质 　　　B. 法的特征 　　　C. 国家权力 　　　D. 法的产生

36. 与其他社会规范相比较，法律评价作用的优点是（　　）。

A. 比较客观 　　　B. 比较明确 　　　C. 比较具体 　　　D. 比较灵活

37. 下列哪些领域的法律体现了执行社会公共事务的作用？（　　）

A. 维护人类社会的基本生活条件的法律

B. 促进教育、科学和文化发展的法律

C. 确定使用设备、执行工艺的技术规程，规定产品、服务质量的标准的法律

D. 维护生产和交换条件的法律

38. 法的局限性体现在（　　）。

A. 法只是社会调整方法中的一种

B. 法的作用范围不是无限的

C. 法自身特点所带来的局限性，如法具有连续性、抽象性等

D. 实施法律受经济条件的制约并受到其他社会关系的影响

39. 何某与孙某签订了一份买卖合同，在履行合同过程中发生纠纷。何某向律师许某咨询，许某认为根据《民法典》，孙某行为构成违约，如提起诉讼，有较大胜诉把握。许某的分析体现了法的（　　）。

A. 评价作用 　　　B. 教育作用 　　　C. 强制作用 　　　D. 预测作用

40. 法的指引作用可以分为确定的指引和有选择的指引，下列哪些表述属于有选择的指引？（　　）

A.《宪法》规定，公民的通信自由和通信秘密受法律保护

B.《民法典》规定，当事人协商一致，可以变更合同

C.《刑法》规定，故意杀人的，处死刑、无期徒刑或者10年以上有期徒刑

D.《民法典》规定，完成技术成果的个人享有在有关技术成果文件上写明自己是技术成果完成者的权利和取得荣誉证书、奖励的权利

41. 下列有关法的作用的表述，哪些是错误的？（　　）

A. 刑法、民法、交通法规等都是主要执行社会公共事务的法律

B. 法律不是万能的，因此法律是可有可无的

C. 法律在法治社会有非常重要的作用，因此社会生活的各方面都应一一立法

D. 法的指引作用表现为对人们行为的一种确定的、不可选择的指引

42. 法律的指引作用具有哪些优点？（　　）

A. 稳定性 　　　B. 连续性 　　　C. 高效率 　　　D. 客观性

43. 重庆市人大2024年修订通过《重庆市安全生产条例》，该条例（　　）。

A. 体现了法的社会性

B. 体现了法在执行社会公共事务方面的作用

C. 同样直接体现了法在维护政治统治方面的作用

D. 在本质上与法的阶级性无关

44. 下列关于法的局限性，表述正确的有（　　）。

A. 自有国家以后，法律在调节人们行为和社会关系的各种社会规范中，就是最主要的社会调整手段

B. 在法治社会中，所有的问题都可以通过法律来解决

C. 法具有保守性，往往落后于现实生活的变化

D. 由于利益冲突，法并不能在所有个别问题上都体现正义

45. 某林区村民于某某为盖房欲去山上伐几棵国有林木。父亲对儿子说，未经许可去伐国有林木属乱砍滥伐，是违反《森林法》的。于某某依从了父亲的劝导。该事例说明法的哪些功能？（　　）

A. 引导功能　　　　　B. 评价功能　　　　　C. 教育功能　　　　　D. 强制功能

46. 学者们认为，法律不是万能的，其作用是有限的，其理由在于：①法律重视程序，不讲效率；②法律调整外在行为，不干预人的思想观念；③法律强调稳定性，避免灵活性；④法律反映客观规律，不体现人的意志。下列哪些选项是正确的？（　　）

A. ①③④　　　　　B. ①②④　　　　　C. ②　　　　　D. ③

⤫ 不定项选择题

1. "法律人适用法律的最直接目标就是要获得一个合理的决定。在法治社会，所谓合理的法律决定就是指法律决定具有可预测性和正当性。"对于这一段话，下列说法正确的是（　　）。

A. 正当性是实质法治的要求

B. 可预测性要求法律人必须将法律决定建立在既存的一般性的法律规范的基础上

C. 在历史上，法律人通常借助法律解释方法缓解可预测性与正当性之间的紧张关系

D. 在法治国家，法律决定的可预测性是理当崇尚的一个价值目标

2. "立法者应该把自己看作一个自然科学家，他不是在制造法律，不是在发明法律，而仅仅是在表述法律……""法是完全没有自己的历史的"，下列选项中，正确说明上述观点的是（　　）。

A. 法律受到社会物质生活条件的制约，受到社会客观规律的支配

B. 法律虽然反映客观规律，但是也可以不反映客观规律

C. 法律在历史发展过程中没有法律史

D. 法律能否反映客观规律，完全由立法者自身素质所决定

3. 以下关于历史上法的本质的论述不符合马克思主义法律本质观的是（　　）。

A. 法国思想家卢梭指出：法律是人民自己意志的记录，人民服从法律就是服从自己的意志

B. 德国哲学家康德认为：法就是那些使任何人的有意识的行为按照普遍的自由法则确实能与别人有意识的行为相协调的全部条件的综合

C. 德国历史法学派创立人卡尔·冯·萨维尼指出：法是民族精神、民族特性和民族共同意识的体现。法随着民族的成长而成长，随着民族的加强而加强，最后随着民族个性的消亡而消亡

D. 德国法学家鲁道夫·冯·耶林认为：法是以强制作为保障的社会目的的体系，而法的目的就是社会利益，社会利益是法的创造者，是法的唯一根源，所有的法都是为了社会利益的目的而产生

4. 下列有关一般法和特别法的表述正确的是（　　）。

  A. 一般法和特别法之分具有相对性

  B. 商法相对于民法来说是特别法

  C. 同一位阶的法律，在适用时要遵循特别法优于一般法的原则

  D. 教师法在适用对象的意义上是特别法，而在适用地域上是一般法

5. "法学作为科学无力回答正义的标准问题，因而是不是法与是不是正义的法是两个必须分离的问题，道德上的善或正义不是法律存在并有效力的标准，法律规则不会因违反道德而丧失法的性质和效力，即使那些同道德严重对抗的法也依然是法。"关于这段话，下列说法正确的是（　　）。

  A. 这段话既反映了实证主义法学派的观点，也反映了自然法学派的基本立场

  B. 根据社会法学派的看法，法的实施可以不考虑法律的社会实效

  C. 根据分析实证主义法学派的观点，内容正确性并非法的概念的定义要素

  D. 所有的法学派均认为，法律与道德、正义等在内容上没有任何联系

6. "法律只是在自由的无意识的自然规律变成有意识的国家法律时，才成为真正的法律。哪里的法律成为实际的法律，即成为自由的存在，哪里的法律就成为人的实际的自由存在。"关于该段话，下列说法正确的是（　　）。

  A. 从自由与必然的关系上讲，规律是自由的，却是无意识的，法律永远是不自由的，却是有意识的

  B. 法律是"人的实际的自由存在"的条件

  C. 国家法律须尊重自然规律

  D. 自由是评价法律进步与否的标准

7. 在莎士比亚的喜剧《威尼斯商人》中，安东尼与夏洛克订立契约，约定由夏洛克借款给安东尼，如不能按时还款，则夏洛克将在安东尼的胸口割取一磅肉。期限届至，安东尼无力还款，夏洛克遂要求严格履行契约。安东尼的未婚妻鲍西娅针锋相对地向夏洛克提出：可以割肉，但仅限一磅，不许相差分毫，也不许流一滴血，唯其如此方符合契约。关于该故事，下列说法正确的是（　　）。

  A. 夏洛克主张有约必践，体现了强烈的权利意识和契约精神

  B. 夏洛克有约必践（即使契约是不合理的）的主张本质上可以看作"恶法亦法"的观点

  C. 鲍西娅对契约的解释运用了历史解释方法

  D. 安东尼与夏洛克的约定遵循了人权原则而违背了平等原则

8. 关于法与其他社会规范的区别，下列表述正确的是（　　）。

  A. 道德规范通过明确规定权利和义务来指引人们的行为

  B. 习惯作为社会规范，其实施依赖于强制意义上的权利和义务约束

  C. 法规定的权利义务涵盖个人、组织、国家以及公职人员的职权职责

  D. 党章规定的权利义务与法律上的权利义务在内容和实施方式上完全相同

9. 以下关于法的局限性的说法正确的是（　　）。

  A. 法只是众多社会调整方法中的一种，在某些社会关系和领域，法不是主要方法，也不一定是成本最低的方法

  B. 法的作用范围有限，对于人们思想、认识、信仰、情感等私人生活范畴的问题，不宜采用法律手段

  C. 法具有稳定性，而社会生活是具体、多变的，所以法不可避免地会出现规则真空，具有一定的不适应性和滞后性

  D. 法的实施需要具备相应的人力资源、精神条件和物质条件，否则法难以充分发挥作用

名词解释

1. 法的本质
2. 法律的规范性
3. 法律的国家性
4. 法的意志性和规律性
5. 法的阶级性
6. 法的强制性
7. 法的作用

简答题

1. 试述法的特征。
2. 试述法的作用的不同分类。
3. 简述法的评价作用。
4. 简述法的预测作用。
5. 简述法的作用的局限性。

论述题

1. 论述法区别于其他上层建筑现象的基本特征。
2. 试论法是国家意志的体现。
3. 试论法的局限性。

案例分析题

　　某市公安局 2003 年 2 月 18 日正式发布《关于依法处理行人、非机动车违章造成道路交通事故的通告》，规定：行人出现以下五种违章行为之一，导致道路交通事故发生，且车辆驾驶人员无违章行为，并采取了适当避让措施而未能避免交通事故发生的，将由行人负事故的全部责任：（一）在明令禁止行人通行的高速公路、高架道路、车行立交桥等道路行走或逗留，与机动车发生交通事故的；（二）在有交通信号控制的地方违反信号规定，与机动车发生交通事故的；（三）在设有人行横道、人行天桥的地段横穿车行道，不走人行横道或人行天桥，与机动车辆发生交通事故的；（四）钻越、跨越或倚坐道路栏杆或隔离设施，与机动车发生交通事故的；（五）在机动车道内招停出租车（公交车）、兜售、发送物品，与机动车发生交通事故的。《道路交通安全法》规定，"机动车与非机动车驾驶人、行人之间发生交通事故的，由机动车一方承担责任；但是，有证据证明非机动车驾驶人、行人违反道路交通安全法律、法规，机动车驾驶人已经采取必要处置措施的，减轻机动车一方的责任。交通事故的损失是由非机动车驾驶人、行人故意造成的，机动车一方不承担责任"。

（1）试利用法的作用的理论分析上述法律和通告的规定。

（2）试利用违法行为的理论分析上述法律的规定。

（3）试利用价值冲突解决的理论分析上述法律和通告的规定。

第六章　法的渊源、分类和效力

A+ 基础知识图解

法的渊源
- 内涵
- 法的渊源的种类
  - 制定法
  - 习惯法
  - 判例法

法的分类
- 国内法与国际法：根据法的创制和适用主体的不同
- 成文法与不成文法：根据创制和表达方式的不同
- 实体法与程序法：根据规定的内容的不同
- 根本法与普通法：根据法的效力等级、基本内容和制定程序的不同
- 一般法与特别法：根据适用范围的不同
- 公法与私法：法学上最传统的分类方法之一
- 普通法与衡平法
- 联邦法与联邦成员法

法的效力
- 概念
  - ①从广义上看，它既包括规范性法律文件对人们的行为有普遍的约束力，也包括非规范性法律文件对特定的人、特定的事有法律约束力，还包括因民事主体双方协议或单方法律行为（如遗嘱）而产生的对特定人的法律约束力
  - ②从狭义上看，只有规范性法律文件才能具有普遍约束力
- 效力范围
  - 时间效力
  - 空间效力
  - 对象效力（对人效力）
- 处理法的效力冲突的一般原则
  - 根本法优于普通法
  - 上位法优于下位法
  - 新法优于旧法
  - 特别法优于一般法

配套测试

☑ 单项选择题

1. 某法院在审理一起合同纠纷案时，参照最高人民法院发布的第 15 号指导性案例所确定的"法人人格混同"标准作出了判决。对此，下列哪一说法是正确的？（   ）

A. 在我国，指导性案例是正式的法的渊源

B. 判决是规范性法律文件

C. 法官在该案中运用了类比推理

D. 在我国，最高人民法院和各级法院均可发布指导性案例

2. 原告与被告系亲兄弟，父母退休后与被告共同居住并由其赡养。父亲去世时被告独自料理后事，未通知原告参加。原告以被告侵犯其悼念权为由诉至法院。法院认为，按照我国民间习惯，原告有权对死者进行悼念，但现行法律对此没有规定，该诉讼请求于法无据，判决原告败诉。关于此案，下列哪一说法是错误的？（   ）

A. 本案中的被告侵犯了原告的经济、社会、文化权利

B. 习惯在我国是一种非正式的法的渊源

C. 法院之所以未支持原告的诉讼请求，理由在于被告侵犯的权利并非法定权利

D. 在本案中法官对判决进行了法律证成

3. 李某在某餐馆就餐时，被邻桌互殴的陌生人误伤。李某认为，依据《消费者权益保护法》第 7 条第 1 款中"消费者在购买、使用商品和接受服务时享有人身、财产安全不受损害的权利"的规定，餐馆应负赔偿责任，据此起诉。法官结合该法第 7 条第 2 款中"消费者有权要求经营者提供的商品和服务，符合保障人身、财产安全的要求"的规定来解释第 7 条第 1 款，认为餐馆对商品和服务之外的因素导致伤害不应承担责任，遂判决李某败诉。对此，下列哪一说法是不正确的？（   ）

A. 李某的解释为非正式解释

B. 李某运用的是文义解释方法

C. 法官运用的是体系解释方法

D. 就不同解释方法之间的优先性而言，存在固定的位阶关系

4. 某市政府为缓解拥堵，经充分征求广大市民意见，作出车辆限号行驶的规定。但同时明确，接送高考考生、急病送医等特殊情况未按号行驶的，可不予处罚。关于该免责规定体现的立法基本原则，下列哪一选项是不准确的？（   ）

A. 实事求是，从实际出发　　　　B. 民主立法

C. 注重效率　　　　D. 原则性与灵活性相结合

5. 甲法官处理一起伤害赔偿案件，耐心向被告乙解释计算赔偿数额的法律依据，并将最高人民法院公报发布的已生效同类判决提供给乙参考。乙接受甲法官建议，在民事调解书上签字，赔偿了原告损失。关于本案，下列哪一判断是正确的？（   ）

A. 法院已生效同类判决具有普遍约束力

B. 甲法官在该案调解时适用了判例法

C. 甲法官提供的指导性案例具有说服力

D. 民事调解书经乙签署后即具有行政强制执行力

6. 下列有关规范性文件与非规范性文件区别的表述错误的是（   ）。

A. 规范性文件具有普遍的效力，非规范性文件不具有效力

B. 规范性文件适用的对象是不特定的人，非规范性文件则适用于特定的人

C. 规范性文件可以反复适用，非规范性文件仅能适用一次

D. 规范性文件规定的内容是一般的行为模式和标准，非规范性文件的内容是特定的事项

7. 下列关于法的效力的表述哪个是正确的？（　　）

A. 法律不经公布，就不具有效力

B. 一切法律的效力级别高低和范围大小是由刑法、民法、行政法等基本法律所规定的

C. "法律仅仅适用于将来，没有溯及力"，这项规定在法学上被称为"从新原则"

D. 法律生效后，应该使一国之内的所有公民知晓，所谓"不知法者得免其罪"

8. "法律条文"、"规范性法律文件"和"规范性法律文件体系"这一系列概念体现了（　　）。

A. 法的规范内容　　　B. 法的技术内容　　　C. 法的本质　　　　　D. 法的形式

9. 张某过马路闯红灯，司机李某开车躲闪不及将张某撞伤，法院查明李某没有违章，依据《道路交通安全法》的规定判李某承担 10% 的赔偿责任。关于本案，下列哪一选项是错误的？（　　）

A. 《道路交通安全法》属于正式的法的渊源

B. 违法行为并非承担法律责任的唯一根源

C. 如果李某自愿支付超过 10% 的赔偿金，法院以民事调解书加以确认，则李某不能反悔

D. 李某所承担的是一种竞合的责任

10. 关于法律语言、法律适用、法律条文和法律渊源，下列哪一选项不成立？（　　）

A. 法律语言具有开放性，因此法律没有确定性

B. 法律适用并不是适用法律条文自身的语词，而是适用法律条文所表达的意义

C. 法律适用的过程并不是纯粹的逻辑推理过程，还有法律适用者的价值判断

D. 社会风俗习惯作为非正式的法律渊源，可以支持对法律所作的解释

11. （　　）是指一定的国家机关依照法定职权和程序制定或者认可的具有不同法律效力和地位的法的不同表现形式。

A. 法的效力渊源　　　　　　　　　　　B. 法的历史渊源

C. 法的思想渊源　　　　　　　　　　　D. 法的文献渊源

12. 特别法是指（　　）。

A. 宪法

B. 宪法以外的其他法律

C. 在国际范围内的特定地区、特定时间或者对特定事件、特定公民有效的法律

D. 在一国的特定地区、特定时期或者对特定事件、特定公民有效的法律

13. 下列有关经济特区的规范性文件的表述错误的是（　　）。

A. 经济特区制定的法规是地方性法规中的一种

B. 经济特区制定法规的效力来自授权

C. 经济特区制定的法规不得与宪法相抵触

D. 经济特区制定的法规并不都是法律、行政法规的具体化

14. 形式意义上的渊源，即指法的创制方式和表现形式，也就是（　　）。

A. 法的理论渊源　　　B. 法的历史渊源　　　C. 法的效力渊源　　　D. 法的文献渊源

15. 法律汇编是（　　）。

A. 将一国已经制定、颁布的所有规范性文件进行整理、归类、加工、汇编成册

B. 在不改变内容的前提下，将一国现行有效的规范性文件按照不同标准汇编成册

C. 在不改变内容的前提下，将一国已经制定、颁布的规范性文件按照不同标准汇编成册

D. 对一国原有的规范性文件的内容进行适当加工

16. 下列关于法典编纂的说法不正确的是（　　）。

A. 法典编纂可以增加新的内容

B. 法典编纂只能由立法机关进行

C. 法典编纂又称法律编纂

D. 法典编纂不能改变原有规范的内容

17. 制定法渊源与非制定法渊源的划分依据是（　　）。

A. 法的渊源的载体形式　　　　　　B. 法的渊源与法规范的关系

C. 是否经过国家制定程序　　　　　D. 法的渊源的相对地位

18. 判例作为正式意义上的法律渊源，存在于（　　）。

A. 罗马法系　　　　　　　　　　　B. 社会主义法系

C. 罗马法系和普通法系　　　　　　D. 普通法系

19. 法律编纂（　　）。

A. 是对原有全部规范性文件进行整理

B. 在不改变原有规范性文件内容的前提下进行加工

C. 是对属于某一法律部门的规范性文件进行整理加工，编制成新的系统化的法律文件，因而是一种立法活动

D. 不是一种立法活动

20. 规范性法律文件的规范化是指（　　）。

A. 法律汇编

B. 法律编纂

C. 法律解释

D. 属于法的各种渊源的规范性法律文件，必须有一个统一的规格和标准

21. 规范性法律文件系统化，是指（　　）。

A. 系统地适用法律

B. 系统地解释法律

C. 系统地执行法律

D. 对已经制定的各种规范性法律文件加以整理和归类

22. 在规范性法律文件系统化的方法中，不具有立法性质的方法是（　　）。

A. 法律清理　　　B. 法律汇编　　　　C. 法律编纂　　　　D. 法典编纂

23. 法律对其生效以前的事件和行为是否适用，称为（　　）。

A. 法的拘束力　　　B. 法的溯及力　　　C. 法的继承性　　　D. 法的统一性

24. 2008 年 12 月 27 日全国人大常委会《关于修改〈中华人民共和国专利法〉的决定》规定："本决定自 2009 年 10 月 1 日起施行。本决定施行前提出的专利申请和根据该申请授予的专利权，适用修改以前的专利法的规定。"该条规定说明该决定在法律溯及力上（　　）。

A. 有溯及既往的效力　　　　　　　B. 实行从旧原则

C. 实行从旧兼从轻的原则　　　　　D. 实行从新原则

25. 在法对人的效力方面，我国采用国际通行原则，即（　　）。

A. 属人主义

B. 属地主义

C. 保护主义

D. 以属地主义为基础, 结合属人主义和保护主义

26. 我国《刑法》第 12 条第 1 款规定: "中华人民共和国成立以后本法施行以前的行为, 如果当时的法律不认为是犯罪的, 适用当时的法律; 如果当时的法律认为是犯罪的, 依照本法总则第四章第八节的规定应当追诉的, 按照当时的法律追究刑事责任, 但是如果本法不认为是犯罪或者处刑较轻的, 适用本法。" 这一规定表明我国刑法在有无溯及力问题上采用 (　　) 原则。

A. 从旧原则

B. 从轻原则

C. 从旧兼从轻原则

D. 从新兼从轻原则

27. 根据法的空间效力原理, 下列说法正确的是 (　　)。

A. 只有刑事法律才可能在本国领域外生效

B. 一国民事、经济等法的效力, 一般也及于在本国领域外的本国公民

C. 一国的法律只在国内有效

D. 一国的法律在其主权实际管辖的那部分陆地有效

28. 法律规范生效的时间, 如无明文规定, 应是 (　　)。

A. 法律通过之日

B. 法律公布之日

C. 法律批准之日

D. 法律签署之日

29. 中华人民共和国成立初期的《土地改革法》《合作化法》等失去效力, 是因为 (　　)。

A. 立法水平太低

B. 法不适应社会需要

C. 法已完成历史任务

D. 执法人员素质不高

30. 默示的废止是根据 (　　) 原则来确定旧法与新法规定相冲突时适用新法的。

A. 宪法优于法律

B. 新法优于旧法

C. 特别法优于普通法

D. 国际法优于国内法

31. 我国《刑法》第 7 条第 2 款规定: "中华人民共和国国家工作人员和军人在中华人民共和国领域外犯本法规定之罪的, 适用本法。" 这一规定表明, 中国刑法具有 (　　)。

A. 时间效力

B. 域外效力

C. 对人的效力

D. 域内效力

32. 对法律汇编与法典编纂之间区别的理解, 可以有多种角度。下列哪种表述准确地揭示了二者之间的区别? (　　)

A. 法律汇编既可以由个人进行, 也可以由社会团体乃至国家机关进行; 法典编纂只能由国家立法、执法和司法机关进行

B. 法律汇编是为了形成新的统一的规范性法律文件; 法典编纂是将不同时代的法典汇编成册

C. 法律汇编可以按年代、发布机关及涉及社会关系内容的不同, 适当地对汇编的法律进行改变; 法典编纂不能改变原来法律规范的内容

D. 法律汇编不属于国家机关的立法活动; 法典编纂是一种在清理已有立法文件基础上的立法活动

33. 规定关于本自治区实行区域自治比较重大问题的规范性文件是 (　　)。

A. 自治条例 　　　　B. 单行条例 　　　　C. 地方性法规 　　　　D. 地方政府规章

34. 甲和乙系夫妻, 因外出打工将女儿小琳交由甲母照顾两年, 但从未支付过抚养费。后甲与乙闹离婚且均不愿抚养小琳。甲母将甲和乙告上法庭, 要求支付抚养费 2 万元。法院认为, 甲母对孙女无法定或约定的抚养义务, 判决甲和乙支付甲母抚养费。关于该案, 下列哪一选项是正确的? (　　)

A. 判决是规范性法律文件

B. 甲和乙对小琳的抚养义务是相对义务

C. 判决在原被告间不形成法律权利和义务关系

D. 小琳是民事诉讼法律关系的主体之一

35. 有法谚云："法律为未来作规定，法官为过去作判决。"关于该法谚，下列哪一说法是正确的？（   ）

A. 法律的内容规定总是超前的，法官的判决根据总是滞后的

B. 法官只考虑已经发生的事实，故判案时一律选择适用旧法

C. 法律绝对禁止溯及既往

D. 即使案件事实发生在过去，但"为未来作规定"的法律仍然可以作为其认定的根据

36. 在宋代话本小说《错斩崔宁》中，刘贵之妾陈二姐因轻信刘贵欲将她休弃的戏言连夜回娘家，路遇年轻后生崔宁并与之结伴同行。当夜盗贼自刘贵家盗走15贯钱并杀死刘贵，邻居追赶盗贼遇到陈、崔二人，因见崔宁刚好携带15贯钱，遂将二人作为凶手捉拿送官。官府当庭拷讯二人，陈、崔屈打成招，后被处斩。关于该案，下列哪一说法是正确的？（   ）

A. 话本小说《错斩崔宁》可视为一种法的非正式渊源

B. 邻居运用设证推理方法断定崔宁为凶手

C. "盗贼自刘贵家盗走15贯钱并杀死刘贵"所表述的是法律规则中的假定条件

D. 从生活事实向法律事实转化需要一个证成过程，从法治的角度看，官府的行为符合证成标准

37. 王某参加战友金某婚礼期间，自愿帮忙接待客人。婚礼后王某返程途中遭遇车祸，住院治疗花去费用1万元。王某认为，参加婚礼并帮忙接待客人属帮工行为，遂将金某诉至法院要求赔偿损失。法院认为，王某行为属于道德规范的情谊行为，不在法律调整范围内。关于该案，下列哪一说法是正确的？（   ）

A. 在法治社会中，法律可以调整所有社会关系

B. 法官审案应区分法与道德问题，但可进行价值判断

C. 道德规范在任何情况下均不能作为司法裁判的理由

D. 一般而言，道德规范具有国家强制性

38. 国务院，即中央人民政府，是最高国家权力机关的执行机关，最高国家行政机关。根据我国根本法《宪法》以及相关法律的规定，关于国务院，下列哪一项是正确的？（   ）

A. 有权制定有关行政拘留的规范性文件

B. 司法部与教育部联合制定的规章的效力与地方政府规章的效力相同

C. 领导和管理民政、司法行政、民族事务和监察监督等工作

D. 行政法规的效力高于省级人大制定的法规，因此部门规章的效力高于市级人大制定的法规

39. 根据法的创制与适用主体的不同，可以将法分为（   ）。

A. 根本法与普通法   B. 一般法与特别法

C. 成文法与不成文法   D. 国内法与国际法

40. 以下不是当代中国法的正式渊源的为（   ）。

A. 国际条约与协定   B. 地方性法规

C. 指导性案例   D. 法律解释

41. 在一个现代国家，法的渊源中最重要的是（   ）。

A. 风俗习惯   B. 宪法

C. 法律原则   D. 民主法治精神

42. 按照法的创制与表达方式的不同，法可以分为（   ）。

A. 根本法与普通法　　　　　　　　　B. 实体法与程序法

C. 成文法与不成文法　　　　　　　　D. 一般法与特别法

43. 下列有关公法与私法的表述，哪一项是不正确的？（　　　）

A. 早在古罗马法时期就已经有了公法与私法的分类方法

B. 按照乌尔比安的解释，公法是以保护国家（公共）利益为目的的法律，私法是以保护私人利益为目的的法律

C. 通常认为，宪法、刑法、行政法属于公法，而诉讼法、民法、商法属于私法

D. 经济法、社会法、环境法兼具公法与私法的双重属性

44. 按照适用范围的不同，法律可分为（　　　）。

A. 根本法和普通法　　　　　　　　　B. 一般法和特别法

C. 实体法和程序法　　　　　　　　　D. 成文法和不成文法

45. 按照法律规定的内容的不同，法律可分为（　　　）。

A. 成文法和不成文法　　　　　　　　B. 一般法和特别法

C. 实体法和程序法　　　　　　　　　D. 国内法和国际法

46. 下列关于法律效力问题的表述，正确的是（　　　）。

A. "法不溯及既往"是法治国家通行的法律原则

B. 非规范性法律文件的法律效力属于狭义的法律效力范畴

C. 《民事诉讼法》在我国驻外使馆内不具有法律效力

D. 折中主义是一种以属人主义为主，与属地和保护主义相结合的法律效力原则

☑ 多项选择题

1. 甲骑车经过乙公司在小区内的某施工场地时，由于施工场地湿滑摔倒致骨折，遂诉至法院请求赔偿。由于《民法典》对"公共场所"没有界定，审理过程中双方对施工场地是否属于《民法典》中的"公共场所"产生争议。法官参考《刑法》《集会游行示威法》等法律和多个地方性法规关于"公共场所"的规定后，对"公共场所"作出解释，并据此判定乙公司承担赔偿责任。关于此案，下列哪些选项表述是正确的？（　　　）

A. 法官对"公共场所"的具体含义的证成属于外部证成

B. 法官运用了历史解释方法

C. 法官运用了体系解释方法

D. 该案表明，同一个术语在所有法律条文中的含义均应作相同解释

2. 下列有关"国法"的理解，哪些是不正确的？（　　　）

A. "国法"是国家法的另一种说法

B. "国法"仅指国家立法机关创制的法律

C. 只有"国法"才有强制性

D. 无论自然法学派，还是实证主义法学派，都可能把"国法"看作实在法

3. 《畜禽遗传资源进出境和对外合作研究利用审批办法》第3条规定，本办法所称畜禽，是指列入依照《畜牧法》第11条规定公布的畜禽遗传资源目录的畜禽。本办法所称畜禽遗传资源，是指畜禽及其卵子（蛋）、胚胎、精液、基因物质等遗传材料。对此，下列哪些表述是错误的？（　　　）

A. 《畜牧法》是《畜禽遗传资源进出境和对外合作研究利用审批办法》的上位法

B. 《畜牧法》和《畜禽遗传资源进出境和对外合作研究利用审批办法》均属于行政法规

C. 该条款内容属于技术规范

D. 该条款规定属于任意性规则

4. 某出版社编辑出版了《中华人民共和国法律法规全书》，这属于（　　）。

A. 规范性法律文件的规范化　　　　　　B. 规范性法律文件的系统化

C. 法律汇编　　　　　　　　　　　　　D. 法典编纂

5. 下列有关规范性文件系统化的说法正确的是（　　）。

A. 规范性文件系统化可以帮助人们发现规范性文件之间的矛盾

B. 规范性文件系统化可以消除规范性文件之间的矛盾

C. 规范性文件系统化只是国家机关的一种活动

D. 规范性文件系统化有利于法的实施

6. 下列有关法典编纂的表述错误的是（　　）。

A. 法典编纂只删除已过时的内容而不增加新的规范

B. 任何国家机关皆可以进行法典编纂

C. 法典编纂的结果往往是一个新的法典的产生

D. 法典编纂要求的技术不高，任何人都可以从事

7. 下列有关中国历史上法的渊源的说法正确的是（　　）。

A. 中国最早的法的渊源是成文法

B. 中国封建王朝的法的渊源主要是成文法

C. 中国古代法的渊源呈多样性

D. 中国历史上法的渊源不包括习惯法

8. 根据法的渊源的分类，下列不属于"法律"这一法的渊源的有（　　）。

A. 《最高人民法院工作报告》

B. 《最高人民检察院工作报告》

C. 《全国人民代表大会常务委员会关于修改〈中华人民共和国进出口商品检验法〉的决定》

D. 《退耕还林条例》

9. 在中外法学著作中，法的渊源有如下不同的含义：（　　）。

A. 法的理论渊源　　　B. 法的历史渊源　　　C. 法的形式渊源　　　D. 文件渊源

10. 规范性法律文件系统化的方法主要有（　　）。

A. 法律清理　　　　　B. 法律汇编　　　　　C. 法律编纂　　　　　D. 法律修改

11. 狭义上的法的效力包括（　　）。

A. 法的空间效力　　　B. 法的时间效力　　　C. 法的事项效力　　　D. 法的对象效力

12. 当代中国的法适用于（　　）。

A. 悬挂中国国旗停泊在汉堡港的油轮

B. 西沙群岛

C. 吉林省吉林市石文镇

D. 中国驻英国大使馆

13. 下列关于我国法的效力层次的表述正确的是（　　）。

A. 法的效力层次指法律文件之间的效力等级关系

B. 上位法的效力高于下位法

C. 特别法总是优先于普通法

D. 在同一位阶的法律之间，新法优于旧法

14. 某法院在一起疑难案件的判决书中援引了法学教授叶某的学说予以说理。对此，下列哪些说法是正确的？（　　）

A. 法学学说在当代中国属于法律原则的一种

B. 在我国，法学学说对法律条文的解释属于非正式解释

C. 一般而言，只能在民事案件中援引法学学说

D. 参考法学学说有助于对法律条文作出正确理解

15. 耀亚公司未经依法批准经营危险化学品，2003 年 7 月 14 日被区工商分局依据《危险化学品安全管理条例》罚款 40 万元。耀亚公司以处罚违法为由诉至法院。法院查明，《安全生产法》规定对该种行为的罚款不得超过 10 万元。关于该案，下列哪些说法是正确的？（　　　）

A.《危险化学品安全管理条例》与《安全生产法》的效力位阶相同

B.《安全生产法》中有关行政处罚的法律规范属于公法

C. 应适用《安全生产法》判断行政处罚的合法性

D. 法院可在判决中撤销《危险化学品安全管理条例》中与上位法相抵触的条款

16. 特别法优先原则是解决同位阶的法的渊源冲突时所依凭的一项原则。关于该原则，下列哪些选项是正确的？（　　　）

A. 同一机关制定的特别规定相对于同时施行或在先施行的一般规定优先适用

B. 同一法律内部的规则规定相对于原则规定优先适用

C. 同一法律内部的分则规定相对于总则规定优先适用

D. 同一法律内部的具体规定相对于一般规定优先适用

17. 下列选项中，属于我国法的效力终止方式的有（　　　）。

A. 由新法明确规定废止旧法

B. 法在完成特定的历史任务后不再适用

C. 新法中与旧法相抵触的条款自动终止效力

D. 有权的国家机关发布专门决议、决定，废除某些法律

18. 关于不同法律之间的关系，下列表述正确的有（　　　）。

A.《宪法》与《民法典》是根本法与普通法的关系

B.《刑法》与《刑事诉讼法》是实体法与程序法的关系

C.《公务员法》与《律师法》是一般法与特别法的关系

D.《领海及毗连区法》与《联合国海洋法公约》是国内法与国际法的关系

19. 在成文宪法国家，根本法和普通法的划分依据是（　　　）。

A. 制定程序不同　　　　　　　　　　B. 适用主体不同

C. 效力等级不同　　　　　　　　　　D. 基本内容不同

20. 一般而言，下列法律文件中属于公法的有（　　　）。

A.《劳动法》

B.《民法典》

C.《全国人民代表大会常务委员会关于维护互联网安全的决定》

D.《著作权法》

21. 下列有关成文法与不成文法的表述不恰当的是（　　　）。

A. 在人类的历史上，法是从不成文法发展到成文法

B. 成文法就是制定法，不成文法就是习惯法

C. 英美法系的判例法是成文法

D. 随着法的发展，成文法日益增多，不成文法则逐渐减少

22. 关于普通法与衡平法，表述正确的是（　　　）。

A. 普通法与衡平法是英美法系主要的法的分类

B. 普通法与衡平法是大陆法系主要的法的分类

C. 衡平法是作为对普通法的修正和补充而出现的

D. 普通即"普遍适用"之意，衡平即"公平正义"之意

23. 古罗马法分为（　　）。

A. 公法　　　　　B. 私法　　　　　C. 普通法　　　　　D. 衡平法

24. 下列有关国际法与国内法的表述哪些是错误的？（　　）

A. 国际法就是指国际条约

B. 国内法是由国家立法机关制定的、在领陆范围内适用的法律

C. 国内法的一切规范性文件均在全国范围内适用

D. 国际法是国内法的渊源

25. 下列哪些内容不属于制定法？（　　）

A. 家法族规　　　　B. 衡平法　　　　C. 判例法　　　　D. 习惯法

不定项选择题

1. "现今的很多法律格言都是在古罗马时期形成的，'法律仅仅适用于将来'就是一例。这一思想后来被古典自然法学派所推崇，并体现在法国人权宣言和美国宪法之中，形成了法不溯及既往原则。"根据此引文以及相关法学知识，下列表述正确的是（　　）。

A. 古罗马时期的法律是用法律格言的形式表现的

B. "法律仅仅适用于将来"已经成为现代社会的法律效力原则

C. 只有古典自然法学派强调法不溯及既往的原则

D. 法不溯及既往仅仅是人权宣言和宪法通行的效力原则

2. 以下关于法的效力与法的实效说法错误的是（　　）。

A. 法的效力是法的本质属性

B. 法的实效突出的是法的实际效果

C. 法的效力体现法的客观性，法的实效体现法的主观性

D. 法的效力属于实然范畴，法的实效属于应然范畴

名词解释

1. 法的渊源

2. 法的效力渊源

3. 判例法

4. 属地原则

5. 法的效力

6. 法的溯及力

7. 法的效力位阶

简答题

1. 简述法的内容和形式的关系。

2. 规范性法律文件系统化的意义何在？

3. 简述当代中国法的正式渊源。

4. 简述成文法与不成文法。

5. 简述公法与私法。

6. 简述规范性法律文件的规范化。

7. 如何区别法的形式和法的渊源？

8. 简述规范性法律文件系统化的主要方法。

9. 简述法律对人的效力。

10. 如何理解法的不溯及既往原则？

论述题

1. 试论法的效力与法的实效之关联。

2. 试论我国法的效力冲突表现形式及解决方式。

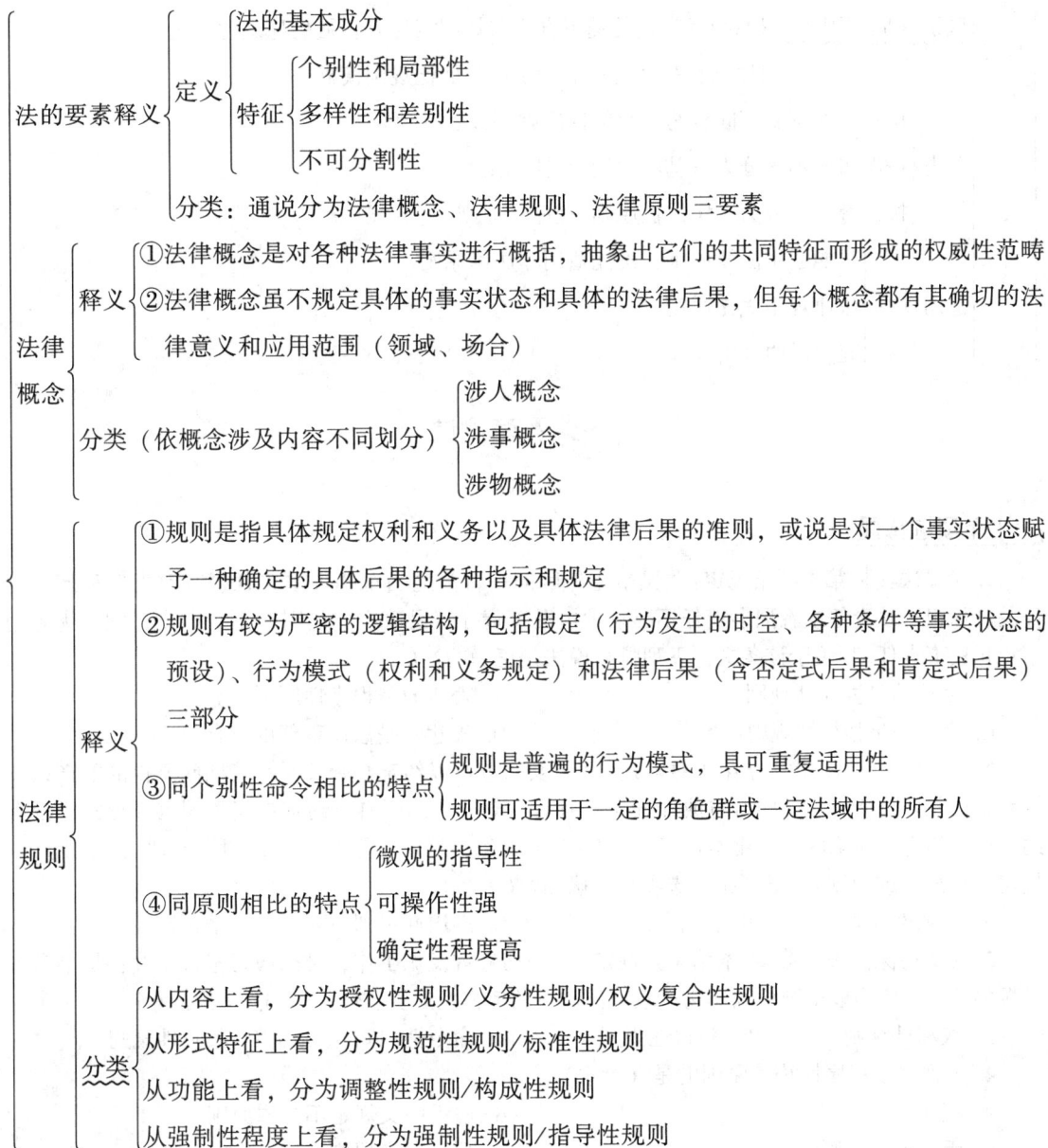

第七章 法的要素

法的要素释义
- 定义
  - 法的基本成分
  - 特征
    - 个别性和局部性
    - 多样性和差别性
    - 不可分割性
- 分类：通说分为法律概念、法律规则、法律原则三要素

法律概念
- 释义
  - ①法律概念是对各种法律事实进行概括，抽象出它们的共同特征而形成的权威性范畴
  - ②法律概念虽不规定具体的事实状态和具体的法律后果，但每个概念都有其确切的法律意义和应用范围（领域、场合）
- 分类（依概念涉及内容不同划分）
  - 涉人概念
  - 涉事概念
  - 涉物概念

法律规则
- 释义
  - ①规则是指具体规定权利和义务以及具体法律后果的准则，或说是对一个事实状态赋予一种确定的具体后果的各种指示和规定
  - ②规则有较为严密的逻辑结构，包括假定（行为发生的时空、各种条件等事实状态的预设）、行为模式（权利和义务规定）和法律后果（含否定式后果和肯定式后果）三部分
  - ③同个别性命令相比的特点
    - 规则是普遍的行为模式，具可重复适用性
    - 规则可适用于一定的角色群或一定法域中的所有人
  - ④同原则相比的特点
    - 微观的指导性
    - 可操作性强
    - 确定性程度高
- 分类
  - 从内容上看，分为授权性规则/义务性规则/权义复合性规则
  - 从形式特征上看，分为规范性规则/标准性规则
  - 从功能上看，分为调整性规则/构成性规则
  - 从强制性程度上看，分为强制性规则/指导性规则

法律原则 {
　释义 {
　　法律的基础性真理或原理，为其他规则提供基础性或本源的综合性规则或原理，是法律行为、法律程序、法律决定的决定性规则
　　作用 {
　　　①法律原则为法律规则和概念提供基础或出发点，对法律的制定具有指导意义，对理解法律规则也有指导意义
　　　②法律原则可直接作为审判的依据
　　　③法律原则可以作为疑难案件的断案依据，以纠正严格执行实在法可能带来的不公
　　}
　}
　区别（同规则比） {
　　原则对事及对人的覆盖面比规则要宽
　　原则在变化的速率方面与规则相比有较强的稳定性
　　原则在是否适用的确定性方面比规则模糊
　}
　分类 {
　　按产生的基础不同分为：政策性原则/公理性原则
　　按覆盖面不同分为：基本原则/具体原则
　　按内容不同分为：实体性原则/程序性原则
　}
　适用规则 {
　　只能适用法律原则，不能适用非法律原则
　　法律规则优先适用
　　充分说明理由
　}
}

配套测试

✓ 单项选择题

1. 《民法典》第187条规定："民事主体因同一行为应当承担民事责任、行政责任和刑事责任的，承担行政责任或者刑事责任不影响承担民事责任；民事主体的财产不足以支付的，优先用于承担民事责任。"关于该条文，下列哪种说法是正确的？（　　）

A. 表达的是委任性规则　　　　　　　　B. 表达的是程序性原则

C. 表达的是强行性规则　　　　　　　　D. 表达的是法律责任的竞合

2. 《民法典》第1065条第1款规定："男女双方可以约定婚姻关系存续期间所得的财产以及婚前财产归各自所有、共同所有或部分各自所有、部分共同所有。约定应当采用书面形式。没有约定或者约定不明确的，适用本法第一千零六十二条、第一千零六十三条的规定。"关于该条款规定的规则（或原则），下列哪个选项是正确的？（　　）

A. 任意性规则　　　　B. 法律原则　　　　C. 准用性规则　　　　D. 禁止性规则

3. 《文物保护法》第41条第1款规定："一切考古发掘工作，必须履行报批手续；从事考古发掘的单位，应当取得国务院文物行政部门颁发的考古发掘资质证书。"这一规定属于（　　）。

A. 权利性规则　　　　B. 职权性规则　　　　C. 命令性规则　　　　D. 禁止性规则

4. 下列属于程序性法律原则的是（　　）。

A. 诚实信用原则　　　　　　　　　　　B. 法无明文规定不为罪原则

C. 无罪推定原则　　　　　　　　　　　D. 罪刑法定原则

5. 下列说法中正确的是（　　）。

A. 法律规范即法律条文

B. 法律原则即法律规范

C. 法律规范是国家以制定或认可的方式创制的

D. 在人类历史上，法律规范一直是以法律条文的形式出现的

6. 在法律规则的构成要素中，处于核心地位的是（　　）。

A. 假定条件 　　　　　　　　　　　　　B. 行为模式

C. 肯定性法律后果 　　　　　　　　　　D. 否定性法律后果

7. 立法实践中，表述法律规则时，哪一个构成要素是可以省略的？（　　）

A. 假定条件 　　　　　　　　　　　　　B. 行为模式

C. 肯定性法律后果 　　　　　　　　　　D. 否定性法律后果

8. 命令性规则和禁止性规则合称为（　　）。

A. 授权性规则 　　　　　　　　　　　　B. 权义复合性规则

C. 义务性规则 　　　　　　　　　　　　D. 强行性规则

9. 根据法律效力的强弱程度不同，法律规则可以分为（　　）。

A. 授权性规则和义务性规则 　　　　　　B. 强行性规则和任意性规则

C. 确定性规则和准用性规则 　　　　　　D. 调整性规则和构成性规则

10.《刑法》第 3 条规定："法律明文规定为犯罪行为的，依照法律定罪处刑；法律没有明文规定为犯罪行为的，不得定罪处刑。"这一规定属于（　　）。

A. 法律规则　　　　B. 法律原则　　　　C. 法律术语　　　　D. 技术性规范

11. 法律规范在成文法中由（　　）体现出来。

A. 法律条文　　　　B. 法律概念　　　　C. 法律原则　　　　D. 法律规则

12. 授权性规范和义务性规范的划分主要是从（　　）角度出发的。

A. 保护权益 　　　　　　　　　　　　　B. 法律规则内容是否确定

C. 法律效力的强弱 　　　　　　　　　　D. 不同行为模式

13.《刑法》第 232 条规定："故意杀人的，处死刑、无期徒刑或者十年以上有期徒刑；情节较轻的，处三年以上十年以下有期徒刑。"这一规定属于（　　）。

A. 义务性规范　　　B. 委任性规范　　　C. 准用性规范　　　D. 确定性规范

14.《刑法》第 13 条规定："一切危害国家主权、领土完整和安全，分裂国家、颠覆人民民主专政的政权和推翻社会主义制度，破坏社会秩序和经济秩序，侵犯国有财产或者劳动群众集体所有的财产，侵犯公民私人所有的财产，侵犯公民的人身权利、民主权利和其他权利，以及其他危害社会的行为，依照法律应当受刑罚处罚的，都是犯罪，但是情节显著轻微危害不大的，不认为是犯罪。"这一规定属于法的构成要素中的（　　）。

A. 法律规范　　　　B. 法律概念　　　　C. 法律原则　　　　D. 法律技术性规定

15.《刑法》第 20 条第 1 款规定："为了使国家、公共利益、本人或者他人的人身、财产和其他权利免受正在进行的不法侵害，而采取的制止不法侵害的行为，对不法侵害人造成损害的，属于正当防卫，不负刑事责任。"该条款的内容属于哪种规范？（　　）

A. 授权性规范　　　B. 义务性规范　　　C. 命令性规范　　　D. 禁止性规范

16. 有"可以这样行为"的模式的法律规范，为（　　）。

A. 授权性规范　　　B. 禁止性规范　　　C. 命令性规范　　　D. 强行性规范

17.《刑法》第 22 条第 1 款规定："为了犯罪，准备工具、制造条件的，是犯罪预备。"这一规定属于法构成要素中的（　　）。

A. 法律原则 　　　　　　　　　　　　　B. 法律概念

C. 法律技术性规定 　　　　　　　　　　D. 法律规范

18. 把法律规范分为授权性、义务性规范的根据是（　　）。

A. 规范的内容规定不同　　　　　　　　B. 保护的权益的不同

C. 法律效力的大小不同　　　　　　　　D. 法律规则的内容是否确定

19. 法律规范与法律条文的关系是（　　　　）。

A. 法律条文由法律规范体现出来

B. 一个法律规范就等于一个法律条文

C. 一个法律规范不能包括在几个法律条文中

D. 一个法律条文可以包括几个法律规范

20. 不直接规定行为规则的内容，只指出应当作出规定的机关的法律规则是（　　　　）。

A. 确定性规则　　　　B. 委任性规则　　　　C. 准用性规则　　　　D. 参照性规则

21. 《刑事诉讼法》第 240 条规定："第二审人民法院对不服第一审裁定的上诉或者抗诉，经过审查后，应当参照本法第二百三十六条、第二百三十八条和第二百三十九条的规定，分别情形用裁定驳回上诉、抗诉，或者撤销、变更原裁定。"这一规定属于（　　　　）。

A. 确定性规则　　　　B. 委托性规则　　　　C. 准用性规则　　　　D. 任意性规则

22. 《刑事诉讼法》第 56 条规定："采用刑讯逼供等非法方法收集的犯罪嫌疑人、被告人供述和采用暴力、威胁等非法方法收集的证人证言、被害人陈述，应当予以排除……"对此条文，下列哪种理解是正确的？（　　　　）

A. 运用了规范语句来表达法律规则

B. 表达的是一个任意性规则

C. 表达的是一个委任性规则

D. 表达了法律规则中的假定条件、行为模式和法律后果

23. 《治安管理处罚法》第 135 条规定："公安机关依法实施罚款处罚，应当依照有关法律、行政法规的规定，实行罚款决定与罚款收缴分离；收缴的罚款应当全部上缴国库，不得返还、变相返还，不得与经费保障挂钩。"关于该条文，下列哪一说法是正确的？（　　　　）

A. 表达的是禁止性规则　　　　　　　　B. 表达的是强行性规则

C. 表达的是程序性原则　　　　　　　　D. 表达了法律规则中的法律后果

24. 全兆公司利用提供互联网接入服务的便利，在搜索引擎讯集公司网站的搜索结果页面上强行增加广告，被讯集公司诉至法院。法院认为，全兆公司行为违反诚实信用原则和公认的商业道德，构成不正当竞争。关于该案，下列哪一说法是正确的？（　　　　）

A. 诚实信用原则一般不通过"法律语句"的语句形式表达出来

B. 与法律规则相比，法律原则能最大限度实现法的确定性和可预测性

C. 法律原则的着眼点不仅限于行为及条件的共性，而且关注它们的个别性和特殊性

D. 法律原则是以"全有或全无"的方式适用于个案当中

25. 关于法律原则与法律规则的区别，以下说法错误的是（　　　　）。

A. 法律原则为法律规则提供基础

B. 法律原则不可直接作为审判依据

C. 法律原则可作为疑难案件的断案依据

D. 法律原则的作用是法律规则所不能替代的

26. 以下关于法律原则分类的表述，错误的是（　　　　）。

A. 依据产生基础分为：政策性原则与公理性原则

B. 依据覆盖面范围分为：基本原则与具体原则

C. 依据内容分为：实体性原则与程序性原则

D. 依据功能分为：调整性原则与构成性原则

27. 关于"一切规则皆有例外,例外也明示原则"这一法谚,下列说法正确的是?(　　)

A. 规则为原则之例外
B. 规则有漏洞,原则无歧义
C. 规则乃共通原则,原则系特别规则
D. 规则具化原则,原则证成规则

28. 关于法律要素,下列哪一说法是错误的?(　　)

A.《反垄断法》第45条规定,行政机关不得滥用行政权力,制定含有排除、限制竞争内容的规定。这属于义务性规则

B.《行政处罚法》第43条第1款规定,执法人员与案件有直接利害关系或者有其他关系可能影响公正执法的,应当回避。这既不属于法律原则,也不属于法律规则

C.《政府信息公开条例》第55条第1款规定,教育、卫生健康、供水、供电、供气、供热、环境保护、公共交通等与人民群众利益密切相关的公共企事业单位,公开在提供社会公共服务过程中制作、获取的信息,依照相关法律、法规和国务院有关主管部门或者机构的规定执行。全国政府信息公开工作主管部门根据实际需要可以制定专门的规定。这属于委任性规则

D.《民法典》第1015条规定,自然人应当随父姓或者母姓,但是有下列情形之一的,可以在父姓和母姓之外选取姓氏:(1)选取其他直系长辈血亲的姓氏;(2)因由法定扶养人以外的人扶养而选取扶养人姓氏;(3)有不违背公序良俗的其他正当理由。少数民族自然人的姓氏可以遵从本民族的文化传统和风俗习惯。这属于确定性规则

☑ 多项选择题

1. 甲公司派员工伪装成客户,设法取得乙公司盗版销售其所开发软件的证据并诉至法院。审理中,被告认为原告的"陷阱取证"方式违法。法院认为,虽然非法取得的证据不能采信,但法律未对非法取证行为穷尽式列举,特殊情形仍需依据法律原则具体判断。原告取证目的并无不当,也未损害社会公共利益和他人合法权益,且该取证方式有利于遏制侵权行为,应认定合法。对此,下列哪些说法是正确的?(　　)

A. 采用穷尽式列举有助于提高法的可预测性
B. 法官判断原告取证是否违法时作出利益衡量
C. 违法取得的证据不得采信,这说明法官认定的裁判事实可能同客观事实不一致
D. 与法律规则相比,法律原则应优先适用

2.《老年人权益保障法》第18条第1款规定:"家庭成员应当关心老年人的精神需求,不得忽视、冷落老年人。"关于该条款,下列哪些说法是正确的?(　　)

A. 规定的是确定性规则,也是义务性规则
B. 是用"规范语句"表述的
C. 规定了否定式的法律后果
D. 规定了家庭成员对待老年人之行为的"应为模式"和"勿为模式"

3. 由技术规范构成的法,在法学上被称为"技术法规"。这种技术法规属于(　　)。

A. 技术规范　　　　B. 社会规范　　　　C. 思维规范　　　　D. 法律规范

4.《政府采购法》第35条规定:"货物和服务项目实行招标方式采购的,自招标文件开始发出之日起至投标人提交投标文件截止之日止,不得少于二十日。"该法律规则逻辑结构中的行为模式是(　　)。

A. 采购货物和服务项目
B. 招标
C. 自招标文件开始发出之日起至投标人提交投标文件截止之日止

D. 不得少于 20 日

5. 下列规则中属于确定性规则的是（　　）。

A.《公司法》第 245 条第 2 款："对外国公司分支机构的经营资金需要规定最低限额的，由国务院另行规定。"

B.《科学技术普及法》第 19 条："科普是全社会的共同责任。社会各界都应当组织、参加各类科普活动。"

C.《政府采购法》第 4 条："政府采购工程进行招标投标的，适用招标投标法。"

D.《清洁生产促进法》第 7 条第 1 款："国务院应当制定有利于实施清洁生产的财政税收政策。"

6. 法律原则可分为公理性原则和政策性原则，下列属于政策性原则的是（　　）。

A. 诚实信用原则　　　　　　　　　　B. 四项基本原则

C. 优生优育政策　　　　　　　　　　D. 国家实行社会主义市场经济

7. 法律格言云："不确定性在法律中受到非难，但极度的确定性反而有损确定性。"对此，下列哪些说法是正确的？（　　）

A. 在法律中允许有内容本身不确定，但是可以援引其他相关内容规定的规范

B. 借助法律推理和法律解释，可提高法律的确定性

C. 通过法律原则、概括条款，可增强法律的适应性

D. 凡规定义务的，即属于极度确定的；凡规定权利的，即属于不确定的

8.《民法典》合同编第 758 条第 1 款规定："当事人约定租赁期限届满租赁物归承租人所有，承租人已经支付大部分租金，但是无力支付剩余租金，出租人因此解除合同收回租赁物，收回的租赁物的价值超过承租人欠付的租金以及其他费用的，承租人可以请求相应返还。"在该法律规则中，假定条件是（　　）。

A. 当事人约定租赁期限届满租赁物归承租人所有

B. 承租人已经支付大部分租金，但无力支付剩余租金

C. 出租人因承租人无力支付剩余租金，解除合同收回租赁物

D. 承租人收回的租赁物的价值超过承租人欠付的租金以及其他费用的

9. 下面的法律规定中，哪一条不属于法的要素中的法律规则？（　　）

A.《刑法》第 216 条规定："假冒他人专利，情节严重的，处三年以下有期徒刑或者拘役，并处或者单处罚金。"

B.《宪法》第 26 条第 1 款规定："国家保护和改善生活环境和生态环境，防治污染和其他公害。"

C.《刑法》第 94 条规定："本法所称司法工作人员，是指有侦查、检察、审判、监管职责的工作人员。"

D.《民法典》第 8 条规定："民事主体从事民事活动，不得违反法律，不得违背公序良俗。"

10. "对任何人犯罪，在适用法律上一律平等。"这是一条（　　）。

A. 公理性原则　　B. 政策性原则　　C. 实体性原则　　　D. 程序性原则

11.《刑法》第 21 条第 1 款规定："为了使国家、公共利益、本人或者他人的人身、财产和其他权利免受正在发生的危险，不得已采取的紧急避险行为，造成损害的，不负刑事责任。"该法律条文包含法律规则逻辑结构中的（　　）。

A. 假定条件　　　B. 行为模式　　　C. 合法后果　　　D. 违法后果

12.《民法典》第 1260 条规定："本法自 2021 年 1 月 1 日起施行……"该条文（　　）。

A. 是规范性条文

B. 是非规范性条文

C. 是法律技术性条文

D. 从属于《民法典》的规范性法律条文，没有独立含义

13. 下列哪些选项表述的内容不是法律规则？（　　）

A. 公民的权利能力一律平等

B. 民事活动应当自愿、公平、等价有偿、诚实信用

C. 合同的当事人应当按照合同的约定，全部履行自己的义务

D. 党必须在宪法和法律范围内活动

14. 《刑事诉讼法》第 240 条规定，第二审人民法院对不服第一审裁定的上诉或者抗诉，经过审查后，第二审人民法院应当参照本法第 236 条、第 238 条、第 239 条的规定，分别情形用裁定驳回上诉、抗诉，或者撤销、变更原裁定。这一规定属于（　　）。

A. 义务性规则　　　　B. 授权性规则　　　　C. 准用性规则　　　　D. 委任性规则

15. 2024 年，李某购买了刘某一套房屋，准备入住前从他处得知该房内两年前曾发生一起凶杀案。李某诉至法院要求撤销合同。法官认为，根据我国民俗习惯，多数人对发生凶杀案的房屋比较忌讳，被告故意隐瞒相关信息，违背了诚实信用原则，已构成欺诈，遂判决撤销合同。关于此案，下列哪些说法是正确的？（　　）

A. 不违反法律的民俗习惯可以作为裁判依据

B. 只有在民事案件中才可适用诚实信用原则

C. 在司法判决中，诚实信用原则以"全有或全无的方式"加以适用

D. 诚实信用原则可以为相关的法律规则提供正当化基础

16. 下列关于法律规则、法律原则和法律条文的说法，错误的是？（　　）

A. 法律规则在逻辑上由假定条件、行为模式和法律后果三部分组成，上述任何一个部分，在具体条文的表述中，均可能被省略

B. 法律条文既可以表达法律规则，也可以表达法律原则，还可以表达规则或原则以外的内容，而规范性条文就是间接表达法律规则的条文

C. 在诉讼过程中，与当事人有利害关系的应当回避，这是一个法律原则，其行为模式是应为模式

D. 法律规则与法律条文的关系为内容与形式的关系，因此，法律规则既可以通过法律条文来表达，也可以通过法律条文以外的形式来表达，典型如判例和习惯

17. 关于法律规则与法律原则的适用区别，下列哪些选项是正确的？（　　）

A. 规则冲突时：一个有效则另一个无效

B. 原则竞争时：一个有分量则另一个无分量

C. 适用顺序：需穷尽规则，方可适用原则

D. 适用顺序：可先适用原则再适用规则

18. 杨某与丈夫赵某于 2008 年结婚，后赵某又在婚姻存续期间与弟媳冯某同居，2024 年赵某因车祸死亡，此前赵某曾订立遗嘱并进行了公证，承诺在其死后将名下的宝马车赠与冯某，赵某去世后，冯某因车辆所有权争议纠纷诉至法院。法院认为协议内容虽然真实，但因赵某与冯某行为有违公序良俗，故协议无效。对此，下列哪些说法是正确的？（　　）

A. 法院对遗赠协议的有关法律规则创设例外是基于公序良俗原则

B. 法院审理案件时运用的公序良俗原则属于公理性原则

C. 法官在审理案件时进行了事实判断和价值判断

D. 法院选择适用公序良俗原则的目的是实现个案正义，属于内部证成

名词解释

1. 法的要素
2. 法律概念
3. 法律规则
4. 法律原则
5. 政策性原则

简答题

1. 简述法的要素的分类。
2. 简述法律原则与法律规则的区别。
3. 简述法律规则的含义及其特征。
4. 简述法律规则的逻辑结构。
5. 试比较授权性规则与义务性规则。
6. 简述法律原则的分类。
7. 简述法律概念和法律原则在法的要素中的地位和作用。

第八章　法律体系

基础知识图解

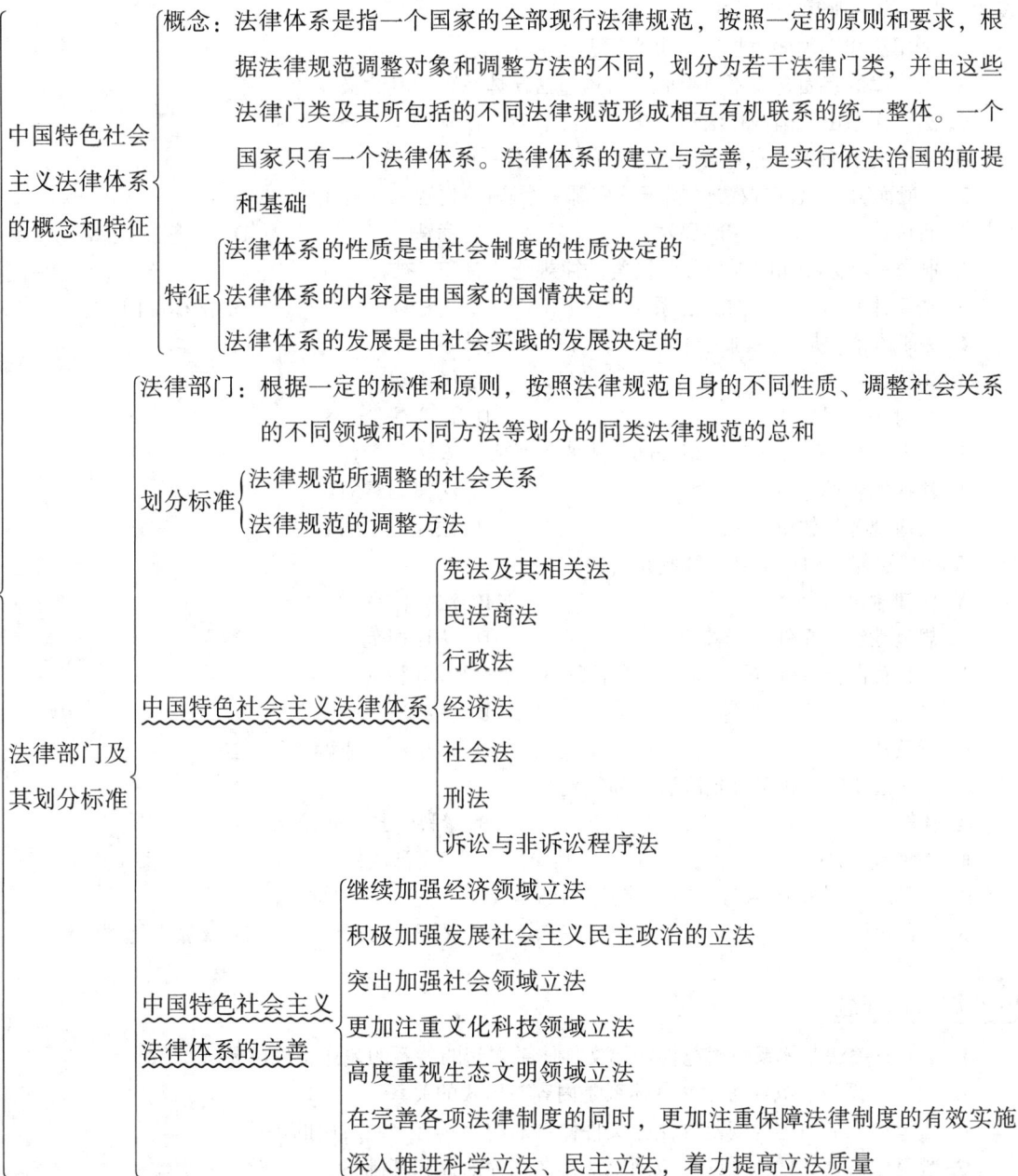

中国特色社会主义法律体系的概念和特征

概念：法律体系是指一个国家的全部现行法律规范，按照一定的原则和要求，根据法律规范调整对象和调整方法的不同，划分为若干法律门类，并由这些法律门类及其所包括的不同法律规范形成相互有机联系的统一整体。一个国家只有一个法律体系。法律体系的建立与完善，是实行依法治国的前提和基础

特征
- 法律体系的性质是由社会制度的性质决定的
- 法律体系的内容是由国家的国情决定的
- 法律体系的发展是由社会实践的发展决定的

法律部门及其划分标准

法律部门：根据一定的标准和原则，按照法律规范自身的不同性质、调整社会关系的不同领域和不同方法等划分的同类法律规范的总和

划分标准
- 法律规范所调整的社会关系
- 法律规范的调整方法

中国特色社会主义法律体系
- 宪法及其相关法
- 民法商法
- 行政法
- 经济法
- 社会法
- 刑法
- 诉讼与非诉讼程序法

中国特色社会主义法律体系的完善
- 继续加强经济领域立法
- 积极加强发展社会主义民主政治的立法
- 突出加强社会领域立法
- 更加注重文化科技领域立法
- 高度重视生态文明领域立法
- 在完善各项法律制度的同时，更加注重保障法律制度的有效实施
- 深入推进科学立法、民主立法，着力提高立法质量

配套测试

✅ 单项选择题

1. "当法律人在选择法律规范时，他必须以该国的整个法律体系为基础，也就是说，他必须对该国的法律有一个整体的理解和掌握，更为重要的是他要选择一个与他确定的案件事实相切合的法律规范，他不仅要理解和掌握法律的字面含义，还要了解和掌握法律背后的意义。"关于该表述，下列哪一理解是错误的？（　　　）

A. 适用法律必须面对规范与事实问题

B. 当法律的字面含义不清晰时，可透过法律体系理解其含义

C. 法律体系由一国现行法和历史上曾经有效的法构成

D. 法律的字面含义有时与法律背后的意义不一致

2. 一般而言，《著作权法》属于下列哪一个法律部门？（　　　）

A. 行政法　　　　　　B. 民法　　　　　　C. 商法　　　　　　D. 经济法

3. 根据一定标准和原则划分的同类法律规范的总和，被称为（　　　）。

A. 法律体系　　　　　B. 法系　　　　　　C. 立法体系　　　　D. 法律部门

4. 法律体系，是由一国现行的（　　　）构成的体系。

A. 国际法　　　　　　　　　　　　B. 国内法

C. 国内法与国际法　　　　　　　　D. 成文法

5. 在法学上，一般认为，划分部门法的主要依据是（　　　）。

A. 法律调整的范围　　　　　　　　B. 法律调整的对象和方法

C. 法律规范的数量　　　　　　　　D. 法律调整的后果

6. 构成法律部门的最基本细胞是（　　　）。

A. 法律制度　　　　　　　　　　　B. 法律体系

C. 规范性法律文件　　　　　　　　D. 法律规范

7. 一般而言，《社区矫正法》属于下列哪一个法律部门？（　　　）

A. 刑法　　　　　　　　　　　　　B. 社会法

C. 行政法　　　　　　　　　　　　D. 诉讼法与非诉讼程序法

8. 下列选项中不属于行政法法律部门范畴的是（　　　）。

A.《教育法》　　　　　　　　　　B.《科学技术普及法》

C.《律师法》　　　　　　　　　　D.《会计法》

9. 下列选项中属于经济法法律部门范畴的是（　　　）。

A.《预算法》　　　　B.《慈善法》　　　　C.《证券法》　　　　D.《城乡规划法》

✅ 多项选择题

1. 下列有关法律体系与规范性法律文件体系之间的关系的表述正确的是（　　　）。

A. 法律体系与规范性法律文件体系是内容与形式的关系

B. 法律体系的内容与规范性法律文件体系的内容具有一一对应的关系

C. 规范性法律文件体系的形成须以法律体系为前提和基础

D. 法律体系的构建必须考虑到规范性法律文件体系

2. 关于法律体系，下列表述正确的是（　　　）。

A. 又称部门法体系

B. 是一国国内法构成的体系，不包括完整意义上的国际法

C. 不包括历史上废止的已不再有效的法律，一般也不包括尚待制定，还没有制定生效的法律

D. 其形成既有客观性，又有主观性

3. 一国法律体系的现状与下列哪些因素有关？（　　　）

A. 一国国家领导人的法律意识　　　　　　B. 一国的政治、经济和文化发展水平

C. 一国的法律传统　　　　　　　　　　　D. 一国法学家的研究水平

4. 一国现行的全部法律规范按照一定的标准和原则，划分成不同的法律部门，形成的内部一致有机联系的整体，我们称之为（　　　）。

A. 法学体系　　　　B. 立法体系　　　　C. 部门法体系　　　　D. 法律体系

5. 下列选项中，哪些不属于法律部门的划分？（　　　）

A. 宪法、法律、行政法、环境法　　　　　B. 宪法、法律、民法、刑法

C. 宪法、行政法、民法　　　　　　　　　D. 刑法、经济法、环境法

6. 下列有关法律部门的表述，有哪些是不正确的？（　　　）

A. 法律部门是由法律规范组成的

B. 经济关系只能由经济法来调整

C. 法律部门的划分标准是客观存在的

D. 一个新的法律部门的产生，仅仅是该国经济发展的结果

7. 下列有关具体法律制度的表述正确的是（　　　）。

A. 具体法律制度是同类法律规范的总称

B. 具体法律制度往往是法律部门的组成部分

C. 一个具体法律制度可以从属于不同法律部门

D. 所有权法律制度可以从属于宪法、民法等法律部门

8. 下列属于宪法相关法的有（　　　）。

A. 全国人民代表大会《关于授权汕头市和珠海市人民代表大会及其常务委员会、人民政府分别制定法规和规章在各自的经济特区实施的决定》

B. 《劳动法》

C. 《立法法》

D. 《全国人民代表大会常务委员会议事规则》

9. 下列有关法系与法律体系含义的表述哪些是正确的？（　　　）

A. 法系是根据英国普通法（判例法）和欧洲大陆法典法的历史传统而对法所作的分类

B. 法律体系是由一个国家的宪法、行政法、民法、经济法、刑法、诉讼法等构成的内部和谐一致、有机联系的整体

C. 法系是具有同一历史传统的国家和地区的法的总称

D. 法律体系是一国之内的法构成的体系，不包括其他国家的法或完整意义的国际法

10. 在划分部门法时要考虑到法律所调整的社会关系的种类，并同时注意社会关系法律调整的机制。而对划分部门法的标准的论述，下述错误的是（　　　）。

A. 法律所调整的社会关系的种类应该是划分部门法的首要的、第一位的标准

B. 因为我国是社会主义公有制经济，所以传统的关于公法、私法的划分的标准在我国不应适用

C. 根据法律调整的机制，可以合理地区分经济法和民法的调整范畴，如经济关系中是平等的主体之间的财产关系的，就划归为民法部门，是非平等关系具有某种国民经济系统中管理

和被管理关系的，就划归为经济法

D. 划分法律部门的法律所调整的社会关系也就是法律所直接保护的对象

11. 关于法律体系与法学体系的表述，下列哪些说法是正确的？（　　　）

A. 法律史学属于法律体系

B. 法律心理学属于法学体系

C. 法学体系具有属国性，法律体系具有跨国性

D. 法律体系是法学体系形成、建立的前提和基础

12. 下列选项中属于社会法法律部门范畴的是（　　　）。

A. 《未成年人保护法》　　　　　　　B. 《社会保险法》

C. 《保险法》　　　　　　　　　　　D. 《网络安全法》

13. 以下属于世界公认主要法系的是（　　　）。

A. 大陆法系和英美法系　　　　　　　B. 中华法系

C. 印度法系　　　　　　　　　　　　D. 伊斯兰法系

14. 下列关于法律体系的说法正确的有（　　　）。

A. 一个国家只有一个法律体系

B. 法律体系包括立法体系、执法体系、司法体系、守法体系和法制监督体系等

C. 不同社会形态和历史时期的法律体系存在差异

D. 法律体系是跨越历史和国度的

名词解释

法律体系

简答题

1. 简述法律体系的特征。

2. 划分法律部门的标准是什么？

3. 试列举中国特色社会主义法律体系的主要法律部门？

论述题

1. 试论法律体系与法治体系、法学体系、法系之间的差别。

2. 如何完善中国特色社会主义法律体系？

第九章 权利和义务

基础知识图解

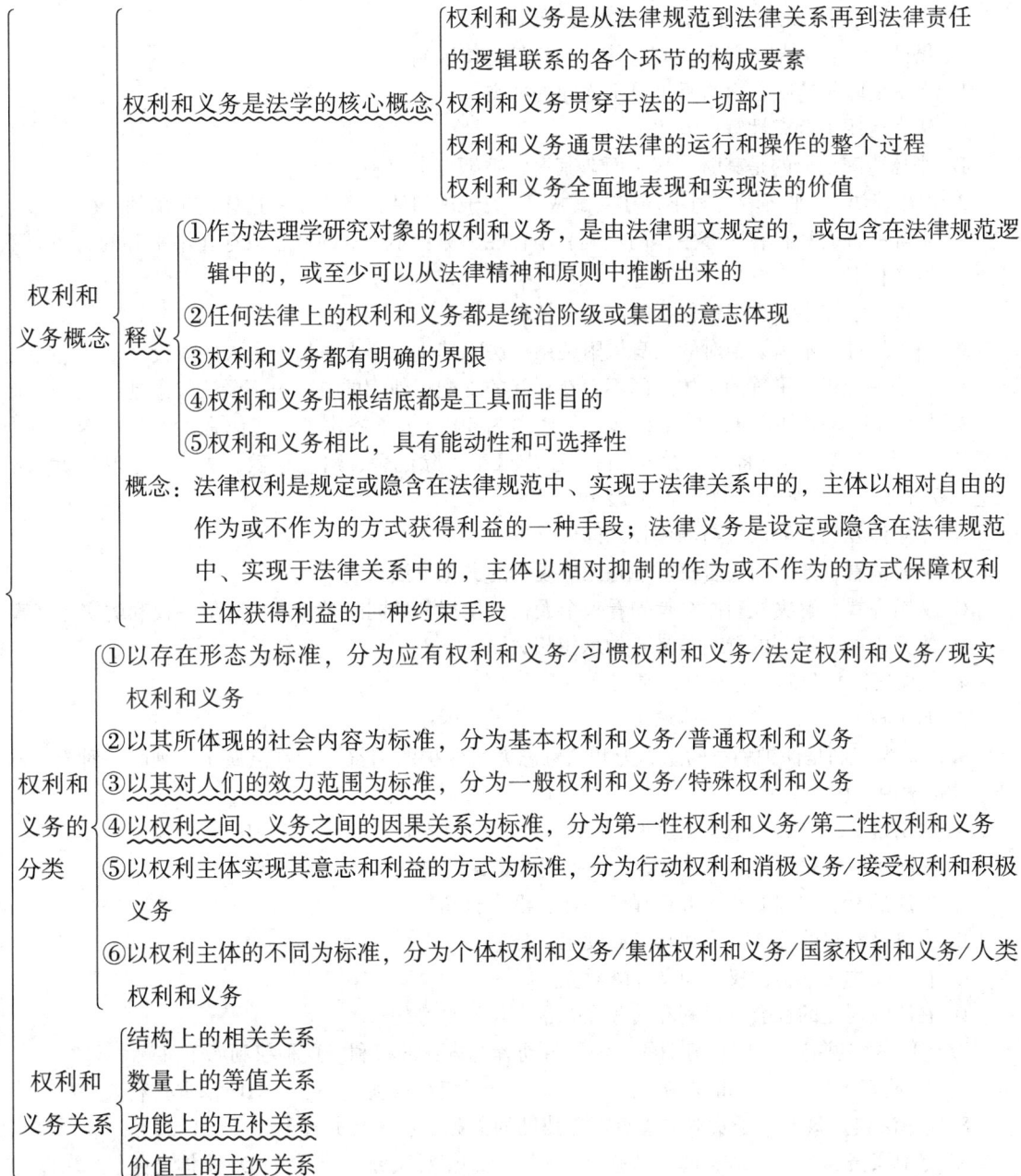

权利和义务概念

权利和义务是法学的核心概念
- 权利和义务是从法律规范到法律关系再到法律责任的逻辑联系的各个环节的构成要素
- 权利和义务贯穿于法的一切部门
- 权利和义务通贯法律的运行和操作的整个过程
- 权利和义务全面地表现和实现法的价值

释义
- ①作为法理学研究对象的权利和义务，是由法律明文规定的，或包含在法律规范逻辑中的，或至少可以从法律精神和原则中推断出来的
- ②任何法律上的权利和义务都是统治阶级或集团的意志体现
- ③权利和义务都有明确的界限
- ④权利和义务归根结底都是工具而非目的
- ⑤权利和义务相比，具有能动性和可选择性

概念：法律权利是规定或隐含在法律规范中、实现于法律关系中的，主体以相对自由的作为或不作为的方式获得利益的一种手段；法律义务是设定或隐含在法律规范中、实现于法律关系中的，主体以相对抑制的作为或不作为的方式保障权利主体获得利益的一种约束手段

权利和义务的分类
- ①以存在形态为标准，分为应有权利和义务/习惯权利和义务/法定权利和义务/现实权利和义务
- ②以其所体现的社会内容为标准，分为基本权利和义务/普通权利和义务
- ③以其对人们的效力范围为标准，分为一般权利和义务/特殊权利和义务
- ④以权利之间、义务之间的因果关系为标准，分为第一性权利和义务/第二性权利和义务
- ⑤以权利主体实现其意志和利益的方式为标准，分为行动权利和消极义务/接受权利和积极义务
- ⑥以权利主体的不同为标准，分为个体权利和义务/集体权利和义务/国家权利和义务/人类权利和义务

权利和义务关系
- 结构上的相关关系
- 数量上的等值关系
- 功能上的互补关系
- 价值上的主次关系

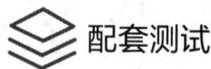

配套测试

☑ 单项选择题

1. 张林遗嘱中载明：我去世后，家中三间平房归我妻王珍所有，如我妻今后嫁人，则归我侄子张超所有。张林去世后王珍再婚，张超诉至法院主张平房所有权。法院审理后认为，婚姻自由是宪法的基本权利，该遗嘱所附条件侵犯了王珍的婚姻自由，违反《民法典》规定，因此无效，判决张超败诉。对于此案，下列哪一说法是错误的？（　　）

A. 婚姻自由作为基本权利，其行使不受任何法律限制

B. 本案反映了遗嘱自由与婚姻自由之间的冲突

C. 法官运用了合宪性解释方法

D. 张林遗嘱处分的是其财产权利而非其妻的婚姻自由权利

2. 法律谚语："平等者之间不存在支配权。"关于这句话，下列哪一选项是正确的？（　　）

A. 平等的社会只存在平等主体的权利，不存在义务；不平等的社会只存在不平等的义务，不存在权利

B. 在古代法律中，支配权仅指财产上的权利

C. 平等的社会不承认绝对的人身依附关系，法律禁止一个人对另一个人的奴役

D. 从法理上讲，平等的主体之间不存在相互的支配，他们的自由也不受法律限制

3. 苏某和熊某毗邻而居。熊某在其居住楼顶为 50 只鸽子搭建了一座鸽舍。苏某以养鸽行为严重影响居住环境为由，将熊某诉至法院，要求熊某拆除鸽舍，赔礼道歉。法院判定原告诉求不成立。关于本案，下列哪一判断是错误的？（　　）

A. 本案涉及的是安居权与养鸽权之间的冲突

B. 从案情看，苏某的安居权属于宪法所规定的文化生活权利

C. 从判决看，解决权利冲突首先看一个人在行使权利的同时是否造成对他人权利的实际侵害

D. 本案表明，权利的行使与义务的承担相关联

4. 一项法律权利的核心和基础是（　　）。

A. 自由权　　　　　　B. 请求权　　　　　　C. 诉权　　　　　　D. 许可权

5. "认为权利是保护利益的意志力和依意志力所保护的利益"的观点属于下列哪一种有关权利本质的学说？（　　）

A. 自由说　　　　　　B. 意思说　　　　　　C. 利益说　　　　　　D. 折中说

6. 从权利和义务的产生和发展看，下列观点错误的是（　　）。

A. 在原始社会，权利和义务还浑然一体，没有分离

B. 在阶级对立的社会，权利和义务发生了分离

C. 在社会主义社会，权利和义务既对立又统一

D. 在阶级对立的社会，权利和义务在总量上是不平等的

7. 《宪法》规定，公民有劳动的权利，劳动者有休息的权利。这种权利属于（　　）。

A. 普通权利　　　　　B. 救济权　　　　　　C. 相对权　　　　　D. 基本权利

8. 《民法典》规定，子女对父母有赡养扶助的义务。这种义务属于（　　）。

A. 绝对义务　　　　　B. 基本义务　　　　　C. 相对义务　　　　D. 集体义务

9. 法律义务是指法律关系主体（　　）。

A. 可以自己做出一定行为

B. 可以要求他人做出一定行为

C. 可以要求他人不做出一定行为

D. 必须做出或不做出一定行为

10. 人身权利属于（　　）。

A. 绝对权　　　　　　B. 相对权　　　　　　C. 特殊权利　　　　　　D. 职权

11. 下列说法不正确的是（　　）。

A. 行使权利必须采用正当、合法的手段　　　　B. 履行义务必须采用不作为方式

C. 遵守法律首先应该遵守宪法　　　　D. 不能只行使权利不履行义务

12. 王甲经法定程序将名字改为与知名作家相同的"王乙"，并在其创作的小说上署名"王乙"以增加销量。作家王乙将王甲诉至法院。法院认为，公民虽享有姓名权，但被告署名的方式误导了读者，侵害了原告的合法权益，违背诚实信用原则。关于该案，下列哪一选项是正确的？（　　）

A. 姓名权属于应然权利，而非法定权利

B. 诚实信用原则可以填补规则漏洞

C. 姓名权是相对权

D. 若法院判决王甲承担赔偿责任，则体现了确定法与道德界限的"冒犯原则"

13. 尹老汉因女儿很少前来看望，将女儿诉至法院，要求判决女儿每周前来看望1次。法院认为，根据《老年人权益保障法》第18条规定，家庭成员应当关心老年人的精神需求，不得忽视、冷落老年人；与老年人分开居住的家庭成员，应当经常看望或问候老年人。而且，关爱老人也是中华传统美德。法院遂判决被告每月看望老人1次。关于此案，下列哪一说法是错误的？（　　）

A. 被告看望老人次数因法律没有明确规定，由法官自由裁量

B.《老年人权益保障法》第18条中没有规定法律后果

C. 法院判决所依据的法条中规定了积极义务和消极义务

D. 法院判决主要是依据道德作出的

14. 根据权利和义务的存在形态，下列哪一选项不属于其分类范畴？（　　）

A. 应有权利和义务　　　　　　　　　　B. 习惯权利和义务

C. 法定权利和义务　　　　　　　　　　D. 基本权利和义务

15. 关于权利与义务的关系，下列说法正确的是（　　）。

A. 一个社会的权利总量和义务总量是不相等的

B. 权利与义务在功能上是互补关系

C. 权利与义务在价值上没有主次之分

D. 权利提供确定的指引，义务提供不确定的指引

16. 关于权利本位的法律特征，下列说法错误的是（　　）。

A. 权利本位意味着法律面前人人平等

B. 权利是目的，义务是手段，法律设定义务的目的在于保障权利的实现

C. 在法律没有明确禁止或强制的情况下，可以作出权利推定

D. 法律不仅禁止一个人损害别人的权利，也禁止其行使自己的权利

☑️ 多项选择题

1. 下列哪些选项属于积极义务的范畴？（　　）

A. 子女赡养父母　　　　　　　　　　B. 严禁刑讯逼供

C. 公民依法纳税　　　　　　　　　　D. 紧急避险

2. "没有无义务的权利，也没有无权利的义务。"这句话说明（　　　）。

A. 权利和义务浑然一体

B. 权利和义务在价值上代表了相同的法律精神

C. 权利和义务在结构上是不可分的

D. 权利和义务在总量上是相等的

3. 法律权利的特征是（　　　）。

A. 由法律规范所规定，得到国家的认可和保障

B. 具有一定程度的自主性

C. 与利益紧密相连

D. 总是与义务人的义务相关联

4. 法律义务的特点有（　　　）。

A. 义务是由法律规范所规定的

B. 义务表现了人们行为的不可选择性

C. 义务与负担、约束是紧密相连的

D. 义务总是与权利相关联

5. 关于法律关系主体的权利和义务与法律上规定的权利和义务的区别的表述，哪些是正确的？（　　　）

A. 两者所属领域不同　　　　　　　　B. 两者针对的主体不同

C. 两者的法律效力不同　　　　　　　D. 两者的属性不同

6. 权利一词可以在以下哪几种意义上使用？（　　　）

A. 道德权利　　　　B. 法律权利　　　　C. 习惯权利　　　　D. 自然权利

7. 《宪法》规定，中华人民共和国公民的住宅不受侵犯。禁止非法搜查或者非法侵入公民住宅。它所规定的义务属于（　　　）。

A. 基本义务　　　　B. 绝对义务　　　　C. 相对义务　　　　D. 普通义务

8. 关于权利和权利能力，下列表述中正确的是（　　　）。

A. 权利能力以人的认识和控制能力为前提

B. 权利是权利能力在法律关系中的具体反映

C. 具有权利能力的人参与某种法律关系必须具有具体的权利

D. 权利能力指享有权利的法律资格，也包括承担义务在内

9. 下列关于一般义务的说法，错误的是（　　　）。

A. 一般义务又称对世义务

B. 一般义务的内容通常是积极的作为

C. 一般义务无例外地适用于每个人

D. 婚姻家庭关系中夫妻之间的义务属于一般义务

10. 以下属于第一性权利的是（　　　）。

A. 财产所有权　　　　　　　　　　　B. 诉权

C. 缔约权　　　　　　　　　　　　　D. 恢复合法权益请求权

11. 根据权利主体的分类，以下说法错误的是（　　　）。

A. 检察权不属于国家权利　　　　　　B. 环境权属于集体权利

C. 和平权不属于人类权利　　　　　　D. 监督权属于个体权利

名词解释

1. 基本权利和义务
2. 一般权利和义务

简答题

1. 简述法律权利和义务的关系。
2. 简述法律权利的特点。
3. 简述法与权利和义务的关系。
4. 简述权利和义务的分类。

论述题

谈谈对于法律权利和法律义务含义的理解。

第十章　法律行为

基础知识图解

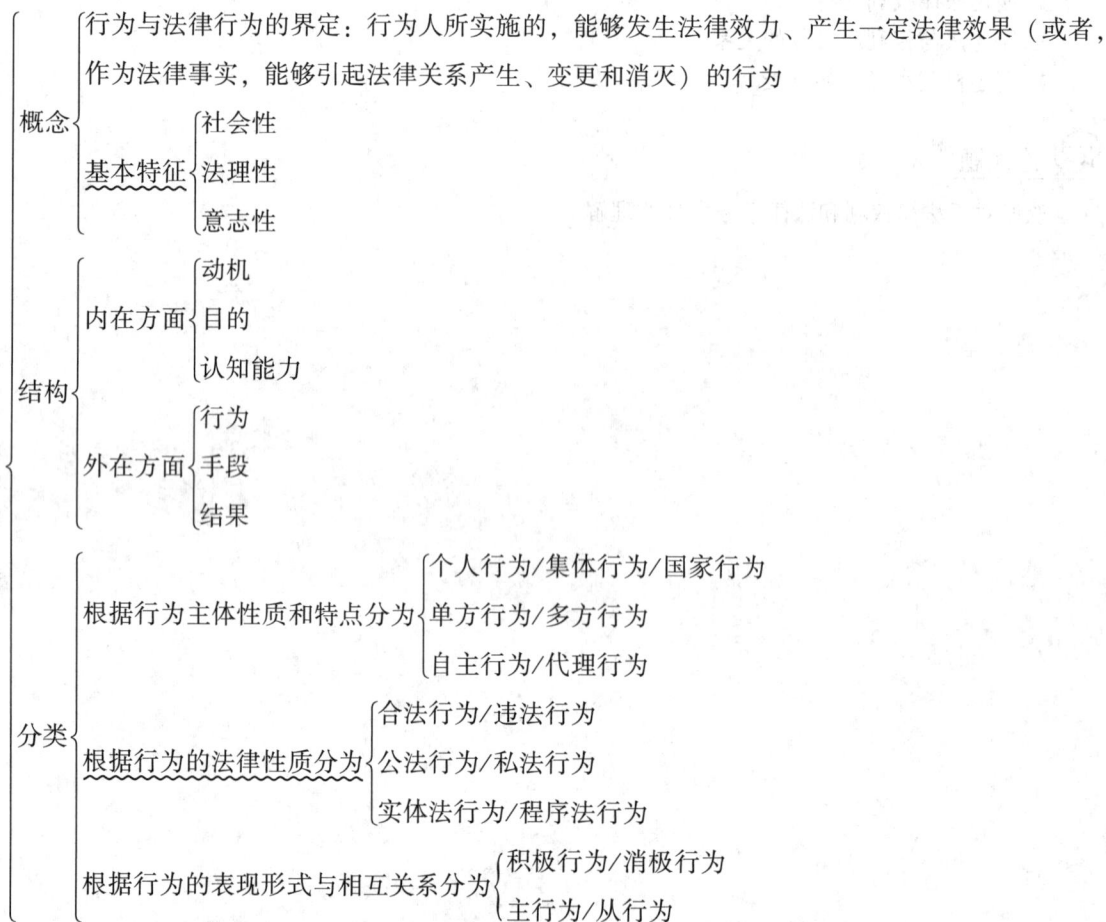

概念
- 行为与法律行为的界定：行为人所实施的，能够发生法律效力、产生一定法律效果（或者，作为法律事实，能够引起法律关系产生、变更和消灭）的行为
- 基本特征
  - 社会性
  - 法理性
  - 意志性

结构
- 内在方面
  - 动机
  - 目的
  - 认知能力
- 外在方面
  - 行为
  - 手段
  - 结果

分类
- 根据行为主体性质和特点分为
  - 个人行为/集体行为/国家行为
  - 单方行为/多方行为
  - 自主行为/代理行为
- 根据行为的法律性质分为
  - 合法行为/违法行为
  - 公法行为/私法行为
  - 实体法行为/程序法行为
- 根据行为的表现形式与相互关系分为
  - 积极行为/消极行为
  - 主行为/从行为

配套测试

单项选择题

1. 法律事件和法律行为的划分标准是（　　）。

A. 是否以当事人的意志为转移　　　　　B. 是否合法

C. 法律是否予以调整　　　　　　　　　D. 是否具有社会性

2. 以下法律行为的分类不是根据行为的法律性质而分的是（　　）。

A. 合法行为与违法行为

B. 公法行为与私法行为

C. 个人行为、集体行为与国家行为

D. 实体法行为与程序法行为

多项选择题

1. 下列哪些法律行为必须经过有关国家机关履行一定手续加以证明，才能引起法律关系的产生、变更或消灭？（　　）

A. 小张和小王结婚

B. 老杜将自己的私有住房转让给小丁

C. 李女士参加所在选区的人民代表选举

D. 某公司去保险公司为职员大李投保

2. 法律责任是一种不利的法律后果，而产生法律责任的原因之一是违法行为，关于违法行为的构成要素，以下论述正确的是（　　）。

A. 违法行为必须是违反某种法律具体规定的行为，包括作为和不作为

B. 违法必须是在不同程度上侵犯法律上所保护的社会关系的行为

C. 违法一般必须有行为人的故意或过失，但是在行政法领域，实行"过错推定"的方法，"一般只要行为人实施了违法行为就视其为主观有过错，不必再深究其主观因素，法律另有规定的除外"

D. 没有法定行为能力的人和没有法定责任能力的人往往也可以构成违法行为

3. 关于法律行为，以下说法正确的是（　　）。

A. 法律行为要求行为主体必须具有主观意志

B. 只有法律规定的主体才能够实施法律行为

C. 违法行为不可能是法律行为

D. 法律行为可以分为单方行为与多方行为

名词解释

1. 法律行为构成的客观要件

2. 法律行为构成的主观要件

3. 法律行为的确认

4.（意思）表示行为与非表示行为

5. 要式行为与非要式行为

6. 完全行为与不完全行为

简答题

1. 违法行为的构成要素有哪些？

2. 法律行为的概念及其基本特征。

3. 简述法律行为的分类标准。

论述题

1. 简述合法行为的特点及种类。

2. 试述法律行为的结构。

3. 试述法律行为的意义。

第十一章 法律关系

基础知识图解

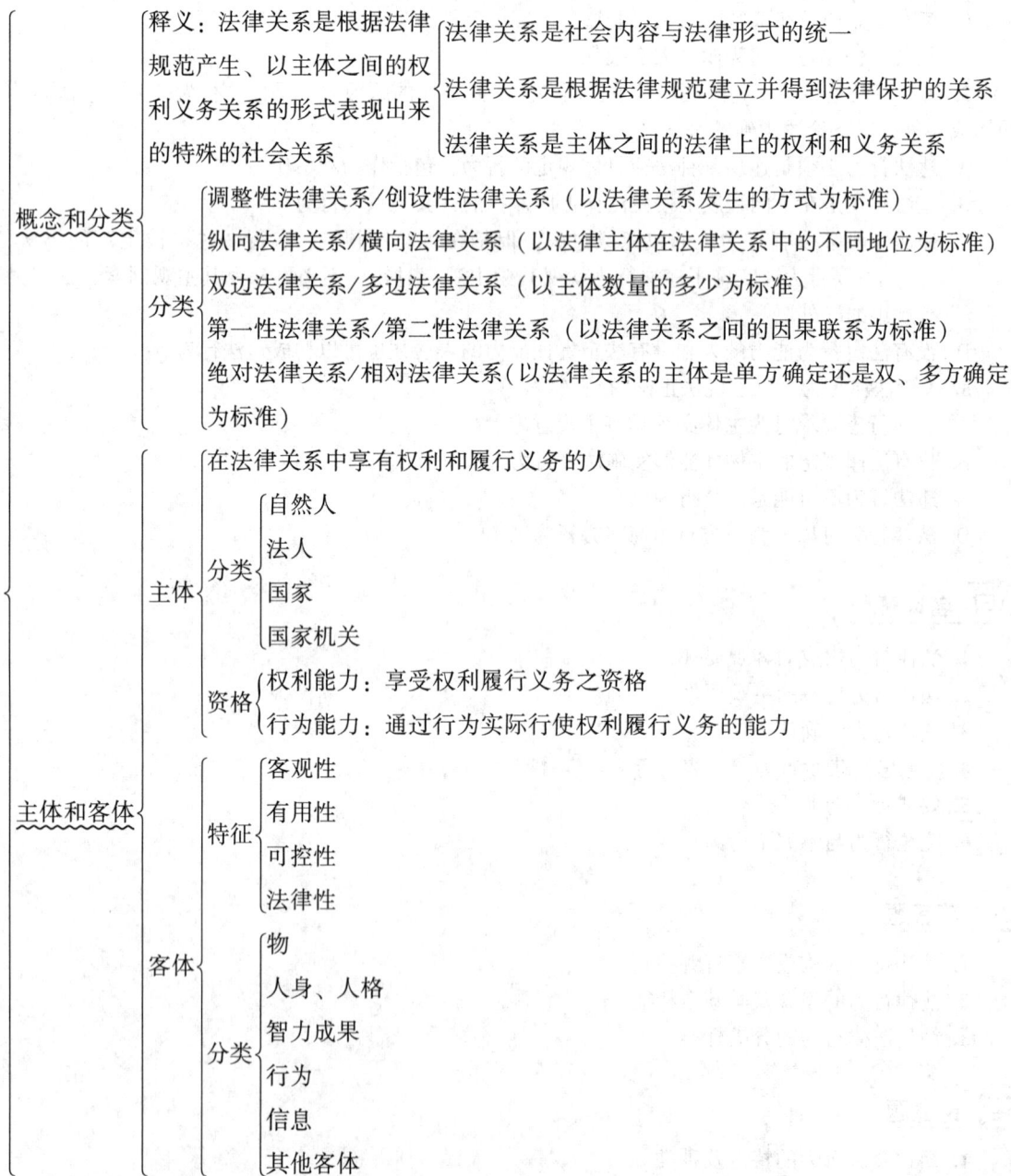

概念和分类
- 释义：法律关系是根据法律规范产生、以主体之间的权利义务关系的形式表现出来的特殊的社会关系
  - 法律关系是社会内容与法律形式的统一
  - 法律关系是根据法律规范建立并得到法律保护的关系
  - 法律关系是主体之间的法律上的权利和义务关系
- 分类
  - 调整性法律关系/创设性法律关系（以法律关系发生的方式为标准）
  - 纵向法律关系/横向法律关系（以法律主体在法律关系中的不同地位为标准）
  - 双边法律关系/多边法律关系（以主体数量的多少为标准）
  - 第一性法律关系/第二性法律关系（以法律关系之间的因果联系为标准）
  - 绝对法律关系/相对法律关系（以法律关系的主体是单方确定还是双、多方确定为标准）

主体和客体
- 主体
  - 在法律关系中享有权利和履行义务的人
  - 分类
    - 自然人
    - 法人
    - 国家
    - 国家机关
  - 资格
    - 权利能力：享受权利履行义务之资格
    - 行为能力：通过行为实际行使权利履行义务的能力
- 客体
  - 特征
    - 客观性
    - 有用性
    - 可控性
    - 法律性
  - 分类
    - 物
    - 人身、人格
    - 智力成果
    - 行为
    - 信息
    - 其他客体

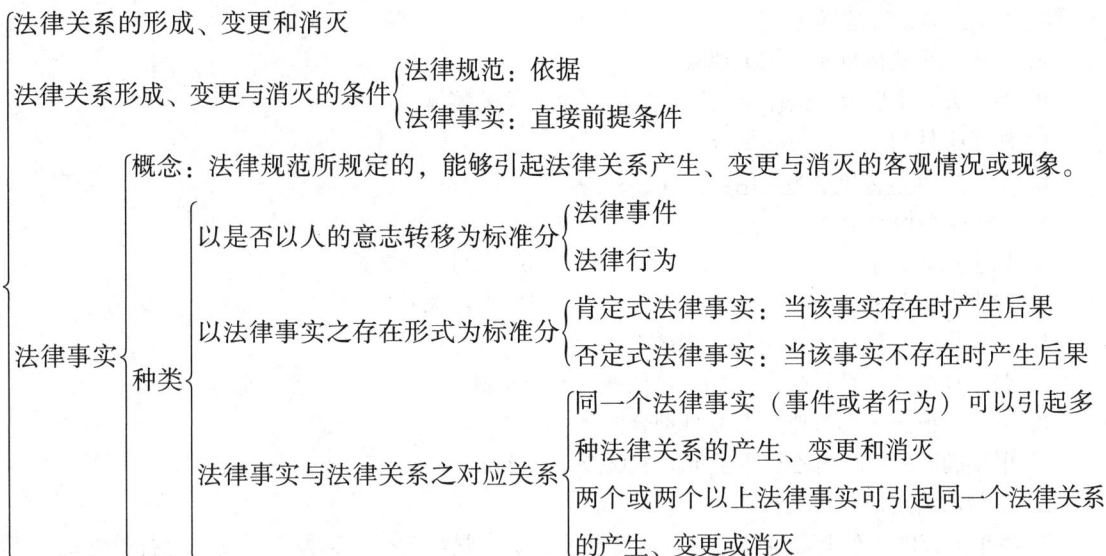

法律关系的形成、变更和消灭

法律关系形成、变更与消灭的条件 {
  法律规范：依据
  法律事实：直接前提条件
}

法律事实 {
  概念：法律规范所规定的，能够引起法律关系产生、变更与消灭的客观情况或现象。

  种类 {
    以是否以人的意志转移为标准分 {
      法律事件
      法律行为
    }
    以法律事实之存在形式为标准分 {
      肯定式法律事实：当该事实存在时产生后果
      否定式法律事实：当该事实不存在时产生后果
    }
    法律事实与法律关系之对应关系 {
      同一个法律事实（事件或者行为）可以引起多种法律关系的产生、变更和消灭
      两个或两个以上法律事实可引起同一个法律关系的产生、变更或消灭
    }
  }
}

配套测试

☑ 单项选择题

1. 韩某与刘某婚后购买住房一套，并签订协议："刘某应忠诚于韩某，如因其婚外情离婚，该住房归韩某所有。"后韩某以刘某与第三者的 QQ 聊天记录为证据，诉其违反忠诚协议。法官认为，该协议系双方自愿签订，不违反法律禁止性规定，故合法有效。经调解，两人离婚，住房归韩某。关于此案，下列哪一说法是不正确的？（　　）

A. 该协议仅具有道德上的约束力

B. 当事人的意思表示不能仅被看作一种内心活动，而应首先被视为可能在法律上产生后果的行为

C. 法律禁止的行为或不禁止的行为，均可导致法律关系的产生

D. 法官对协议的解释符合"法伦理性的原则"

2. 2024 年，潘桂花、李大响老夫妇处置房产时，发现房产证产权人由潘桂花变成了其子李能。原来，早在七年前李能就利用其母不识字骗其母签订合同，将房屋作价过户到自己名下。二老怒将李能诉至法院。法院查明，潘桂花因精神障碍，被鉴定为限制民事行为能力人。据此，法院认定该合同无效。对此，下列哪一说法是不正确的？（　　）

A. 李能的行为违反了物权的取得应当遵守法律、尊重公德、不损害他人合法权益的法律规定

B. 从法理上看，法院主要根据"法律家长主义"原则（即法律对于当事人"不真实反映其意志的危险选择"应进行限制，使之免予自我伤害）对李能的意志行为进行判断，从而否定了他的做法

C. 潘桂花被鉴定为限制民事行为能力人是对法律关系主体构成资格的一种认定

D. 从诉讼"争点"理论看，本案争执的焦点不在于李能是否利用其母不识字骗其母签订合同，而在于合同转让的效力如何认定

3. 在法律关系中，法律关系参加者的权利和义务指向的对象是（　　）。

A. 法律规范　　　　　　　　　　B. 法律关系的客体

C. 法律事实　　　　　　　　　　D. 法律关系的内容

4. "事实构成"是指（　　）。

A. 构成一个法律事实的相关要素

B. 两个或两个以上的法律事实所构成的一个相关的整体

C. 法律事件和法律行为的结合

D. 法律规范和法律事实的结合

5. 法律关系根源于（　　）。

A. 思想社会关系　　　　　　　　　　B. 人与人的关系

C. 物质生活关系　　　　　　　　　　D. 财产关系

6. 下列哪一项不属于或不能构成法律关系？（　　）

A. 张三经李四（精神病人）的父母同意而收养李四

B. 甲、乙根据《民法典》订立抵押合同

C. 甲年满 8 周岁时向乙购买了价值 1000 元的自行车

D. 甲与乙约定选择法院管辖

7. 甲早上骑电动车上班经过路口时被交警乙发现未佩戴头盔，交警乙对其进行行政处罚。下面有关说法正确的是（　　）。

A. 甲乙之间的法律关系属于横向法律关系

B. 该法律关系需要甲具有完全民事行为能力

C. 该法律关系形成的条件是有关交通法规和甲未佩戴头盔的法律事实

D. 甲乙之间的法律关系属于调整性法律关系

8. 电影《绝望的人生》属于法律客体的哪一种类？（　　）

A. 物　　　　　　B. 行为结果　　　　　　C. 精神产品　　　　　　D. 人身

9. 胡某夫妇因有事外出，便雇用一位保姆临时在家照看孩子，事后付给保姆酬劳 500 元钱。关于胡某夫妇与保姆之间法律关系的客体，下列选项正确的是（　　）。

A. 孩子　　　　　　　　　　　　　　B. 保姆

C. 孩子的安全、健康　　　　　　　　D. 照看孩子的劳务和 500 元报酬

10. 刘某和药店店主孙某之间订有买卖协议，由刘某长期供应孙某假药低价销售。后因孙某欠款较多，双方发生纠纷。下面的说法正确的是（　　）。

A. 刘某和孙某之间具有买卖的法律关系

B. 假药和欠款是双方法律关系的客体

C. 刘某和孙某购销假药的行为违法，但买卖行为在法律上有效

D. 双方的协议违反法律，是无效合同，不受法律保护

11. 下列引起法律关系产生、变更或消灭的情形中，属于法律行为的是（　　）。

A. 因 A 国政府施加关税导致 B 国某公司与 A 国某公司的买卖合同难以继续履行

B. 老李死亡导致其与单位的劳动合同消灭

C. 小王出生后，外公送给其母亲一箱奶粉

D. 小刘出生后，其父母与她之间产生了监护关系

12. 根据法律主体的多少及其权利义务是否一致，可将法律关系分为（　　）。

A. 调整性法律关系和保护性法律关系

B. 纵向法律关系和横向法律关系

C. 单向法律关系、双向法律关系和多向法律关系

D. 主法律关系和从法律关系

13. 甲公司与乙公司签订了一份购销合同，后乙公司违约。甲公司向法院提起诉讼，法院判

决乙公司承担违约责任，乙公司不执行判决，由法院强制执行。关于此案中的法律关系，表述正确的是（　　）。

　　A. 法院对乙公司强制执行的法律关系是调整性法律关系

　　B. 法院与甲、乙公司在诉讼中的法律关系是横向法律关系

　　C. 甲、乙公司分别作为诉讼的原告、被告，是纵向法律关系

　　D. 甲、乙公司的合同关系是调整性法律关系

14. 法律关系主体能够通过自己的行为实际取得权利和履行义务的能力称为（　　）。

　　A. 行为能力　　　　B. 权利能力　　　　C. 权利行为能力　　　D. 责任行为能力

15. 关于公民的权利能力和行为能力，表述正确的是（　　）。

　　A. 公民具有权利能力必须首先具有行为能力

　　B. 公民的权利能力和行为能力不能分离

　　C. 公民具有权利能力，并不必然具有行为能力

　　D. 公民丧失行为能力，也就意味着权利能力的丧失

16. 下述有关司法过程中的法律关系，错误的是（　　）。

　　A. 小翟被公安机关刑讯逼供后控告，他与涉案警察之间的法律关系是第二性法律关系

　　B. 小张作为证人在法庭上如实回答法官的询问，他与法官之间构成纵向法律关系

　　C. 小宋作为民事诉讼中的原告，在法庭上与被告构成纵向法律关系

　　D. 小铁作为行政诉讼中的原告，在法庭上与被告某行政机关构成横向法律关系

17. 法律关系与其他社会关系的根本区别是（　　）。

　　A. 合法性　　　　　B. 物质制约性　　　　C. 意志性　　　　D. 强制性

18. 法律关系主体能够参与一定的法律关系，依法享有一定权利和承担一定义务的法律资格。这在法学上被称为（　　）。

　　A. 行为能力　　　　B. 权利能力　　　　　C. 权利主体　　　　D. 权利客体

19.《民法典》第 18 条第 2 款规定，16 周岁以上的未成年人能以自己的劳动收入为主要生活来源的，应当被视为（　　）。

　　A. 完全行为能力人　　B. 限制行为能力人　　C. 无行为能力人　　D. 克制行为能力人

20. 15 岁的未成年人小单玩某手机游戏时用其母亲的银行卡向游戏内充值 6480 元，其母亲发现后向游戏公司主张未成年人退款，成功退回了钱款。关于本案的法律关系，下列说法错误的是（　　）。

　　A. 小单与游戏公司之间的法律关系无效

　　B. 小单母亲不是游戏充值的行为人，因此与游戏公司间不构成法律关系，无权主张返还

　　C. 小单母亲与游戏公司之间的法律关系是第二性法律关系

　　D. 小单是限制行为能力人，对于超出其能力范围的法律行为，不具有行为能力

21. 下列有关法人的权利能力和行为能力的表述不恰当的是（　　）。

　　A. 法人有权利能力，就一定有行为能力

　　B. 法人的行为能力自法人成立之时就受到限制

　　C. 法人的权利能力自法人成立之时就受到限制

　　D. 法人有行为能力，不一定有权利能力

22. 张三将一批货物交给某铁路公司，让其运到北京西站，张三与某铁路公司之间形成的法律关系的客体是（　　）。

　　A. 货物　　　　　　B. 北京西站　　　　C. 运输行为结果　　　D. 火车

23. 能够引起法律关系产生、变更和消灭的条件主要有两个：一个是法律事实，另一个

是（　　）。

  A. 法律规范   B. 法律行为   C. 法律事件   D. 法律适用

24. 我国法律规定，限制行为能力人包括（　　）。

  A. 未满 8 周岁的未成年人

  B. 能够辨认自己行为的盲聋哑人

  C. 不能完全辨认自己行为的精神病患者

  D. 在押的犯人

25. 我国法律规定，无民事行为能力人包括（　　）。

  A. 不能辨认自己行为的精神病患者

  B. 16 周岁以下的人

  C. 8 周岁以上的未成年人

  D. 不能完全辨认自己行为的精神病患者

26. 法律关系属于思想社会关系和（　　）现象。

  A. 上层建筑   B. 物质社会关系   C. 经济基础   D. 思想关系

27. 凡是能直接引起法律关系产生、变更和消灭的条件或根据被称为（　　）。

  A. 法律关系主体 B. 法律关系客体 C. 法律关系内容 D. 法律事实

28. 法律事实分为两类，一类是法律事件，另一类是（　　）。

  A. 法律后果   B. 法律制裁   C. 法律责任   D. 法律行为

29. 甲用水果刀将人刺伤，被公安机关按照《治安管理处罚法》的规定给予行政处罚。这一法律关系的客体属于（　　）。

  A. 物   B. 管制刀具   C. 人身   D. 行为结果

30. 根据我国法律，下列各项行为中不具备合法的法律关系客体的是（　　）。

  A. 冯某立下遗嘱，死后将遗体捐献给医学院

  B. 某公司从制假者手中购进一批假酒

  C. 刘某与王某商定如他一个月后出国，就将房屋出租给王某

  D. 某市政府将在建的过街天桥冠名权进行公开拍卖

31. 下列属于法律关系的是（　　）。

  A. 已订婚的某对恋人之间的关系

  B. 某学院学生党支部书记和学生党员的关系

  C. 被告人聘请某律师进行辩护

  D. 某甲赌博输给某乙 1000 元钱，立下字据表示在 3 天内付清

32. 纵向法律关系和横向法律关系的划分依据是（　　）。

  A. 法律主体的多少

  B. 法律主体在法律关系中的地位

  C. 相关法律关系的作用和地位

  D. 法律关系产生的依据

33. 大学生小李在二次元周边店购买了一高价正版手办，后来发现该手办事实上是盗版仿制，这种法律事实引起的法律关系属于（　　）。

  A. 私法法律关系   B. 公法法律关系

  C. 商事法律关系   D. 公私混合法律关系

34. 法律关系的内容是法律关系主体之间的法律权利和法律义务，两者之间具有紧密的联系。下列有关法律权利和法律义务相互关系的表述中，哪种说法没有正确揭示这一关系？（　　）

A. 权利和义务在法律关系中的地位有主次之分

B. 享有权利是为了更好地履行义务

C. 权利和义务的存在、发展都必须以另一方的存在和发展为条件

D. 义务的设定目的是保障权利的实现

35. 下列有关公民权利能力的表述，哪一项是错误的？（　　　）

A. 权利能力是公民构成法律关系主体的一种资格

B. 所有公民的权利能力都是相同的

C. 公民具有权利能力，并不必然具有行为能力

D. 权利能力也包括公民承担义务的能力或资格

36. 魏某与桂某到婚姻登记机关申请登记结婚，婚姻登记机关依法予以登记并发给结婚证书。产生魏某与桂某法律上的婚姻关系的事实在法学上被称作什么？（　　　）

A. 法律事件　　　　B. 法律行为　　　　C. 事实行为　　　　D. 事实关系

37. 每个公民自出生到死亡都享有权利的能力或资格，在法学上被称为（　　　）。

A. 人身权　　　　B. 生命健康权　　　　C. 权利能力　　　　D. 行为能力

38. 肖像权属于法律关系客体中的（　　　）。

A. 物　　　　B. 作为　　　　C. 不作为　　　　D. 精神产品

39. 引起法律关系产生、变更或消灭，与参加者意志无关的法律事实称为（　　　）。

A. 行为　　　　B. 事件　　　　C. 法律关系客体　　　　D. 法律关系内容

40. 张某到某市公交公司办理公交卡退卡手续时，被告知：根据本公司公布施行的《某市公交卡使用须知》，退卡时应将卡内 200 元余额用完，否则不能退卡，张某遂提起诉讼。法院认为，公交公司依据《某市公交卡使用须知》拒绝张某要求，侵犯了张某自主选择服务方式的权利，该条款应属无效，遂判决公交公司退还卡中余额。关于此案，下列哪一说法是正确的？（　　　）

A. 张某、公交公司之间的服务合同法律关系属于纵向法律关系

B. 该案中的诉讼法律关系是主法律关系

C. 公交公司的权利能力和行为能力是同时产生和同时消灭的

D. 《某市公交卡使用须知》属于地方规章

☑ 多项选择题

1. 赵某在行驶中的地铁车厢内站立，因只顾看手机而未抓扶手，在地铁紧急制动时摔倒受伤，遂诉至法院要求赔偿。法院认为，《民法典》侵权责任编规定，被侵权人对损害的发生有重大过失的，可以减轻经营者的责任。地铁公司在车厢内循环播放"站稳扶好"来提醒乘客，而赵某因看手机未抓扶手，存在重大过失，应承担主要责任。综合各种因素，判决地铁公司按 40% 的比例承担赔偿责任。对此，下列哪些说法是正确的？（　　　）

A. 该案中赵某是否违反注意义务，是衡量法律责任轻重的重要标准

B. 该案的民事诉讼法律关系属第二性法律关系

C. 若经法院调解后赵某放弃索赔，则构成协议免责

D. 法官对责任分摊比例的自由裁量不受任何限制

2. 王某恋爱期间承担了男友刘某的开销计 20 万元。后刘某提出分手，王某要求刘某返还开销费用。经过协商，刘某自愿将该费用转为借款并出具了借条，不久刘某反悔，以不存在真实有效借款关系为由拒绝还款，王某诉至法院。法院认为，"刘某出具该借条系本人自愿，且并未违反法律强制性规定"，遂判决刘某还款。对此，下列哪些说法是正确的？（　　　）

A. "刘某出具该借条系本人自愿，且并未违反法律强制性规定"是对案件事实的认定

B. 出具借条是导致王某与刘某产生借款合同法律关系的法律事实之一

C. 因王某起诉产生的民事诉讼法律关系是第二性法律关系

D. 本案的判决是以法律事件的发生为根据作出的

3. 某纳税人因偷税被某税务机关处以罚款 1500 元的处罚，某纳税人与某税务机关之间形成的法律关系是（　　）。

A. 调整性法律关系　　B. 保护性法律关系　　C. 横向法律关系　　D. 第二性法律关系

4. 钱某向周某借款 1 万元，钱某的朋友车某向周某提供了担保。下列选项中，关于三人之间的法律关系，表述正确的是哪些？（　　）

A. 钱某和周某之间是双务法律关系

B. 车某和周某的担保关系是从法律关系，而钱某和周某的借贷关系是主法律关系

C. 车某和钱某的担保关系是保护性法律关系

D. 三人之间的关系是横向法律关系

5. 根据我国法律，能够成为法律关系主体的有（　　）。

A. 居住在我国的无国籍人

B. 在我国旅游的外国人

C. 个体户

D. 在看守所等待审判的犯罪嫌疑人

6. 下列关于义务行为能力的表述正确的是（　　）。

A. 义务行为能力是权利义务能力的一种

B. 义务行为能力就是法律关系主体能够通过自己的行为实际取得权利和履行义务的能力

C. 义务行为能力是行为能力的一种特殊形式

D. 义务行为能力是行为人能够实际履行法律义务的能力

7. 关于法人的权利能力和行为能力，下列表述中正确的是哪些？（　　）

A. 法人的行为能力有完全和不完全之分

B. 法人的行为能力是有限的，由其成立宗旨和业务范围决定

C. 法人一经依法成立，即同时具有权利能力和行为能力

D. 法人有权利能力，并不必然有行为能力

8. 根据我国法律，下列不能成为私人法律关系客体的物有（　　）。

A. 铁路

B. 村民王某在自家责任田中发现的一件战国青铜器

C. 盗版光盘

D. 军用枪支

9. 下列哪些选项不属于法律关系？（　　）

A. 学校对学生的管理关系　　　　　　　　B. 恋爱关系

C. 氏族血缘关系　　　　　　　　　　　　D. 校园篮球竞赛关系

10. 下列哪些选项的法律关系属于保护性法律关系？（　　）

A. 婚姻法律关系　　B. 刑事法律关系　　C. 劳动法律关系　　D. 诉讼法律关系

11. 某人到某商场购物，双方形成的法律关系属于（　　）。

A. 相对法律关系　　　　　　　　　　　　B. 横向法律关系

C. 第一性法律关系　　　　　　　　　　　D. 第二性法律关系

12. 一切相关的法律关系都有主次之分，下列有关这方面的表述不正确的是（　　）。

A. 调整性法律关系和保护性法律关系中，前者是第一性法律关系，后者是第二性法律关系

B. 调整性法律关系和保护性法律关系中，前者是第二性法律关系，后者是第一性法律关系

C. 实体性法律关系和程序性法律关系中，前者是第一性法律关系，后者是第二性法律关系

D. 实体性法律关系和程序性法律关系中，前者是第二性法律关系，后者是第一性法律关系

13. 下列法律关系客体属于行为结果的是（　　　）。

A. 刘某在网站注册电子信箱名称然后予以出卖

B. 李某将一广告创意卖给某广告公司

C. 赵某将布料交裁缝店加工成衣服

D. 学生余某给李某的孩子提供有偿家教服务

14. 下列有关法律关系的说法不正确的是（　　　）。

A. 所有的法律关系都是合法的社会关系

B. 所有的法律关系都体现了国家意志

C. 所有的法律关系都体现了双方当事人的意志

D. 法律关系具有意志性，因此，不受客观因素的影响

15. 下列事项，哪些不属于法律关系客体中的物？（　　　）

A. 托运行李　　　　　　　　　　B. 发表的小说

C. 某人卖给医院的血　　　　　　D. 移植人的器官

16. 下列不能引起法律关系产生、变更和消灭的条件有（　　　）。

A. 法律实施　　　B. 法律规范　　　C. 法律事实　　　D. 法律关系客体

17. 作为法律关系的客体的物，须具备以下哪些条件？（　　　）

A. 得到法律的认可

B. 为人类所认识和控制

C. 能够给人们带来某种物质利益，具有经济价值

D. 具有独立性

18. 下列各项中包含法律事件的有（　　　）。

A. 某国发生战争，致使我国外贸公司从该国的进口受阻

B. 某律师事务所与刘某约定，只要刘某通过法律职业资格考试，就聘请他到该所工作，结果刘某由于被汽车撞伤住院治疗未能参加考试

C. 陈某已有配偶，某天出差时突发急病，经抢救无效死亡，导致婚姻关系消灭

D. 甲公司与乙公司签订一份买卖合同后，突发泥石流损坏公路，致使乙公司无法按照合同约定时间交货

19. 关于法律关系，下列表述中正确的是（　　　）。

A. 法律关系与政治关系、道德关系没有什么实质区别

B. 法律关系是一种体现意志性的特种社会关系

C. 法律关系的核心内容是法律权利与法律义务

D. 法律关系是发生在特定法律关系主体之间的权利义务关系

20. 需要主体具有（　　　），才具备法律关系主体的资格。

A. 完全行为能力　　　　　　　　B. 权利能力

C. 行为能力　　　　　　　　　　D. 准入资格

21. 纵向法律关系的特点是（　　　）。

A. 法律关系主体的权利义务内容较为任意

B. 执行法的调整职能

C. 法律主体处于不平等地位

D. 法律主体间的权利义务具有强制性

22. 关于主法律关系和从法律关系，下列表述中正确的有 （　　）。

A. 主法律关系和从法律关系互相依赖而存在

B. 在刑事诉讼中，程序法律关系是主法律关系，而刑事实体法上的法律关系是从法律关系

C. 调整性法律关系是主法律关系，而保护性法律关系是从法律关系

D. 在多向法律关系中居于支配地位的是主法律关系

23. 某省人民政府慰问灾区，向某村赠送了现金和生活用品。省政府和该村在此事中的关系是 （　　）。

A. 单向法律关系 　　　　　　　　　B. 双向法律关系

C. 纵向法律关系 　　　　　　　　　D. 横向法律关系

24. 根据我国法律的规定，下列能成为法律关系主体的有 （　　）。

A. 中华人民共和国 　　　　　　　　B. 美国某科技公司

C. 某大学聘任的外籍教授 　　　　　D. 北京市海淀区人民法院

25. 行为能力包括 （　　）。

A. 权利义务能力 　　B. 权利行为能力 　　C. 义务行为能力 　　D. 责任行为能力

26. 关于权利能力，下列表述中正确的是 （　　）。

A. 每一主体都具有权利能力

B. 是一种法律资格

C. 是法律关系主体实际取得权利、承担义务的前提条件

D. 是公民的行为能力在法律上的反映

27. 小钟和小汀去海边游玩，花费 200 元约了一个摄影师为其拍摄合影。因为摄影师错误操作导致拍摄的照片曝光过度，严重影响照片质量。小钟非常生气，将摄影师告上法庭。人民法院经过审理，判令摄影师对小钟承担违约责任。关于本案下列说法正确的有 （　　）。

A. 小钟与摄影师之间的法律关系是横向法律关系

B. 小钟与法院之间的法律关系是纵向法律关系

C. 小钟与小汀相约去海边游玩是相对法律关系

D. 小钟与摄影师之间法律关系的客体是照片

28. 关于法律关系主体的权利和义务与作为法律规则内容的权利和义务，下列表述正确的是 （　　）。

A. 两者所属领域不同，法律关系主体的权利义务属于现实性领域，而作为法律规则内容的权利义务属于可能性领域

B. 针对的主体不同，法律关系主体的权利义务所针对的主体是特定的，而法律上规定的权利义务所针对的是一国之内所有不特定的主体

C. 法律效力不同，法律关系主体的权利义务属于个别化的法律权利和法律义务，而法律上的权利和义务属于一般化的法律权利和法律义务

D. 属性不同，法律关系主体的权利义务未必都由法律所规定，并不必然具有法律属性，而法律上的权利义务必然具有法律属性

29. 下列关于权利能力和行为能力的说法中，错误的有 （　　）。

A. 具备行为能力的主体一定具有权利能力

B. 具备权利能力的主体一定具有行为能力

C. 权利能力和行为能力共同构成了法律关系主体资格要件

D. 中华人民共和国各权利主体的权利能力一律平等

30. 作为法律事实组成部分的行为，具有如下特点（　　）。

A. 是人们从外部表现出来的行为　　　　B. 是有自觉意识或意志的行为

C. 是产生一定法律后果的行为　　　　　D. 是有计划实行的行为

31. 根据我国的法律规定，下列哪些情况可以形成法律关系？（　　）

A. 刘某因赌博欠吴某 1 万元，并留下欠条

B. 甲区警方查处存在火灾隐患的企业，有关人员或被拘留或被处以重罚

C. 何某为急赶回家，将已过有效期限的身份证涂改，机场安检站不予放行登机

D. 任某在医院进行肾移植手术

32. 下列哪些情况不属于法律关系的范畴？（　　）

A. 限制行为能力人之间的法律权利和义务关系

B. 奴隶社会时期奴隶主对奴隶之占有使用关系

C. 政党社团章程所规定的权利义务关系

D. 无效的合同关系

33. 法律关系是一种（　　）。

A. 物质关系　　　　B. 思想关系　　　　C. 意志关系　　　　D. 社会关系

34. 法律关系客体包括（　　）。

A. 物　　　　B. 行为结果　　　　C. 无行为能力人　　　　D. 精神产品

35. 法律关系有不同的分类标准，但是如果按照公私法的划分标准可以划分为三大类：公法法律关系、私法法律关系和公私法（社会法等）混合法律关系。关于以上的分类，以下论述中正确的是（　　）。

A. 公法法律关系既有实体法律关系又有程序法律关系，如宪法、行政法、刑法、刑事诉讼法等法律关系

B. 在私法法律关系中民法和商法法律关系是最典型的私法法律关系，一般是平等主体之间的横向关系，所以国家在保护和调整这种关系方面的作用是不需要的

C. 公私法混合法律关系一般调整纵向和横向结合的法律关系，主要包括企业法、预算法、计划法、银行法等法律关系

D. 公法法律关系、私法法律关系的划分有利于社会主义市场经济的发展，有利于社会主义法治的发展，也有利于我国法学的国际交往

36. 李某向王某借款 200 万元，由赵某担保。后李某因涉嫌非法吸收公众存款罪被立案。王某将李某和赵某诉至法院，要求偿还借款。赵某认为，若李某罪名成立，则借款合同因违反法律的强制性规定无效，其无须承担担保责任。法院认为，借款合同并不因李某犯罪而无效，判决李某和赵某承担还款和担保责任。关于该案，下列哪些说法是正确的？（　　）

A. 若李某罪名成立，则出现民事责任和刑事责任的竞合

B. 李某与王某间的借款合同法律关系属于调整性法律关系

C. 王某的起诉是引起民事诉讼法律关系产生的唯一法律事实

D. 王某可以免除李某的部分民事责任

37. 张某因其妻王某私自堕胎，遂以侵犯其生育权为由诉至法院请求损害赔偿，但未获支持。张某又请求离婚，法官经调解无效后依照《民法典》中"其他导致夫妻感情破裂的情形"的规定判决准予离婚。对此，下列选项中正确的是（　　）。

A. 王某与张某婚姻关系的消灭是由法律事件引起的

B. 张某主张的生育权属于相对权

C. 法院未支持张某的损害赔偿诉求，违反了"有侵害则有救济"的法律原则

    D. "其他导致夫妻感情破裂的情形"属于概括性立法，有利于提高法律的适应性

名词解释

1. 法律关系
2. 调整性法律关系和保护性法律关系
3. 第一性法律关系和第二性法律关系
4. 权利能力
5. 法律事实
6. 法律关系客体

简答题

1. 为什么说法律关系是一种特殊的思想社会关系？
2. 简述法律事实的概念与种类。
3. 简述调整性法律关系和创设性法律关系。
4. 公民的行为能力与法人行为能力的区别。
5. 法律关系客体的概念和种类。
6. 简述法律关系形成、变更和消灭的条件。

论述题

论述我国法律关系主体的构成要件。

第十二章　法律责任

A⁺ 基础知识图解

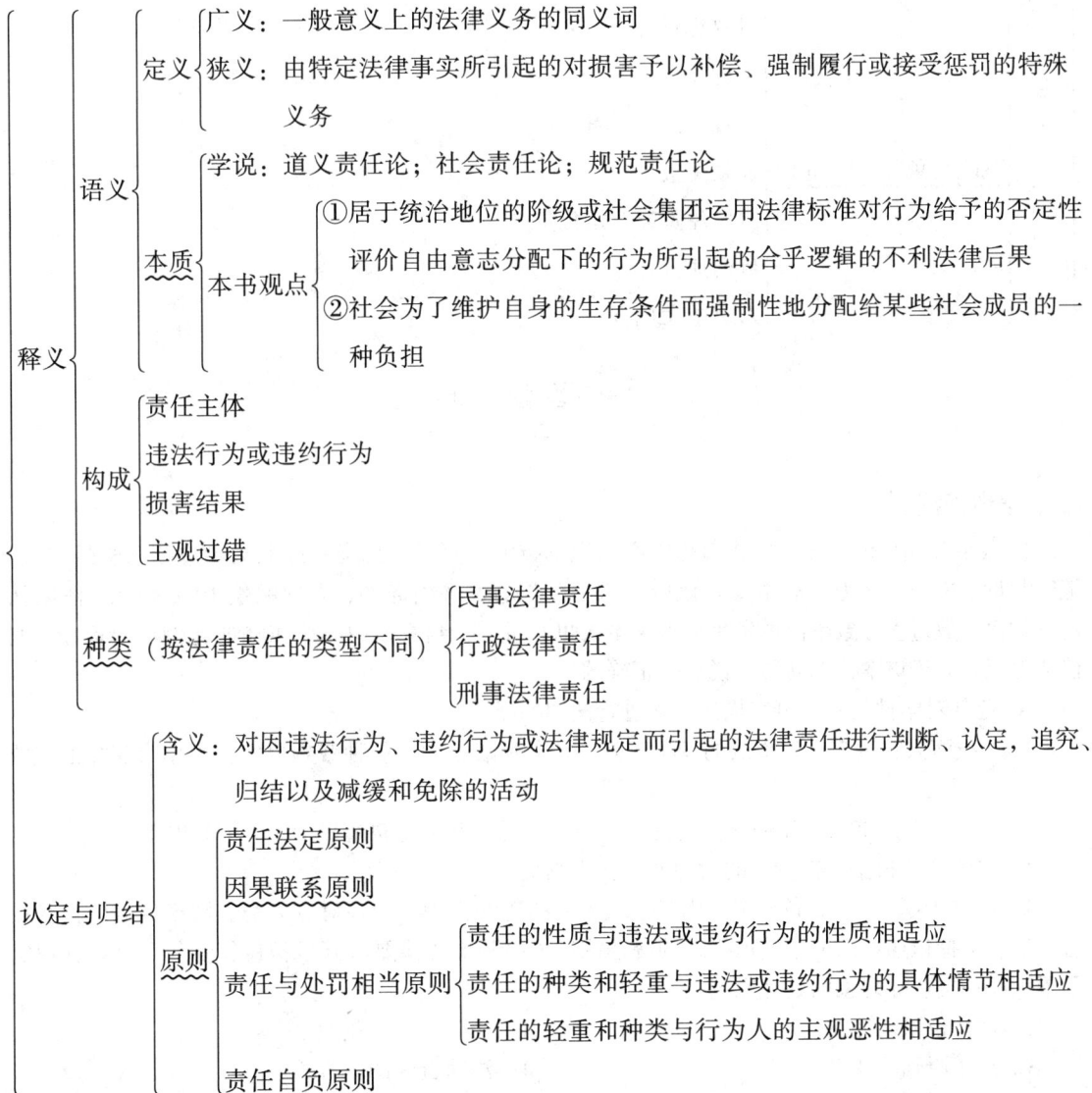

释义
- 语义
  - 定义
    - 广义：一般意义上的法律义务的同义词
    - 狭义：由特定法律事实所引起的对损害予以补偿、强制履行或接受惩罚的特殊义务
  - 本质
    - 学说：道义责任论；社会责任论；规范责任论
    - 本书观点
      - ①居于统治地位的阶级或社会集团运用法律标准对行为给予的否定性评价自由意志分配下的行为所引起的合乎逻辑的不利法律后果
      - ②社会为了维护自身的生存条件而强制性地分配给某些社会成员的一种负担
- 构成
  - 责任主体
  - 违法行为或违约行为
  - 损害结果
  - 主观过错
- 种类（按法律责任的类型不同）
  - 民事法律责任
  - 行政法律责任
  - 刑事法律责任
- 认定与归结
  - 含义：对因违法行为、违约行为或法律规定而引起的法律责任进行判断、认定，追究、归结以及减缓和免除的活动
  - 原则
    - 责任法定原则
    - 因果联系原则
    - 责任与处罚相当原则
      - 责任的性质与违法或违约行为的性质相适应
      - 责任的种类和轻重与违法或违约行为的具体情节相适应
      - 责任的轻重和种类与行为人的主观恶性相适应
    - 责任自负原则

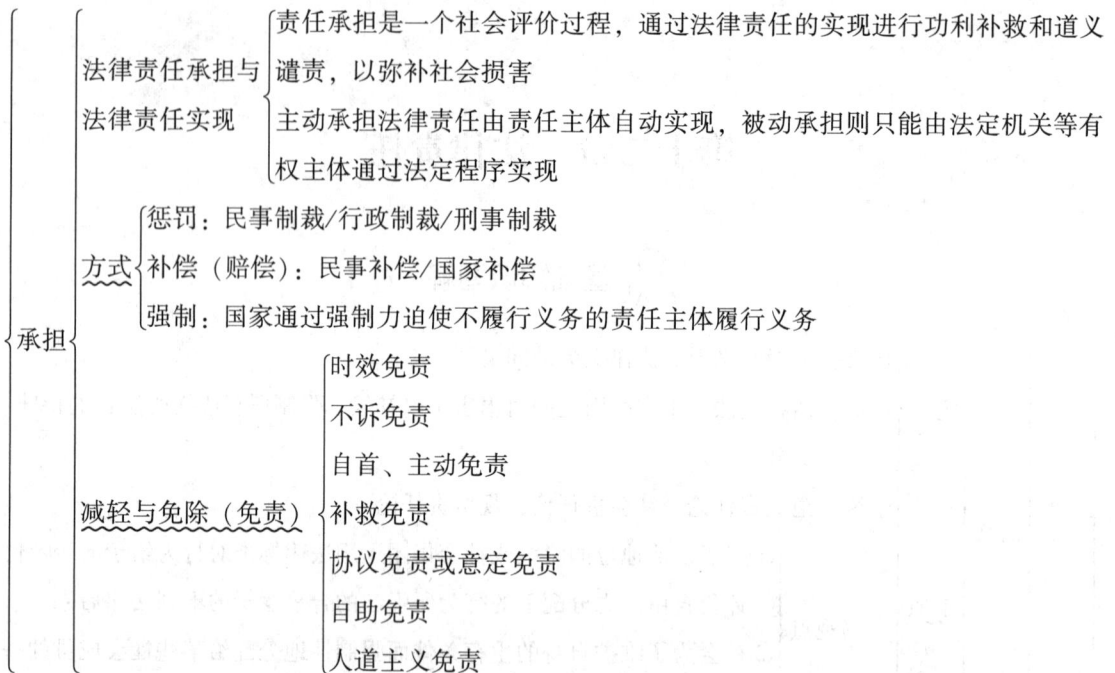

法律责任承担与
法律责任实现 {
责任承担是一个社会评价过程，通过法律责任的实现进行功利补救和道义谴责，以弥补社会损害

主动承担法律责任由责任主体自动实现，被动承担则只能由法定机关等有权主体通过法定程序实现
}

承担 {

方式 {
惩罚：民事制裁/行政制裁/刑事制裁

补偿（赔偿）：民事补偿/国家补偿

强制：国家通过强制力迫使不履行义务的责任主体履行义务
}

减轻与免除（免责）{
时效免责

不诉免责

自首、主动免责

补救免责

协议免责或意定免责

自助免责

人道主义免责
}
}

配套测试

✓ 单项选择题

1. 范某参加单位委托某拓展训练中心组织的拔河比赛时，比赛用绳断裂导致范某骨折致残。范某起诉该中心，认为事故主要是该中心未尽到注意义务引起的，要求赔偿 10 万余元。法院认定，拔河人数过多导致事故的发生，范某本人也有过错，判决该中心按 40% 的比例承担责任，赔偿 4 万元。关于该案，下列哪一说法是正确的？（　　）

A. 范某对案件仅做了事实描述，未进行法律判断

B. "拔河人数过多导致事故的发生"这一语句所表达的是一种裁判事实，可作为演绎推理的大前提

C. "该中心按 40% 的比例承担责任，赔偿 4 万元"是从逻辑前提中推导而来的

D. 法院主要根据法律责任的效益原则作出判决

2.《民法典》第 186 条规定，因当事人一方的违约行为，侵害对方人身、财产权益的，受损害方有权选择依照本法要求其承担违约责任或者依照其他法律要求其承担侵权责任。该条款规定了下列哪一类法律现象的处理原则？（　　）

A. 法律位阶的冲突　　　　　　　　　B. 法律责任的免除

C. 法律原则的冲突　　　　　　　　　D. 法律责任的竞合

3. 规范责任论认为，法律体现社会的价值观念，是指引和评价人的行为的规范，法律责任的本质是什么？（　　）

A. 对违法者的道义责难

B. 维护社会秩序和社会存在

C. 使违法者适应社会生活和再社会化

D. 行为的规范评价

4. 法律责任的核心构成要素是（　　　）。

A. 责任主体 　　　　　　　　　　　 B. 违法行为或违约行为

C. 损害结果和主观过错 　　　　　　 D. 因果关系

5. 下列属于根本不适合使用法律手段加以调节的是（　　　）。

A. 离婚纠纷 　　　　　　　　　　　 B. 亲属间的财产纠纷

C. 纯思想行为 　　　　　　　　　　 D. 恋爱关系中的情感纠纷

6. 某人的一项违法行为同时引起了行政责任、民事责任、刑事责任的追究，请问行为人首先应该承担哪一种责任？（　　　）

A. 行政责任 　　　　B. 刑事责任 　　　　C. 民事责任 　　　　D. 财产责任

7. 某市政府建新办公大楼，工程由某建筑公司承包。工程按期竣工并验收合格后，市政府因财政困难，部分工程款一直未按期付给建筑公司，导致该公司陷入严重经济困难。建筑公司认为自己的合法权益被侵犯，遂诉至法院。本案中，市政府应负（　　　）。

A. 侵权责任 　　　　B. 违约责任 　　　　C. 行政责任 　　　　D. 刑事责任

8. 小钟的导师李某在实验室购置了制作甲基苯丙胺（冰毒）的设备和原材料，准备自行制作、贩卖毒品。因害怕被追究责任，李某以制作实验材料为理由欺骗不知情的小钟，让其按照布置的程序操作仪器。化学基础较差的小钟并不知道具体机理，出于对导师的信任，误以为是替导师做实验，实际上制作了毒品。第一次制毒后，公安机关便发现并控制了李某、小钟。关于上述案件，说法正确的是（　　　）。

A. 因为并非亲自制作，李某只需要对贩卖毒品的行为负法律责任

B. 小钟不需要承担制作毒品的法律责任

C. 本案涉及的法律责任适用严格责任原则

D. 若李某被判处死刑，并没收全部财产，其承担法律责任的方式是惩罚和补偿

9. 下列属于法律制裁的是（　　　）。

A. 甲、乙两公司签订有合作协议，后甲公司违约，经乙公司聘请的律师与之进行交涉，并以提起诉讼相威胁，甲公司被迫付给乙公司一笔违约金

B. 党员张某因违反党纪受党内严重警告处分

C. 学生李某因严重违反校规被学校通报批评

D. 某省人大常委会制定的地方性法规因与宪法相抵触，被全国人大常委会撤销

10. 将法律责任划分为民事责任、刑事责任、行政责任、国家赔偿责任的标准是（　　　）。

A. 责任的内容 　　　　　　　　　　 B. 责任主体的人数

C. 责任的程度 　　　　　　　　　　 D. 引起责任的行为性质

11. 根据我国法律的有关规定，对下列哪项行为不能减轻或免除法律责任？（　　　）

A. 李某一贫如洗却不小心在打工的企业损坏了价值30万元的仪器

B. 王某偷了一辆价值300元的自行车，14年后被人查出

C. 赵某遇到抢劫的3个手拿利刃的歹徒时奋起反抗，夺过刀将其中一个歹徒刺成重伤

D. 朱某偷彩电被事主抓住，双方签订了由朱某向事主赔偿1000元精神损失的协议

12. 刑事制裁与民事制裁的相同处表现在哪一方面？（　　　）

A. 制裁目的 　　　　B. 制裁程序 　　　　C. 制裁方式 　　　　D. 制裁机构

13. 我国的法律制裁中，以财产关系为核心的一种制裁是（　　　）。

A. 行政制裁 　　　　B. 经济制裁 　　　　C. 民事制裁 　　　　D. 刑事制裁

14. 下列有关法律责任的说法，错误的是（　　　）。

A. 小王违反校规校纪，在校内打架斗殴，致使同学小单轻伤，应当承担法律责任

B. 小钟违反《高等教育法》规定，没有刻苦学习，应当承担法律责任

C. 在某些情况下，没有过错责任主体也要承担法律责任

D. 小刘发现小偷正在盗窃小张手机，情急之下扑倒小偷致其擦伤，不需要承担法律责任

15. （　　）是指行为人只要其行为造成危害结果，行为和结果之间存在外部联系，就应承担责任。

A. 混合责任　　　　　B. 严格责任　　　　　C. 过错责任　　　　　D. 绝对责任

16. 根据我国法律的有关规定，下列选择项中的哪种行为不能减轻或免除法律责任？（　　）

A. 家住偏僻山区的蒋某把入室抢劫的康某捆绑起来，关押了 6 小时后，才将康某押送到 40 里外的乡派出所

B. 蔡某偷了一辆价值 300 元的自行车，10 年后被人查出

C. 医生李某征得患者王某的同意，锯掉其长有恶性肿瘤的小腿

D. 高某在与 3 个青年打架时，拔出刀子将对方一人刺成重伤

17. 以承担法律责任的程度为标准，法律责任可以分为（　　）。

A. 刑事责任与民事责任　　　　　　　　B. 有限责任与无限责任

C. 过错责任与无过错责任　　　　　　　D. 个人责任与集体责任

18. 罚金属于（　　）。

A. 宪法制裁　　　　　B. 民事制裁　　　　　C. 行政制裁　　　　　D. 刑事制裁

19. 下列事由不可以引起法律责任的减轻和免除的是（　　）。

A. 犯罪嫌疑人甲被采取刑事强制措施后认罪认罚

B. 乙为晕倒的老人进行心肺复苏时，按断了老人一根肋骨

C. 丙追尾他人车辆后，与他人达成协议"私了"

D. 丁家暴妻子后，威胁妻子如果去法院起诉，便继续殴打她。妻子迫于痛苦的威胁选择忍气吞声

20. 有关法律责任的说法中，正确的是哪一项？（　　）

A. 没有违反义务，就不会引发责任

B. 刑事责任仅由违法行为引起

C. 法律上的特别规定不能引发行政责任

D. 有法律责任必有法律制裁

21. 赵某因涉嫌走私国家禁止出口的文物被立案侦查，在此期间逃往 A 国并一直滞留于该国。对此，下列哪一说法是正确的？（　　）

A. 该案涉及法对人的效力和空间效力问题

B. 根据我国法律的相关原则，赵某不在中国，故不能适用中国法律

C. 该案的处理与法的溯及力相关

D. 如果赵某长期滞留在 A 国，应当适用时效免责

☑ **多项选择题**

1. 法律责任有民事责任、刑事责任、行政责任等，对于这些责任的归责有一些共同的基本原则，这里的基本原则，是具体法律部门归责原则的基础。在我国，关于归责原则的论述，以下几点正确的是（　　）。

A. 责任法定原则，这个原则是指，法律责任作为一种否定的法律后果应当由法律规范预先规定

B. 公正原则，此点包括对于任何违法行为都应依法追究相应的责任，而这也体现了社会对违

法行为进行矫正的基本要求

C. 按照公正原则的要求，法律责任的效益原则就不应该予以追究

D. 在一定条件下，基于公正的要求，当出现法定条件时，法律责任可以部分或全部地被免除

2. 关于违法的表述，下列说法中错误的有（　　）。

A. 广义的违法行为指所有违反法律的行为

B. 狭义的违法行为指犯罪行为

C. 狭义的违法行为指民事侵权行为

D. 违法者必须具有法定责任能力或法定行为能力

3. 西方法学界在法律责任领域影响较大的理论有（　　）。

A. 社会责任论　　　　B. 规范责任论　　　　C. 分析责任论　　　　D. 道义责任论

4. 责任法定原则是法治原则在法律责任认定和归结问题上的具体运作，下列选项哪些是该原则的要求？（　　）

A. 法律责任应由法的规范预先规定

B. 不允许任何的法的类推适用

C. 国家不能用今天的法来要求人们昨天的行为

D. 没有法律授权的任何国家机关或社会组织都不能向责任主体认定和归结法的责任

5. 有权认定和归结法律责任的有（　　）。

A. 天津市人民政府

B. 广州市仲裁委员会

C. 江苏省南通市海门区人民法院

D. 湖南省常宁市官岭乡镇观音村村民委员会

6. 法律责任的免除不同于（　　）。

A. 不负责任　　　　B. 无责任　　　　C. 减轻责任　　　　D. 证成

7. 认定和归结法律责任时，要确认违法行为或违约行为与损害结果之间的因果联系，这种因果联系表现为（　　）。

A. 存在的客观性　　B. 因果的顺序性　　C. 作用的单向性　　D. 内容的法定性

8. 下列措施中，属于法律制裁的有（　　）。

A. 王涛因考试作弊被学校给予记过处分

B. 何林端汤时不小心烫伤了顾客，被法院判决赔偿450元

C. 林亮连续6个月不参加党组织活动，被视为自行脱党

D. 金强偷彩电、录像机，被县人民法院判处有期徒刑3年

9. 法律制裁的具体形式多种多样，主要有（　　）。

A. 限制或剥夺财产　　　　　　　　B. 对责任主体的人身施加痛苦

C. 对责任主体的精神施加痛苦　　　D. 对非责任主体的精神施加痛苦

10. 法律制裁的作用包括（　　）。

A. 报复、预防和矫正　　　　　　　B. 平衡社会关系

C. 肯定责任主体行为　　　　　　　D. 维护社会正义

11. 行政责任的特点表现在（　　）。

A. 承担行政责任的主体是行政主体和行政相对人

B. 产生行政责任的原因是行为人的行政违法行为和法律规定的特定情况

C. 过错不是行政责任的构成要素

D. 行政责任承担的形式多样化

12. 关于刑事责任，下列表述中正确的是（　　　）。

A. 产生刑事责任的原因在于行为人行为的严重社会危害性

B. 刑事责任的大小、有无一般不以被害人的意志为转移

C. 刑事责任是一种救济责任

D. 刑事法律并不是追究刑事责任的唯一依据

13. 根据我国的有关规定，构成刑事法律责任的要件有（　　　）。

A. 违反刑法的行为　　　　　　　　　　B. 严重违背公序良俗的行为

C. 主观过错　　　　　　　　　　　　　D. 主体具备刑事责任能力

14. 法律责任的构成要素一般包括（　　　）。

A. 违法行为　　　　B. 责任主体　　　　C. 主观过错　　　　D. 损害结果

15. 法律责任构成要素中所指的损害结果，包含这样一些含义（　　　）。

A. 损害结果表明法律所保护的合法权益遭受了侵害

B. 损害结果必须具有确定性，是违法行为或违约行为已经实际造成的侵害事实

C. 认定损害结果时一般根据法律、社会普遍认识、公众观念并结合社会影响、环境等因素进行

D. 损害结果限于对人身、财产的损害

16. 追究法律责任时，坚持责任与处罚相当原则就要求（　　　）。

A. 法律责任的性质与违法行为或违约行为的性质相适应

B. 法律责任的种类和轻重与违法行为或违约行为的具体情节相适应

C. 法律责任的轻重与行为人的主观恶性相适应

D. 法律责任的有无与行为人的主观态度相适应

17. 下列属于公法法律责任免除的情况的有（　　　）。

A. 丧失辨认和控制能力的精神病

B. 私下达成协议

C. 正当防卫

D. 未到法定责任年龄

18. 张三把李四打成重伤，李四住院治疗花费了 5 万元。请问张三应负哪些法律责任？（　　　）

A. 行政责任　　　　B. 刑事责任　　　　C. 民事责任　　　　D. 以上均有

19. 我国法律责任的归责原则是（　　　）。

A. 责任法定原则　　B. 因果联系原则　　C. 责任相称原则　　D. 责任自负原则

20. 民事责任的特点是（　　　）。

A. 是一种由违法行为、违约行为或者法律规定而引起的责任

B. 主要是一种救济责任

C. 主要是一种财产责任

D. 主要是一方当事人对另一方当事人的责任

21. 法律责任与法定权利、义务的联系是（　　　）。

A. 法律责任规范着法律关系主体行使权利的界限，以否定的法律后果防止权利行使不当或滥用权利

B. 在权利受妨害以及违反法定义务时，法律责任又成为救济权利，强制履行义务或追加新义务的依据

C. 法律责任通过否定的法律后果成为权利、义务得以顺利实现的保证

D. 根据我国现行法律，法律责任与权利、义务可以相互转换

⮂ 不定项选择题

下列构成法律责任竞合的情形是（　　　）。

A. 方某因无医师资格开设诊所被卫生局没收非法所得，并被法院以非法行医罪判处 3 年有期徒刑

B. 王某通话时，其手机爆炸导致右耳失聪，可选择以侵权或违约为由追究手机制造商法律责任

C. 林某因故意伤害罪被追究刑事责任和民事责任

D. 戴某用 10 万元假币购买一块劳力士手表，其行为同时触犯诈骗罪与使用假币罪

📖 名词解释

1. 法律责任的构成
2. 法律责任的认定和归结
3. 归责
4. 无责任
5. 责任法定原则

✍ 简答题

1. 什么是法律责任？如何区分法律责任与法律责任义务？
2. 简述过错责任原则。
3. 简述责任相当原则。
4. 简述责任自负原则。
5. 简述法律责任承担方式。

💬 论述题

1. 试述法律责任的归结的基本原则。
2. 试述西方法学家有关法律责任本质的理论并对其进行评述。
3. 试述法律责任的免除的情形。

第十三章 法律程序

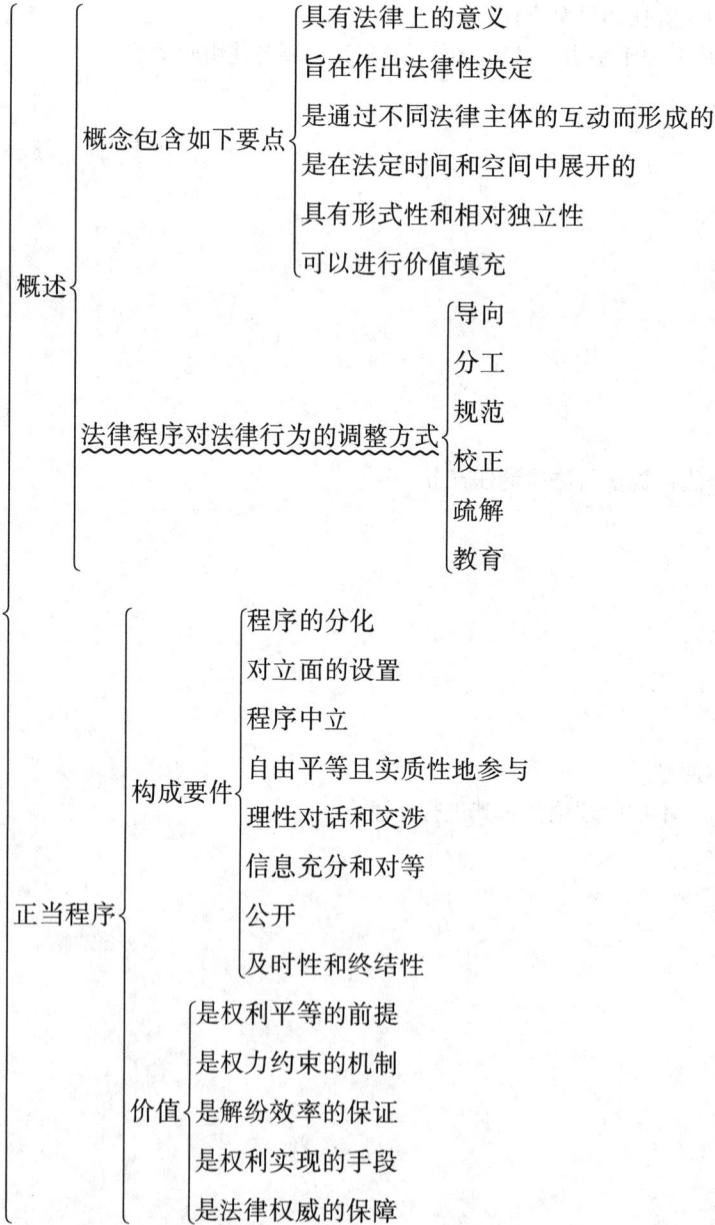

概述
- 概念包含如下要点
  - 具有法律上的意义
  - 旨在作出法律性决定
  - 是通过不同法律主体的互动而形成的
  - 是在法定时间和空间中展开的
  - 具有形式性和相对独立性
  - 可以进行价值填充
- 法律程序对法律行为的调整方式
  - 导向
  - 分工
  - 规范
  - 校正
  - 疏解
  - 教育

正当程序
- 构成要件
  - 程序的分化
  - 对立面的设置
  - 程序中立
  - 自由平等且实质性地参与
  - 理性对话和交涉
  - 信息充分和对等
  - 公开
  - 及时性和终结性
- 价值
  - 是权利平等的前提
  - 是权力约束的机制
  - 是解纷效率的保证
  - 是权利实现的手段
  - 是法律权威的保障

配套测试

名词解释

1. 诉讼结构
2. 程序正义

简答题

1. 简述法律程序的概念与特点。
2. 简述正当法律程序的基本要求。
3. 简述诉讼程序的概念和结构特点。

论述题

1. 试论程序正义与实体正义的关系。
2. 试论述程序的一般价值。
3. 试论述诉讼原则的具体构成。
4. 试论述正当程序的意义。

第三编 法的起源和发展

第十四章 法的历史

👤A+ 基础知识图解

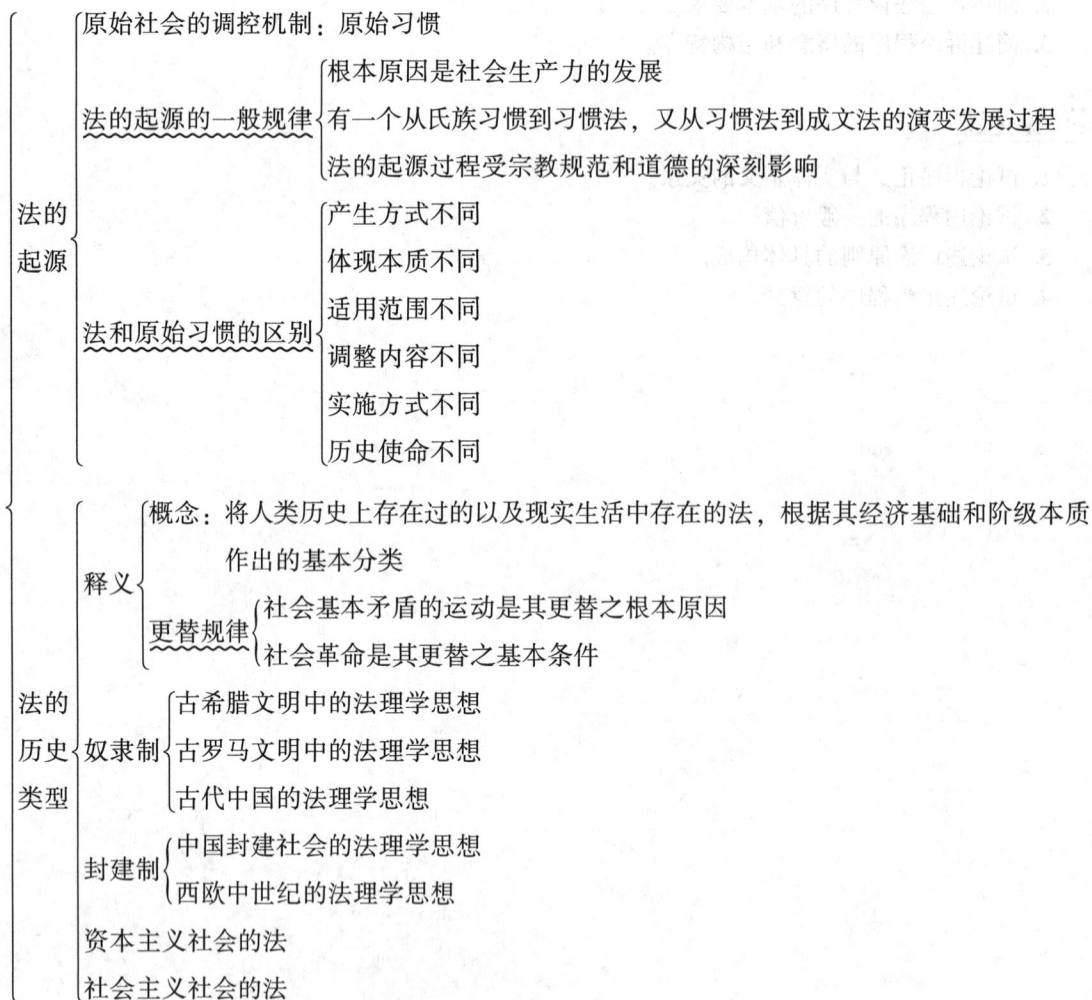

法的起源
- 原始社会的调控机制：原始习惯
- 法的起源的一般规律
  - 根本原因是社会生产力的发展
  - 有一个从氏族习惯到习惯法，又从习惯法到成文法的演变发展过程
  - 法的起源过程受宗教规范和道德的深刻影响
- 法和原始习惯的区别
  - 产生方式不同
  - 体现本质不同
  - 适用范围不同
  - 调整内容不同
  - 实施方式不同
  - 历史使命不同

法的历史类型
- 释义
  - 概念：将人类历史上存在过的以及现实生活中存在的法，根据其经济基础和阶级本质作出的基本分类
  - 更替规律
    - 社会基本矛盾的运动是其更替之根本原因
    - 社会革命是其更替之基本条件
- 奴隶制
  - 古希腊文明中的法理学思想
  - 古罗马文明中的法理学思想
  - 古代中国的法理学思想
- 封建制
  - 中国封建社会的法理学思想
  - 西欧中世纪的法理学思想
- 资本主义社会的法
- 社会主义社会的法

◈ 配套测试

☑ 单项选择题

1. 原始社会的社会规范以（　　）为主。

A. 道德   B. 宗教   C. 习惯   D. 法律

2. 法律作为一种强制性规范，最早产生于（   ）。

A. 氏族公社时期   B. 原始社会后期   C. 奴隶社会   D. 封建社会

3. 需要依靠氏族成员自觉遵守和氏族首领的威望来维持，但也有一定强制性的是（   ）。

A. 原始社会的习惯   B. 普遍存在的伦理

C. 当时通行的法律   D. 阶级社会的道德

4. 法的产生和发展是多种社会因素相互作用的产物，但最终起决定作用的因素是（   ）。

A. 政治因素   B. 经济因素   C. 文化因素   D. 精神因素

5. 社会主义法对资本主义法的超越性体现在（   ）。

A. 彻底否定法律的技术规范性   B. 以社会公共利益取代个人权利本位

C. 取消法律程序的形式要求   D. 将道德规范直接作为裁判依据

6. 具有资本主义因素的法出现于（   ）。

A. 罗马法时期   B. 欧洲中世纪中后期

C. 资产阶级革命时期   D. 资产阶级政权建立后

7. 法的历史类型更替的根本原因是（   ）。

A. 历史的自然发展   B. 人类有意识的选择

C. 科学技术的发展   D. 社会基本矛盾的运动

8. 实现法的历史类型更替的根本途径是（   ）。

A. 要有先进思想作指导

B. 新的生产力、生产关系正在旧社会内产生

C. 人民群众觉悟的提高

D. 社会革命

9. 以社会形态为标准对法的历史发展所做的划分，通称为（   ）。

A. 法系   B. 法的历史类型   C. 法的渊源   D. 部门法

10. 当代法律全球化对法的历史类型理论提出的挑战是（   ）。

A. 社会主义法与资本主义法的界限完全消失

B. 封建制法残余在发展中国家彻底消亡

C. 超国家法律体系削弱阶级本质分析的有效性

D. 奴隶制法以现代形式复活

11. 大陆法系是以（   ）为基础发展起来的法律的总称。

A. 罗马法   B. 普通法   C. 衡平法   D. 日耳曼法

12. 大陆法系国家正式的法的渊源是（   ）。

A. 法学理论   B. 法院判例   C. 制定法   D. 习惯法

13. 人类历史上最早出现的成文法典是（   ）

A. 《汉谟拉比法典》   B. 《十二铜表法》

C. 《摩奴法典》   D. 《乌尔纳姆法典》

14. 衡平法的形成基础是（   ）。

A. 议会立法

B. 习惯法

C. 根据普通法院判决形成的全国适用的法律

D. 大法官法院的申诉案件的判例

15. 大陆法系国家法的基本分类是（   ）。

A. 公法和私法　　　　　　　　　　　　B. 普通法和衡平法

C. 制定法和判例法　　　　　　　　　　D. 法律和法规

16. 在大陆法系国家诉讼中居于主导地位的是（　　）。

A. 法官　　　　　B. 当事人　　　　　C. 律师　　　　　D. 公诉人

17. 法系的分类根据是（　　）。

A. 法的历史传统　　　B. 法的经济基础　　　C. 法的阶级性质　　　D. 法律学说

18. 19 世纪初，以罗马法为基础而制定的（　　）对民法法系的形成起了重要作用。

A.《维斯比法》　　　B.《阿马尔非法》　　　C.《民事诉讼法》　　　D.《法国民法典》

19. 民法法系的发展是以（　　）。

A. 衡平法为基础　　　B. 判例法为基础　　　C. 普通法为基础　　　D. 罗马法为基础

20. 美国法律属于（　　）。

A. 罗马日耳曼法系　　　　　　　　　　B. 法典法系

C. 大陆法系　　　　　　　　　　　　　D. 英美法系

21. 判例作为正式意义上的法的渊源存在于（　　）。

A. 普通法系　　　　　　　　　　　　　B. 罗马法系

C. 社会主义法系　　　　　　　　　　　D. 罗马法系和普通法系

22. 下列哪一法律文件标志着近代资本主义法的诞生？（　　）

A.《权利法案》　　　　　　　　　　　　B.《拿破仑法典》

C.《独立宣言》　　　　　　　　　　　　D.《人权和公民权宣言》

23. 下列哪项不属于大陆法系的渊源？（　　）

A. 法国民法典和德国民法典　　　　　　B. 自由大宪章

C. 教会法　　　　　　　　　　　　　　D. 罗马法

24. 从日本现行法律制度看，其主要传统、渊源和风格属于下列哪一法系？（　　）

A. 中华法系　　　　B. 罗马法系　　　　C. 印度法系　　　　D. 英美法系

25. 西方资本主义法产生的政治条件是（　　）。

A. 封建社会中后期商法的兴起　　　　　B. 罗马法的复兴

C. 资本原始积累的法律出现　　　　　　D. 资本主义国家政权的建立

26. 资本主义法从自由竞争阶段到垄断阶段的变化表现为（　　）。

A. 从私法自治转向国家干预　　　　　　B. 从判例法主导转向成文法优先

C. 从形式平等转向实质平等　　　　　　D. 从属地主义转向属人主义

27. 普通法系中的普通法是指（　　）。

A. 欧洲封建割据时期作为象征的教会法　　　B. 在欧洲大陆通行的罗马法

C. 英格兰各地的习惯法　　　　　　　　D. 适用于英格兰全境的法律

☑ 多项选择题

1. 中国古代社会一些启蒙作品多涉及当世的法律观念和司法制度，这在下列的哪些表述中有所体现？（　　）

A.《幼学琼林》："世人惟不平则鸣，圣人以无讼为贵"

B.《弟子规》："财物轻，怨何生，言语忍，忿自泯"

C.《增广贤文》："礼义生于富足、盗窃出于贫穷"

D.《女儿经》："遵三从，行四德，习礼义，看古人，多贤德，为法则"

2. 马克思主义关于法的历史类型更替的论断包括（　　）。

A. 更替的根本动力是生产力与生产关系的矛盾

B. 社会主义法必须彻底废除旧法体系

C. 法的继承性仅限于技术性规范

D. 更替通常伴随社会革命但非绝对

3. 原始社会的社会规范体现了（　　）。

A. 氏族部落领袖的利益   B. 氏族部落领袖的意志

C. 全体氏族成员的共同利益   D. 全体氏族成员的意志

4. 法的产生经历了（　　）的发展过程。

A. 从个别调整到规范性调整、一般规范性调整到法的调整

B. 从习惯到习惯法，再到制定法

C. 从判例到判例法，再到法典化

D. 从法与其他规范的一体到与它们的分化、法的相对独立

5. 最早的制定法有（　　）。

A. 习惯法的整理和记载   B. 法典

C. 个别立法文件   D. 最主要的判决的记载

6. 原始氏族组织（　　）。

A. 是以地域关系为基础自然形成的联盟   B. 是以血缘关系为基础自然形成的联盟

C. 是全体氏族成员的自治组织   D. 是实行民主管理的组织

7. 关于法的起源与原始习惯的区别，下列表述正确的有（　　）。

A. 原始习惯依靠氏族舆论维持，法以国家强制力为后盾

B. 法的适用具有地域性，原始习惯适用于血缘共同体

C. 法体现统治阶级意志，原始习惯反映氏族共同利益

D. 法的内容包含权利与义务划分，原始习惯仅有义务性规范

8. 在不同的社会初级阶段，法的产生具体情形虽然不同，但是从总体上说法的产生具有一般规律，关于法产生的一般规律，下列论述正确的是（　　）。

A. 法的产生由对人们行为的个别调整逐步发展成为规范性调整

B. 法的产生经历了由习惯演变为习惯法，再发展为成文法的过程

C. 在法的产生早期，法律、道德和宗教规范浑然一体，逐渐分化为各个相对独立的、不同的社会规范

D. 法的产生最终归因于社会经济基础的发展

9. 关于法系以及西方两大法系的以下论述，正确的有（　　）。

A. 法系主要指具有某种共性和共同历史传统的法律的总称，凡属于具有某种共性和传统的法律就构成一个法系

B. 民法法系又称大陆法系、罗马法系，是以罗马法为基础而发展起来的法律的总称，而普通法系是以英国普通法为基础发展起来的法律的总称

C. 在法律渊源方面大陆法系和普通法系是有区别的，大陆法系以制定法为主要的法律渊源，判例也是正式意义上的法律渊源；判例被认为是普通法系主要的法律渊源

D. 大陆法系的法律基本分类是公、私法以及 20 世纪后发展起来的社会法、经济法和劳动法等，普通法系的基本分类是普通法和衡平法

10. 关于法的历史类型的更替，下列表述中正确的有（　　）。

A. 法的历史类型的更替是法的发展的一种特殊形式

B. 随着人类社会的发展，法的历史类型由低级类型向高级类型依次更替

C. 法的历史类型的更替是人类选择的结果

D. 法的历史类型的更替是不以人的意志为转移的历史必然

11. 奴隶制法的特点是（　　　）。

A. 严格保护奴隶主的所有制　　　　　　　B. 公开反映和维护贵族的等级特权

C. 刑罚种类较少，但是手段残酷　　　　　D. 长期保留原始社会的某些行为规范残余

12. 资本主义法的特点是（　　　）。

A. 保护科学技术的进步　　　　　　　　　B. 维护资本主义私有制

C. 维护资产阶级专政和代议制政府　　　　D. 维护资产阶级自由、平等和人权

13. 关于法的历史类型，下列表述中正确的是（　　　）。

A. 人类社会的每一形态都对应着一个法的历史类型

B. 法的历史类型与人类阶级社会的形态划分一致

C. 凡建立在相同经济基础之上、反映相同阶级意志的法，就属于同一历史类型的法

D. 社会主义法是最高历史类型的法

14. 法的历史类型的更替是通过（　　　）来实现的。

A. 阶级斗争　　　　B. 社会革命　　　　C. 思想进步　　　　D. 科技发展

15. 封建制法的特征是（　　　）。

A. 维护地主阶级的土地所有制　　　　　　B. 以成文法典为主

C. 确认和维护封建等级特权　　　　　　　D. 刑罚酷烈，罪名繁多

16. 带有资本主义因素的法出现的标志是（　　　）。

A. 资本主义两大法系的出现　　　　　　　B. 商法的兴起

C. 罗马法的复兴　　　　　　　　　　　　D. 资本原始积累法律的出现

17. 资本主义法确立的基本原则包括（　　　）。

A. 私有财产神圣不可侵犯　　　　　　　　B. 契约自由与意思自治

C. 罪刑法定与无罪推定　　　　　　　　　D. 社会公共利益优先

18. 进入 20 世纪后，资本主义法（　　　）。

A. 出现"社会化"趋势　　　　　　　　　B. 本质发生改变

C. 对财产所有权有所限制　　　　　　　　D. 更加强调"政治权利本位"

19. 下列关于法国法系的表述，正确的是（　　　）。

A. 是以 1804 年《法国民法典》为蓝本建立起来的

B. 强调社会利益

C. 强调个人权利本位

D. 反映自由资本主义时期社会经济的特点

20. 下列表述中正确的是（　　　）。

A. 法国法系和德国法系同是大陆法系的支系

B. 德国法系是以 1896 年《德国民法典》为基础建立的

C. 现代日本的法律属于英美法系

D. 苏格兰属于英美法系

21. 在英美法系国家的诉讼中，法官（　　　）。

A. 居于主导地位

B. 扮演消极的、中立的裁定者的角色

C. 审理案件首先考虑法律如何制定，并按照法律规定判决

D. 审理案件首先考虑以前的判例，按照判例中概括出的法律规则来进行判决

22. 大陆法系和英美法系的差别体现在（　　）。

A. 法律渊源：大陆法系以成文法为主，英美法系以判例法为核心

B. 法律思维：大陆法系侧重抽象规范演绎，英美法系注重个案经验归纳

C. 司法程序：大陆法系采当事人对抗模式，英美法系采职权主义

D. 法典编纂：大陆法系强调体系化法典，英美法系依赖单行法与判例汇编

23. 中华法系"礼法合一"的典型制度体现有（　　）。

A. 西周"以德配天"的司法神判　　　　　B. 汉代"春秋决狱"的经义断案

C. 唐律"十恶"罪维护纲常伦理　　　　　D. 明清"存留养亲"的恤刑制度

24. 下列关于大陆法系的说法中，正确的是（　　）。

A. 产生于欧洲大陆　　　　　　　　　　B. 以商法为典型

C. 以法典化的成文法为主要渊源　　　　D. 法院判例和法理是法律的重要渊源

25. 民法法系的私法包括下列哪些？（　　）

A. 民法　　　　　　B. 商法　　　　　　C. 经济法　　　　　　D. 刑法

26. 关于资本主义法律下列说法正确的是（　　）。

A. 资本主义法律是全体国民意志的体现

B. 资本主义法律并不完全是资产阶级利益的体现，有时也可以反映被统治阶级的利益

C. 法所体现的统治阶级的意志有时取决于阶级斗争的状况

D. 被统治阶级的利益要求，在任何情况下，都有可能规定在法律中

27. 与以往私有制社会法律相比，资本主义社会的法律具有以下特征（　　）。

A. 维护资本主义私有制　　　　　　　　B. 维护资产阶级的自由、平等和人权

C. 维护代议制政府　　　　　　　　　　D. 维护资产阶级专政

28. 下列属于民法法系的法律有（　　）。

A. 《查士丁尼民法大全》　　　　　　　B. 《英国民法典》

C. 《德国民法典》　　　　　　　　　　D. 《法国民法典》

29. 在民法法系，非正式意义上的法的渊源主要指（　　）。

A. 社会通行的制定法　　　　　　　　　B. 正义和公平等观念

C. 国家制定的政策　　　　　　　　　　D. 应用于司法审判的判例

30. 下列哪些选项属于英美法系的特征？（　　）

A. 法院的判例、法理等，没有正式的法律效力

B. 在法的基本分类中有普通法与衡平法之分

C. 在诉讼程序上采取当事人主义

D. 成文法是法的渊源之一

31. 从法系这一角度来说，我国澳门特别行政区属于（　　）。

A. 普通法系　　　　　　　　　　　　　B. 大陆法系

C. 罗马—德意志法系　　　　　　　　　D. 英国法系

32. 关于中华法系解体原因的正确说法有（　　）。

A. 西方法律文化的冲击是外部诱因

B. 清末经济结构变化动摇封建法基础

C. 《大清新刑律》彻底废除礼教条款

D. 民国时期"六法全书"继承全部传统法律

名词解释

1. 法的历史类型

2. 法系

3. 大陆法系

4. 英美法系

5. 中华法系

6. 社会主义法律制度

7. 判例法

简答题

1. 简述法产生的历史必然性。

2. 简述大陆法系与英美法系的异同。

3. 简述法与原始习惯的区别。

4. 简述奴隶制法律制度和封建制法律制度的特征。

5. 简述当代中国社会主义法律制度的基本特征。

6. 简述当代中国社会主义法律制度的本质。

论述题

1. 试述资本主义法区别于以往私有制社会的法的主要特征。

2. 试论述法产生的基本标志。

3. 试论述法产生的基本规律。

4. 19 世纪英国法律史家梅因在其《古代法》中，曾这样概括人类历史的发展走势："所有进步社会的运动，到此处为止，是一个'从身份到契约'的运动。"请问应如何理解"从身份到契约"这句话的含义？

5. 试论述中华法系的特征。

第四编　法的运行

第十五章　法的制定

基础知识图解

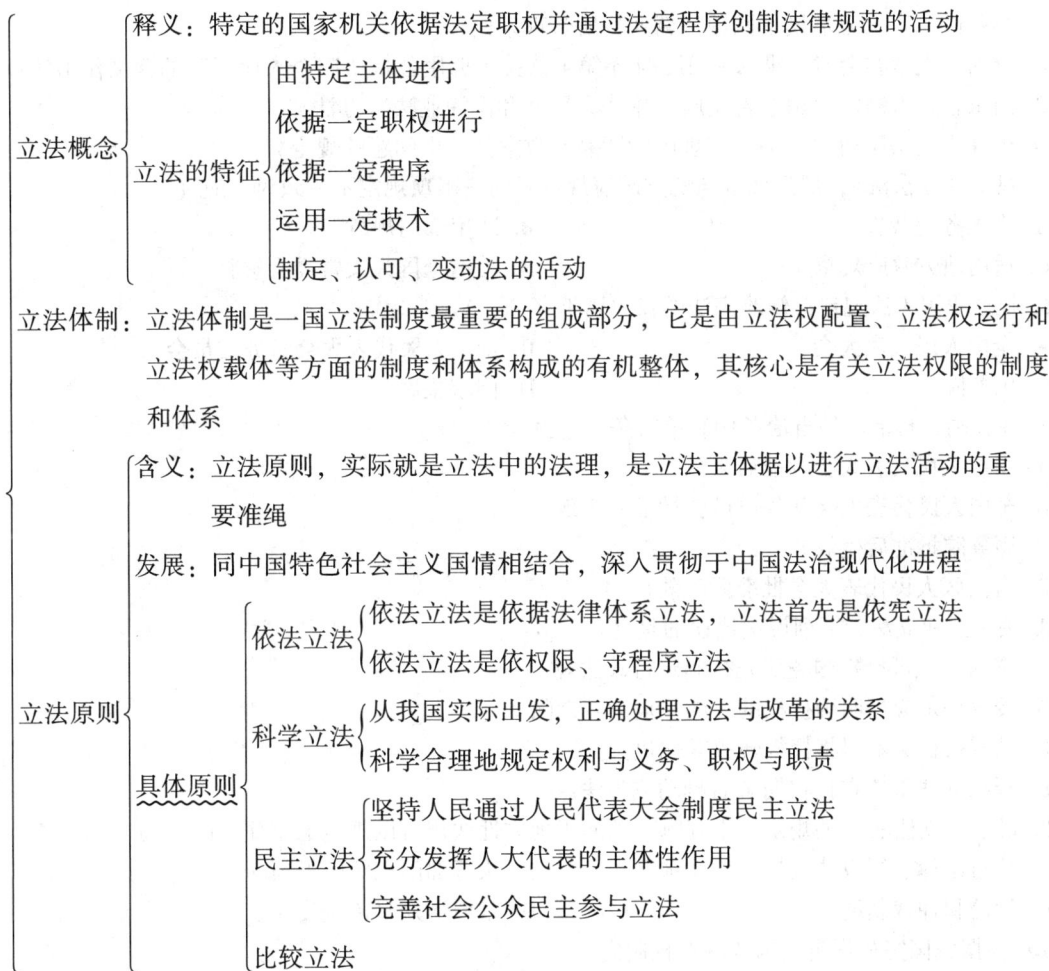

立法概念
- 释义：特定的国家机关依据法定职权并通过法定程序创制法律规范的活动
- 立法的特征
  - 由特定主体进行
  - 依据一定职权进行
  - 依据一定程序
  - 运用一定技术
  - 制定、认可、变动法的活动

立法体制：立法体制是一国立法制度最重要的组成部分，它是由立法权配置、立法权运行和立法权载体等方面的制度和体系构成的有机整体，其核心是有关立法权限的制度和体系

立法原则
- 含义：立法原则，实际就是立法中的法理，是立法主体据以进行立法活动的重要准绳
- 发展：同中国特色社会主义国情相结合，深入贯彻于中国法治现代化进程
- 具体原则
  - 依法立法
    - 依法立法是依据法律体系立法，立法首先是依宪立法
    - 依法立法是依权限、守程序立法
  - 科学立法
    - 从我国实际出发，正确处理立法与改革的关系
    - 科学合理地规定权利与义务、职权与职责
  - 民主立法
    - 坚持人民通过人民代表大会制度民主立法
    - 充分发挥人大代表的主体性作用
    - 完善社会公众民主参与立法
  - 比较立法

配套测试

单项选择题

1. 下列哪一项活动是具有立法性质的活动？（　　　）

A. 法律汇编　　　　B. 法典编纂　　　　C. 法律统计　　　　D. 法律整理

2. 根据对社会关系调整的作用不同，将立法分为（　　）。

A. 一般法立法和特殊法立法

B. 实体法立法和程序法立法

C. 专制立法和民主立法

D. 民事立法、刑事立法、行政立法、经济立法和立宪活动

3. 关于法律案的提出，下列表述正确的是（　　）。

A. 全国人大主席团可向国务院提出法律案

B. 一个代表团或 30 名以上代表可向全国人大提出法律案

C. 中央军事委员会可向全国人大常委会提出宪法修正案

D. 最高人民法院可提出修改地方性法规的议案

4. 下列属于狭义的立法活动的是（　　）。

A. 国务院制定《互联网上网服务营业场所管理条例》

B. 全国人大常委会对《刑法》第 384 条第 1 款关于挪用公款"归个人使用"的含义作出解释

C. 山东省人大制定《山东省实施〈中华人民共和国渔业法〉办法》

D. 最高人民法院通过《关于审理国际贸易行政案件若干问题的规定》

5. 根据《立法法》，部门规章与地方政府规章对同一事项规定不一致时，应（　　）。

A. 由国务院裁决　　　　　　　　　　B. 适用部门规章

C. 适用地方政府规章　　　　　　　　D. 提请全国人大常委会解释

6. 根据我国宪法规定，修改宪法的权力属于（　　）。

A. 全国人民代表大会　　　　　　　　B. 全国人民代表大会常务委员会

C. 国务院　　　　　　　　　　　　　D. 国家主席

7. 在我国，自治区的自治条例和单行条例应报（　　）。

A. 全国人民代表大会批准后生效

B. 全国人民代表大会常务委员会批准后生效

C. 国务院批准后生效

D. 自治区人民代表大会批准后生效

8. 关于授权立法，下列说法错误的是（　　）。

A. 全国人大可授权国务院先行制定行政法规

B. 授权决定应当明确授权的目的、范围、期限

C. 被授权机关不得将授权转授其他机关

D. 授权立法事项在授权期满后自动成为法律

9. 根据《立法法》的规定，下列哪一项属于地方性法规可以规定的事项？（　　）

A. 执行法律、行政法规规定的事项　　B. 执行部门规章的事项

C. 诉讼和仲裁制度　　　　　　　　　D. 基层群众自治制度

10. 根据我国宪法规定，国务院有权制定（　　）。

A. 基本法律　　　　　　　　　　　　B. 行政法规

C. 特别行政区基本法　　　　　　　　D. 除基本法以外的其他法律

11. 在我国，国务院所属部委所发布的各种行政性的规范性法律文件，一般称为（　　）。

A. 行政法规　　　　　　　　　　　　B. 地方性法规

C. 部门规章　　　　　　　　　　　　D. 除基本法律以外的其他法律

12. 下列哪一立法原则在《立法法》中明确体现？（　　）

A. 法律保留原则　　　　　　　　　　B. 法不溯及既往原则

C. 一事不再罚原则　　　　　　　　　　　D. 无罪推定原则

13. 保持法律的稳定性和连续性，是我国法律（　　　）。

A. 制定的原则　　　B. 实施的原则　　　C. 适用的原则　　　D. 执行的原则

14. 下列哪项不属于立法技术的要求？（　　　）

A. 法律概念明确　　　　　　　　　　　　B. 条文逻辑严密

C. 符合社会道德　　　　　　　　　　　　D. 语言表述简洁

15. 根据我国宪法规定，全国人民代表大会常务委员会有权制定（　　　）。

A. 基本法律　　　　　　　　　　　　　　B. 除基本法以外的其他法律

C. 行政法规　　　　　　　　　　　　　　D. 地方性法规

16. 法的制定的程序即立法程序，是指（　　　）。

A. 仅是制定新的法律的步骤

B. 不包括修改旧的法律的步骤

C. 不包括废除旧的法律的步骤

D. 有关国家机关制定、修改和废除法律或其他规范性文件的法定步骤或方式

17. 在我国，全国人民代表大会通过法律须以（　　　）。

A. 到会代表的过半数同意　　　　　　　　B. 全体代表的过半数同意

C. 到会代表的 2/3 多数同意　　　　　　　D. 全体代表的 2/3 多数同意

18. 关于法律解释，下列说法正确的是（　　　）。

A. 全国人大常委会的法律解释与法律具有同等效力

B. 最高人民法院可对地方性法规作出司法解释

C. 国务院可对法律进行立法解释

D. 法律解释的效力低于行政法规

☑️ 多项选择题

1. 依法立法要求（　　　）。

A. 保证宪法具有最高地位和最高效力

B. 一切法律、法规都不得违反宪法规定

C. 一切立法不得与以前的法律相抵触

D. 一切效力低的规范性文件不得与效力高的规范性文件相矛盾

2. 当代中国的立法应遵循下列哪些原则？（　　　）

A. 民主原则　　　B. 法治原则　　　C. 科学原则　　　D. 阶级原则

3. 下列关于立法的表述，不正确的是（　　　）。

A. 狭义的立法是指中央国家机关制定法律的活动

B. 广义的立法即法律制定

C. 国务院制定行政法规是狭义的立法活动

D. 立法是国家机关的专有活动

4. 关于法律效力位阶，下列哪些排列正确？（　　　）

A. 宪法＞法律＞行政法规＞部门规章　　　B. 自治条例＞地方性法规＞地方政府规章

C. 经济特区法规＞省级地方性法规　　　　D. 司法解释＞部门规章

5. 根据我国宪法和法律的规定，下列有权向最高国家权力机关提出法律议案的有（　　　）。

A. 全国政协　　　　　　　　　　　　　　B. 最高人民检察院

C. 省人大常委会　　　　　　　　　　　　D. 全国人大主席团

6. 根据《立法法》的规定，规范性文件的效力等级为（　　　）。

A. 行政法规的效力高于地方性法规、规章

B. 法律的效力高于行政法规、地方性法规、规章

C. 省、自治区人民政府制定的规章效力高于本行政区域内的较大的市的人民政府制定的规章

D. 地方性法规的效力高于本级和下级地方政府规章

7. 立法的原则是（　　　）。

A. 合宪性与合法性原则　　　　　　　　B. 实事求是，从实际出发原则

C. 民主立法原则　　　　　　　　　　　D. 秉承灵活性原则

8. 关于授权立法，下列哪些说法符合《立法法》规定？（　　　）

A. 全国人大可授权国务院对部分犯罪与刑罚事项先行立法

B. 授权期限一般不得超过 5 年

C. 被授权机关不得将被授予的权力转授其他机关

D. 授权立法事项经实践检验需制定法律的，应及时提请全国人大立法

9. 我国行使国家立法权的国家机构是（　　　）。

A. 全国人民代表大会　　　　　　　　　B. 全国人民代表大会常务委员会

C. 最高人民法院　　　　　　　　　　　D. 国务院

10. 由地方国家机关制定的规范性法律文件包括（　　　）。

A. 地方性法规　　　　　　　　　　　　B. 民族区域自治法规

C. 经济特区制定的规范性文件　　　　　D. 特别行政区基本法

11. 下列有权制定规章的机构是（　　　）。

A. 国务院　　　　　　　　　　　　　　B. 中国人民银行

C. 济南市人民政府　　　　　　　　　　D. 安徽省芜湖市繁昌区人民政府

12. 根据《立法法》的要求，下列哪些事项只能由全国人民代表大会及其常务委员会制定法律加以规定？（　　　）

A. 劳动争议仲裁制度　　　　　　　　　B. 教育制度

C. 对私有企业的财产征收制度　　　　　D. 居民委员会、村民委员会制度

13. 下列活动中属于广义的立法活动的是（　　　）。

A. 上海证券交易所发布《上海证券交易所股票发行上市审核规则》

B. 中共中央颁布施行《党政领导干部选拔任用工作条例》

C. 重庆市人大常委会通过《重庆市安全生产条例》

D. 北京市人民政府废止《北京市人民政府关于加强户外霓虹灯管理的规定》

14. 下列关于立法权的表述，正确的是（　　　）。

A. 立法权包括废止法律的权力

B. 立法权是国家权力体系中最重要的、核心的权力

C. 立法是享有立法权的前提

D. 立法是行使立法权的过程和表现

15. 下列可以制定地方性法规的机构是（　　　）。

A. 广西壮族自治区人民政府　　　　　　B. 太原市人民代表大会

C. 重庆市人大常委会　　　　　　　　　D. 合肥市人民政府

16. 关于法律案的审议程序，下列哪些说法正确？（　　　）

A. 全国人大审议法律案一般需经三次常委会会议讨论

B. 专门委员会可对法律草案提出修改意见

C. 常委会分组会议可邀请人大代表列席

D. 法律草案表决前可暂不交付表决

17. 下列哪些行为违反《立法法》关于立法权限的规定？（　　　）

A. 教育部制定部门规章设定吊销学位证处罚

B. 北京市人大制定网络数据安全管理规定限制人身自由

C. 国务院制定《人类遗传资源管理条例》设定行政许可

D. 最高人民法院发布司法解释规定犯罪构成要件

18. 法律草案审议的结果有（　　　）。

A. 交付表决　　　　　B. 搁置　　　　　C. 颁布实施　　　　　D. 终止审议

19. 下列哪些立法活动需报全国人大常委会批准？（　　　）

A. 自治区人大制定的自治条例　　　　　B. 深圳市人大制定的经济特区法规

C. 香港特别行政区修改选举制度　　　　D. 上海市人大制定的浦东新区法规

20. 下列属于法的创制的有（　　　）。

A. 全国人大常委会通过《关于修改〈中华人民共和国税收征收管理法〉的决定》

B. 最高人民法院在《最高人民法院公报》上公布具有指导意义的案例

C. 《民法典》对"养老抚幼"的道德规范在法律上予以认可

D. 律师协会制定律师执业规范

21. 地方性法规仅在制定该法规的行政区域内有效，但这种效力在与（　　　）不相抵触的前提下才有效。

A. 宪法　　　　　B. 法律　　　　　C. 行政法规　　　　　D. 部委规章

22. 国务院制定的行政法规一般以下列哪些名称出现？（　　　）

A. 裁定　　　　　B. 条例　　　　　C. 规定　　　　　D. 办法

23. 下列地方国家权力机关中，哪些无权制定地方性法规？（　　　）

A. 省、自治区、直辖市的权力机关

B. 省、自治区人民政府所在地的市的权力机关

C. 县级市的权力机关

D. 县级民族自治地方的权力机关

24. 关于地方性法规的制定，下列哪些说法正确？（　　　）

A. 设区的市人大可对城乡建设与管理事项立法

B. 省级人大常委会可批准自治州单行条例

C. 经济特区法规可对法律作变通规定

D. 地方性法规不得设定企业设立许可

25. 根据政体的不同，立法可以分为（　　　）。

A. 国家立法机关立法　　　　　B. 专制立法

C. 民主立法　　　　　　　　　D. 授权立法

26. 决定一个国家立法体制形成的因素是这个国家的（　　　）。

A. 国体　　　　　B. 政体　　　　　C. 地理环境　　　　　D. 文化传统

27. 根据《立法法》，下列哪些规范性文件之间发生冲突时需由国务院裁决？（　　　）

A. 教育部规章与北京市政府规章

B. 商务部规章与广东省政府规章

C. 海关总署规章与深圳经济特区法规

D. 国家卫生健康委规章与河北省地方性法规

28. 下列选项中的哪些表述是错误的？（　　）

A. 省级人民政府受国务院统一领导，服从国务院，对国务院负责并报告工作

B. 省级人民政府对本级人大及其常委会负责，并向全国人民代表大会及其常委会报告工作

C. 省级人民政府可以根据法律、行政法规和本省、自治区、直辖市的地方性法规，制定地方政府规章，报本级人大常委会和国务院备案

D. 省级人民政府无权审查省和自治区人民政府所在地的市和国务院批准的较大的市的人民政府制定的地方政府规章

29. 在我国，哪些国家机关能够制定地方性法规？（　　）

A. 省、自治区、直辖市人民代表大会及其常委会

B. 自治州、自治县的人民代表大会及其常委会

C. 省级人民政府所在地的市人民代表大会及其常委会

D. 经国务院批准的较大的市的人民代表大会及其常委会

30. 为了解决改革的渐进性和法律稳定性之间的矛盾，我国在立法实践中采取的措施有（　　）。

A. 对某些法律采取"试行"的形式

B. 预先颁布一整套完备的法律

C. 在法律中仅作某些原则规定

D. 授权国务院或其他国家机关制定某一范围、事项的法规

31. 关于法的生效时间，通常有（　　）这样一些情况。

A. 自法律公布之日起生效

B. 由该法明文规定具体的生效时间

C. 由后法规定前法的生效时间

D. 规定法公布后到达一定期限开始生效

32. 法被废止，绝对地失去拘束力，主要是通过（　　）方式。

A. 登报废止　　　　　B. 明示废止　　　　　C. 事后废止　　　　　D. 默示废止

名词解释

1. 立法

2. 立法体制

3. 立法技术

4. 立法过程

简答题

1. 考察古今中外的立法活动，立法的主要特征是什么？

2. 简述中国法律体系下的立法程序。

3. 如何理解法的连续性和稳定性？

4. 请阐述立法原则与立法指导思想的联系与区别。

论述题

1. 当代中国社会主义立法应当坚持哪些指导原则？

2. 试述科技发展对立法工作的影响。

第十六章　法的实施

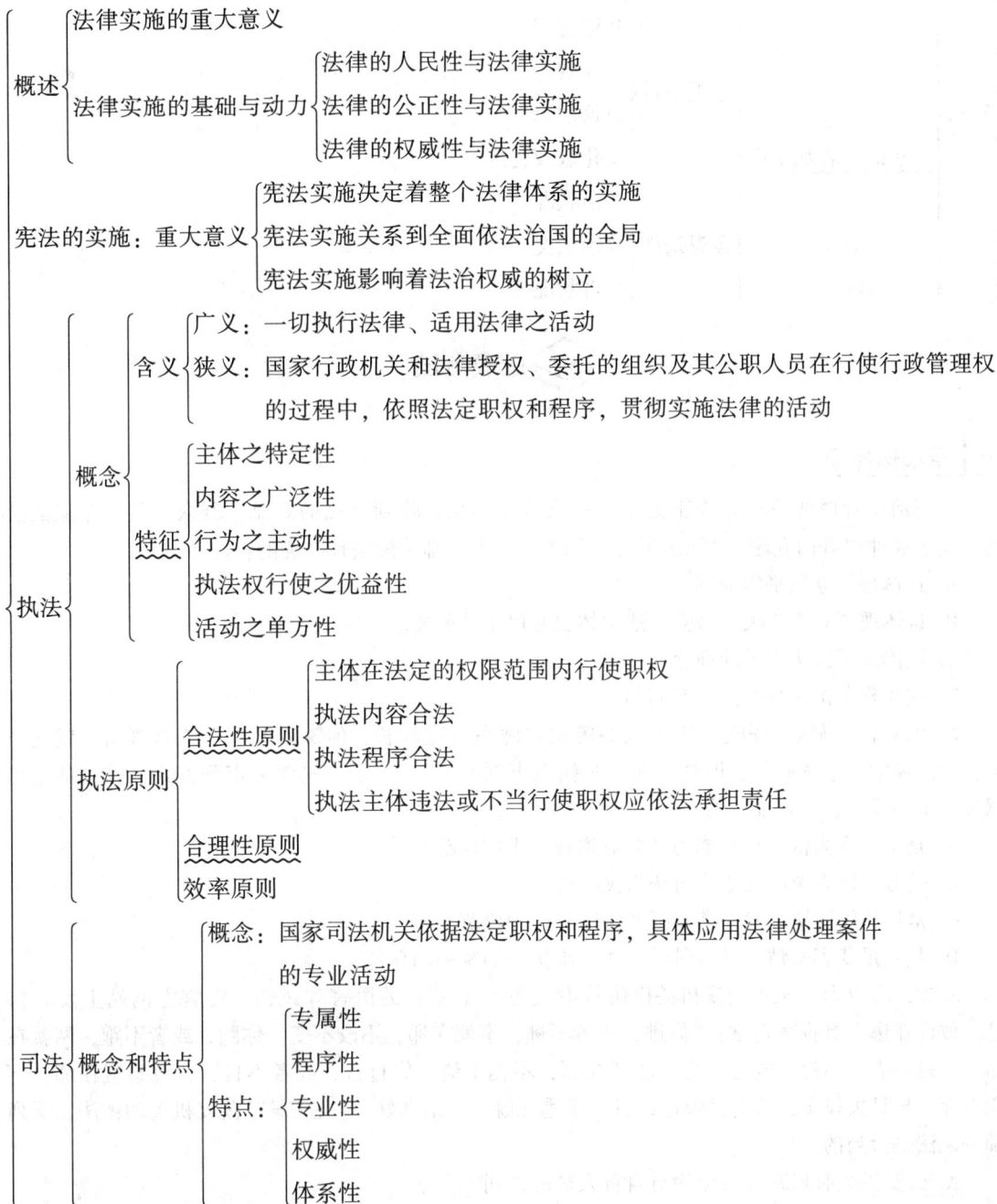

基础知识图解

概述
- 法律实施的重大意义
- 法律实施的基础与动力
  - 法律的人民性与法律实施
  - 法律的公正性与法律实施
  - 法律的权威性与法律实施

宪法的实施：重大意义
- 宪法实施决定着整个法律体系的实施
- 宪法实施关系到全面依法治国的全局
- 宪法实施影响着法治权威的树立

执法
- 概念
  - 含义
    - 广义：一切执行法律、适用法律之活动
    - 狭义：国家行政机关和法律授权、委托的组织及其公职人员在行使行政管理权的过程中，依照法定职权和程序，贯彻实施法律的活动
  - 特征
    - 主体之特定性
    - 内容之广泛性
    - 行为之主动性
    - 执法权行使之优益性
    - 活动之单方性
- 执法原则
  - 合法性原则
    - 主体在法定的权限范围内行使职权
    - 执法内容合法
    - 执法程序合法
    - 执法主体违法或不当行使职权应依法承担责任
  - 合理性原则
  - 效率原则

司法
- 概念和特点
  - 概念：国家司法机关依据法定职权和程序，具体应用法律处理案件的专业活动
  - 特点：
    - 专属性
    - 程序性
    - 专业性
    - 权威性
    - 体系性

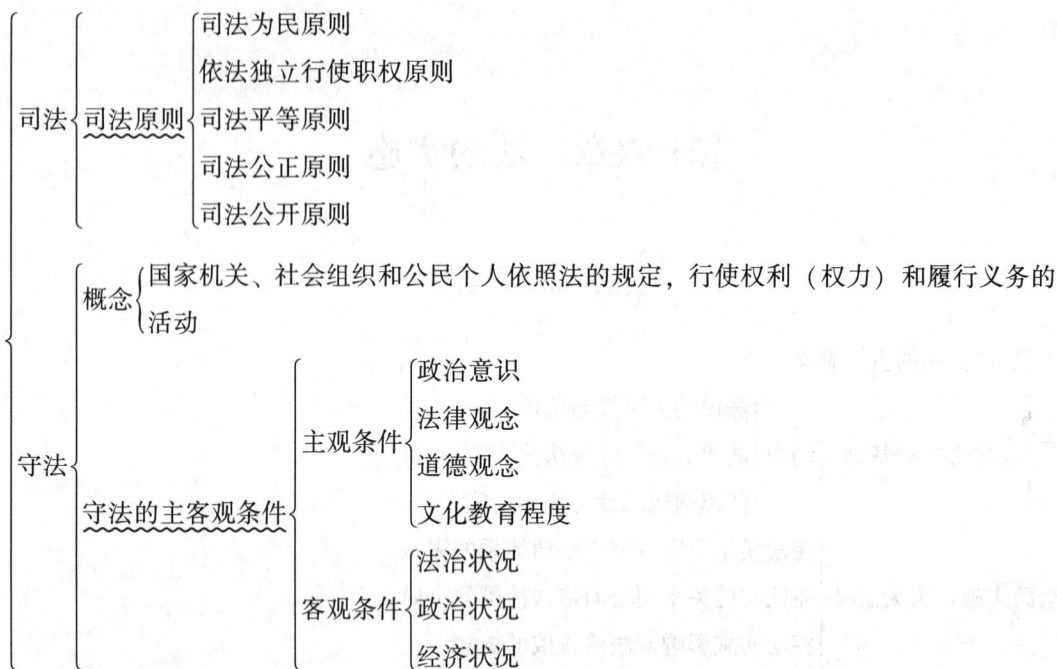

```
     ┌ 司法 ┬ 司法原则 ┬ 司法为民原则
     │      │          ├ 依法独立行使职权原则
     │      └          ├ 司法平等原则
     │                 ├ 司法公正原则
     │                 └ 司法公开原则
     │
     │      ┌ 概念 ┬ 国家机关、社会组织和公民个人依照法的规定，行使权利（权力）和履行义务的
     │      │      └ 活动
     │      │
     │ 守法 ┤                        ┌ 主观条件 ┬ 政治意识
     │      │                        │          ├ 法律观念
     │      │                        │          ├ 道德观念
     └      └ 守法的主客观条件 ┤          └ 文化教育程度
                                │          ┌ 法治状况
                                └ 客观条件 ┤ 政治状况
                                           └ 经济状况
```

配套测试

✓ 单项选择题

1.《治安管理处罚法》修正案草案征求意见结果，收到网民的意见，群众来信，专家的意见。关于这种"开门立法""问法于民"的做法，下列哪一说法是准确的？（　　）

A. 这体现了立法平等原则

B. 这体现了立法为民、增强立法主体自身民主性的要求

C. 这体现了执法为民的理念

D. 这体现了国家权力的相互制约

2.1943 年，马锡五任陕甘宁边区高等法院陇东分庭庭长，他深入基层，依靠群众，就地办案，形式灵活，手续简便，被总结为"马锡五审判方式"。关于"马锡五审判方式"体现的法治意义，下列哪一说法是准确的？（　　）

A. 是不断提高依法行政能力和职业道德水平的典范

B. 是努力树立司法权威及司法为民的典范

C. 是从我国国情出发，借鉴国外法治经验的典范

D. 是立足我国国情，坚持科学立法、维护法制统一的典范

3.2024 年 7 月，某市公安机关模仿诗歌《见与不见》的语言和风格，在官方网站上发布信息，敦促在逃人员投案自首："你逃，或者不逃，事就在那，不改不变。你跑，或者不跑，网就在那，不撤不去。你想，或者不想，法就在那，不偏不倚。你自首，或者不自首，警察就在那，不舍不弃。早日去投案，或者，惶惶终日，潜逃无聊，了结真好。"关于某市公安机关的做法，下列哪一说法是恰当的？（　　）

A. 公安机关有权减轻或免除对自首人员的处罚

B. 公安机关应以社会管理职能代替政治统治职能

C. 公安机关可以从实际工作出发，对法律予以行政解释

D. 公安机关可以创新工作手段、利用有效宣传形式，促进全面充分履职

4. 中学生小张课间打篮球时被同学小黄撞断锁骨，小张诉请中学和小黄赔偿1.4万余元。法院审理后认为，虽然二被告对原告受伤均没有过错，不应承担赔偿责任，但原告毕竟是小黄所撞伤，该校的不当行为也是伤害事故发生的诱因，且原告花费1.3万余元治疗后尚未完全康复，依据公平原则，法院酌定被告各补偿3000元。关于本案，下列哪一判断是正确的？（　　）

A. 法院对被告实施了法律制裁

B. 法院对被告采取了不诉免责和协议免责的措施

C. 法院做出对被告有利的判决，在于对案件事实与规范间关系进行了证成

D. 被告承担法律责任主要不是因为行为与损害间存在因果关系

5. 关于司法、司法制度的特征和内容，下列哪一表述不能成立？（　　）

A. 中国特色社会主义司法制度包括司法规范体系、司法组织体系、司法制度体系、司法人员管理体系

B. 法院已成为现代社会最主要的纠纷解决主体，表明司法的被动性特点已逐渐被普遍性特点所替代

C. 解决纠纷是司法的主要功能，它构成司法制度产生的基础、决定运作的主要内容和直接任务，也是其他功能发挥的先决条件

D. "分权学说"作为西方国家一项宪法原则，进入实践层面后，司法的概念逐步呈现技术性、程序性特征

6. 黄某是甲县人事局的干部，他向县检察院举报了县人事局领导叶某在干部调配中收受钱物的行为。两个月后未见动静，黄某几经努力才弄清是检察院的章某把举报信私下扣住并给了叶某。黄某于是又向县人大、市检察院举报章某的行为。黄某的这一行为属于下列哪一种？（　　）

A. 法的适用　　　　B. 法的遵守　　　　C. 法的执行　　　　D. 法的解释

7. 关于法律实施与法律实效的关系，下列哪一说法是正确的？（　　）

A. 法律实施是法律实效的静态结果，法律实效是法律实施的动态过程

B. 法律实施与法律实效完全等同，仅是表述不同

C. 法律实施侧重动态过程，法律实效侧重静态结果

D. 法律实效是法律实施的前提，法律实施是法律实效的目的

8. 关于法律执行的特点，下列哪一说法是正确的？（　　）

A. 法律执行活动以被动性为主要特征

B. 法律执行内容的广泛性源于行政权的管理属性

C. 行政主体实施行政行为必须与相对人协商一致

D. 法律执行程序与司法程序均以效率为核心价值

9. 根据执法的信赖保护原则，下列哪一情形符合该原则的要求？（　　）

A. 某县政府因政策调整，撤销向企业颁发的为期10年的特许经营许可证，且未给予补偿

B. 市场监管局发现某企业营业执照申请材料存在轻微瑕疵，但因该企业无过错，未撤销许可

C. 规划局因工作人员失误错误发放建设工程规划许可证，遂直接撤销许可且未通知当事人

D. 交通局发现某出租车公司许可证系通过贿赂取得，仍维持许可以保护其信赖利益

10. 下列哪一做法体现了法律执行的效率原则？（　　）

A. 交警部门为减少程序烦琐，对违法停车行为不调查直接处罚

B. 人力资源和社会保障局拖延6个月办理劳动者工伤认定申请

C. 生态环境局在法定期限内快速查处某企业违规排污行为

D. 教育局为提高效率，对群众咨询事项拒绝提供书面答复

11. 下列不属于执法活动的有（　　）。

A. 市场监管局给某企业颁发营业执照

B. 人民法院对王某盗窃一案进行审理

C. 县物价局进行物价大检查

D. 市公安局将犯罪嫌疑人李某收押

12. 市民张某在城市街道上无照销售食品，在被城市综合管理执法人员查处过程中暴力抗法，导致一名城市综合管理执法人员受伤。经媒体报道，人们议论纷纷。关于此事，下列哪一说法是错误的？（　　）

A. 王某指出，城市综合管理执法人员的活动属于执法行为，具有权威性

B. 刘某认为，城市综合管理机构执法，不仅要合法，还要强调公平合理，其执法方式应让一般社会公众能够接受

C. 赵某认为，如果老百姓认为执法不公，就有奋起反抗的权利

D. 陈某说，守法是公民的义务，如果认为城市综合管理机构执法不当，可以采用行政复议、行政诉讼的方式寻求救济，暴力抗法显然是不对的

13. 某企业因未按规定配合市场监管局检查，被处以罚款。根据行政责任的特点，下列哪一说法正确？（　　）

A. 仅企业作为行政管理相对人承担责任

B. 市场监督管理局须承担连带责任

C. 行政责任仅由行政机关工作人员个人承担

D. 行政责任的产生与民事违约行为直接相关

14. 在民事案件的审理过程中，在考虑损害事实的同时，还要考虑当事人的实际经济状况，这体现了归责原则中的（　　）。

A. 责任法定原则　　　B. 公平原则　　　　　C. 公正原则　　　　　D. 效益原则

15. 关于行政责任的产生原因，下列哪一说法是正确的？（　　）

A. 行政责任仅因行政主体的行政不当行为产生

B. 行政责任以违反民事法律规范为前提

C. 行政法律关系主体不履行法定义务可能引发行政责任

D. 行政责任的产生与行政职权无关

16. 坚持公民在法律面前一律平等，就必须做到（　　）。

A. 公民的个别情况可以作为法律权利义务分配的考虑因素

B. 行政诉讼活动中，国家机关与公民的诉讼地位应有所差别

C. 法律对穷人、富人在适用上一律平等

D. 领导干部的违法行为的处理要注意影响，不必太较真

17. 按照狭义的解释，下列哪一种行为属于司法活动？（　　）

A. 某人认为自己未达到法定婚龄而拒绝同女友结婚

B. 海关工作人员认为某人有走私嫌疑而查办该案件

C. 检察机关根据群众检举对某人的受贿行为进行侦查

D. 审判员办案途中发现两人发生口角，而依事实和法律对其进行劝解

18. 人民法院、人民检察院依法独立行使自己的职权，不受（　　）。

A. 权力机关的干涉　　　　　　　　　B. 政党、社会团体和个人的干涉

C. 上级司法机关的干涉　　　　　　　D. 行政机关、社会团体和个人的干涉

19. 司法公正原则中的"程序公正"主要指（　　　）。

A. 司法裁判结果符合实体法规定

B. 司法过程具有正当性，当事人受公平对待

C. 裁判人员需具备专业法律素养

D. 案件处理结果符合社会道德标准

20. 下列哪一行为不属于积极作为的守法？（　　　）

A. 公民主动申请行政许可

B. 企业依法向税务机关申报纳税

C. 成年人对父母履行赡养义务

D. 市民遵守交通规则不闯红灯

21. 贯彻以事实为根据、以法律为准绳这一原则，适用法律时（　　　）。

A. 就不应以党的政策为指导

B. 仍然要以党的政策为指导

C. 有时也要以党的全部政策为指导

D. 法律应无条件地服从党的政策

22. 下列哪个选项不符合我国法律规定的"司法机关依法独立行使职权"原则的含义？（　　　）。

A. 司法权不得由一般的行政机关来行使

B. 司法机关既要独立行使职权，又不得无限度地使用自由裁量权

C. 任何机关、团体和个人不得以任何形式干预司法活动

D. 司法机关及其工作人员在独立行使职权时不得违反程序规定

23. 法律遵守的范围中，居于核心地位的法律是（　　　）。

A. 宪法　　　　B. 法律　　　　C. 行政法规　　　　D. 地方性法规

24. 法的实施方式按（　　　）可以分为法的遵守、法的执行、法的适用。

A. 法的内容

B. 实施法律的主体

C. 履行义务的主体

D. 实施法律的主体和法的内容

25. 下列哪一项属于法律遵守的主观条件？（　　　）

A. 政治状况

B. 经济状况

C. 法律意识水平

D. 国际形势

26. 下列关于"司法责任"的表述，正确的是（　　　）。

A. 司法责任仅指司法人员因个人过失导致的民事赔偿责任

B. 司法责任的认定只需依据道德准则，无须遵循法定程序

C. 司法责任是司法机关及人员行使职权时侵犯合法权益应承担的责任

D. 司法责任仅针对故意违法犯罪行为，不包括过失行为

27. 人们实际上按照法律规定的行为模式去行为，法律被人们实际遵守、执行或适用，在法学上称为（　　　）。

A. 法律效果　　　B. 法律效益　　　C. 法律实效　　　D. 法律效力

28. 中国特色社会主义法律实施监督的民主原则中，监督权最终属于（　　　）。

A. 国家机关　　　B. 人民　　　C. 执政党　　　D. 社会团体

29. 法律实施监督的法治原则要求监督主体必须（　　　）。

A. 依据领导批示行使监督权

B. 按照法定程序行使监督权

C. 以道德标准代替法律标准

D. 优先考虑社会舆论意见

☑ 多项选择题

1. 下列哪些选项属于法律意识的范畴？（　　　）

A. 法国大革命后制定的《法国民法典》

B. 西周提出的"以德配天，明德慎罚"

C. 中国传统的"和为贵""少讼""厌讼"

D. 社会主义法治理念

2. 近年来，我国部分地区基层法院在民事审判中试点"小额速裁"，对法律关系单一、事实清楚、争议标的额不足 1 万元的民事案件，实行一审终审制度。关于该审判方式改革体现出的价值取向，下列哪些说法是正确的？（　　　）

A. 节约司法成本　　　　　　　　　　B. 促进司法民主

C. 提高司法效率　　　　　　　　　　D. 推行司法公开

3. 下列关于法律实施的说法中，正确的有哪些？（　　　）

A. 法律实施是将抽象法律规范具体化的动态过程，是法治的落实和归宿

B. 法律实施的行为必须具有法律依据，并产生法律后果

C. 公民依法参与管理国家事务属于法律实施的范畴

D. 法律实施的方式仅限于"作为"，如履行法定义务的行为

4. 下列属于法律执行特点的有哪些？（　　　）

A. 国家行政机关及其公职人员应积极主动履行职责

B. 法律执行涉及政治、经济、文化等社会生活各领域

C. 行政法律关系的形成需行政主体与相对人双方合意

D. 法律执行程序设计强调迅速、简便、快捷

5. 下列说法正确的有哪些？（　　　）

A. 强调一切社会主体普遍平等守法对当代中国的法治建设具有重要意义

B. 在资本主义社会，老百姓仅仅是义务的承担者

C. 国家机关及其工作人员应该严格遵守法律

D. 守法就是不触犯法律

6. 下列关于行政责任的说法中，正确的有哪些？（　　　）

A. 行政责任是行政法上的特定法律责任，与刑事责任、民事责任性质不同

B. 行政责任的承担方式包括撤销违法行政行为、罚款、没收违法所得等

C. 行政责任只能由行政管理相对人承担，行政主体不承担责任

D. 行政责任的追究必须以行政法律规范规定的职责为依据

7. 在司法工作中为了更好地贯彻执行公民在法律面前一律平等原则，需要注意的有（　　　）。

A. 必须反对形形色色的特权思想

B. 在审理行政案件时，要坚持当事人本地与外地有别、法人与自然人有别

C. 在审理民事案件时坚持当事人诉讼地位平等

D. 在审理刑事案件时，要注重证据

8. 司法平等原则的具体表现包括（　　　）。

A. 对法人和社会组织适用法律时与公民一视同仁

B. 司法机关对任何公民的违法犯罪行为同等追究责任

C. 诉讼参与人因经济困难可免除部分诉讼义务

D. 司法人员不得因当事人宗教信仰差异而差别对待

9. 在我国，守法的主体包括（　　　）。

A. 一切国家机关

B. 中华人民共和国全体公民、一切组织

C. 在我国领域内的外国组织、外国人和无国籍人

D. 社会组织

10. 守法的范围与一个国家法的渊源密切相关。在我国，（ ）属于守法的范围之列。

A. 判例法   B. 判决书

C. 行政法规   D. 我国加入的国际条约

11. 下列选项中哪些属于遵守我国法律的行为或事项？（ ）

A. 某市仲裁委员会的仲裁   B. 某县公安局的治安处罚决定

C. 习惯法   D.《广东省经济特区条例》

12. 下列属于司法公正原则要求的有（ ）。

A. 司法裁判结果体现实体法正义   B. 司法程序保障当事人平等参与

C. 裁判人员在审理中保持中立地位   D. 司法机关独立于行政机关行使职权

13. 根据我国法律规定，司法责任的归责原则包括以下哪些内容？（ ）

A. 责任法定原则   B. 责任相称原则

C. 责任连带原则   D. 责任自负原则

14. 下列关于司法权与行政权区别的表述中，正确的有哪些？（ ）

A. 教育局主动开展校园安全检查，体现行政权的主动性

B. 法院受理公民因行政机关不作为提起的行政诉讼，体现司法权的被动性

C. 市政府出台教育收费新规，以公共利益为对象，体现行政权的对象特征

D. 检察院对公安机关移送的刑事案件提起公诉，体现司法权的主动性

15. 司法作为一种国家活动，不同于其他国家机关、社会组织和公民实现法律的活动，其特点是（ ）。

A. 由特定的国家机关及其公职人员，按照法定职权处理案件的活动

B. 具有严格的程序性

C. 以国家强制力作为后盾来保证法律在社会生活中得到实现

D. 一般都要作出适用法律的文书

16. 司法机关独立行使职权的含义是（ ）。

A. 司法权的专属性   B. 行使职权的独立性

C. 行使职权的合法性   D. 行使职权的迅速性

17. 下列哪些行为不符合我国法律的适用原则？（ ）

A. 法官乐某为办好案件与原、被告双方的代理人分别有多次私下接触

B. 族长决定强奸案的被害人赵某及家人不许向公安局报案，由强奸实施人董某向赵某赔偿 5000 元

C. 在处理合同纠纷时，诸葛法官接到市委书记的批条，指示不能判外地企业胜诉

D. 监狱根据法定的情况没有将因贪污、受贿被判处 10 年有期徒刑的原局长万某收监执行

18. 根据司法权与立法权的区别，下列说法正确的有哪些？（ ）

A. 市人大常委会表决通过《文明行为促进条例》，体现立法权的民主价值目标

B. 县法院判决某企业污染环境侵权赔偿，体现司法权对公正的追求

C. 省检察院对一起职务犯罪案件提起抗诉，体现司法权的集体行使特征

D. 国务院制定行政法规，体现立法权的"人民意志汇集"属性

19. 我国宪法、人民法院组织法、人民检察院组织法、刑事诉讼法、民事诉讼法、行政诉讼法等法律都对司法机关依法独立行使职权作出了明确的规定。根据宪法和法律有关规定结合法学理论，以下关于司法机关依法独立行使职权论述正确的有（ ）。

A. 司法权的专属性，即国家的司法权只能由国家各级审判机关和检察机关统一行使，其他任

何机关、团体和个人都无权行使此项权利

B. 司法机关行使职权也必须合法，即司法机关审理案件必须严格依照法律规定，正确适用法律，不得滥用职权，枉法裁判

C. 法律适用是一项专业性很强的工作，只能由受过专业训练的法律职业人员从事，所以实行这项原则是正确适用法律的前提

D. 根据这项原则，对于司法机关及其工作人员在刑事诉讼中违法行使职权，造成公民、法人和其他组织人身权或财产权损害的，由司法机关独立承担赔偿责任

20. 法律实施监督的依法独立原则体现在以下哪些方面？（　　　）

A. 法律实施监督机构依法设置，任何机关和个人不得违反法律规定任意决定其存废

B. 法律实施监督人员依法任命，任何机关和个人都不能随便剥夺其监督权

C. 法律实施监督活动依法进行，不受其他任何机关、组织和个人的非法干涉

D. 法律实施监督可以根据实际情况随意调整监督标准

21. 司法机关依法独立行使职权的基本内容为（　　　）。

A. 国家的审判权、检察权只能分别由特定机关行使

B. 司法机关不受任何机关、团体、个人的干涉

C. 司法机关必须依照法律规定，正确适用法律

D. 司法机关不必走群众路线

22. 法律实施监督中的法治原则具体包括哪些内容？（　　　）

A. 监督主体需在宪法和法律范围内行使监督权

B. 监督主体需按法定程序行使监督权

C. 监督活动应保持相对独立性

D. 监督需遵循民主集中制原则

23. 蔡某因涉嫌杀人罪被公安机关立案侦查，检察院批准逮捕并向法院提起公诉，蔡某聘请律师为其辩护，法院经审理判处蔡某无期徒刑。上述活动中属于司法活动的有（　　　）。

A. 公安机关立案侦查　　　　　　　　　B. 法院的审判

C. 律师的辩护　　　　　　　　　　　　D. 检察院批准逮捕、提起公诉

24. 关于程序正义的意涵，下列说法正确的有（　　　）。

A. 程序正义具有独立价值，不只是实现特定目标的工具

B. 程序本身设计得科学合理（如中立、透明、平等、真实有效等）是衡量程序正义的依据

C. 程序正义的终极价值基础在于对人的尊严和道德主体地位的尊重

D. 程序正义与实体正义可能相辅相成，也可能存在冲突

25. 按照属人主义原则，一个国家的法律（　　　）。

A. 仅适用于在国内的本国公民　　　　　B. 既适用于本国人，也对外国公民有效

C. 适用于本国的一切公民　　　　　　　D. 对外国人、无国籍人没有约束力

26. 庞德说"法律的生命在于它的实行"，霍姆斯说"法律的生命不在逻辑，而在经验"，利用法的实施的观点，针对上述命题论述正确的有（　　　）。

A. 法在制定出来后实施前，只是一种书本上的法律，处于应然状态；法的实施，就是使法律从书本上的法律变成行动中的法律

B. 法的实施使法从抽象的行为模式变成人们的具体行为，使法所规定的权利、义务以及与此密切相关的权利、职权、职责变成了现实

C. 法的实施是实现立法者的目的，是实现法律的作用的前提，是实现法的价值的必由之路

D. 法的实施是建立法治国家的必要条件，即使有再好的法律，没有切实的法律实施，那么也

只能说是形式上的法治

名词解释

1. 法律实施
2. 守法主体
3. 守法内容
4. 守法状态
5. 法律执行
6. 行政责任
7. 执法的原则
8. 司法体系
9. 司法责任原则
10. 法的遵守
11. 司法专属性
12. 正当法律程序

简答题

1. 简述守法的主客观条件。
2. 简述司法责任。
3. 简述法律实施的过程。
4. 法的执行有哪些主要原则？
5. 法律实施的评价标准有哪些？
6. 简述法律监督的依法独立原则。
7. 简述执法过程中的合理性原则。
8. 如何贯彻以事实为根据，以法律为准绳的原则？
9. 简述司法的概念和基本特征。
10. 简述行政责任的特点。
11. 简述司法的基本要求。
12. 正当法律程序的真实性是什么？
13. 司法权和立法权的区别是什么？
14. 司法权和行政权的区别是什么？
15. 法的实施的基本形式有哪些？
16. 简述法的实效的产生条件。
17. 如何把握程序正义的内涵。

论述题

1. 论守法的范围和条件。
2. 论述法律实施监督的功能。
3. 论正当法律程序的价值。
4. 有人说，法的实现与法的实施是同义语的重复。你认为这种看法对不对？理由是什么？

第十七章　法律职业

基础知识图解

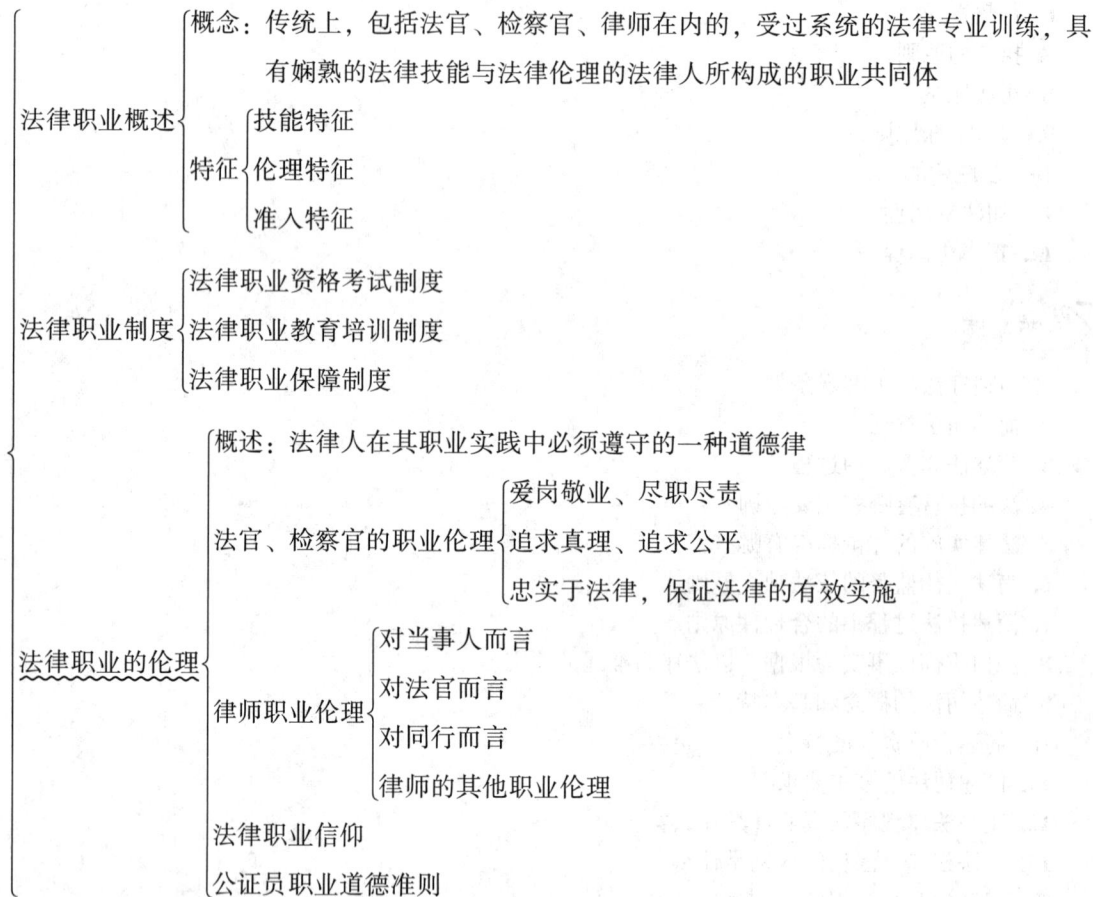

法律职业概述
- 概念：传统上，包括法官、检察官、律师在内的，受过系统的法律专业训练，具有娴熟的法律技能与法律伦理的法律人所构成的职业共同体
- 特征
  - 技能特征
  - 伦理特征
  - 准入特征

法律职业制度
- 法律职业资格考试制度
- 法律职业教育培训制度
- 法律职业保障制度

法律职业的伦理
- 概述：法律人在其职业实践中必须遵守的一种道德律
- 法官、检察官的职业伦理
  - 爱岗敬业、尽职尽责
  - 追求真理、追求公平
  - 忠实于法律，保证法律的有效实施
- 律师职业伦理
  - 对当事人而言
  - 对法官而言
  - 对同行而言
  - 律师的其他职业伦理
- 法律职业信仰
- 公证员职业道德准则

配套测试

单项选择题

1. 下列哪一项属于法律职业的技能特征？（　　　）

A. 职业准入需通过资格考试　　　　B. 以系统统一的法律学问为基础

C. 传承特有的职业伦理　　　　　　D. 成员需具备社会责任感

2. 某基层法院法官李某在审理一起合同纠纷案件时，收到当地企业主的请托，希望其在判决中偏袒该企业。李某拒绝了请托，并严格依据事实和法律作出判决。李某的行为体现了法官职业伦理中的哪一要求？（　　　）

A. 爱岗敬业、尽职尽责　　　　　　　　B. 追求真理、追求公平

C. 忠实于法律，保证法律的有效实施　　D. 严格职业准入

3. 某市检察院检察官王某在办理一起刑事案件时，发现侦查机关提供的证据存在矛盾。王某主动退回补充侦查，并要求侦查机关重新调查取证，以确保案件事实清楚、证据确实充分。王某的做法体现了法官、检察官职业伦理中的哪一要点？（　　　）

A. 爱岗敬业、尽职尽责　　　　　　　　B. 追求真理、追求公平

C. 忠实于法律，保证法律的有效实施　　D. 加强职业保障

4. 甲病危，欲将部分财产留给保姆，咨询如何处理。下列哪一意见是正确的？（　　　）

A. 甲行走不便，可由身为公证员的侄子办理公证遗嘱

B. 甲提出申请，可由公证机构到医院办理公证遗嘱

C. 公证机构无权办理甲的遗嘱文书及财产保管事务

D. 甲如对该财产曾有其他形式遗嘱，以后公证的遗嘱无效

5. 关于法律职业道德的理解，下列哪一说法不能成立？（　　　）

A. 法律职业道德与其他职业道德相比，具有更强的公平正义象征和社会感召作用

B. 法律职业道德与一般社会道德相比，具有更强的约束性

C. 法律职业道德的内容多以纪律规范形式体现，具有更强的可操作性

D. 法律职业道德通过严格程序实现，具有更强的外在强制性

6. 法官、检察官、律师等法律职业主管机关就这3个职业在诉讼活动中的相互关系出台了一系列规定。下列哪一说法是正确的？（　　　）

A. 这些规定的目的是加强职业纪律约束，促进维护司法公正

B. 这些规定具有弥补履行职责上地位不平等、利于发挥各自作用的意义

C. 这些规定允许必要时适度突破职权限制、提高司法效率

D. 这些规定主要强调配合，不涉及互相制约关系的内容

7. 根据《法官法》等人民法院法官管理的相关规定，下列哪一选项不能成立？（　　　）

A. 高法官在审判中既严格程序，又为群众行使权利提供便利；既秉公执法，又考虑情理，案结事了成绩显著。法院给予其嘉奖奖励

B. 黄法官就民间借贷提出司法建议被采纳，对当地政府完善金融管理、改善服务秩序发挥了显著作用。法院给予其记功奖励

C. 许法官违反规定会见案件当事人及其代理人，此事被对方当事人上网披露，造成不良影响。法院给予其撤职处分

D. 孙法官顺带某同学（律师）参与本院法官聚会，半年后该同学为承揽案件向聚会时认识的某法官行贿。法院领导严告孙法官今后注意

8. 律师张某在代理一起合同纠纷案件时，得知当事人李某的商业秘密。此后，张某在与朋友的私下聚会中，无意中将该商业秘密泄露。张某的行为违反了律师职业伦理中的哪项要求？（　　　）

A. 不得与当事人进行商业交易

B. 保守当事人秘密

C. 不接受与正在办理的案件有相反利害关系的案件

D. 不得利用案情从事不利于当事人的活动

9. 下列哪一项最能体现法律职业语言的"转化功能"？（　　　）

A. 律师用"善意取得"分析民间房屋买卖纠纷

B. 法官在判决书中引用《民法典》第 311 条

C. 检察官以"证据不足"决定不起诉

D. 法学教授在课堂上讲解"罪刑法定"原则

10. 卡尔·马克思说:"法官是法律世界的国王,法官除了法律没有别的上司。"对于这句话,下列哪一理解是正确的?(　　　)

A. 法官的法律世界与其他社会领域(政治、经济、文化等)没有关系

B. 法官的裁判权不受制约

C. 法官是法律世界的国王,但必须是法律的奴仆

D. 在法律世界中(包括在立法领域),法官永远是其他一切法律主体(或机构)的上司

11. 某法官在审理合同纠纷案件时,发现双方当事人对"不可抗力"条款的理解存在争议。法官并未直接采纳当事人的日常语言解释,而是依据《民法典》中对"不可抗力"的法定定义进行推理。该法官的思维体现了法律职业思维的哪一特点?(　　　)

A. 通过程序进行思考　　　　　　　　B. 运用法律术语进行观察、思考和判断

C. 以权利为中心进行思考　　　　　　D. 注重缜密的逻辑,谨慎对待情感因素

☑ 多项选择题

1. 法律职业的显著特征包括哪些?(　　　)

A. 技能特征　　　　　B. 伦理特征　　　　　C. 地域特征　　　　　D. 准入特征

2. 培养高素质的法治专门队伍,旨在为建设社会主义法治国家提供强有力的组织和人才保障。下列哪些举措体现了这一要求?(　　　)

A. 从符合条件的律师中招录立法工作者、法官、检察官

B. 实行招录人才的便捷机制,在特定地区,政法专业毕业生可直接担任法官

C. 建立检察官逐级遴选制度,初任检察官由省级检察院统一招录,一律在基层检察院任职

D. 将善于运用法治思维和法治方式推动工作的人员优先选拔至领导岗位

⤬ 不定项选择题

1. 以下哪种律师行为符合律师职业伦理要求?(　　　)

A. 律师赵某为了赢得案件,在法庭上故意作虚假陈述,夸大己方当事人的理由

B. 律师钱某在得知对方当事人聘请的律师是自己的老同学后,为了让对方律师在案件中让步,私下送给对方律师昂贵的礼品

C. 律师孙某在代理一起民事案件时,发现法官有接受当事人贿赂的违背职业道德行为,于是向有权机关报告

D. 律师李某为了招揽更多业务,通过给介绍人高额回扣的方式,让其帮忙介绍案件

2. 法律职业道德客观上对法官、检察官、律师的职业行为产生规范和约束,对于将公正的法律条文变成公正的实际的法律,具有重要的作用。这里的作用是指(　　　)。

A. 规范作用　　　　　B. 示范作用　　　　　C. 提升作用　　　　　D. 辐射作用

3. 法官与律师的相互关系应当遵守最高人民法院与司法部制定发布的有关规定,下列哪些做法违反了相关规定?(　　　)

A. 法官开庭时发现一方的律师沈某是其过去的同事,没有主动回避

B. 律师裘某约请主办法官童某吃饭,了解所代理案件的案情

C. 某律师事务所主办的所刊发表法官彭某的文章

D. 某律师事务所举办法律实务研讨会,邀请法官周某出席演讲

4. 根据法律职业语言与知识的特点,下列表述正确的有哪些?(　　　)

A. 法律术语仅包括法定术语，不包含法学术语

B. 法律职业语言的交流功能体现在职业共同体内使用统一术语沟通

C. 政治问题无法通过法律语言转化为法律问题解决

D. 法律职业知识既包括制定法规则，也包括法学原理

5. 下列哪些情形体现了法律职业思维"遵循向过去看"或"注重程序"的特点？（　　　）

A. 律师在行政诉讼中以当事人的法定请求权为基础提出诉讼主张

B. 法官在刑事审判中严格按照庭审程序调查证据，拒绝采纳未经质证的证人证言

C. 某法院在审理类似案件时，参照上级法院之前发布的指导性案例作出判决

D. 检察官在审查起诉时，以事实与规则为中心判断是否符合起诉条件，避免情感偏好

简答题

1. 简述法律职业的特征。

2. 简述当代中国法律职业共同体的构成。

3. 简述法律职业思维的特点。

论述题

试论述法律职业伦理。

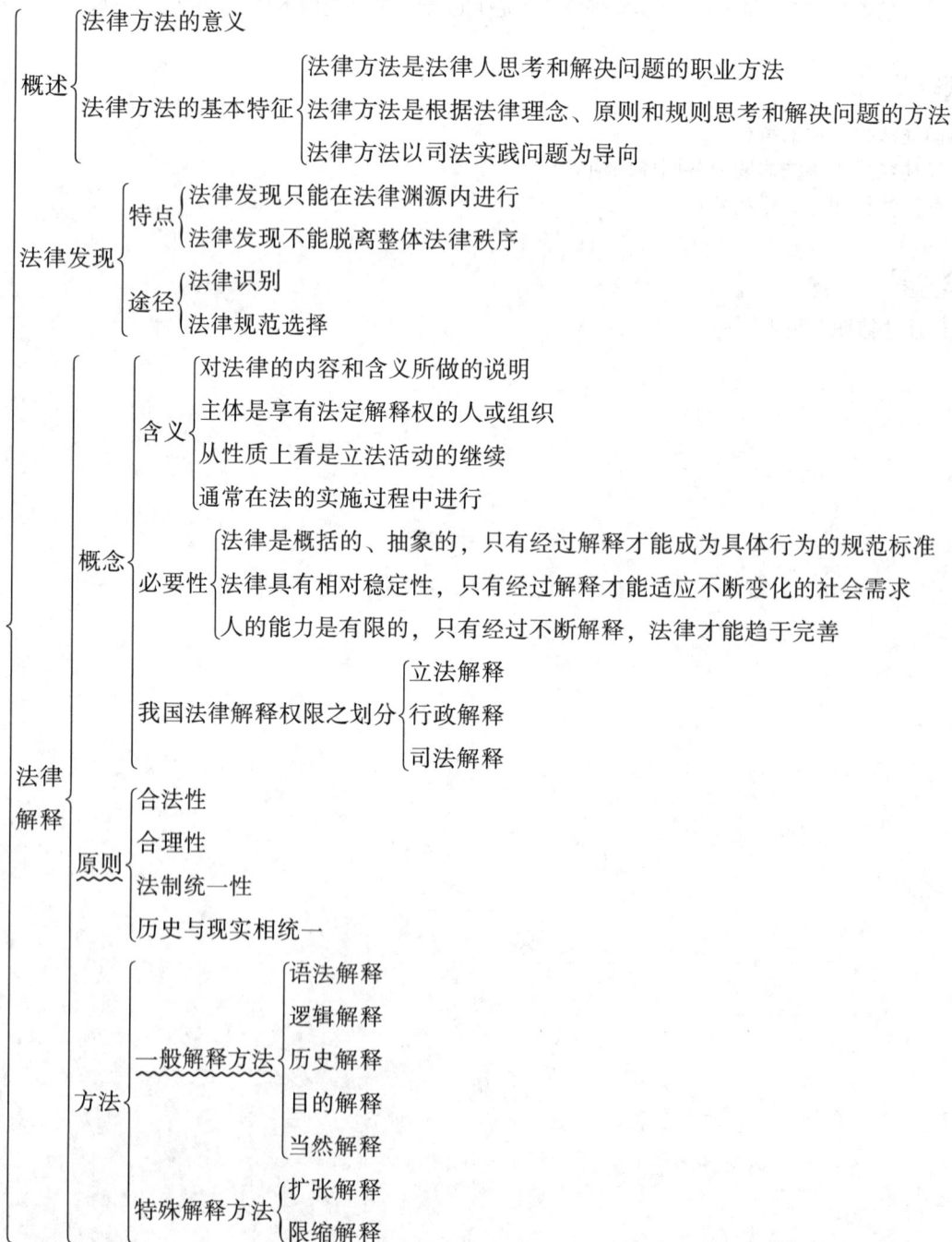

第十八章　法律方法

概述
- 法律方法的意义
- 法律方法的基本特征
  - 法律方法是法律人思考和解决问题的职业方法
  - 法律方法是根据法律理念、原则和规则思考和解决问题的方法
  - 法律方法以司法实践问题为导向

法律发现
- 特点
  - 法律发现只能在法律渊源内进行
  - 法律发现不能脱离整体法律秩序
- 途径
  - 法律识别
  - 法律规范选择

法律解释
- 概念
  - 含义
    - 对法律的内容和含义所做的说明
    - 主体是享有法定解释权的人或组织
    - 从性质上看是立法活动的继续
    - 通常在法的实施过程中进行
  - 必要性
    - 法律是概括的、抽象的，只有经过解释才能成为具体行为的规范标准
    - 法律具有相对稳定性，只有经过解释才能适应不断变化的社会需求
    - 人的能力是有限的，只有经过不断解释，法律才能趋于完善
  - 我国法律解释权限之划分
    - 立法解释
    - 行政解释
    - 司法解释
- 原则
  - 合法性
  - 合理性
  - 法制统一性
  - 历史与现实相统一
- 方法
  - 一般解释方法
    - 语法解释
    - 逻辑解释
    - 历史解释
    - 目的解释
    - 当然解释
  - 特殊解释方法
    - 扩张解释
    - 限缩解释

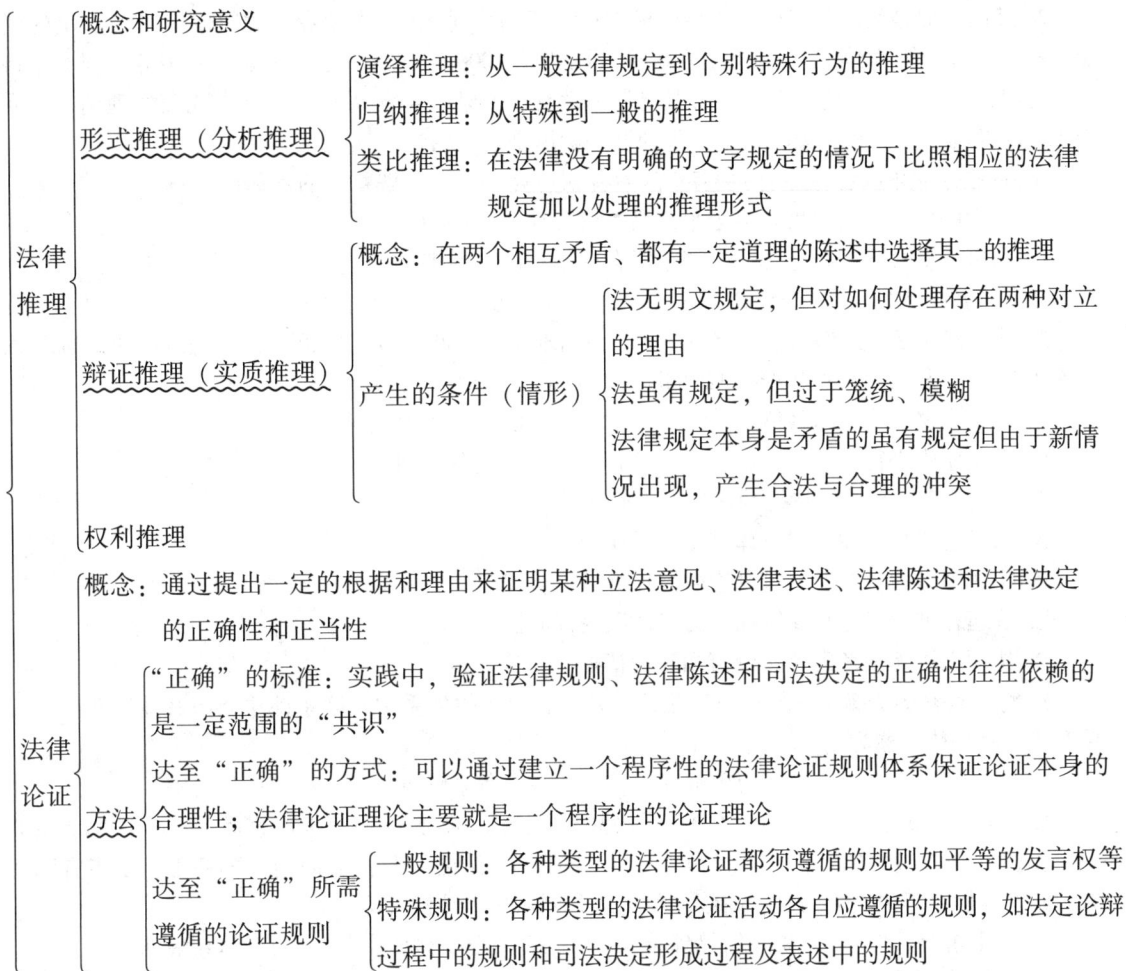

```
                ┌ 概念和研究意义
                │
                │                ┌ 演绎推理：从一般法律规定到个别特殊行为的推理
                │                │
                │ 形式推理（分析推理）┤ 归纳推理：从特殊到一般的推理
                │                │
                │                └ 类比推理：在法律没有明确的文字规定的情况下比照相应的法律
                │                         规定加以处理的推理形式
         ┌ 法律 │
         │ 推理 ┤                ┌ 概念：在两个相互矛盾、都有一定道理的陈述中选择其一的推理
         │    │                │            ┌ 法无明文规定，但对如何处理存在两种对立
         │    │                │            │ 的理由
         │    │ 辩证推理（实质推理）┤ 产生的条件（情形）┤ 法虽有规定，但过于笼统、模糊
         │    │                │            │ 法律规定本身是矛盾的虽有规定但由于新情
         │    │                └            └ 况出现，产生合法与合理的冲突
         │    │
         │    └ 权利推理
法律方法 ┤
         │    ┌ 概念：通过提出一定的根据和理由来证明某种立法意见、法律表述、法律陈述和法律决定
         │    │      的正确性和正当性
         │    │
         │    │      ┌ "正确"的标准：实践中，验证法律规则、法律陈述和司法决定的正确性往往依赖的
         │ 法律 │      │            是一定范围的"共识"
         └ 论证 ┤ 方法 ┤ 达至"正确"的方式：可以通过建立一个程序性的法律论证规则体系保证论证本身的
              │      │            合理性；法律论证理论主要就是一个程序性的论证理论
              │      │      ┌ 一般规则：各种类型的法律论证都须遵循的规则如平等的发言权等
              └      └ 达至"正确"所需┤ 特殊规则：各种类型的法律论证活动各自应遵循的规则，如法定论辩
                        遵循的论证规则└ 过程中的规则和司法决定形成过程及表述中的规则
```

⬙ 配套测试

☑ 单项选择题

1. 2024 年 7 月，年过七旬的王某过世，之前立下一份"打油诗"遗嘱："本人已年过七旬，一旦病危莫抢救；人老病死本常事，古今无人寿长久；老伴子女莫悲愁，安乐停药助我休；不搞哀悼不奏乐，免得干扰邻和友；遗体器官若能用，解剖赠送；病体器官无处要，育树肥花环境秀；我的一半财产权，交由老伴可拥有；上述遗愿能实现，我在地下乐悠悠。"

对于王某遗嘱中"我的一半财产权"所涉及的住房，指的是"整个房子的一半"，还是"属于父亲份额的一半"，家人之间有不同的理解。儿子认为，父亲所述应理解为母亲应该继承属于父亲那部分房产的一半，而不是整个房产的一半。王某老伴儿坚持认为，这套房子是其与丈夫的共同财产，自己应拥有整个房产（包括属于丈夫的另一半房产）。关于该案，下列哪一说法是正确的？（　　）

A. 王某老伴儿与子女间的争议在于他们均享有正式的法律解释权

B. 王某老伴儿与子女对遗嘱的理解属于主观目的解释

C. 王某遗嘱符合意思表示真实、合法的要求

D. 遗嘱中的"我的一半财产权"首先应当进行历史解释

2. 某商场促销活动时宣称："凡购买 100 元商品均送 80 元购物券。对因促销活动产生的纠纷，本商场有最终解释权。"刘女士在该商场购买了 1000 元商品，返回 800 元购物券。刘女士持券买鞋时，被告知鞋类商品 2 天前已退出促销活动，必须现金购买。刘女士遂找商场理论，协商未果便将商场告上法庭。关于本案，下列哪一认识是正确的？（   ）

A. 从法律的角度看，"本商场有最终解释权"是一种学理解释权的宣称

B. 本案的争议表明，需要以公平正义去解释合同填补漏洞

C. 当事人对合同进行解释，等同于对合同享有法定的解释权

D. 商场的做法符合"权利和义务相一致"的原则

3. 某法官在审理案件时，始终围绕"合法与非法"判断当事人的诉求，优先以法律规则和原则作为裁决依据。这体现了法律思维的哪一特点？（   ）

A. 以权利义务为分析线索 　　　　 B. 以法律为准绳

C. 在程序中进行思考 　　　　　　 D. 充分说理

4. 下列关于法理思维特征的表述，正确的是（   ）。

A. 法理思维仅关注法律具体规则的适用

B. 法理思维的反思性要求对法律原理进行再认识

C. 法理思维的规范性仅体现在法律体系的开放性

D. 法理思维无须考虑社会价值和时代精神

5. 将被解释的法律条文放在整部法律中乃至整个法律体系中，联系此法条与其他法条的相互关系来解释法律，称为（   ）。

A. 文义解释 　　 B. 历史解释 　　 C. 体系解释 　　 D. 目的解释

6. 《最高人民法院关于适用〈中华人民共和国民法典〉婚姻家庭编的解释（一）》第 2 条的规定，《民法典》第 1042 条、第 1079 条、第 1091 条规定的"与他人同居"的情形，是指有配偶者与婚外异性，不以夫妻名义，持续、稳定地共同居住。该解释为（   ）。

A. 字面解释 　　 B. 限制解释 　　 C. 扩充解释 　　 D. 体系解释

7. 律师在处理合同纠纷时，首先梳理合同约定的双方权利与义务，判断哪一方违反了法定或约定的义务。这体现了法律思维的哪一特点？（   ）

A. 以权利义务为分析线索 　　　　 B. 以法律为准绳

C. 在程序中进行思考 　　　　　　 D. 充分说理

8. 有权解释宪法的国家机构是（   ）。

A. 全国人大 　　　　　　　　　　 B. 全国人大常委会

C. 最高人民法院 　　　　　　　　 D. 全国政协

9. 我国古代司法中，在法无明文规定时，有"举重以明轻"的做法，这种做法（   ）。

A. 不属于法律推理 　　　　　　　 B. 是演绎推理

C. 是归纳推理 　　　　　　　　　 D. 是辩证推理

10. 最高人民法院通过对各级法院的判决进行研究，就某种类型案件的审判总结出一般规则，以司法解释的形式予以公布，其总结过程属于（   ）。

A. 演绎推理 　　 B. 归纳推理 　　 C. 类比推理 　　 D. 价值推理

11. 按照我国法律规定，凡关于法律条文本身需要进一步明确界限或作补充规定的（   ）。

A. 由最高人民法院解释 　　　　　 B. 由最高人民检察院解释

C. 由全国人大常委会解释 　　　　 D. 由各级国家权力机关解释

12. 某法院在审理一起合同纠纷案件时，需对《民法典》中"重大误解"的含义进行明确。法官参考了最高人民法院发布的司法解释，最终认定当事人的错误认识构成重大误解，判决合同

可撤销。该法院对"重大误解"的解释属于何种性质？（　　）

　　A. 学理解释　　　　　B. 任意解释　　　　　C. 有权解释　　　　　D. 非正式解释

13. 某设区的市人大常委会在未报请省级人大常委会批准的情况下，对该市地方性法规作出解释。这一行为违反了法律解释的哪一原则？（　　）

　　A. 合理性原则　　　　B. 合法性原则　　　　C. 科学性原则　　　　D. 系统性原则

14. 在我国，当最高人民法院和最高人民检察院的司法解释发生冲突时，应当由（　　）。

　　A. 全国人民代表大会作出最终解释　　　　　B. 全国人大常委会作出最终解释
　　C. 中央政法委作出最终解释　　　　　　　　D. 中共中央作出最终解释

15. 某法院在解释《民法典》婚姻家庭编时，结合当地"赡养老人需共同居住"的传统习俗，认定子女除经济赡养外还需履行陪伴义务。这一解释体现了法律解释的哪一原则？（　　）

　　A. 合法性原则　　　　　　　　　　　　　　B. 合理性原则
　　C. 历史性原则　　　　　　　　　　　　　　D. 文义解释原则

16. 最高人民法院在审判过程中对如何具体应用法律所作的解释（　　）。

　　A. 对下级法院具有普遍约束力　　　　　　　B. 只对省级法院具有普遍约束力
　　C. 只对县级法院具有普遍约束力　　　　　　D. 只对基层法院具有普遍约束力

17. 下列关于法律推理的表述，正确的是（　　）。

　　A. 仅司法活动中需要法律推理
　　B. 法律推理的前提只能是法律规范
　　C. 法律推理是从已知前提得出法律结论的思维过程
　　D. 法律推理在立法和执法中不起作用

18. 在法律解释方法上，文义解释是指（　　）。

　　A. 强调法律条文字面上的含义，但其实质在于对整个法律的精神而不在于对个别文字和用语的理解
　　B. 从法律条文文字、语法来理解其含义
　　C. 在法律文字的字面含义显然比立法原意广时，作出比字面含义窄的解释
　　D. 严格依照法律条文含义进行解释

19. 某国法院在审理一起"无人机快递致人损害"案件时，发现现行法律未明确规定无人机运营者的责任归属。法院遂查阅了过去五年内类似"新兴交通工具致人损害"案件的判决（如自动驾驶汽车、电动滑板车案件），发现法院均判决运营者承担无过错责任。据此，该法院认定无人机运营者需承担无过错责任。该法院的推理过程属于何种法律推理？（　　）

　　A. 演绎推理　　　B. 归纳推理　　　　C. 类比推理　　　　D. 实质推理

20. 对于法律解释，从来就有关于主观说和客观说的争论，在主观说盛行的时代，曾经扮演过重要角色的法律解释方法是（　　）。

　　A. 文义解释　　　　B. 历史解释　　　　C. 体系解释　　　　D. 目的解释

21. 甲国法院曾判决"超市对顾客寄存柜内物品丢失承担过错责任"（案例 A）。现乙国法院审理"酒店对客人房间内财物被盗是否承担责任"案件（案例 B），发现案例 A 与案例 B 均涉及"场所管理人对特定范围内他人财物安全的注意义务"，且两者的管理人均未实施直接侵权行为。乙国法院据此判决酒店承担过错责任。乙国法院的推理逻辑主要依据是？（　　）

　　A. 归纳推理中的普遍规则　　　　　　　　　B. 类比推理中的事实相似性
　　C. 演绎推理中的三段论规则　　　　　　　　D. 实质推理中的价值权衡

22. 关于法律解释和法律推理，下列哪一说法可以成立？（　　）

　　A. 作为一种法律思维活动，法律推理的根本目的在于发现绝对事实和真相

B. 法律解释和法律推理属于完全不同的两种思维活动，法律推理完全独立于法律解释

C. 法官在进行法律推理时，既要遵守和服从法律规则，又要在不同利益冲突间进行价值平衡和选择

D. 法律推理是严格的形式推理，不受人的价值观影响

多项选择题

1. 依《刑法》第 180 条第 4 款之规定，证券从业人员利用未公开信息从事相关交易活动，情节严重的，依照第 1 款的规定处罚。该条第 1 款规定了"情节严重"和"情节特别严重"两个量刑档次。在审理史某利用未公开信息交易一案时，法院认为，尽管第 4 款中只有"情节严重"的表述，但仍应将其理解为包含"情节严重"和"情节特别严重"两个量刑档次，并认为史某的行为属"情节特别严重"。其理由是《刑法》其他条款中仅有"情节严重"的规定时，相关司法解释仍规定按照"情节严重""情节特别严重"两档量刑。对此，下列哪些说法是正确的？（　　）

A. 第 4 款中表达的是准用性规则

B. 法院运用了体系解释方法

C. 第 4 款的规定可以避免法条重复表述

D. 法院的解释将焦点集中在语言上，并未考虑解释的结果是否公正

2.《道路交通安全法》规定"机动车行经人行横道时，应当减速行驶"。在下列哪些情形中，法院适用目的解释方法符合该法立法目的？（　　）

A. 对"人行横道"解释为包括未标明标线但行人密集的过街路口

B. 对"减速行驶"解释为"时速不得超过 20 公里"

C. 对"机动车"解释为包含电动自行车

D. 对"应当减速"解释为"遇行人横穿时须停车让行"

3. 杨某与刘某存有积怨，后刘某服毒自杀。杨某因患风湿病全身疼痛，怀疑是刘某阴魂纠缠，遂先后 3 次到刘某墓地掘坟撬棺，挑出刘某头骨，并将其头骨和棺材板移埋于自家责任田。事发后，检察院对杨某提起公诉。一审法院根据《刑法》第 302 条的规定，认定杨某的行为构成侮辱尸体罪。杨某不服，认为坟内刘某已成白骨并非尸体，随后上诉。杨某对"尸体"的解释，属于下列哪些解释？（　　）

A. 任意解释　　　　B. 比较解释　　　　C. 文义解释　　　　D. 法定解释

4. 某省人大常委会在制定地方性法规时，发现法律条文中"公共利益"一词含义模糊，需进一步明确。为此，该常委会召开立法座谈会，邀请学者、法官、律师等对"公共利益"的具体范围进行讨论，并参考了国务院的相关行政法规。该案例体现了法律解释的哪些必要性？（　　）

A. 法律规范具有抽象性，需解释才能适用于具体情形

B. 法律术语可能存在多义性，需解释明确含义

C. 法律规范具有稳定性，需解释适应社会变化

D. 法律解释具有阶级性，需体现统治阶级意志

5. 根据法律解释机关的性质，我国法律解释主要分为哪些类型？（　　）

A. 立法解释　　　　B. 司法解释　　　　C. 行政解释　　　　D. 监察解释

6. 法律推理的方法包括演绎推理、归纳推理和辩证推理。下列情况中需要辩证推理的有（　　）。

A. 法律规定本身意义模糊　　　　　　B. 出现法律空隙或漏洞

C. 同一位阶的法律规定之间存在抵触　　D. 某些法律规定明显落后于社会发展

7. 法律解释与一般的解释相比，其特点有（　　）。

A. 法律解释的对象是法律规定和它的附随情况

B. 法律解释与具体案件密切相关

C. 法律解释具有一定的价值取向性

D. 法律解释受解释学循环的制约

8. 下列属于我国立法解释主体的有？（　　）

A. 全国人大常委会
B. 国务院及其部门

C. 有立法权的地方人大常委会
D. 最高人民法院

9. 某机关工勤人员赵某在一次公务活动中玩忽职守给国家财产造成重大损失，检察机关以玩忽职守罪对之进行立案。赵某认为自己不是国家机关工作人员，根据刑法规定不应构成玩忽职守罪。检察机关则认为赵某从事的是公务活动，应构成玩忽职守罪。案件侦查期间，全国人大常委会作出解释："虽未列入国家机关人员编制但在国家机关中从事公务的人员，在代表国家机关行使职权时，有渎职行为，构成犯罪的，依照刑法关于渎职罪的规定追究刑事责任。"赵某聘请的律师刘某认为该解释不应溯及以前行为。上述案件中，属于法律解释的有（　　）。

A. 赵某的解释
B. 检察机关的认定

C. 全国人大常委会的解释
D. 律师刘某的解释

10. 关于我国司法解释，下列说法正确的有？（　　）

A. 包括审判解释和检察解释

B. 最高人民法院的解释对全国审判工作有指导效力

C. 最高人民检察院的解释可作为法院办案依据

D. 最高人民法院、最高人民检察院联合解释对法院和检察院均有效力

11. 一个规则适用于甲案件，乙案件在实质上与甲案件类似，因此，这个规则也可以适用于乙案件。这种推理（　　）。

A. 是演绎推理
B. 是归纳推理
C. 是类比推理
D. 属于辩证推理

12. 甲某是法学院教授，在某律师事务所担任兼职律师。他为因传播淫秽录像而被起诉的毛某担任辩护人，在法庭上依据刑法学理论对传播淫秽录像的犯罪构成作了阐述，并综合其他方面发表了辩护意见，被法院采纳的甲某的辩护意见属于（　　）。

A. 司法解释
B. 学理解释
C. 任意解释
D. 正式解释

13. 下列属于行政解释主体的有？（　　）

A. 国务院及其部门
B. 省、自治区、直辖市人民政府及其部门

C. 国家监察委员会
D. 有立法权的地方人大常委会

14. 关于归纳推理，下列说法正确的是（　　）。

A. 类比是归纳推理的一种方法

B. 归纳推理的优点是同样案件同样处理

C. 运用归纳推理的典型是制定法传统中所运用的法律推理

D. 归纳推理可在相当程度上填补制定法的空白、弥补制定法的不足

15. 乔某在使用某产品过程中身体受到伤害，将厂家诉至法院要求进行赔偿，其中包括精神损害赔偿。被告方律师辩称，1年前该法院在审理一起类似案件时并没有判予精神损害赔偿，因此本案也不应给予精神损害赔偿。但法院援引新颁布的司法解释判令被告方给予乔某精神损害赔偿。下述说法正确的是（　　）。

A. 被告方律师的推理是归纳推理

B. 被告方律师的推理是类比推理

C. 法院判决前后不一致，这是审判不公的表现

D. 法律推理要受现行法律的约束，法院判决虽前后不一致，但在合法性上并无失当

16.《民法典》颁布后，曾参与立法的某专家在学术刊物上撰文对合同编有关条款进行了解释，并对有关部门在实施合同法中存在的问题提出了批评。该专家的行为（　　）。

A. 是法定解释

B. 是学理解释

C. 其学说也是法律意识的表现

D. 对有关部门的批评是一种广义上的法律监督

17. 下列关于监察解释和学理解释的说法，正确的有？（　　）

A. 监察解释由国家监察委员会作出

B. 学理解释具有法律约束力

C. 监察解释对全国监察工作有效力

D. 学理解释具有学术性和社会影响力

18. 某省高级人民法院在解释《消费者权益保护法》时，既参照了《民法典》总则编的规定（上位法），又结合了该省消费者协会关于"预付卡退费纠纷"的调研数据（社会现实）。这一解释体现了哪些原则？（　　）

A. 合法性原则　　　B. 合理性原则　　　C. 经济性原则　　　D. 平等原则

19. 某法院审理一起民事侵权案件时，针对法律未明确规定的"网络虚拟财产是否受保护"问题，依据以下哪些原则进行推理符合法律要求？（　　）

A. 权利保护原则　　　　　　　　　　B. 私权利领域法不禁止即自由原则

C. 公权力领域法无授权即禁止原则　　D. 无罪推定原则

20. 某市法院审理一起网络诈骗案时，发现现行《刑法》对"利用社交媒体实施诈骗"的量刑标准未作明确规定，但辖区内过去5年曾审理过3起类似案件，均以"诈骗罪"判处3~5年有期徒刑。此外，《刑法》第266条规定诈骗公私财物，数额较大或有其他严重情节的，处三年以下有期徒刑、拘役或管制。法院结合先例和法律条文，认定本案被告构成诈骗罪，判处4年有期徒刑。

关于本案的法律推理，下列说法正确的是（　　）。

A. 法院运用了演绎推理，以《刑法》第266条为大前提

B. 法院参考先例的过程属于归纳推理，总结出"社交媒体诈骗适用诈骗罪"的规则

C. 若未来出现类似案件，法院需遵循"类似案件类似处理"原则，属于类比推理

D. 本案因缺乏明确法律规则，只能通过实质推理解决

21. 法律解释可以分为立法解释、司法解释和学理解释，不同的法律解释其效力也不尽相同，根据我国《立法法》的规定，下列哪些情况属于全国人大常委会法律解释的权限范围？（　　）

A. 法律的规定需要进一步明确具体含义的

B. 法律规定业已修正需要重新定义其相关内容的

C. 法律制定后出现新的情况，需要明确适用法律依据的

D. 法律之间发生冲突，需要裁决其效力优先性的

22. 某法院审理"冷冻胚胎继承权案"时，面临以下冲突：（1）原《继承法》规定遗产范围为"公民死亡时遗留的个人合法财产"，胚胎不属于传统意义上的"财产"；（2）《民法典》第10条规定"处理民事纠纷，应当依照法律；法律没有规定的，可以适用习惯，但是不得违背公序良俗"；（3）本案双方当事人为去世夫妻的父母，均主张对胚胎的继承权，涉及伦理、情感及生育权保护。法院最终依据《民法典》公序良俗原则，判决胚胎由双方共同监管和处置，而非作为遗产继承。

关于本案的法律推理，下列说法正确的是（　　　）。

A. 因法律规则冲突，法院运用实质推理平衡价值

B. 法院放弃适用原《继承法》，体现对法律原则的优先适用

C. 实质推理过程中考量了伦理、情感和社会利益

D. 若存在明确法律规则，法院不得径行适用法律原则

23. 法律解释既是人们日常法律实践的重要组成部分，又是法律实施的重要前提，与一般解释相比，法律解释具有特殊性，以下论述正确的是（　　　）。

A. 法律解释的任务是要通过研究法律文本及其附随情况，探求它们所表现出来的法律意旨

B. 法律解释的主要任务，就是要确定某一法律规定对某一特定的法律事实是否有意义，也就是对待裁判或处理的事实的法律规定加以解释

C. 法律解释的过程要避免价值判断和价值选择的影响，通过逻辑的三段论推理而达成一致结论

D. 法律解释者要理解法律的每个用语、条文和规定，需要以理解该用语、条文和规定所在的制度、法律整体乃至整个法律体系为条件

24. 一般来说，实质推理是对法律规定和案件事实的实质内容进行价值评价的推理，当出现法律规定本身的含义模糊；在法律中对于有关问题没有直接的明文规定；法律规定之间有抵触或者法律中出现两种以上需要选择适用的条款；出现通常所述的"合法"和"合理"的矛盾的时候，需要运用实质推理。而对于实质推理，各国的法制实践一般通过以下哪些形式来进行？（　　　）

A. 通过司法机关对法律的目的和精神进行解释

B. 根据习惯、法理或者根据正义、公平等法律意识及伦理观念作出判断

C. 根据国家的政策或法律的一般原则作出决定

D. 一个城市道路交通法规规定：凡在交通管理当局命令禁止停车的地点停车，罚款 5 元。某甲因为心脏病发作被迫停车于该禁止停车的地点，警察根据甲违章停车的事实给予罚款 5 元的处罚

25. 某法院在审理一起新型网络数据权益纠纷时，因现行法律未明确规定"数据财产权"的性质，法官综合参考了《民法典》第 127 条、行业惯例、数据安全法立法精神以及国外类似判例，最终认定涉案数据属于受法律保护的财产权益。关于该法律论证过程，下列说法符合正当性标准的有哪些？（　　　）

A. 内容融贯性：论证结合《民法典》原则、行业惯例与立法精神，未抵触现有法律体系

B. 逻辑有效性：以"数据具有经济价值 + 法律未禁止保护"为前提，符合三段论逻辑规则

C. 程序合理性：在庭审中公开听取数据企业、技术专家及公益组织的辩论意见

D. 效果最优性：判决为同类案件确立裁判规则，推动数据权益保护司法实践发展

26. 法律解释的方法是解释者为了达到解释的目标所使用的方法，对于法律解释的方法，民法法系和普通法系虽然概括和表述不同，但是法律解释的方法大体上包括文义、历史、体系、目的等。以下关于法律解释方法的论述错误的是（　　　）。

A. 文义解释，也称严格解释、文法解释，是指从法律条文的字面含义来说明法律规定的含义

B. 历史解释，是指通过研究立法者有关立法的历史资料或从新旧法律的对比中了解法律含义

C. 体系解释，也称逻辑解释，是指将被解释的法律条文放在整部法律中乃至整个法律体系中，联系此法条与其他法条的相互关系来解释法律

D. 目的解释，是指从制定某一法律的目的来解释法律，指的是对原先制定该法律时的目的进行解释

27. 关于适用法律过程中的内部证成，下列选项正确的是（　　）。

A. 内部证成是给一个法律决定提供充足理由的活动

B. 内部证成是按照一定的推理规则从相关前提中逻辑地推导出法律决定的过程

C. 内部证成是对法律决定所依赖的前提的证成

D. 内部证成和外部证成相互关联

⧖ 不定项选择题

王某在未依法取得许可的情况下购买氰化钠并存储于车间内，被以非法买卖、存储危险物质罪提起公诉。法院认为，氰化钠对人体和环境具有极大毒害性，属于《刑法》第 125 条第 2 款规定的毒害性物质，王某未经许可购买氰化钠，虽只有购买行为，但刑法条文中的"非法买卖"并不要求兼有买进和卖出的行为，王某罪名成立。关于该案，下列说法正确的是（　　）。

A. 法官对"非法买卖"进行了目的解释

B. 查明和确认"王某非法买卖毒害性物质"的过程是一个与法律适用无关的过程

C. 对"非法买卖"的解释属于外部证成

D. 内部证成关涉的是从前提到结论之间的推论是否有效

📖 名词解释

1. 法律解释

2. 法律思维

3. 行政解释

4. 司法解释

5. 归纳推理

6. 法治思维

7. 目的解释

8. 法律推理

9. 实质推理

✏ 简答题

1. 简述法律解释的合理性原则。

2. 怎样理解司法解释的作用？

3. 简述法律解释的必要性。

4. 简述法律思维的特点。

5. 简述法律论证的正当性标准。

💬 论述题

1. 试述法律推理的方法。

2. 试论我国法律解释的权限划分。

❓ 案例分析题

一个法院审理一个涉及重婚罪的刑事案件，如果判决被告（甲、乙）有罪并判刑，那么这一判决中所体现的三段论推理大体上是：大前提是《刑法》第 258 条规定："有配偶而重婚的，或者明知他人有配偶而与之结婚的，处二年以下有期徒刑或者拘役。"小前提是经查证属实的案件事实，甲已有配偶丙而又与乙结婚，乙本人虽未结婚但明知甲有配偶而与之结婚，因此，甲、乙二人均犯有重婚罪。于此，重婚是联系大小前提的共同概念，以它为中介，使大小前提联系起来，即法律规定重婚罪，案件事实甲、乙二人行为都构成重婚，因而通过从一般到特殊的推理，作出二人均犯重婚罪并处一定的判决。但是，有时候，作为小前提的案件事实是模糊的，如本案件中如果甲、乙并没有结婚，而是事实婚姻的问题，这个时候，法院在确定案件事实的时候，就需要另外寻求法律规定，来形成"事实婚姻"的确信。试以上例进行分析：

（1）本案例中依据《刑法》直接规定而形成案件事实并形成结论的是法律推理中的何种推理？

（2）如果需要法官确定"事实婚姻"，那么这种情况下属于何种推理？此种推理一般适用于何种情形？

第五编　法的价值

第十九章　法的价值概述

基础知识图解

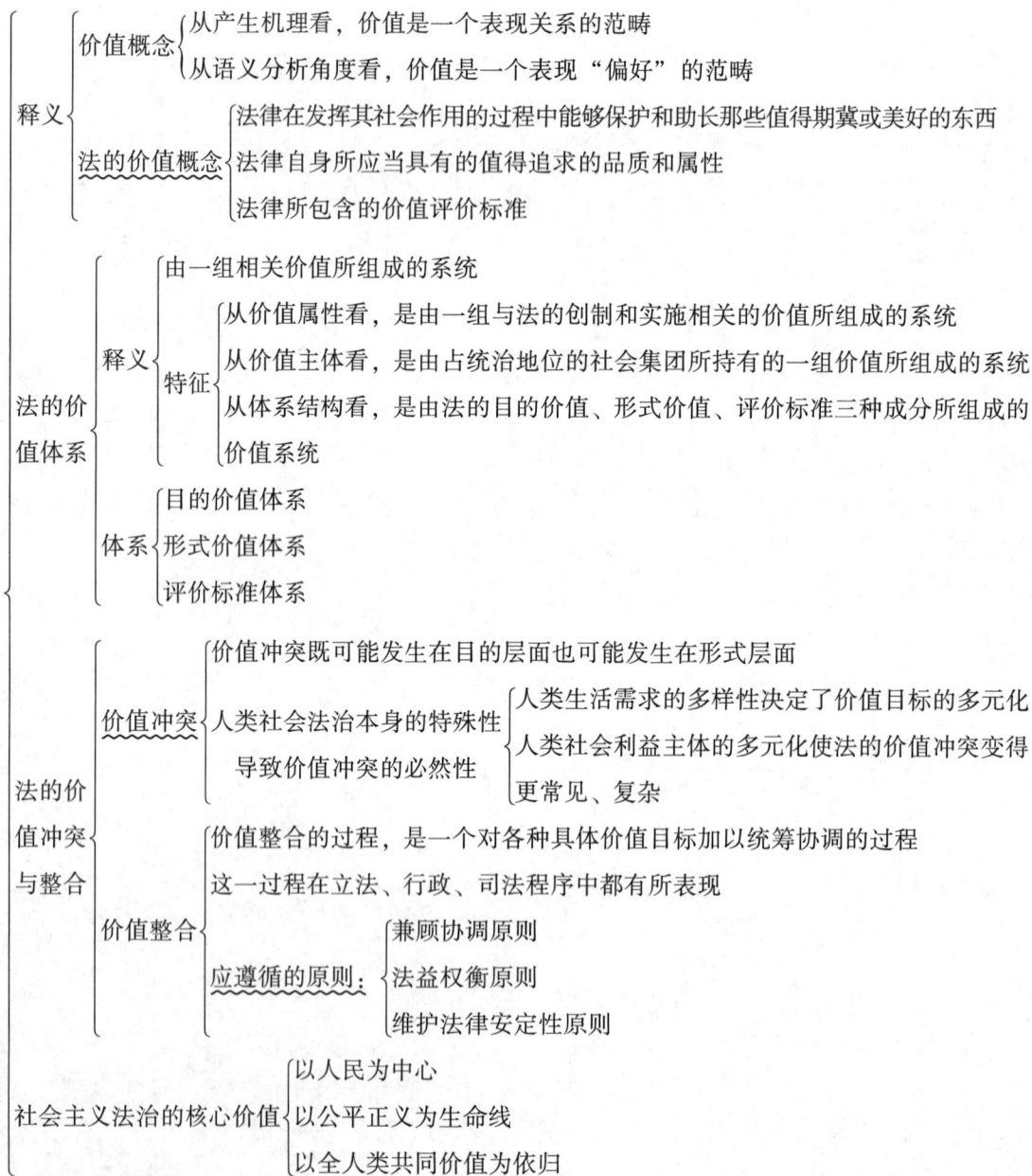

- 释义
  - 价值概念
    - 从产生机理看，价值是一个表现关系的范畴
    - 从语义分析角度看，价值是一个表现"偏好"的范畴
  - 法的价值概念
    - 法律在发挥其社会作用的过程中能够保护和助长那些值得期冀或美好的东西
    - 法律自身所应当具有的值得追求的品质和属性
    - 法律所包含的价值评价标准

- 法的价值体系
  - 释义
    - 由一组相关价值所组成的系统
    - 特征
      - 从价值属性看，是由一组与法的创制和实施相关的价值所组成的系统
      - 从价值主体看，是由占统治地位的社会集团所持有的一组价值所组成的系统
      - 从体系结构看，是由法的目的价值、形式价值、评价标准三种成分所组成的价值系统
  - 体系
    - 目的价值体系
    - 形式价值体系
    - 评价标准体系

- 法的价值冲突与整合
  - 价值冲突
    - 价值冲突既可能发生在目的层面也可能发生在形式层面
    - 人类社会法治本身的特殊性导致价值冲突的必然性
      - 人类生活需求的多样性决定了价值目标的多元化
      - 人类社会利益主体的多元化使法的价值冲突变得更常见、复杂
  - 价值整合
    - 价值整合的过程，是一个对各种具体价值目标加以统筹协调的过程
    - 这一过程在立法、行政、司法程序中都有所表现
    - 应遵循的原则：
      - 兼顾协调原则
      - 法益权衡原则
      - 维护法律安定性原则

- 社会主义法治的核心价值
  - 以人民为中心
  - 以公平正义为生命线
  - 以全人类共同价值为依归

配套测试

☑ 单项选择题

1. 秦某以虚构言论、合成图片的手段在网上传播多条"警察打人"的信息，造成恶劣影响，县公安局对其处以行政拘留 8 日的处罚。秦某认为自己是在行使言论自由权，遂诉至法院。法院认为，原告捏造、散布虚假事实的行为不属于言论自由，为法律所明文禁止，应承担法律责任。对此，下列哪一说法是正确的？（　　）

A. 相对于自由价值，秩序价值处于法的价值的顶端

B. 法官在该案中运用了个案平衡原则解决法的价值冲突

C. "原告捏造、散布虚假事实的行为不属于言论自由"仅是对案件客观事实的陈述

D. 言论自由既是道德权利又是法律权利

2. 某高校司法研究中心的一项研究成果表明：处于大城市"陌生人社会"的人群会更多地强调程序公正，选择诉诸法律解决纠纷；处于乡村"熟人社会"的人群则会更看重实体公正，倾向于以调解、和解等中国传统方式解决纠纷。据此，关于人们对"公平正义"的理解与接受方式，下列哪一说法是不准确的？（　　）

A. 对公平正义的理解具有一定的文化相对性、社会差异性

B. 实现公平正义的方式既应符合法律规定，又要合乎情理

C. 程序公正只适用于"陌生人社会"，实体公正只适用于"熟人社会"

D. 程序公正以实体公正为目标，实体公正以程序公正为基础

3. 关于公平正义，下列哪一说法是正确的？（　　）

A. 人类一切法律都维护公平正义

B. 不同的时代秉持相同的正义观

C. 公平正义是一个特定的历史范畴

D. 严格执法等于实现了公平正义

4. 根据法的价值体系的结构，以下哪一项最能体现法的形式价值与目的价值的关系？（　　）

A. 法的形式价值独立于目的价值，二者互不影响

B. 法的形式价值是目的价值的基础，离开了形式价值，目的价值无法实现

C. 法的形式价值和目的价值之间没有明确的界限，二者完全交织

D. 法的目的价值是形式价值的基础，形式价值是目的价值实现的必要条件

5. 以下哪一项最能解释"法的价值冲突的必然性"？（　　）

A. 法的价值之间总是完全对立，无法同时实现

B. 人类社会的资源和机会有限，无法满足所有价值目标

C. 法律制度的设计总是存在缺陷，导致价值冲突

D. 法的价值体系本身是不完整的，无法涵盖所有社会需求

6. 下列选项中不属于法的价值的是（　　）。

A. 效率　　　　　　B. 公平　　　　　　C. 权威　　　　　　D. 自由

7. 以下哪一项最能体现"法的内在价值"？（　　）

A. 法律保护社会秩序和公共福利

B. 法律具有权威性、普遍性、统一性和完备性

C. 法律体现社会的公平正义

D. 法律促进经济的可持续发展

8. 在法的价值冲突中，下列选项中说法正确的是（　　）。

A. 秩序永远优先于正义　　　　　　　　B. 正义永远优先于秩序

C. 在紧急情况下，秩序可能优先于正义　　D. 自由永远优先于正义

9. 临产孕妇黄某由于胎盘早剥被送往医院抢救，若不尽快进行剖宫产手术将危及母子生命。当时黄某处于昏迷状态，其家属不在身边，且联系不上。经医院院长批准，医生立即实施了剖宫产手术，挽救了母子生命。该医院的做法体现了法的价值冲突的哪一解决原则？（　　）

A. 价值位阶原则　　　B. 自由裁量原则　　　C. 比例原则　　　　D. 功利主义原则

多项选择题

1. 公元前399年，在古雅典城内，来自社会各阶层的501人组成的法庭审理了一起特别案件。被告人是著名哲学家苏格拉底，其因在公共场所喜好与人辩论、传授哲学而被以"不敬神"和"败坏青年"的罪名判处死刑。在监禁期间，探视友人欲帮其逃亡，但被拒绝。苏格拉底说，虽然判决不公正，但逃亡是毁坏法律，不能以错还错。最后，他服从判决，喝下毒药而亡。对此，下列哪些说法是正确的？（　　）

A. 人的良知、道德感与法律之间有时可能发生抵牾

B. 苏格拉底服从判决的决定表明，一个人可以被不公正地处罚，但不应放弃探究真理的权利

C. 就本案的事实看，苏格拉底承认判决是不公正的，但并未从哲学上明确得出"恶法非法"这一结论

D. 从本案的法官、苏格拉底和他的朋友各自的行为看，不同的人对于"正义"概念可能会有不同的理解

2. 根据法的价值体系，以下哪些选项属于法的形式价值？（　　）

A. 法律的公开性　　　B. 法律的稳定性　　　C. 法律的灵活性　　　D. 法律的公平性

3. 根据法的价值冲突的解决原则，以下哪些选项符合"兼顾协调原则"的要求？（　　）

A. 在价值冲突中优先保护个人利益

B. 在价值冲突中优先考虑高位阶的价值

C. 尽可能协调各种价值目标，避免或弱化冲突

D. 通过统筹兼顾实现价值总量的最大化

4. 曾有城市制定规章，规定在行人违反交通法规而机动车没有过错的情况下导致交通事故的，机动车完全不负责任。后《道路交通安全法》规定机动车与非机动车驾驶人、行人之间发生交通事故的，由机动车一方承担责任；但是，有证据证明非机动车驾驶人、行人违反道路交通安全法律、法规，机动车驾驶人已经采取必要处置措施的，减轻机动车一方的责任。交通事故的损失是由非机动车驾驶人、行人故意造成的，机动车一方不承担责任。利用法理分析，以下分析正确的是（　　）。

A. 法律具有效益和公正的价值，而在保护价值方面要二者兼顾，在机动车和行人的法律保护价值方面，从法律上更倾向于保护行人，体现了法律对于社会弱者保护的倾向性，符合法律对于公正的要求

B. 任何人都不能因为其故意的违法行为而免责，在非机动车驾驶人、行人故意造成其事故损失的，机动车一方不承担责任体现了法律对于其故意违法行为的否定态度，所以是合理的

C. 法律规定"撞了白撞"，体现了法律对于个别违反交通事故的制裁态度，而通过这种规定可以督促非机动车和行人遵守交通法规，是正确的

D. 《道路交通安全法》是对有的地方政府规章的否定，体现了立法的位阶性

5. 林某与所就职的航空公司发生劳动争议，解决争议中曾言语威胁将来乘坐公司航班时采取报复措施。林某离职后在选乘公司航班时被拒载，遂诉至法院。法院认为，航空公司依合同相关规定负有强制缔约义务，依《民用航空法》有保障飞行安全义务。尽管相关国际条约和我国法律对此类拒载无明确规定，但依航空业惯例航空公司有权基于飞行安全事由拒载乘客。关于该案，下列哪些说法是正确的？（　　）

A. 反映了法的自由价值和秩序价值之间的冲突
B. 若法无明文规定，则法官自由裁量不受任何限制
C. 我国缔结或参加的国际条约是正式的法的渊源
D. 不违反法律的行业惯例可作为裁判依据

不定项选择题

1. 李某因热水器漏电受伤，经鉴定为重伤，遂诉至法院要求厂家赔偿损失，其中包括精神损害赔偿。庭审时被告代理律师辩称，一年前该法院在审理一起类似案件时并未判决给予精神损害赔偿，本案也应作相同处理。但法院援引最新颁布的司法解释，支持了李某的诉讼请求。关于此案，下列认识正确的是（　　）。

A. "经鉴定为重伤"是价值判断而非事实判断
B. 此案表明判例不是我国正式的法的渊源
C. 被告律师运用了类比推理
D. 法院生效的判决具有普遍约束力

2. 某工厂因排放污染物被环保部门责令停产整顿。工厂认为停产将导致大量工人失业，影响社会稳定。从法的价值冲突的角度，以下哪些选项是正确的？（　　）

A. 环境保护属于法的目的价值，社会稳定也属于法的目的价值
B. 在此案例中，环境保护和经济利益之间存在竞合状态
C. 解决此类冲突应优先考虑环境保护，因为它是法的高位阶价值
D. 解决此类冲突应优先考虑社会稳定，因为它是法的高位阶价值

名词解释

1. 价值
2. 法的价值
3. 法的目的价值
4. 法的形式价值
5. 法的评价标准
6. 法的价值体系

简答题

简述法律价值冲突的原因及价值整合的原则。

第二十章　法与秩序[①]

基础知识图解

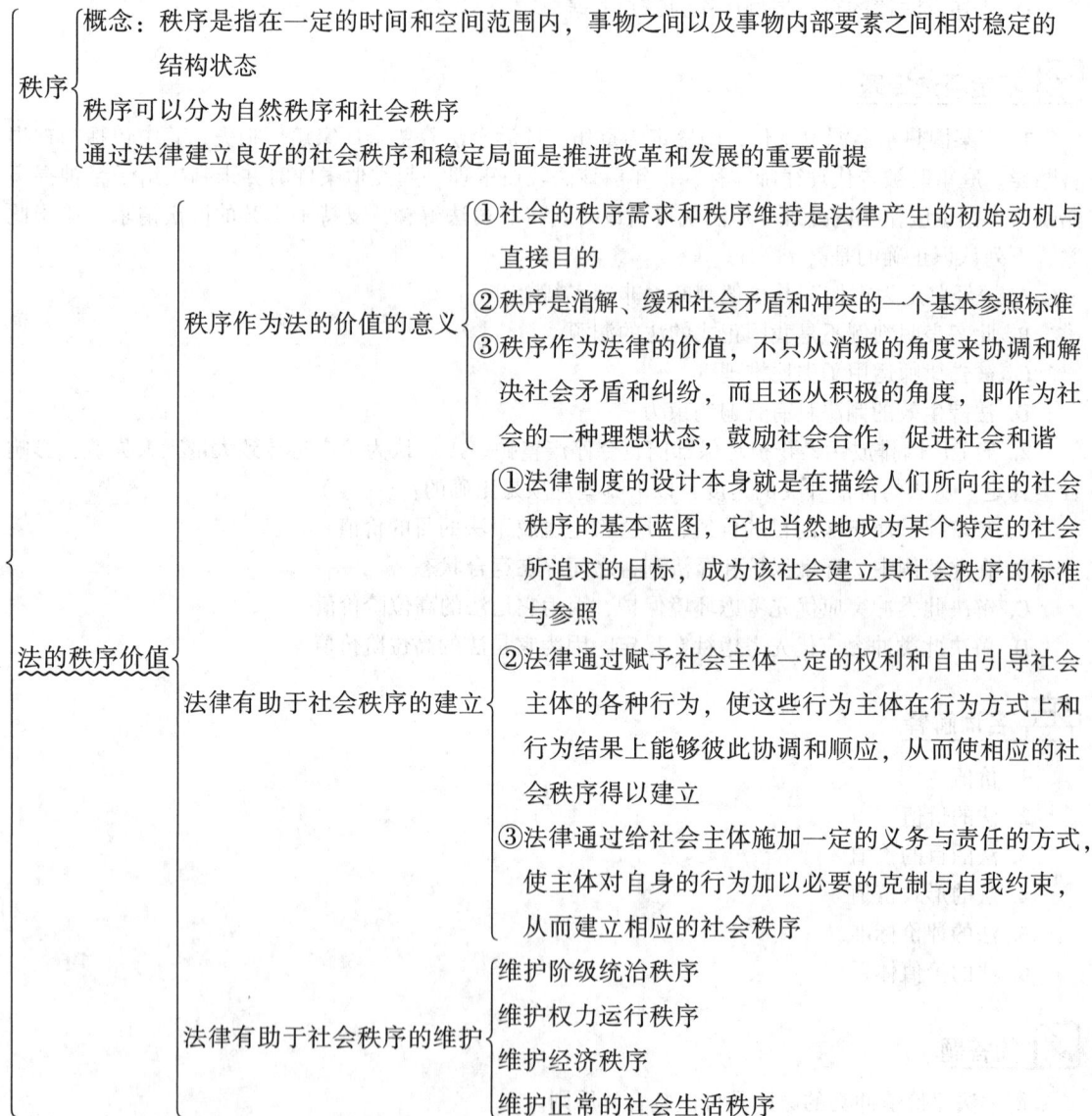

秩序
- 概念：秩序是指在一定的时间和空间范围内，事物之间以及事物内部要素之间相对稳定的结构状态
- 秩序可以分为自然秩序和社会秩序
- 通过法律建立良好的社会秩序和稳定局面是推进改革和发展的重要前提

法的秩序价值

秩序作为法的价值的意义
- ①社会的秩序需求和秩序维持是法律产生的初始动机与直接目的
- ②秩序是消解、缓和社会矛盾和冲突的一个基本参照标准
- ③秩序作为法律的价值，不只从消极的角度来协调和解决社会矛盾和纠纷，而且还从积极的角度，即作为社会的一种理想状态，鼓励社会合作，促进社会和谐

法律有助于社会秩序的建立
- ①法律制度的设计本身就是在描绘人们所向往的社会秩序的基本蓝图，它也当然地成为某个特定的社会所追求的目标，成为该社会建立其社会秩序的标准与参照
- ②法律通过赋予社会主体一定的权利和自由引导社会主体的各种行为，使这些行为主体在行为方式上和行为结果上能够彼此协调和顺应，从而使相应的社会秩序得以建立
- ③法律通过给社会主体施加一定的义务与责任的方式，使主体对自身的行为加以必要的克制与自我约束，从而建立相应的社会秩序

法律有助于社会秩序的维护
- 维护阶级统治秩序
- 维护权力运行秩序
- 维护经济秩序
- 维护正常的社会生活秩序

---

① 第二十章至第二十三章，法与秩序、法与自由、法与公平正义、法与人权共同构成法的基本价值，与第十九章法的价值概述在内容上具有较强的关联性。鉴于上述四章内容较多，分章解析。

配套测试

☑ 单项选择题

以下哪一项最能体现法的秩序价值？（　　）

A. 法律保障公民的基本权利　　　　　B. 法律维护社会的稳定与和谐

C. 法律促进经济的快速发展　　　　　D. 法律实现资源的公平分配

☑ 多项选择题

法律秩序是人们在社会生活中依法行事而形成的行为有规则和有序的状态。影响法律秩序的因素是多方面的，主要包括下列哪些选择？（　　）

A. 体制方面的因素　　　　　　　　　B. 个人方面的因素

C. 环境方面的因素　　　　　　　　　D. 法律本身的因素

名词解释

1. 秩序
2. 等级结构秩序观
3. 自由、平等的秩序观
4. 历史唯物主义秩序观

简答题

1. 简述历史上主要的四种秩序观并简要评述。
2. 简述法律对社会秩序的维护作用。

论述题

1. 试论法的秩序价值。
2. 试论述"社会本位"秩序观。

第二十一章　法与自由

基础知识图解

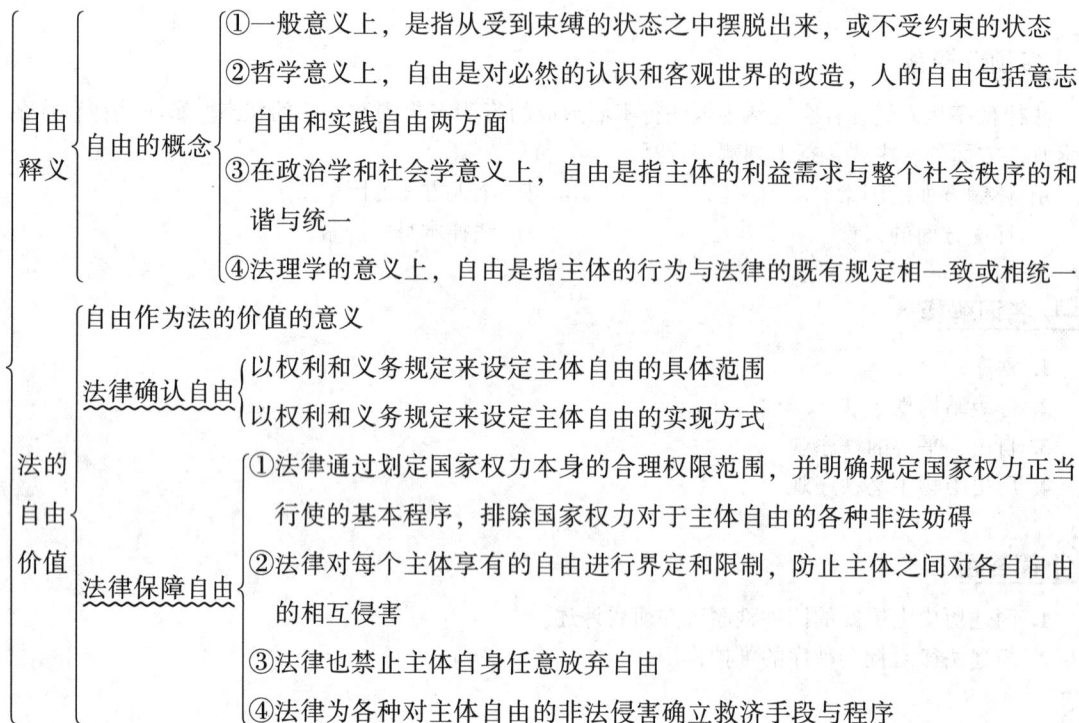

自由释义
 ├─ 自由的概念
 │   ①一般意义上，是指从受到束缚的状态之中摆脱出来，或不受约束的状态
 │   ②哲学意义上，自由是对必然的认识和客观世界的改造，人的自由包括意志自由和实践自由两方面
 │   ③在政治学和社会学意义上，自由是指主体的利益需求与整个社会秩序的和谐与统一
 │   ④法理学的意义上，自由是指主体的行为与法律的既有规定相一致或相统一

法的自由价值
 ├─ 自由作为法的价值的意义
 ├─ 法律确认自由
 │   以权利和义务规定来设定主体自由的具体范围
 │   以权利和义务规定来设定主体自由的实现方式
 └─ 法律保障自由
     ①法律通过划定国家权力本身的合理权限范围，并明确规定国家权力正当行使的基本程序，排除国家权力对于主体自由的各种非法妨碍
     ②法律对每个主体享有的自由进行界定和限制，防止主体之间对各自自由的相互侵害
     ③法律也禁止主体自身任意放弃自由
     ④法律为各种对主体自由的非法侵害确立救济手段与程序

配套测试

单项选择题

1. 下列有关法与自由的关系的说法错误的是（　　）。

A. 自由是法所体现或促进和实现的价值

B. 法是保障自由和实现自由的重要的社会条件

C. 法既要保护和实现自由，又要对自由作出合理的限制

D. 法律对自由的限制没有任何标准可以遵循

2. 法的自由价值主要强调（　　）。

A. 法律对个人行为的严格限制　　　　B. 法律对个人权利的保障

C. 法律对社会秩序的维护　　　　　　D. 法律对国家权力的强化

名词解释

1. 作为哲学的自由概念
2. 作为政治学和社会学的自由概念
3. 作为法学和法律的自由概念

简答题

1. 简述自由之于人的价值。
2. 简述自由作为法的价值的意义。
3. 为什么说自由需要法律的保障？
4. 简述法律确认自由的方式。
5. 简述法律保障自由的基本方式。
6. 试比较消极自由和积极自由。
7. 简述法律保障自由的原则。

论述题

1. 如何理解"法典是人民自由的核心"？
2. 材料：

案例一：B市的家庭主妇张某在家中使用视频与多人共同进行"裸聊"被公安机关查获。对于本案，B市S区检察院以聚众淫乱罪向S区法院提起公诉，后又撤回起诉。

案例二：Z省L县的无业女子方某在网上从事有偿"裸聊"，"裸聊"对象遍及全国22个省、自治区、直辖市，在电脑上查获的聊天记录就有300多人，网上银行汇款记录1000余次，获利2.4万元。对于本案，Z省L县检察院以传播淫秽物品牟利罪起诉，L县法院以传播淫秽物品牟利罪判处方某有期徒刑6个月，缓刑1年，并处罚金5000元。

关于上述两个网上"裸聊"案，在司法机关处理过程中，对于张某和方某的行为如何定罪存在以下三种意见：第一种意见认为应定传播淫秽物品罪（张某）或者传播淫秽物品牟利罪（方某）；第二种意见认为应定聚众淫乱罪；第三种意见认为"裸聊"不构成犯罪。

问题：

以上述两个网上"裸聊"案为例，从法理学的角度阐述法律对个人自由干预的正当性及其限度

答题要求：

（1）在综合分析基础上，提出观点并运用法学知识阐述理由；

（2）观点明确，论证充分，逻辑严谨，文字通顺；

（3）不少于500字，不必重复案情。

第二十二章 法与公平正义

基础知识图解

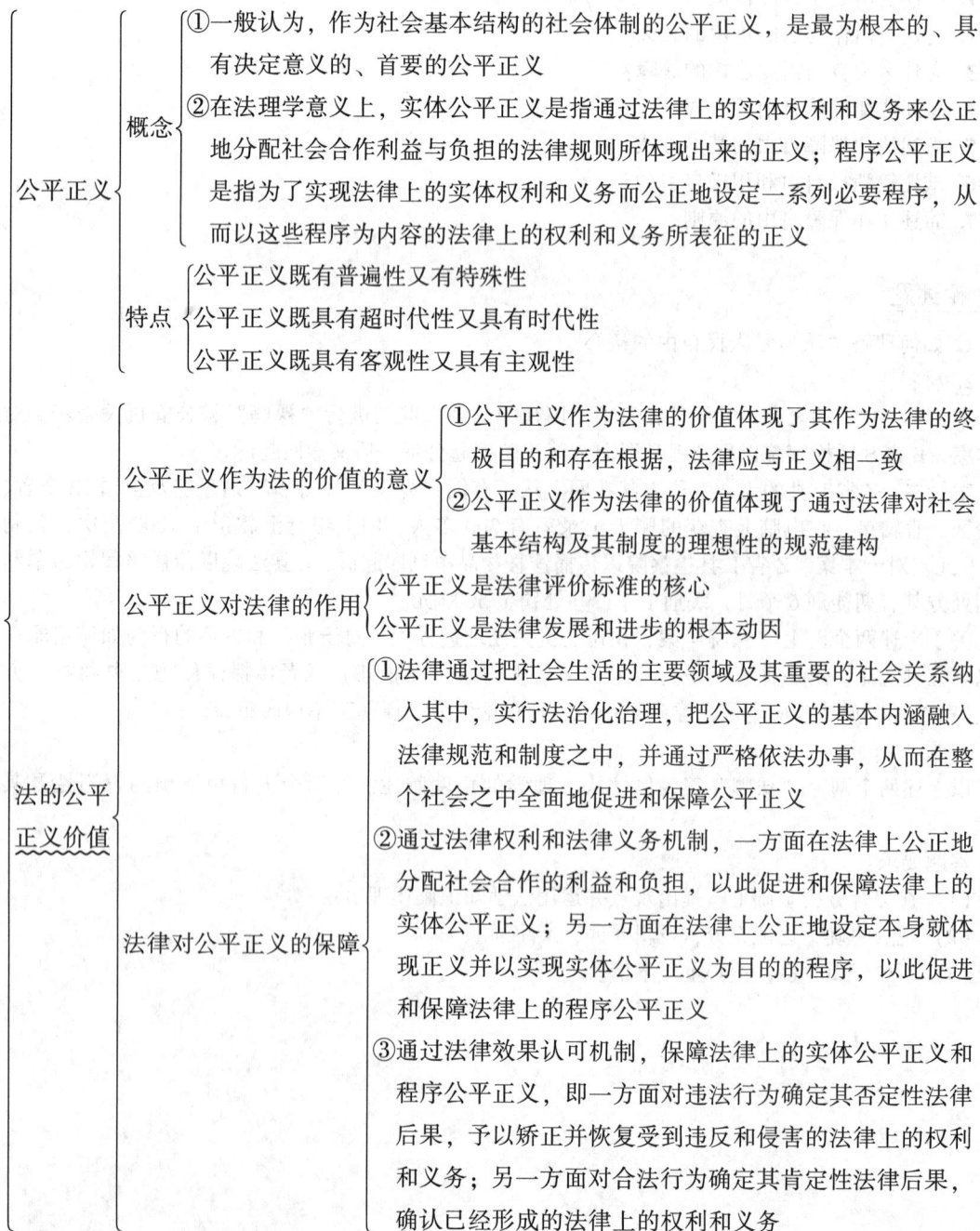

公平正义

概念
①一般认为，作为社会基本结构的社会体制的公平正义，是最为根本的、具有决定意义的、首要的公平正义
②在法理学意义上，实体公平正义是指通过法律上的实体权利和义务来公正地分配社会合作利益与负担的法律规则所体现出来的正义；程序公平正义是指为了实现法律上的实体权利和义务而公正地设定一系列必要程序，从而以这些程序为内容的法律上的权利和义务所表征的正义

特点
公平正义既有普遍性又有特殊性
公平正义既具有超时代性又具有时代性
公平正义既具有客观性又具有主观性

法的公平正义价值

公平正义作为法的价值的意义
①公平正义作为法律的价值体现了其作为法律的终极目的和存在根据，法律应与正义相一致
②公平正义作为法律的价值体现了通过法律对社会基本结构及其制度的理想性的规范建构

公平正义对法律的作用
公平正义是法律评价标准的核心
公平正义是法律发展和进步的根本动因

法律对公平正义的保障
①法律通过把社会生活的主要领域及其重要的社会关系纳入其中，实行法治化治理，把公平正义的基本内涵融入法律规范和制度之中，并通过严格依法办事，从而在整个社会之中全面地促进和保障公平正义
②通过法律权利和法律义务机制，一方面在法律上公正地分配社会合作的利益和负担，以此促进和保障法律上的实体公平正义；另一方面在法律上公正地设定本身就体现正义并以实现实体公平正义为目的的程序，以此促进和保障法律上的程序公平正义
③通过法律效果认可机制，保障法律上的实体公平正义和程序公平正义，即一方面对违法行为确定其否定性法律后果，予以矫正并恢复受到违反和侵害的法律上的权利和义务；另一方面对合法行为确定其肯定性法律后果，确认已经形成的法律上的权利和义务

配套测试

☑ 单项选择题

"正义具有一张普洛透斯的脸，变幻无穷，随时可呈不同形状，并具有极不相同的面貌。"这是哪位法学家的话？（　　）

A. 苏格拉底　　　　　B. 亚里士多德　　　　C. 博登海默　　　　D. 卢梭

☑ 多项选择题

关于公平正义，下列说法正确的是（　　）。

A. 作为社会基本结构的社会体制的公平正义，是最为根本的、具有决定意义的、首要的公平正义

B. 实体公平正义是指通过法律上的实体权利和义务来公正地分配社会合作利益与负担的法律规则所体现出来的正义

C. 程序公平正义是指为了实现法律上的实体权利和义务而公正地设定一系列必要程序，从而以这些程序为内容的法律上的权利和义务所表征的正义

D. 程序公平正义不直接涉及个案处理的结果是否正义

名词解释

形式正义的概念

✎ 简答题

1. 简述西方法律思想史中关于法与正义关系的三种观点。
2. 简述公平正义对法律的作用。
3. 简述法律对公平正义的保障。

论述题

1. 论法与正义（公正）的关系。
2. 论法对社会正义的促进和保障作用。

第二十三章　法与人权

基础知识图解

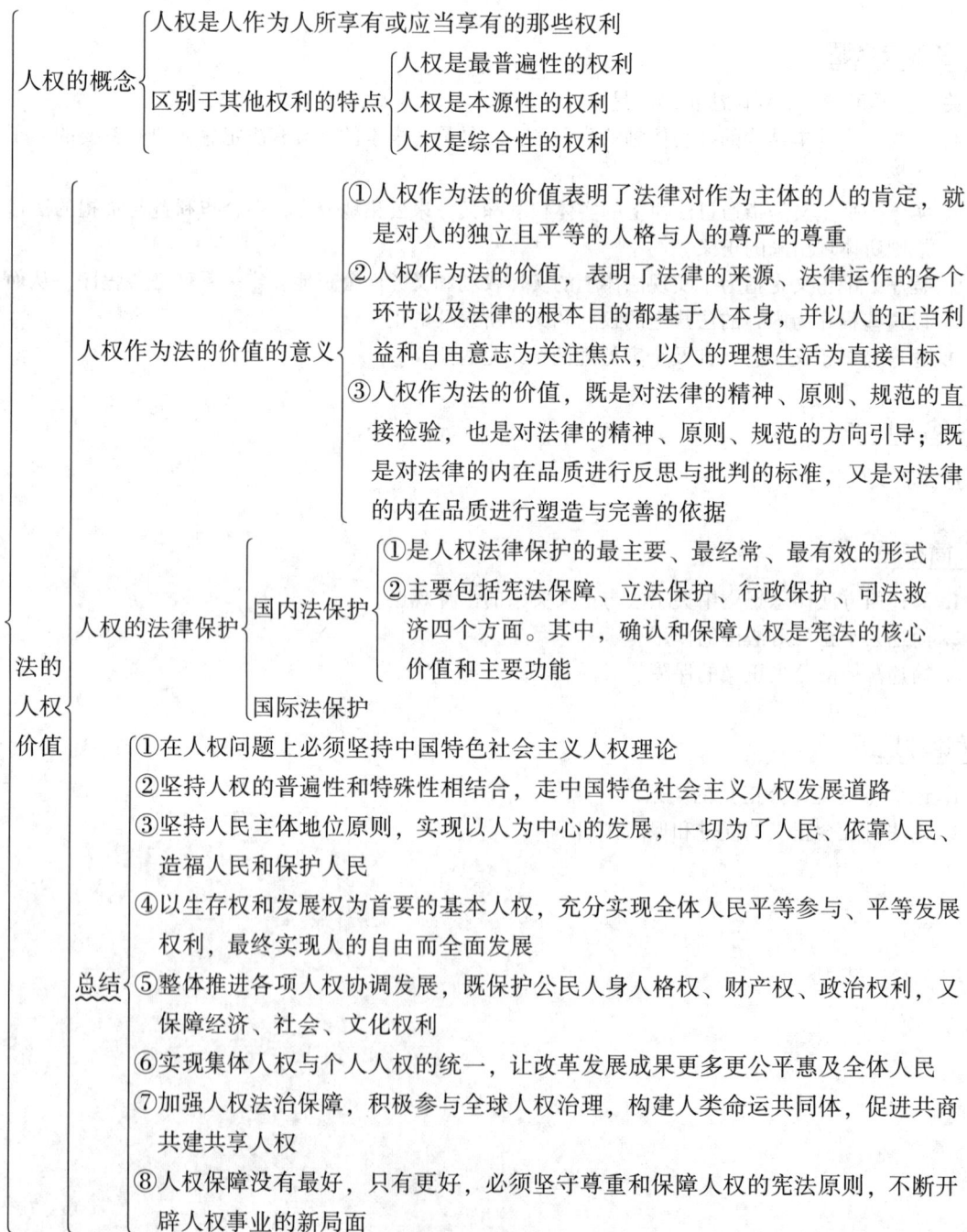

人权的概念
- 人权是人作为人所享有或应当享有的那些权利
- 区别于其他权利的特点
  - 人权是最普遍性的权利
  - 人权是本源性的权利
  - 人权是综合性的权利

法的人权价值

人权作为法的价值的意义
- ①人权作为法的价值表明了法律对作为主体的人的肯定，就是对人的独立且平等的人格与人的尊严的尊重
- ②人权作为法的价值，表明了法律的来源、法律运作的各个环节以及法律的根本目的都基于人本身，并以人的正当利益和自由意志为关注焦点，以人的理想生活为直接目标
- ③人权作为法的价值，既是对法律的精神、原则、规范的直接检验，也是对法律的精神、原则、规范的方向引导；既是对法律的内在品质进行反思与批判的标准，又是对法律的内在品质进行塑造与完善的依据

人权的法律保护
- 国内法保护
  - ①是人权法律保护的最主要、最经常、最有效的形式
  - ②主要包括宪法保障、立法保护、行政保护、司法救济四个方面。其中，确认和保障人权是宪法的核心价值和主要功能
- 国际法保护

总结
- ①在人权问题上必须坚持中国特色社会主义人权理论
- ②坚持人权的普遍性和特殊性相结合，走中国特色社会主义人权发展道路
- ③坚持人民主体地位原则，实现以人为中心的发展，一切为了人民、依靠人民、造福人民和保护人民
- ④以生存权和发展权为首要的基本人权，充分实现全体人民平等参与、平等发展权利，最终实现人的自由而全面发展
- ⑤整体推进各项人权协调发展，既保护公民人身人格权、财产权、政治权利，又保障经济、社会、文化权利
- ⑥实现集体人权与个人人权的统一，让改革发展成果更多更公平惠及全体人民
- ⑦加强人权法治保障，积极参与全球人权治理，构建人类命运共同体，促进共商共建共享人权
- ⑧人权保障没有最好，只有更好，必须坚守尊重和保障人权的宪法原则，不断开辟人权事业的新局面

配套测试

☑ 单项选择题

1. 下列哪一表述说明人权在本源上具有历史性？（　　）

A. "根据自然法，一切人生而自由，既不知有奴隶，也就无所谓释放"

B. "没有无义务的权利，也没有无权利的义务"

C. "人人生而平等，他们都从他们的'造物主'那里被赋予某些不可转让的权利"

D. "权利永远不能超出社会的经济结构以及由经济结构所制约的文化发展"

2. 以下关于人权的表述错误的是（　　）。

A. 人权表达了所有人在人格上享有绝对尊严的观念

B. 人权在整个权利体系中属于最基础性的权利

C. 人权具有固定的内容，因此并不是一个开放性的权利体系

D. 法国的《人权宣言》第一次以法律形式提出了"人权"概念

⤫ 不定项选择题

1. 下面对公民的基本权利的特点描述错误的是（　　）。

A. 对人的不可缺乏性

B. 可以取代性

C. 稳定性

D. 在当代文明各国不具有共似性

2. 下列关于人权的说法错误的是（　　）。

A. 人权与法律权利在内容上是一致的

B. 人权的存在和发展是社会经济、文化发展的结果

C. 人权的主体要比公民权的主体宽泛，不仅包括个体人权，还包括集体人权

D. 为了更好地保护人权，人权应当被尽可能地法律化

3. 以下关于人权概念的论述正确的有（　　）。

A. 人权作为应然权利，其内涵事实上要受人类各个时代的社会条件、自然条件所制约

B. 作为法律权利和实然权利的人权，它是直接同人类各个时代的经济、政治、文化、历史等各种条件相适应的

C. 人权的最终来源应该归结到人的理性，所以人权具有基于理性基础上的国际性

D. 人类发展到今天，基本人权的内容至少应当包括生存权、发展权、人身权、政治权、经济权、文化教育权、社会权

4. 关于法与人权的关系，下列说法错误的有（　　）。

A. 人权不能同时作为道德权利和法律权利而存在

B. 按照马克思主义法学的观点，人权不是天赋的，也不是理性的产物

C. 人权指出了立法和执法所应坚持的最低的人道主义标准和要求

D. 人权被法律化的程度会受到一国民族传统、经济和文化发展水平等因素的影响

✎ 简答题

简述人权作为法的价值的意义。

第六编　法治与法治中国

第二十四章　中国社会主义法与民主政治

基础知识图解

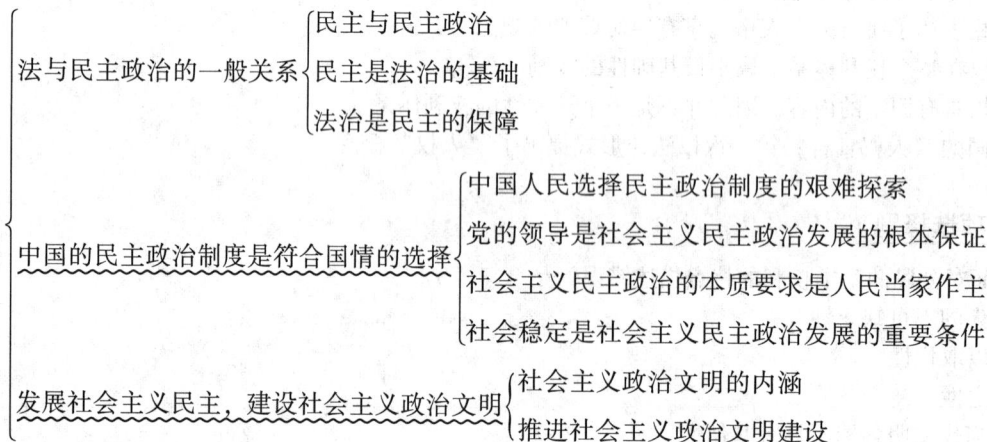

法与民主政治的一般关系
- 民主与民主政治
- 民主是法治的基础
- 法治是民主的保障

中国的民主政治制度是符合国情的选择
- 中国人民选择民主政治制度的艰难探索
- 党的领导是社会主义民主政治发展的根本保证
- 社会主义民主政治的本质要求是人民当家作主
- 社会稳定是社会主义民主政治发展的重要条件

发展社会主义民主，建设社会主义政治文明
- 社会主义政治文明的内涵
- 推进社会主义政治文明建设

配套测试

单项选择题

1. 政治是一个复杂的概念，学术界对其有着多种解释。按照马克思主义对"政治"的观点，下列哪一说法是不正确的？（　　　）

A. 政治是一定经济基础之上的上层建筑

B. 政治以一定的阶级、阶层和社会集团的利益关系为内容

C. 政治就是管理众人的事

D. 政治的核心是国家政权

2. 法对政治的作用不包含（　　　）。

A. 协调政治关系　　　B. 发现政治问题　　　C. 规范政治行为　　　D. 促进政治发展

3. 在我国，法和共产党的政策都以马克思主义为指导，这说明二者（　　　）。

A. 体现的意志相同　　　　　　　　　B. 经济基础相同

C. 适用的范围相同　　　　　　　　　D. 思想理论基础相同

4. 法治是民主的保障。以下说法正确的是（　　　）。

A. 改革是一场革命，不应该用法束缚它

B. 在法的范围内进行改革，会束缚党和国家领导改革的手脚

C. 法与改革是互相冲突的

D. 在法的范围内进行改革，是保证社会安定的需要

多项选择题

1. 美国法学家拉斯威尔和麦克杜格尔首创一种政策法学，被政策法学作为法的价值是（　　）。

A. 自由　　　　　　　B. 权力　　　　　　　C. 财富　　　　　　　D. 平等

2. 执政党对法律的作用表现在以下哪些方面？（　　）

A. 以政策为法律制定的依据和法律实施的指导

B. 直接修改现行法律条文以适应政策需要

C. 通过法定程序选择和安排国家的行政和司法官员以保证法的实施

D. 代替立法机关行使法律解释权

3. 法律和党的政策的区别是（　　）。

A. 制定的主体和效力范围不同　　　　　B. 表现形式和保障实施的手段不同

C. 稳定性的程度不同　　　　　　　　　D. 作用范围不同

4. 法与政治都是一定经济基础上的上层建筑，都反映一定阶级的意志和利益，两者相互作用，密切关联，关于二者关系的以下论述，错误的有（　　）。

A. 政治对法的影响体现在政治对于法的主导地位，具体也体现在政治的先进与落后是法的先进与落后的重要根据

B. 政治的发展变化，往往直接导致法和法治的发展变化，我国只有建立民主政治，法治才能有效发展，才能真正实现依法治国

C. 法具有独立的发展规律，法不反映和实现一定阶级、集团的政治目的和政治要求

D. 没有不反映政治的法，没有不存在法律的政治

5. 以下关于民主的说法正确的是（　　）。

A. 民主具有阶级性　　　　　　　　　　B. 民主具有历史性

C. 民主具有手段性与目的性　　　　　　D. 民主具有普遍性与特殊性

简答题

1. 简述法治条件下，法对执政党的作用。

2. 简述政策和法律的一致性和区别。

3. 简述政治对法的影响。

4. 为什么说全面依法治国，建设社会主义法治国家必须在党的领导下有目的、有步骤、有秩序地进行？

论述题

1. 试论法治与民主的关系。

2. 试论党和国家在宪法与法律范围内活动的理由。

第二十五章 中国社会主义法与经济

基础知识图解

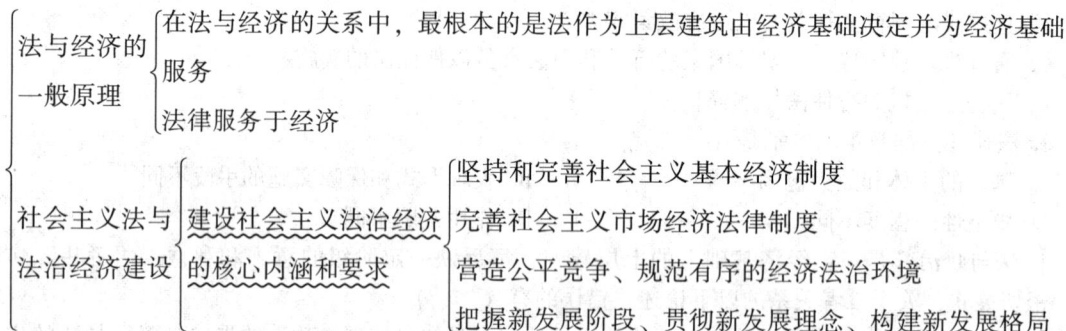

法与经济的
一般原理
{
在法与经济的关系中，最根本的是法作为上层建筑由经济基础决定并为经济基础服务
法律服务于经济
}

社会主义法与
法治经济建设
{
建设社会主义法治经济
的核心内涵和要求
{
坚持和完善社会主义基本经济制度
完善社会主义市场经济法律制度
营造公平竞争、规范有序的经济法治环境
把握新发展阶段、贯彻新发展理念、构建新发展格局
}
}

配套测试

单项选择题

1. 法与经济基础的关系是（　　　）。

A. 法决定经济基础

B. 经济基础决定法

C. 经济基础决定于法

D. 法是第一性的，经济基础是第二性的

2. 下列说法错误的是（　　　）。

A. 经济决定法律的性质，有什么性质的经济基础，就有什么性质的法律上层建筑

B. 经济决定法律的内容，法律只是经济关系的一般性和制度性记载

C. 经济决定法律的发展变化趋势，经济的发展与变革总会引起法律的发展与变革，法律总是会自动地体现经济生活的客观要求

D. 经济决定法律作用的实现程度，法律的有用性是以满足人们的经济生活需要为衡量尺度的

多项选择题

1. 法对生产力的作用在于（　　　）。

A. 法对生产力的作用一般要通过经济基础的中介

B. 法对生产力有决定作用

C. 法能促进生产力的发展

D. 法能阻碍生产力的发展

2. 社会主义法的制定和实施可能（　　　）。

A. 适应经济规律，对经济发展起促进作用

B. 不适应经济规律，对经济发展起阻碍作用

C. 改变经济规律

D. 创造经济规律

3. 社会主义法与经济的相互作用主要表现在（　　）。

A. 经济基础对社会主义法具有决定作用

B. 社会主义法对经济具有服务作用

C. 社会主义法制约经济的发展

D. 经济和社会主义法没有直接联系

4. 完善社会主义市场经济法律制度需要（　　）。

A. 坚持社会主义市场经济改革方向，遵循社会主义基本制度与市场经济有机结合的规律

B. 加快建设和完善现代产权制度，健全以公平为核心原则的产权保护制度

C. 加快建设市场经济法律体系，培育更加公平的市场经济法治环境

D. 依法平等保护民营企业产权和企业家权益

5. 下列关于政府与市场关系的表述错误的是（　　）。

A. 市场在资源配置中起决定性作用

B. 解决市场和政府的关系问题只能靠政策引导

C. 政府配置资源是最有效率的形式

D. 正确处理市场与政府的关系，发挥市场作用，关键是遵循市场规律、善用市场机制解决问题

6. 马克思主义法学关于法与经济关系的基本理论表述正确的有（　　）。

A. 经济基础与上层建筑矛盾运动的规律，是人类社会发展的一个基本规律

B. 法律服务于经济，具体表现为法律对经济具有能动的反作用

C. 经济基础决定上层建筑，上层建筑对经济基础具有反作用

D. 仅仅体现个人意志或集团意志的、违反经济生活要求的法律可能会在一定时期内存在，但最终必然会被淘汰

✍ 简答题

1. 我国社会主义法与对外开放的关系。

2. 在实践中，应怎样正确分析和处理改革与法的冲突问题？

3. 简述经济基础对法的决定作用。

4. 简述法律对经济的作用。

5. 简述建设社会主义法治经济的核心内涵和要求。

6. 简述如何完善社会主义市场经济法律制度。

💬 论述题

1. 试论法与经济的一般原理。

2. 如何理解市场经济实质上是法治经济。

3. 试述法在市场经济宏观调控中的作用。

4. 通过法律与市场经济的历史逻辑关系论证法律在建立、完善社会主义市场经济中的作用。

第二十六章　中国社会主义法与文化

A⁺ 基础知识图解

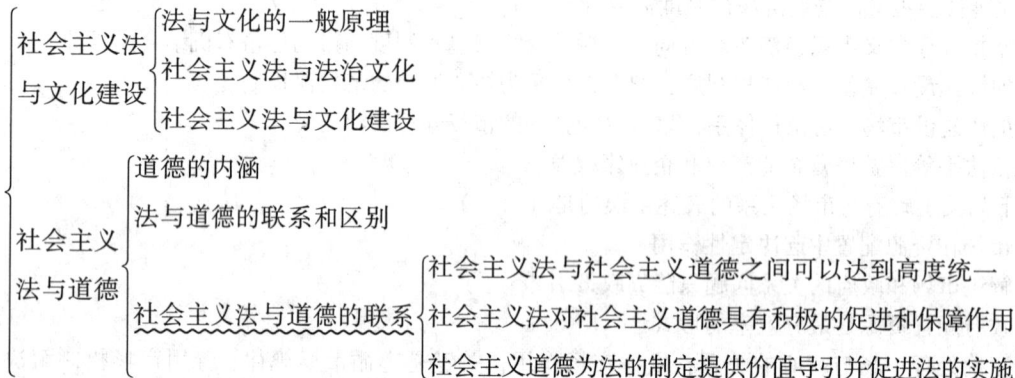

社会主义法与文化建设
- 法与文化的一般原理
- 社会主义法与法治文化
- 社会主义法与文化建设

社会主义法与道德
- 道德的内涵
- 法与道德的联系和区别
- 社会主义法与道德的联系
  - 社会主义法与社会主义道德之间可以达到高度统一
  - 社会主义法对社会主义道德具有积极的促进和保障作用
  - 社会主义道德为法的制定提供价值导引并促进法的实施

配套测试

单项选择题

1. 下列对于文化性质的理解，哪一理解是错误的？（　　）

A. 文化具有综合性　　　　　　　　B. 文化具有民族性

C. 文化具有历史性　　　　　　　　D. 文化具有永恒不变性

2. 从（　　）角度，可以将法律意识分为法律心理和法律思想体系。

A. 成熟程度　　　　　　　　　　　B. 阶级色彩

C. 对法律现象认识的阶段　　　　　D. 经济发展

3. 下列选项中，哪一种说法不正确？（　　）

A. 统治阶级具有较强的政治意识，并不等于说统治阶级同样有较强的法律意识

B. 法律意识可以相对地落后或超越于社会存在

C. 道德意识的传播和发展在一定程度上依赖于法律意识的促进和推动

D. 法律思想体系制约整个法律意识的水平

4. （　　）集中反映了一个国家或民族法律文化、法律传统，体现一个社会法制的总体发展程度。

A. 执政党的法律意识　　　　　　　B. 社会法律意识

C. 立法意识　　　　　　　　　　　D. 法律思想体系

5. 甲居住深山，对法律了解甚少，在他的认知中法律是处罚坏人的，是碰不得的。他的这种认识属于（　　）。

A. 法律思想体系　　　　　　　　　B. 刑法意识

C. 法律心理　　　　　　　　　　　D. 阶层法律意识

6. 从法律意识的形成看，（　　）。

A. 它随着法律制度的建立而产生　　　　B. 它是人们在社会生活中逐渐形成的

C. 它以司法机关的办案质量优秀为前提　D. 它凭借国家强制力强制人们形成

7. 某宗教团体申请在校园内设立礼拜场所，教育部门依法未予批准。其法律依据最可能是（　　）。

A. 该校师生信仰比例不足　　　　　　　B. 宗教不得干预教育制度

C. 该宗教非本土原生宗教　　　　　　　D. 校园用地规划限制

8. 按照马克思主义学说，法律和道德起源的时间关系是（　　）。

A. 法律先于道德产生　　　　　　　　　B. 道德先于法律产生

C. 法律和道德同时产生　　　　　　　　D. 难以界定先后

9. 处理宗教与法律冲突时，我国的原则是（　　）。

A. 宗教教义优先　　　　　　　　　　　B. 法律底线不可突破

C. 根据信教群众数量灵活调整　　　　　D. 交由宗教团体自主裁决

10. 关于"法治与德治相结合"，错误的理解是（　　）。

A. 法律是成文的道德，道德是内心的法律　B. 对失德行为均应立法禁止

C. 司法裁判可参考道德评价　　　　　　D. 道德教化能降低法律实施成本

11. 关于法律和道德调整范围的关系，下列说法正确的是（　　）。

A. 法律调整的行为必然同时受道德调整

B. 道德谴责的行为必然同时受法律制裁

C. 法律主要规范外部行为，道德还规范内心动机

D. 法律和道德的调整范围完全重合

12. 关于法与宗教的关系，下列哪种说法是错误的？（　　）

A. 法与宗教在一定意义上都属于文化现象

B. 法与宗教都在一定程度上反映了特定人群的世界观和人生观

C. 法与宗教在历史上曾经是浑然一体的，但现代国家的法与宗教都是分离的

D. 法与宗教都是社会规范，都对人的行为进行约束，但宗教同时也控制人的精神

13. 社会主义法同社会主义道德具有共同点，表现在（　　）。

A. 调整范围相同　　　B. 要求相同　　　C. 规范内容相同　　　D. 历史使命相同

14. 下列行为中，既违反社会主义道德又违反法律的是（　　）。

A. 子女拒绝赡养无劳动能力的父母　　　B. 在公共场所随地吐痰

C. 婚宴上过度劝酒致人醉酒　　　　　　D. 在图书馆大声喧哗

15. 法和统治阶级道德的一致性，最本质的体现是两者（　　）。

A. 相互渗透　　　　　　　　　　　　　B. 相辅相成

C. 都是统治阶级意志的体现　　　　　　D. 都是上层建筑的组成部分

16. 某村规民约规定"外嫁女不得继承宅基地"，法院判决该条款无效。这反映了（　　）。

A. 道德规范优于法律　　　　　　　　　B. 法律对落后文化的矫正作用

C. 司法权干涉村民自治　　　　　　　　D. 传统习俗均属违法

☑️ 多项选择题

1. 法治文化是由社会的（　　）决定的。

A. 经济基础　　　　　　　　　　　　　B. 外部环境

C. 政治结构　　　　　　　　　　　　　D. 社会法律教育

2. 社会主义法治文化与传统法律文化的区别体现在（　　　）。

A. 强调权利本位而非义务本位　　　　B. 追求程序正义而非实体正义

C. 注重法律平等而非等级特权　　　　D. 依赖道德教化而非法律强制

3. 下列哪些政策体现了法治与德治的结合？（　　　）

A.《民法典》设立"好人条款"　　　　B. 将"常回家看看"写入法律

C. 建立失信被执行人名单　　　　　　D. 推行"谁执法谁普法"责任制

4. 甲乙两人分食两个桃子，甲先拿走大的，乙责怪甲自私，甲问乙若你先拿又如何，乙称会选小的，甲说道，"既然如此我拿大的岂非正合你意，你何必怪我"。根据该故事，结合对法治和德治观念的理解，下列说法正确的是（　　　）。

A. 道德缺乏强制力，不能保障人在同样的情形下做出一致的选择

B. 法律可以从外部约束人的行为，但对道德领域难题的解决并无帮助

C. 适用不同的程序可能对同样的结果赋予不同的意义

D. 提前约定好事情的处理方案，对于解决矛盾、避免纠纷起到至关重要的作用

5. 下列命题正确的有哪些？（　　　）

A. 法律意识不是消极地被社会存在所决定

B. 法律意识的发展具有历史继承性

C. 法律意识必定走在经济发展的后面

D. 统治阶级有较强的法律意识

6. 法律与道德的共同点有（　　　）。

A. 均具有国家强制性　　　　　　　　B. 均体现统治阶级意志

C. 均调整社会关系　　　　　　　　　D. 均以权利义务为内容

7. 法律意识对我国的法治建设具有重要的作用，因此应该（　　　），从而不断提高公民的法律意识水平。

A. 向民众赠送法律法规书籍

B. 多开办"今日说法"类节目

C. 送县人民法院法官到高等院校法律院系进修

D. 高级领导干部遵守法律

8. 在立法时，法律意识能够（　　　）。

A. 产生社会关系需要法律调整的要求　　B. 形成完善法律制度的愿望

C. 提出进行法律调整的具体设想或方案　　D. 帮助立法者正确认识客观实际

9. 下列体现法律与道德协同治理的有（　　　）。

A.《老年人权益保障法》规定"常回家看看"

B. 对见义勇为行为给予法律奖励

C. 通过司法解释将"违背公序良俗"合同无效

D. 要求法官依据个人道德观裁判

10. 法律和道德的区别是（　　　）。

A. 两者的表现形式和起源的时间不同　　B. 两者的具体内容不完全相同

C. 两者实现的方式和手段不同　　　　　D. 两者的调整范围不尽相同

11. 道德通常（　　　）。

A. 约定俗成

C. 存在于人们的思想和观念之中　　　　B. 由国家制定和认可

　　　　　　　　　　　　　　　　　　D. 表现形式规范、具体

12. 法律和道德调整范围的关系是（　　　）。

A. 两者完全相同

B. 一般认为，法律的调整范围大于道德的调整范围

C. 一般认为，道德的调整范围大于法律的调整范围

D. 法律调整的关系，大多也由道德调整

13. 某法院将"子女每月探望父母"写入离婚判决书，但未规定强制执行措施。这体现（　　）。

A. 法律对道德义务的有限确认　　　　B. 司法权过度干预家庭伦理

C. 裁判考虑了道德倡导功能　　　　　D. 法律万能论的体现

14. 关于宗教与法律的关系，下列说法正确的是（　　）。

A. 所有宗教教义均需经立法机关批准　　B. 宗教人士享有公民同等权利义务

C. 宗教活动不得利用慈善名义敛财　　　D. 宗教团体可管理基层社区事务

15. 德国法学家托马西斯认为，道德与法律主要区别在于：前者调整人们的内心活动，旨在求得个人的内心和平，而法律则调整人们的外在活动，即人与人之间的关系，旨在谋求外部世界的和平。对于此论述应作如下理解（　　）。

A. 这一观点被康德所重述，科学地划分了法律和道德之间的界限

B. 事实上，无论是道德还是法律都调整人们的内心活动，也调整人们的外部行为，所以这个观点是片面的

C. 这一观点将是否具有外界强制性作为区分道德和法律界限的标准是不能成立的

D. 在托马西斯的观点的基础上，关于社会主义法律和道德之间的差别，我们可以提出以下一点补充，就对社会成员的要求而论，社会主义道德对于人们的要求比法律要高

名词解释

1. 文化的民族性

2. 法治信仰

3. 法律意识

4. 道德

简答题

1. 简述法对文化的作用。

2. 简述文化对法的决定性影响。

3. 简述法律文化的概念及其结构。

4. 简述马克思主义关于阶级对立社会中法律与道德关系的基本原理。

论述题

试述法治精神。

案例分析题

在一次法律基础理论课上，老师让大家讨论法律与道德的关系。有人认为我们现在是依法治国，应当完全依照法律办事，在现实生活中有了法律就已经足够，不再需要提倡道德；有人认为法律只不过是工具，我们仍应当大力提倡道德，道德是社会顺畅运行的最重要的基础，法律是可有可无的。

请就法律与道德的关系谈谈你自己的看法。

答题要求：

（1）运用掌握的法学知识阐释你认为正确的观点和理由；

（2）说理充分，逻辑严谨，语言流畅，表述准确；

（3）答题文体不限，字数要求 800~1000 字。

第二十七章　全面依法治国 建设法治中国

A+ 基础知识图解

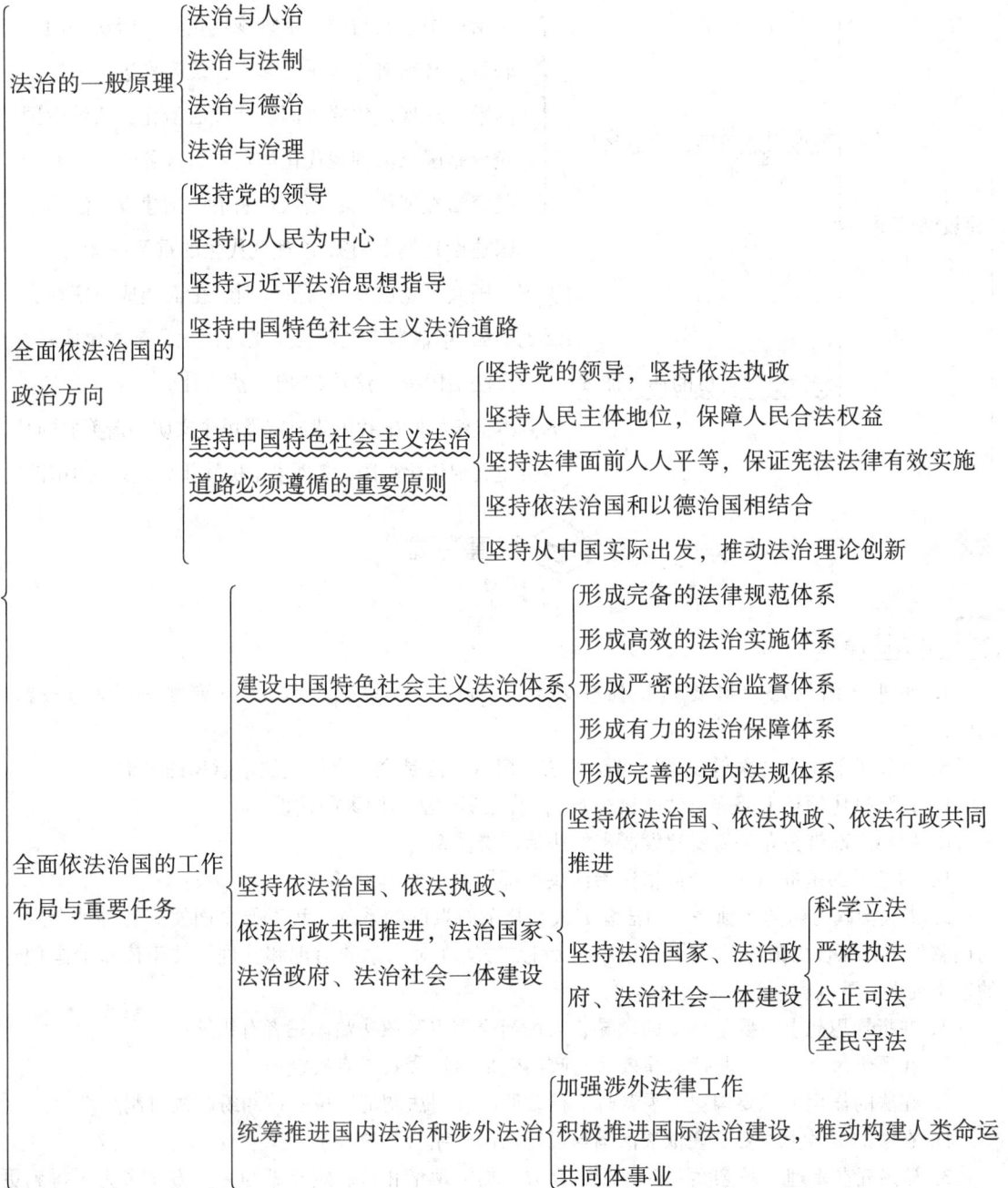

法治的一般原理
- 法治与人治
- 法治与法制
- 法治与德治
- 法治与治理

全面依法治国的政治方向
- 坚持党的领导
- 坚持以人民为中心
- 坚持习近平法治思想指导
- 坚持中国特色社会主义法治道路
- 坚持中国特色社会主义法治道路必须遵循的重要原则
  - 坚持党的领导，坚持依法执政
  - 坚持人民主体地位，保障人民合法权益
  - 坚持法律面前人人平等，保证宪法法律有效实施
  - 坚持依法治国和以德治国相结合
  - 坚持从中国实际出发，推动法治理论创新

全面依法治国的工作布局与重要任务
- 建设中国特色社会主义法治体系
  - 形成完备的法律规范体系
  - 形成高效的法治实施体系
  - 形成严密的法治监督体系
  - 形成有力的法治保障体系
  - 形成完善的党内法规体系
- 坚持依法治国、依法执政、依法行政共同推进，法治国家、法治政府、法治社会一体建设
  - 坚持依法治国、依法执政、依法行政共同推进
  - 坚持法治国家、法治政府、法治社会一体建设
    - 科学立法
    - 严格执法
    - 公正司法
    - 全民守法
- 统筹推进国内法治和涉外法治
  - 加强涉外法律工作
  - 积极推进国际法治建设，推动构建人类命运共同体事业

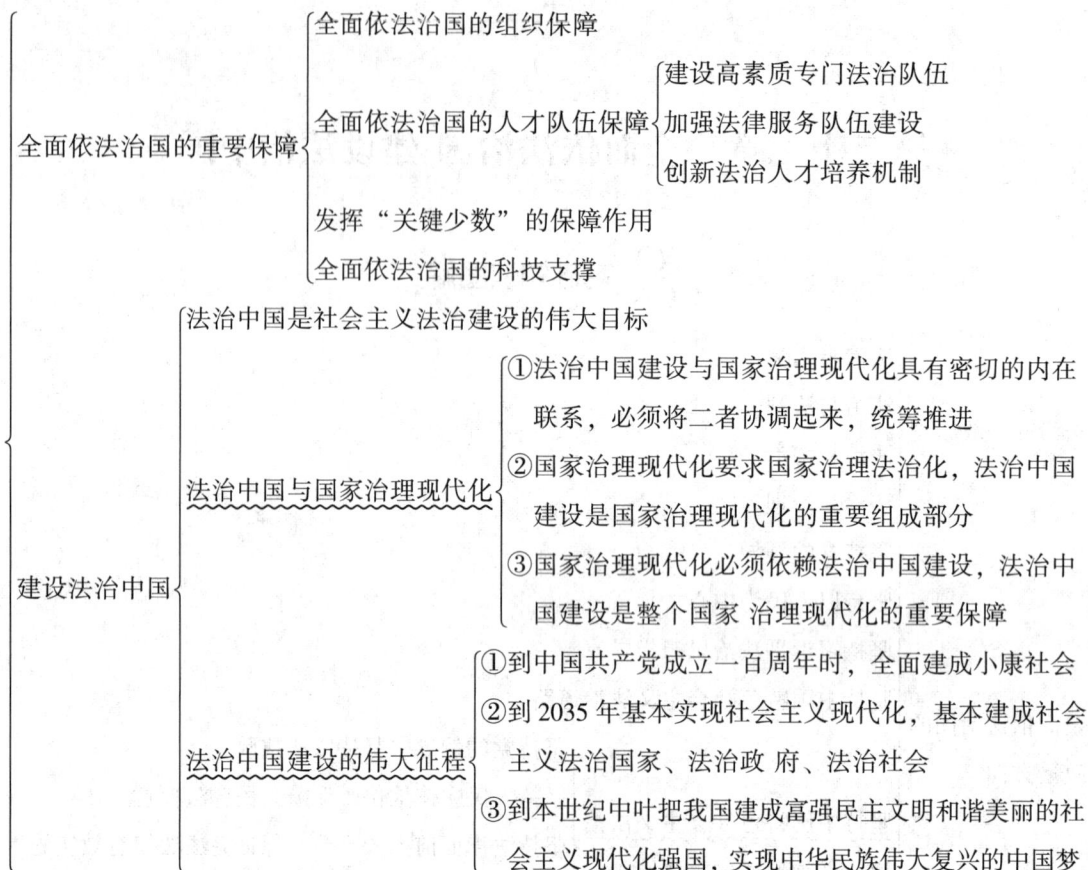

全面依法治国的重要保障
- 全面依法治国的组织保障
- 全面依法治国的人才队伍保障
  - 建设高素质专门法治队伍
  - 加强法律服务队伍建设
  - 创新法治人才培养机制
- 发挥"关键少数"的保障作用
- 全面依法治国的科技支撑

建设法治中国
- 法治中国是社会主义法治建设的伟大目标
- 法治中国与国家治理现代化
  - ①法治中国建设与国家治理现代化具有密切的内在联系，必须将二者协调起来，统筹推进
  - ②国家治理现代化要求国家治理法治化，法治中国建设是国家治理现代化的重要组成部分
  - ③国家治理现代化必须依赖法治中国建设，法治中国建设是整个国家 治理现代化的重要保障
- 法治中国建设的伟大征程
  - ①到中国共产党成立一百周年时，全面建成小康社会
  - ②到2035年基本实现社会主义现代化，基本建成社会主义法治国家、法治政 府、法治社会
  - ③到本世纪中叶把我国建成富强民主文明和谐美丽的社会主义现代化强国，实现中华民族伟大复兴的中国梦

配套测试

☑ 单项选择题

1. 推进全面依法治国要坚持抓住领导干部这个"关键少数"。下列哪一选项是错误的？（　　）

A. 领导干部这个"关键少数"带头学法、模范守法是全社会树立法治意识的关键

B. 只要抓住领导干部这个"关键少数"，就能实现法治国家的建设

C. 领导干部带头守法需要建设严密的法治监督体系

D. 领导干部是贯彻落实全面依法治国决策部署的重要组织者

2. 依法治国方略的实施是一项浩瀚庞大、复杂而艰巨的系统工程，要全面发挥各种社会规范的调整作用，综合协调地运用多元化的手段和方法实现对国家的治理和管理。关于依法治国理念的基本要求，下列哪一说法是不准确的？（　　）

A. 在指导思想上，要坚持党的领导、人民当家作主和依法治国三者有机统一

B. 在评价尺度上，要坚持法律效果与政治效果、社会效果有机统一

C. 在法的作用上，要构建党委调解、行政调解、司法调解三位一体纠纷解决机制

D. 在法的成效上，要实现依法治国与以德治国的结合与统一

3. 马锡五在审理"抢亲案"时发现，女方与男方两情相悦，定有婚约，女方父亲为了得到更多的彩礼，将女儿许配给另一人，男方父亲不服，于是强行带走女方与儿子成亲。经审理，马锡

五判婚姻有效，男方父亲判徒刑半年，女方父亲判劳役半年。判决一出，群众无不交口称赞。关于马锡五审判，以下说法错误的是？（　　　）

A. 群众不能理解的判决，很难具有公信力

B. 司法裁判要坚持走群众路线

C. 马锡五知民情知民意

D. 只要群众满意，不必恪守法律

4. 关于加快建设法治政府，下列说法不正确的是哪一项？（　　　）

A. 必须建立重大责任终身责任追究制度及责任倒查机制

B. 建立健全行政裁量权基准制度，细化、量化行政裁量标准

C. 积极推进政府法律顾问制度，建立政府法治机构人员为主体、吸收专家和律师参加的法律顾问队伍

D. 为完善行政组织和行政程序法律制度行政机关可以法外设定权力

5. 关于保证公正司法，提高司法公信力，下列说法不正确的是？（　　　）

A. 要逐步实行办案质量终身负责制和错案责任倒查问责制

B. 要逐步实行人民陪审员不单审理事实认定问题，而且还参与审理法律适用问题，切实保障人民群众参与司法

C. 改革法院案件受理制度，变立案审查制度为立案登记制度

D. 依法规范司法人员与当事人、律师、特殊关系人、中介组织的接触、交往行为

6. 全面推进依法治国，要求深入推进科学立法和民主立法。下列哪一种做法不符合科学立法、民主立法原则？（　　　）

A. 加强人大对立法工作的组织协调，健全立法起草、论证、协调、审议机制

B. 探索委托第三方起草法律法规草案机制

C. 探索建立有关国家机关、社会团体、专家学者等对立法中涉及的重大利益调整论证咨询机制

D. 完善法律草案表决程序，对重要条款应当单独表决

7. 关于全面依法治国的总目标，下列说法错误的是？（　　　）

A. 严密的法治监督体系既是全面依法治国总目标的重要内容，也是法治建设的一个重要环节

B. 依法治国是党领导人民治理国家的基本方略，依法治国能不能做好，关键要看党能否做到依法执政，各级政府能否做到依法行政

C. 法治社会是法治建设的目标，法治政府是法治建设的主体，法治国家是法治社会的基础

D. 全面依法治国既是国家治理体系和治理能力现代化的重要保障，也是国家治理体系和治理能力现代化的重要内容

8. 中共中央印发了《法治中国建设规划（2020—2025年）》，关于坚定不移走中国特色社会主义法治道路，奋力建设良法善治的法治中国的主要原则，下列哪一选项是不正确的？（　　　）

A. 牢牢把握党的领导是社会主义法治最根本的保证，坚持党领导立法、保证执法、支持司法、带头守法

B. 坚持法治建设为了人民、依靠人民，促进人的全面发展

C. 聚焦党中央关注、人民群众反映强烈的突出问题和法治建设薄弱环节，着眼推进国家治理体系和治理能力现代化

D. 汲取中华法律文化精华，应当借鉴国外法治有益经验

9. 关于全面贯彻实施宪法，坚定维护宪法尊严和权威，下列哪一选项是不正确的？（　　　）

A. 坚持依宪治国、依宪执政，把全面贯彻实施宪法作为首要任务

B. 党带头尊崇和执行宪法，把党领导人民制定和实施宪法法律同党坚持在宪法法律范围内统一起来，保障宪法法律的有效实施

C. 凡涉及宪法有关规定如何理解、实施、适用问题的，都应当依照有关规定向全国人大书面提出合宪性审查请求

D. 在备案审查工作中，应当注重审查是否存在不符合宪法规定和宪法精神的内容

10. 从历史上看，法治国家是在（　　）才出现的。

A. 近现代社会　　　B. 资本主义社会　　　C. 封建社会　　　D. 社会主义社会

11. 我国（　　）通过宪法修正案，明确在《宪法》中规定"中华人民共和国实行依法治国，建设社会主义法治国家"。

A. 八届人大一次会议　　　　　　　　B. 八届人大五次会议

C. 九届人大一次会议　　　　　　　　D. 九届人大二次会议

12. "法治应包含两重意义：已成立的法律获得普遍的服从，而大家所服从的法律又应该本身是制定得良好的法律。"这段话是由谁阐述的？（　　）

A. 马克思　　　　　　B. 恩格斯　　　　　　C. 列宁　　　　　　D. 亚里士多德

13. 关于坚持中国特色社会主义法治道路，下列哪一选项是不正确的？（　　）

A. 坚持中国特色社会主义法治道路，本质上是中国特色社会主义道路在法治领域的具体体现

B. 坚持中国共产党的领导是中国特色社会主义法治道路最根本的保证

C. 中国特色社会主义法治道路，是社会主义法治建设成就和经验的集中体现，是建设社会主义法治国家的唯一正确道路

D. 要从中国国情和实际出发，走适合自己的法治道路，不借鉴国外法治

14. 社会主义法治的基础是（　　）。

A. 党的领导　　　　　　　　　　　　B. 工人阶级意志

C. 社会主义民主　　　　　　　　　　D. 社会主义文明

15. 全面推进依法治国，建设一支德才兼备的高素质法治队伍至关重要。下列哪一选项是不正确的？（　　）

A. 要把拥护中国共产党领导、拥护我国社会主义法治作为法律服务人员从业的基本要求

B. 推进法治专门队伍革命化、正规化、专业化、职业化

C. 全面推进依法治国，首先要把法律服务队伍建设好

D. 加强教育、管理、引导，引导法律服务工作者坚持正确的政治方向，依法依规诚信执业，认真履行社会责任

16. 依法治国，建设社会主义法治国家，是在党的（　　）大报告中提出的。

A. 十二　　　　　　B. 十三　　　　　　C. 十四　　　　　　D. 十五

17. 近代以来，人们把法治的核心归结为（　　）。

A. 司法机关依法独立行使职权

B. 依法行政

C. 保护人权

D. 依法对国家权力的限制和制约

18. 社会主义法治的基本要素是（　　）。

A. 依法治国　　　B. 依法办事　　　C. 健全法制　　　D. 依法行政

19. 社会主义法治所要达到的目标是（　　）。

A. 建成社会主义法治国家

B. 建成在高度民主基础上的"社会主义法治（法制）国家"

C. 建立科学、完备的法律体系

D. 建立社会主义市场经济法律体制

20. 亚里士多德认为："我们应该注意到邦国虽有良法，要是人民不能全部遵循，仍然不能实现法治。法治应包含两重含义：已成立的法律获得普遍的服从，而大家所服从的法律又应该本身是制定得良好的法律。"这段话指出了（　　）。

A. 在法治和德治的关系上，前者是优越于后者的

B. 指出了法治的两个要素条件，已经接近于科学的法治的两个条件：制度条件和思想条件

C. 指出了法治优越于人治，原因在于多数人的考虑要比少数人的考虑周到些

D. 指出了"让一个人来统治，就在政治中混入了兽性的因素。常人既不完全消除兽欲，虽最好的人们也未免热忱，这就往往在执政的时候引起偏向"

21. 下述观点中，属于法治论的是（　　）。

A. "道之以德，齐之以刑，有耻且格"　　　B. "政者，正也。子帅以正，孰敢不正?"

C. "不务德而务法"　　　　　　　　　　　D. "贤人政治"

22. 现代意义上的法治的中心环节是（　　）。

A. 民主立法　　　　B. 公正司法　　　　C. 依法办事　　　　D. 违法必究

23. 社会主义法制的中心环节是（　　）。

A. 有法可依　　　　B. 有法必依　　　　C. 执法必严　　　　D. 违法必究

24. 关于深入推进全民守法，下列哪一选项是错误的?（　　）

A. 建立健全立法工作宣传报道常态化机制，对立法热点问题主动发声、解疑释惑

B. 深入开展法官、检察官、监察官、行政复议人员、行政执法人员、律师等以案释法活动

C. 广泛推动人民群众参与社会治理，打造共建共治共享的社会治理格局

D. 积极引导人民群众依法维权和化解矛盾纠纷，坚持和发展新时代"枫桥经验"

☑ 多项选择题

1. 关于习近平法治思想和全面依法治国，下列说法正确的是哪些?（　　）

A. 党的领导是全面依法治国的根本保证

B. 中国特色社会主义法治道路是中国建设社会主义法治国家、法治体系的唯一正确道路

C. 以人民为中心是全面依法治国的根本立场

D. 法治政府是建设法治国家的主体

2. 关于宪法是，下列说法正确的是哪些?（　　）

A. 中国古代也有宪法

B. 宪法具有最高效力，任何法律、法规都不得与宪法相抵触

C. 依宪治国、依宪执政是建设社会主义法治国家的首要任务

D. 领导干部应当带头遵守宪法，维护宪法权威

3. 关于司法公正的具体体现，下列说法正确的是（　　）。

A. 检察院公开反对办案中各种不正之风，体现了司法活动的公正性

B. 检察官拒绝当事人请客送礼，体现了司法人员的中立性

C. 法官严格按照规定的权限和程序办案，体现了司法结果的正确性

D. 法官在庭审过程中让当事人各方充分发表意见，体现了司法程序的参与性

4. 某地地势较低，因暴雨成灾，地下停车场的隧道被淹。小区车主无奈下只能把车辆停到禁停区。交警对这些违停车辆都进行了拍照记录但考虑到实际情况，没有作出处罚。对此，下列哪些表述是正确的?（　　）

A. 法律人只需要懂法律，不需要把握社情民意就可以有效实施法律

B. 执法时要坚持具体案件具体分析，以公认的情理展示执法的良知，避免机械执法

C. 在执法活动中兼顾情理法，有助于实现政治效果、法律效果和社会效果的统一

D. 交警的做法完全不符合坚持运用法治思维和法治方式开展工作的要求

5. 2020 年 5 月 28 日，我国《民法典》正式颁布。关于《民法典》对新时代国家治理的作用，下列哪些表述是正确的？（　　　）

A. 《民法典》是一部固根本、稳预期、利长远的基础性法律，对巩固社会主义基本经济制度有重大意义

B. 《民法典》有助于形成完备的法律规范体系，彻底消除民事法律之间的矛盾和冲突

C. 《民法典》是全面依法治国的重要制度载体，有利于提高党治国理政的水平

D. 《民法典》的颁布与实施，一劳永逸地解决了新中国法治建设的问题

6. 党的十八大以来，党中央对全面依法治国作出一系列重大决策、提出一系列重大举措，中国特色社会主义法律体系日趋完善，社会主义法治稳步迈向良法善治的新境界。在全面依法治国的进程中，处理好全面依法治国各个方面工作的关系至关重要。对此，下列哪些选项的理解是正确的？（　　　）

A. 只有在党的领导下依法治国、厉行法治，国家和社会生活法治化才能有序推进

B. 把法治贯穿于改革全过程，立法主动适应改革需要，积极发挥引导、推动、规范、保障改革的作用

C. 要坚持依法治国和以德治国相结合实现法治和德治相辅相成、相得益彰

D. 依法治国和依规治党是相互统一、相互融合的

7. 建设社会主义法治国家，需要（　　　）。

A. 社会主义市场经济的健康发展

B. 政治体制改革的推进和社会民主政治的完善

C. 社会主义精神文明建设的发展和公民素质的提高

D. 立法体制、司法体制的改革和社会主义法律监督体系的完善

8. 在法治和人治的词义方面，法治论者和人治论者的分歧主要在（　　　）。

A. 治理国家依靠法律还是道德

B. 对人行为的指引是依靠一般性规则还是针对具体情况的具体指引

C. 人治论强调具体指引，法治论强调一般规则

D. 在政治制度上应实行民主还是专制

9. 法治对人们行为的高度规范性作用具有（　　　）的优点。

A. 连续性　　　　　　B. 稳定性　　　　　　C. 高效率性　　　　　　D. 权威性

10. 在我国和西方国家历史上关于法治与人治之争有（　　　）。

A. 我国春秋战国时期儒法两家的不同观点

B. 古希腊思想家柏拉图和亚里士多德的不同观点

C. 17～18 世纪西方资产阶级先进思想家反封建专制时所提出的法治观点

D. 中国古代的守旧派与革新派的不同观点

11. 建设法治国家首先要有较为健全的法制，应包括（　　　）。

A. 要有健全的立法体制

B. 要有健全的执法、司法体制

C. 要实行法治观念、理论的改革和法治文化建设

D. 要对法治建设方面作技术改革

12. 社会主义法治和法制的含义在强调法律要建立在社会主义民主的基础上，体现人民的意

志、反映社会发展规律、依法办事方面是接近的，但是二者也是有区别的，以下关于二者的区别的表述，正确的是（　　）。

A. 法治一词显示了法律介入社会生活的广泛性，而法制对于法律在社会生活中的作用范围从字面上看是无法界定的

B. 法治一词蕴含了法律调整社会生活的正当性，而法制所包含的法律和制度，其含义从字面上看是中性的

C. 从法制到法治的概念转换，标志着我国人民在党的领导下，进入了法的现代化建设的新时期

D. 法制体现的是法律和制度的总称，而法治体现的是依法治国的原则和方略

不定项选择题

1. 关于党的领导和社会主义法治的关系，下列说法错误的是?（　　）

A. 党的领导是中国特色社会主义最本质的特征，是社会主义法治最根本的保证

B. 必须坚持党领导立法、保证执法、支持司法、带头守法

C. 政法委员会是党委领导政法工作的组织形式，必须长期坚持

D. 党内法规应严于和高于国家法律

2. 关于习近平法治思想形成和发展的历史进程下列说法不正确的有（　　）。

A. 党的十九大出台了关于全面推进依法治国若干重大问题的决定

B. 党的十八届四中全会提出到 2035 年基本建成法治国家、法治政府、法治社会

C. 十九届三中全会决定成立中央全面依法治国委员会，加强党对全面依法治国的集中统一领导

D. 十九届五中全会从推进国家治理体系和治理能力现代化的角度，对坚持和完善中国特色社会主义法治体系，提高党依法治国、依法执政能力作出部署

名词解释

1. 法治

2. 依法治国

3. 依法执政

4. 法治的精神

5. 法治的实体要件

6. 法治的形式要件

简答题

1. 简述依法治国、依法执政、依法行政之间的关系。

2. 依法治国有哪些优越性?

3. 历史上法治论者与人治论者的主要分歧是什么?

4. 简述中国特色社会主义法治道路的核心要义。

5. 简述法治国家的概念。

6. 简述法治的精神要件。

论述题

1. 材料一: 法律是治国之重器，法治是国家治理体系和治理能力的重要依托。全面推进依法

治国，是解决党和国家事业发展面临的一系列重大问题，解放和增强社会活力、促进社会公平正义、维护社会和谐稳定、确保党和国家长治久安的根本要求。要推动我国经济社会持续健康发展，不断开拓中国特色社会主义事业更加广阔的发展前景，就必须全面推进社会主义法治国家建设，从法治上为解决这些问题提供制度化方案。

材料二：同党和国家事业发展要求相比，同人民群众期待相比，同推进国家治理体系和治理能力现代化目标相比，法治建设还存在许多不适应、不符合的问题，主要表现为：有的法律法规未能全面反映客观规律和人民意愿，针对性、可操作性不强，立法工作中部门化倾向、争权诿责现象较为突出；有法不依、执法不严、违法不究现象比较严重，执法体制权责脱节、多头执法、选择性执法现象仍然存在，执法司法不规范、不严格、不透明、不文明现象较为突出，群众对执法司法不公和腐败问题反映强烈。

问题：

根据以上材料，结合全面推进依法治国的总目标，从立法、执法、司法三个环节谈谈建设社会主义法治国家的意义和基本要求。

答题要求：

（1）无观点或论述、照搬材料原文的不得分；

（2）观点正确，表述完整、准确；

（3）总字数不得少于400字。

2. 如何理解"法治中国"？

3. 联系实际，谈谈在我国确立建设法治国家的方略后，倡导"法律至上"的原则的意义。

4. 如何全面推进法治中国建设？

5. 你认为"只要有法律和制度存在就有法制存在，但不一定就厉行法治"对吗？为什么？

6. 论中国特色社会主义法治道路的基本原则。

第二十八章　中国社会主义法与社会、科技、生态

基础知识图解

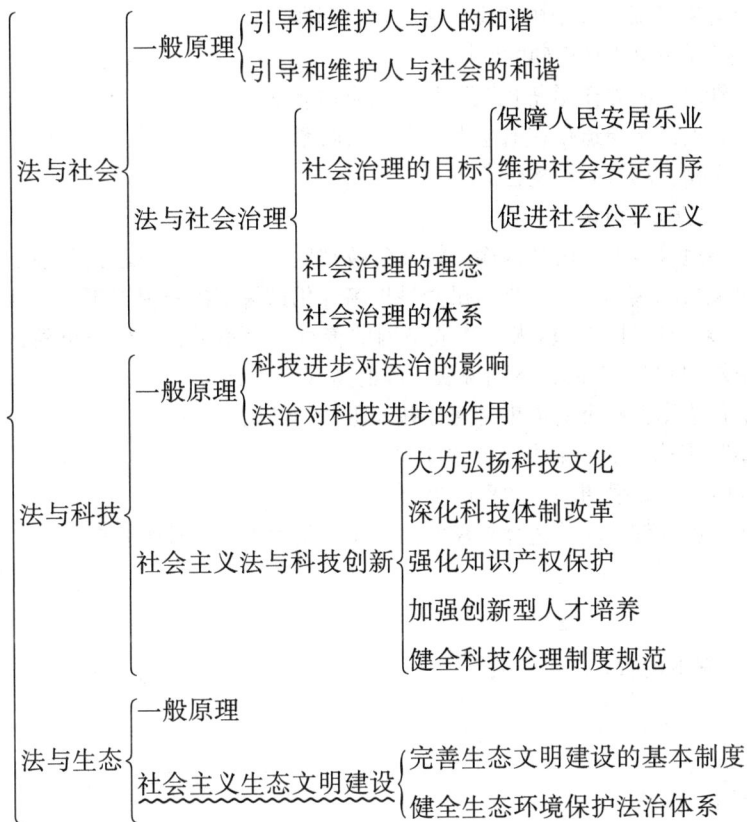

法与社会
- 一般原理
  - 引导和维护人与人的和谐
  - 引导和维护人与社会的和谐
- 法与社会治理
  - 社会治理的目标
    - 保障人民安居乐业
    - 维护社会安定有序
    - 促进社会公平正义
  - 社会治理的理念
  - 社会治理的体系

法与科技
- 一般原理
  - 科技进步对法治的影响
  - 法治对科技进步的作用
- 社会主义法与科技创新
  - 大力弘扬科技文化
  - 深化科技体制改革
  - 强化知识产权保护
  - 加强创新型人才培养
  - 健全科技伦理制度规范

法与生态
- 一般原理
- 社会主义生态文明建设
  - 完善生态文明建设的基本制度
  - 健全生态环境保护法治体系

配套测试

单项选择题

无人驾驶汽车在公共交通道路行驶，公众围绕其是否违法、事故后是否担责、如何加强立法进行规制展开讨论，下列说法中正确的是（　　）。

A. 若无人驾驶汽车上路行驶引发民事纠纷被诉至法院，因法无明文规定，法院不得裁判

B. 科技发展引发的问题只能通过法律解决

C. 现行交通法规对无人驾驶汽车上路行驶尚无规定，这反映了法律的局限性

D. 只有当科技发展造成了实际危害后果时，才能动用法律手段干预

☑️ 多项选择题

1. 《民法典》是新中国第一部以法典命名的法律，开创了我国法典编纂的先河，具有里程碑意义，对《民法典》的意义和举措，下列说法正确的是（　　）。

A. 婚姻家庭编凸显了中国社会治理经验，传承了中华文化精神气质

B. 弘扬社会主义核心价值观为重要立法目的，具有鲜明中国特色

C. 人格权独立成编，扩大到网络社会对人格权的保护，彰显了信息网络时代社会对人格权保护的特殊价值

D. 其颁布和实施一劳永逸地解决了新时代中国的民事法治建设问题

2. 关于法与道德的论述，下列哪些说法是正确的？（　　）

A. 法律规范与道德规范的区别之一就在于道德规范不具有国家强制性

B. 按照分析实证主义法学的观点，法与道德在概念上没有必然联系

C. 法和道德都是程序选择的产物，均具有建构性

D. 违反法律程序的行为并不一定违反道德

3. 在小说《悲惨世界》中，心地善良的冉阿让因偷一块面包被判刑，他认为法律不公并屡次越狱，最终被加刑至19年。他出狱后逃离指定居住地，虽隐姓埋名却仍遭警探沙威穷追不舍。沙威冷酷无情，笃信法律就是法律，对冉阿让舍己救人、扶危济困的善举视而不见，直到被冉阿让冒死相救，才因法律信仰崩溃而投河自尽。对此，下列说法正确的是（　　）。

A. 如果认为不公正的法律不是法律，则可能得出冉阿让并未犯罪的结论

B. 沙威"笃信法律就是法律"表达了非实证主义的法律观

C. 冉阿让强调法律的正义价值，沙威强调法律的秩序价值

D. 法律的权威源自人们的拥护和信仰，缺乏道德支撑的法律无法得到人们自觉的遵守

✏️ 简答题

简述生态环境保护法治体系的基本内容。

💬 论述题

1. 简述法治对科技进步的作用。

2. 材料一：法律本来应该具有定分止争的功能，司法审判本来应该具有终局性的作用，如果司法不公、人心不服，这些功能就难以实现。努力让人民群众在每一个司法案件中都感受到公平正义，所有司法机关都要紧紧围绕这个目标来改进工作。

材料二：我们的国家治理有其他国家不可比拟的特殊性和复杂性，也有我们自己长期积累的经验和优势。

请根据材料一和材料二，结合自己对中华法文化中"天理、国法、人情"的理解，谈谈在现实社会的司法、执法实践中，一些影响性裁判、处罚决定公布后，有的深获广大公众认同，取得良好社会效果，有的则与社会公众较普遍的认识有相当距离，甚至截然相反判断的原因和看法。

答题要求：

（1）无观点或论述、照搬材料原文的不得分；

（2）观点正确，表述完整、准确；

（3）总字数不少于 500 字。

综合测试题一

名词解释 （共 3 题，每小题 5 分，共 20 分）

1. 法律规则
2. 立法基本原则
3. 法律推理

简答题 （共 4 题，每小题 10 分，共 40 分）

1. 简述法产生的一般规律。
2. 简述法律体系的概念与特点。
3. 简述法治与法制的区别与联系。
4. 简述人权的体系及其构成。

论述题 （共 2 题，第 1 题 25 分；第 2 题 15 分，共 40 分）

1. 试述法律责任的构成。
2. 试述法律与科技的相互影响与作用。

综合测试题二

名词解释（共 4 题，每小题 5 分，共 20 分）

1. 根本法
2. 法的效力范围
3. 法律解释
4. 法的实施

简答题（共 3 题，每小题 10 分，共 30 分）

1. 简述解决法律冲突的一般原则。
2. 简述法律责任的减轻与免除。
3. 简述平等作为法的价值的意义。

论述题（共 2 题，每小题 25 分，共 50 分）

1. 论述法律规范作用的内涵与表现方式。
2. 论述实质正义与程序正义的区别与联系。

综合测试题三

1. 关于法的本质学说, 以下说法错误的是 ( )。

A. 中世纪的阿奎那认为, 法律的效力来源于上帝的意志

B. 美国法学家富勒认为, 法是主权者的命令

C. 法国法学家卢梭认为, 法是人民意志的体现

D. 美国法学家庞德认为, 法是社会控制的手段

2. 下列关于法的基本特征的说法, 正确的是 ( )。

A. 法是调整社会关系的行为规范, 具有规范性和普遍性

B. 法是以规定人们的权利和义务为主要内容, 具有权利和义务的一致性

C. 法是由社会强制力保证实施, 具有强制性

D. 法是由原始社会习惯演变过来的, 具有习惯性

3.《民法典》第 523 条规定, 当事人约定由第三人向债权人履行债务, 第三人不履行债务或者履行债务不符合约定的, 债务人应当向债权人承担违约责任。关于该条款, 下列哪一选项是正确的 ( )。

A. 该条文是法律原则

B. 表达的是禁止性规则

C. 表达的是准用性规则

D. 表达的是确定性规则

4. 当国务院的部门规章和地方性法规之间对同一事项的规定不一致时, 如何处理? ( )

A. 由全人大裁决

B. 直接由全国人大常委会裁决

C. 由国务院提出意见, 必要时提请全国人大常委会裁决

D. 直接由国务院裁决

5. 下列关于法律实施的说法, 错误的是 ( )。

A. 法律实施与法律实效存在动态和静态的区别

B. 法律实施包括法律制定、法律执行、法律适用和法律遵守

C. 法律实施是将法律要求的可能性变为现实性的过程

D. 法律实施的过程需要监督

✅ 多项选择题 (共 5 题, 每小题 3 分, 共 15 分)

1. 我国颁布典型案例, 旨在提高司法保护力, 发挥典型案例的价值引导和行为规范的作用, 下列说法正确的是 ( )。

A. 典型案例有普遍约束力

B. 政策文件是正式的渊源

C. 对于最高人民法院的指导性案例, 法院审判类似案件时应当参照适用

D. 司法具有政策实施功能

2. 法的局限性体现在（　　）。

A. 法只是社会调整方法中的一种

B. 法的作用范围不是无限的

C. 法自身特点所带来的局限性，如法具有连续性、抽象性等

D. 实施法律受到经济条件的制约并受到其他社会关系的影响

3. 陈某住在某商场附近。商场的外墙上安装了一块大型 LED 显示屏，对陈某的睡眠质量产生严重影响。陈某与商场多次协商未果之后将商场诉至法院。法院认为，根据经验法则，室内照明灯都会对人们的睡眠产生影响，商场的显示屏所产生的光污染远远超过了室内照明灯的强度，对陈某的身心健康造成更为严重的影响，遂判决陈某胜诉。关于本案，下列说法正确的是（　　）。

A. 法院的判决，运用了设证推理

B. 法院的判决，运用了当然推理

C. 对于光污染的概念，法院运用了体系解释

D. 对于光污染的概念，法院运用了比较解释

4. 下列关于法的价值的说法，不正确的是（　　）。

A. 在法的价值体系中，自由是法的价值的最高级

B. 孕妇甲即将临盆，不尽快手术会有生命危险。但甲处于昏迷状态，联系不上家人。最后医院决定立即手术，挽救了甲的生命。这体现了法的价值冲突解决方法中的价值位阶原则

C. 某地方为了解决早高峰交通拥堵，实行单双号限行制度，这体现了法的价值冲突解决方法中的个案平衡原则

D. 法的价值只有人权、正义、秩序、自由

5. 下列选项中，属于法定的免责事由的有（　　）。

A. 不可抗力   B. 自首、立功免责

C. 不诉免责   D. 正当防卫

名词解释（共 4 题，每小题 5 分，共 20 分）

1. 公理性原则

2. 法律解释

3. 法律关系

4. 守法

简答题（共 2 题，每小题 10 分，共 20 分）

1. 简述法律继承的含义。

2. 简述法律适用的主要特点。

论述题（共 2 题，第 1 题 20 分；第 2 题 15 分，共 35 分）

1. 简述法与公平正义的关系。

2. 试述法律解释的基本原则。

综合测试题四

1. 马克思主义法律观认为，国家不是在创造法律，而是在表述法律。这句话表明，法的本质体现为（   ）。

A. 国家强制性　　　　B. 物质制约性　　　　C. 国家意志性　　　　D. 规范性

2. 甲与乙存在合同纠纷，乙将甲诉诸至人民法院，人民法院经审理判决甲违约。该案例中所体现的法律关系是（   ）。

A. 乙起诉甲形成的法律关系是第一性法律关系

B. 乙起诉甲形成的法律关系是纵向法律关系

C. 法院的判决使得甲与乙之间形成相对法律关系

D. 法院的判决使得甲与乙之间形成调整性法律关系

3. 陈某与前妻林某婚生子陈某宝（7 岁）由林某抚养，林某与王某再婚后，王某擅自将陈某宝改为王某宝。陈某诉至法院，法官认为，陈某宝是无民事行为能力的人，其变更姓名需要由亲生父母同意，故判决林某恢复其子原姓名。对此，下列哪种说法是正确的？（   ）

A. 法院判决是规范性法律文件

B. 法院判决体现了法的评价作用

C. 姓名权具有相对性

D. 陈某宝是无民事行为能力的人，不享有任何民事权利

4. 根据《立法法》的规定，下列哪一项属于法律的绝对保留事项？（   ）

A. 基层群众自治制度

B. 国家主权的事项

C. 诉讼和仲裁基本制度

D. 税种的设立、税率的确定等税收基本制度

5.《高等教育法》属于下列哪一个法律部门？（   ）

A. 行政法　　　　　　B. 社会法　　　　　　C. 经济法　　　　　　D. 民商法

☑ 多项选择题 （共 5 题，每小题 3 分，共 15 分）

1. 下列属于程序性法律原则的是（   ）。

A. 非法证据排除原则　　　　　　　　　　B. 公开原则

C. 无罪推定原则　　　　　　　　　　　　D. 罪刑法定原则

2. 关于法系的表述，下列说法正确的是（   ）。

A. 法系是用来概括不同地区或者国家之间法律制度差异化和类似化的概念

B. 英美法系又称海洋法系、普通法系、判例法系。澳大利亚、魁北克、新西兰、爱尔兰等地区的法律属于英美法系

C. 大陆法系和英美法系的法律结构不同。大陆法系的法律体系在结构上以法典为主干。英

美法系的法律体系在结构上以单行法和判例法为主干

D. 中华法系是以儒家思想为指导而形成的法系，中华法系强调礼法结合

3. 下列属于执法活动的是（　　）。

A. 交警在事故多发路段对交通违法行为进行查处

B. 生态环境局对工厂的污染物排放情况进行检查

C. 法院对某一侵权纠纷案件进行审理

D. 市场监督管理局查处知识产权侵权行为

4. 张某出差途中突发疾病死亡，被市社会保障局认定为工伤。但张某所在单位认为依据《工伤保险条例》，只有"在工作时间和工作岗位，突发疾病死亡"才属于工伤，遂诉至法院。法官认为，张某为完成单位分配任务，须经历从工作单位到达出差目的地这一过程，出差途中应视为工作时间和工作岗位，故构成工伤。关于此案，下列哪些说法是正确的？（　　）

A. 解释法律时应首先运用文义解释方法

B. 法官对条文作了扩张解释

C. 对条文文义的扩张解释不应违背立法目的

D. 一般而言，只有在法律出现漏洞时才需要进行法律解释

名词解释 （共 4 题，每小题 5 分，共 20 分）

1. 法的效力

2. 法的历史类型

3. 归责

4. 立法体制

简答题 （共 2 题，每小题 10 分，共 20 分）

1. 简述法律思维的基本特点。

2. 简述我国现行法律的渊源。

论述题 （共 2 题，第 1 题 20 分；第 2 题 15 分，共 35 分）

1. 论述法治与民主的相互关系。

2. 论述司法的基本原则。

综合测试题五

☑ **单项选择题** （共 5 题，每小题 2 分，共 10 分）

1. 我国的立法体制是 （　　）。

A. 一元体制　　　　　　　　　　B. 统一而又分层次体制

C. 二元体制　　　　　　　　　　D. 多元体制

2. 全兆公司利用提供互联网接入服务的便利，在搜索引擎集公司网站的搜索结果页面上强行增加广告，被讯集公司诉至法院。法院认为，全兆公司行为违反诚实信用原则和公认的商业道德，构成不正当竞争。关于该案，下列哪一说法是正确的？（　　）

A. 诚实信用原则一般不通过"法律语句"的语句形式表达出来

B. 与法律规则相比，法律原则能最大限度实现法的确定性和可预测性

C. 法律原则的着眼点不仅限于行为及条件的共性，而且关注它们的个别性和特殊性

D. 法律原则是以"全有或全无"的方式适用于个案当中

3. 甲通过了国家统一法律职业资格考试后，根据有关法律、法规，认为有关部门会批准他律师执照的申请，这体现了法的什么作用？（　　）

A. 指引作用　　　B. 评价作用　　　C. 预测作用　　　D. 规范作用

4. 下列关于法律适用的说法，错误的是 （　　）。

A. 司法机关应当依法独立行使司法权，不受行政机关、社会团体和个人的监督

B. 司法的对象极为广泛，一切国家机关、社会组织和个人都可以成为司法的对象

C. 法律适用的主体只能是国家司法机关及其司法人员

D. 法律适用应当严格按照法定程序进行

5. 法律的自主性意味着法律可以作为工具和手段，改变个人的行为模式等，影响到群体以及个人与群体、群体间的行为准则，从而影响整个社会的行为准则。下列说法正确的是 （　　）。

A. 法律的自主性意味着法律可以调整所有社会关系

B. 法律的发展独立于道德和宗教

C. 社会以法的自主性为基础

D. 法律可以重塑人们的实践行为和行为模式

☑ **多项选择题** （共 5 题，每小题 3 分，共 15 分）

1. 下列属于社会主义法的独有特征的是 （　　）。

A. 以人民性为本质特征

B. 以实现共同富裕、实现普遍的平等和自由为历史目标

C. 确立了私有财产神圣不可侵犯的原则

D. 继承和发展了历史上一切人类法律文明的优秀成果

2. 下列属于我国的正式法律渊源的是 （　　）。

A. 最高人民法院发布关于审理民间借贷案件的司法解释

B. 国务院颁布的《中华人民共和国土地管理法实施条例》

C. 《中国共产党章程》

D. 某地区的民间习俗

3. 赵某在行驶中的地铁车厢内站立，因只顾看手机而未抓扶手，在地铁紧急制动时摔倒受伤，遂诉至法院要求赔偿。法院认为，《民法典》侵权责任编规定，被侵权人对损害的发生有重大过失的，可以减轻经营者的责任。地铁公司在车厢内循环播放"站稳扶好"来提醒乘客，而赵某因看手机未抓扶手，故存在重大过失，应承担主要责任。综合各种因素，判决地铁公司按40%的比例承担赔偿责任。对此，下列哪些说法是正确的？（　　　）

A. 该案中赵某是否违反注意义务，是衡量法律责任轻重的重要标准

B. 该案的民事诉讼法律关系属第二性的法律关系

C. 若经法院调解后赵某放弃索赔，则构成协议免责

D. 法官对责任分摊比例的自由裁量不受任何限制

4. 法律论证是实践中常用的法律方法。法律论证的正当性标准包括（　　　）。

A. 内容融贯性　　　　B. 逻辑有效性　　　　C. 程序合理性　　　　D. 效果最优性

5. 下列关于法律责任的构成，说法正确的是（　　　）。

A. 违法或违约行为是法律责任产生的前提

B. 责任主体与法律责任的有无、种类、大小有着密切联系

C. 主观过错是构成法律责任的必备要件

D. 损害结果包括实际损害、丧失所得利益及预期可得利益

名词解释（共 4 题，每小题 5 分，共 20 分）

1. 法律关系的主体

2. 扩充解释

3. 规范性法律文件

4. 法的要素

简答题（共 2 题，每小题 10 分，共 20 分）

1. 简述大陆法系与英美法系的主要区别。

2. 简述法律论证的正当性标准。

论述题（共 2 题，第 1 题 20 分；第 2 题 15 分，共 35 分）

1. 关于法律，古今中西的许多思想家都有重要论述。例如，我国先秦时期法家代表人物韩非子曾说："法者，编著之图籍，设之于官府，而布之于百姓者也。"英国哲学家休谟曾经说过："决定一个人杀害父母的是意志或者选择；决定一棵橡树幼苗毁灭它所由以生长的老树是物质和运动规律。"请结合韩非子和休谟的这两段话，谈谈你对法律特征的认识。

2. 论述法对自由的保障作用。

附录：参考文献及推荐书目

1. 《法理学》编写组：《法理学》（第二版），人民出版社、高等教育出版社 2020 年版。

2. 中共中央宣传部编：《习近平新时代中国特色社会主义思想学习纲要》，学习出版社、人民出版社 2019 年版。

3. 中共中央宣传部、中央全面依法治国委员会办公室：《习近平法治思想学习问答》，人民出版社 2023 年版。

4. 中共中央宣传部、中央全面依法治国委员会办公室：《习近平法治思想学习纲要》，学习出版社、人民出版社 2021 年版。

5. 中共中央文献研究室编：《十八大以来重要文献选编》（中），中央文献出版社 2016 年版。

6. 张文显主编：《法理学》（第五版），高等教育出版社 2018 年版。

7. 周枏：《罗马法原论》，商务印书馆 2014 年版。

8. 张文显：《法哲学范畴研究》，中国政法大学出版社 2001 年版。

9. 《中国特色社会主义法律体系白皮书》。

10. 沈宗灵主编：《法理学》（第二版），北京大学出版社 2000 年版。

11. 徐显明主编：《法理学原理》，中国政法大学出版社 2009 年版。

12. 马长山主编：《法理学导论》，北京大学出版社 2014 年版。

13. 舒国滢主编：《法理学导论》（第三版），北京大学出版社 2019 年版。

14. 付子堂主编：《法理学初阶》（第六版），法律出版社 2021 年版。

15. 付子堂主编：《法理学进阶》（第六版），法律出版社 2022 年版。

16. 孙国华、朱景文主编：《法理学》（第六版），中国人民大学出版社 2023 年版。

17. 泮伟江：《法律系统的自我反思：功能分化时代的法理学》，商务印书馆 2020 年版。

18. 高鸿钧主编，白中林、马剑银、泮伟江、鲁楠、余盛峰、陆宇峰副主编：《法理学手册》，商务印书馆 2022 年版。

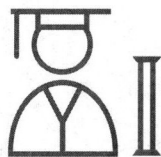

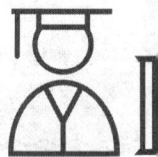

第12版

高校法学专业
核心课程配套测试

法理学
配套测试

解析

教学辅导中心 / 组编　编委会主任 / 泮伟江

编审人员

泮伟江　许智慧　蔡　震　廖千树
董雨欣　王　乾　赵　倩　袁金钰
胡榕姣　张馨尹　郑翔元　李若涵

中国法治出版社
CHINA LEGAL PUBLISHING HOUSE

目　　录

第一编 法理学导论

第一章 法学研究与法学教育

☑ 单项选择题

1. 答案：B。自汉代起，随着汉武帝采纳董仲舒"罢黜百家，独尊儒术"的主张，儒学不仅在思想领域居于统治地位，还垄断了中国两千多年的法学领域。通常法理学中谈论的法学指向"法律科学"，侧重于研究法律背后的一般性结构、规律与原理；而中国古代的律学侧重于对既存的"律"进行讲习、注释、解释、论证与补充，其又被称作"刑名律学""注释律学"。因此，律学有两个重要特征，一是将研究对象限定为成文法，尤其是对官方颁布的律令开展作业；二是在方法上侧重于讲习、注释、解释、论证与补充等面向。

2. 答案：B。法家强调以严苛的法令治国，以法令与惩戒来规制行为；儒家强调道德教化的功能，尤其注重社会内自行生成的"礼"对行为的规制；道家强调无为而治，往往以小国寡民的理想国为依据主张顺其自然；墨家则主张"天意为法"，法应"顺天意"而行。

3. 答案：A。漫长的中世纪中，法学与神学不作区分，法学家与神学家也尚未明确分离共居于神学院内部。但在中世纪后期，尤其伴随着意大利自治城市商品经济与资本主义生产方式的发展，法学研究与法学教育开始以"复兴罗马法"为主张，不仅形成了一批"职业法学家"，并基于此形成了法学流派。这一时期诞生的法学流派即注释法学派，注释法学派因以意大利北部的博洛尼亚大学为中心，故又称"博洛尼亚学派"。相较于注释法学派，人文主义法学派、历史法学派、实证主义法学派都在之后的历史时期才形成。

4. 答案：B。法学要作为独立学科，就意味着法律不再与道德、习俗、神意、社会等外在于法律的要素混同。以约翰·奥斯丁为代表的分析法学派不再借助道德、习俗、神意、社会等要素来讨论"应然的法是什么"，而讨论"实然的法是什么"，并基于此开始逐渐分离法律与道德，强调法律的自治性特征，注重对已颁布的实然法进行分析。从这个角度可以看出，分析法学派的产生使得法学开始形成自身独立的研究对象、自治的研究边界、独特的研究方法，而其他流派并未实现这个目标。

📖 名词解释

答案：法学是以法律现象为研究对象的各种科学活动及其认识成果的总称。作为一门系统的科学，法学必须对其研究对象进行全方位的研究，即既要对法进行历时性研究，又要对法进行共时性研究；既要研究法的内在方面，又要研究法的外部方面；既要研究法律规范、法律关系和法律体系的内容和结构以及法律关系的要素，又要研究法的实际效力、效果、作用和价值。

✎ 简答题

1. 答案：哲学是关于自然、社会和思维知识的总结和概括。哲学所探求的不是某一具体领域的具体规律，而是自然界、社会和人类思维发展的一般规律。哲学始终居于知识阶梯的最高层次，属于社会意识的最高形式。因此，任何阶级或学派的法学理论，总是以某种哲学作为自己的理论基础。法学同哲学的关系十分密切。在思想史上，哲学曾作为"科学的科学"而出现，企图站在科学之上，独立地创立一个包罗万象的知识体系，将包括法学在内的一切学科都当作这一体系的一个环节。19世纪中期以后，法学从哲学中分化出来，成为一门独立的学科。但是这并不意味着法学与哲学的脱节。事实上，法学始终受着哲学的巨大影响。这突出地表现为哲学上的每一次更新，每一种新的较有影响的哲学流派的出现，都会引起法学方法论的更新或法学价值定向的改变，并推动着新的法学流派的出现或既有法学流派的分化或消灭。法学与哲学的关系在法理学（法哲学）中表现得最为明显。法理学（法哲学）是对法的一般基础的哲学反思，或者说是根据哲学的观点和方法进行的法律分析。马克思主义法学就是在马克思主义哲学的理论基础上形成和发展起来的。

2. **答案：**政治学是以政治现象及其发展规律为研究对象的一门科学。它所研究的范围相当广泛，包括政治本质、政治结构、政治权力、政治决策、政治规范、政治运行、政治组织、政治文化、政治理论、政治动力、政治秩序、国际政治等。由于法是政治活动和实现政治目标的一种常规形式，特别是在现代社会，民主政治就是法治政治，政治必须采取合法的形式，有规则、有秩序地运行，因而政治和法具有内在的统一性，法学和政治学有着内在的联系，特别是宪法学、立法学、行政法学，本身就兼有法学和政治学两重性质。在历史上，政治学和法学曾经长期不分彼此。19世纪以后，法学和政治学才各自成为一门独立的学科。由于许多问题，诸如立法政策、权力制约、国家、政党、政府、公民与国家的关系等，是法学和政治学的双边问题，所以法学和政治学两者之间保持着紧密的联系。

3. **答案：**经济学是研究各种经济关系和经济活动规律的科学。法学与经济学有着十分密切的联系，主要是因为：第一，法所反映的统治阶级意志以及法所定型化的权利和义务及其界限，归根结底是由这一阶级的物质生活条件决定的。只有正确而深刻地认识特定阶级的物质生活条件，才能认识法的本质，说明特定社会、特定历史时期法定权利和义务

的界限，并为合理地设计权利和义务及其界限提供科学根据。第二，法律对经济有能动的反作用。它能推动社会生产力的发展，也会阻碍社会生产力的发展。这取决于法律制度是否符合经济规律。要为按照经济运行和经济发展的规律管理经济提供法律保障和服务，法学就需要吸收经济学的研究成果。第三，民主和法治的进程取决于社会经济模式和经济发展水平。第四，经济学的许多理论模式和研究方法引入法学领域，可以加深和丰富人们对法律的认识，特别是政治经济学的理论和方法，更有助于说明法律制度、促进法律制度的改革。

4. **答案：**社会学是一门重要的具有综合意义的社会科学。社会学主要研究社会结构和社会进程的宏观问题，其中包括社会关系、社会组织、社会文化、社会规范、社会制度、社会和谐与社会冲突、社会运动和社会变迁、社会越轨与社会控制等。法学与社会学存在相当密切的、相互交错的关系。一方面，法学要研究社会中的法；另一方面，社会学要通过法律研究社会。因而，法学和社会学有很广泛的共同话题。广泛的共同话题的存在，推动了横跨法学与社会学两个领域的新学科——法律社会学的产生和发展。

5. **答案：**文艺复兴等运动使西方法学朝着世界化的方向发展和变革。一批出身于新兴中产阶级的思想家把君主或人性（而不是神性）看作国家和法律的基础，使法律和法学从"天国回到了人间"。这个时期法学发展的最重要的标志是人文主义法学派的产生。人文主义法学派主张把罗马法作为整个古典文化的组成部分对待，把哲学方法和历史方法运用于罗马法研究，以便更有说服力地复兴罗马法。注释法学派和人文主义法学派为民族国家的形成、资本主义法律制度的出现和法律的统一化创造了思想理论和技术等方面的有利条件。注释法学家和人文主义法学家是把古代法学传达到近代的使者，他们的研究是连接古代法学和近代法学的纽带。

6. **答案：**纵观中国法学的发展历史，呈现几个重要脉络：一是中国古代法学呈现为律学，

律学主要指向对已经颁布的官方律令进行讲习、注释、解释、论证与补充，但并未形成一种系统化的、面向普遍化原理的法学；二是中国近代以来在救亡图存的背景下推进"法律移植"，引入、介绍与论述西方的法律与法学，然而这种忽略中国本土国情的法律移植举措并未取得良好的实效，作为马克思主义法治理论中国化伟大成果的中国特色社会主义法学理论体系更为适应中国国情。上述两条脉络意味着，当今中国法治建设需要注重几个维度：一是兼顾传统与现代。基于"自治、德治、法治"的"三治融合"已经成为我国当前基层治理的重要思路，三治融合既注重国家法在社会的运行，又尊重社会自身的内生性治理力量，借此方能调和我国法治建设传统维度与现代维度；二是进一步推进法学教育的发展。中国古代的律学并未发展为法学，使得中国自近代以来需要通过所谓的法律移植才能发展法学，历史警示我们，我国在未来需要兼顾素质教育与专业教育，培养起高素质的法律人，为中国法治建设添砖加瓦。

7. 答案：法律人应该具有法律思维能力。法律思维能力包含：第一，准确掌握法律概念的能力。法律概念是对各种法律事实进行概括，抽象出它们的共同特征而形成的权威性范畴。能否准确理解和解释法律概念，是法律思维的基础。第二，正确建立和把握法律命题的能力。命题是表达判断的语言形式，建立和把握法律命题的能力实际上就是形式推理的能力。第三，法律推理的能力。法律推理属于实践推理，是指法律人从解决法律实际问题出发，运用概念、命题，综合法律因素、道德因素、社会情势、当事人具体状况等多重因素进行的法律推理。法律中的实践推理最能体现法律人的综合素质。第四，对即将作出的法律裁决或法律意见进行论证的能力。特别是法律裁决文书对当事人的说服力和对社会的公信力，往往取决于法律人的论证能力。

第二章　法学的研究方法

单项选择题

1. **答案**：C。我国法学是以马克思主义为指导的，因而它的方法论是建立在马克思主义的基础上的。社会调查的方法、分析和比较法律的方法和历史考察的方法是日常使用的法学方法论。

2. **答案**：A。法学相较于其他学科，一个重要特征是需要不断进行价值选择，基于价值选择来揭示法的应然状态与价值属性，回答"法应当是怎样的"。因此，价值分析方法意味着需要把握社会现象背后的价值属性，基于这种把握来揭示、批判与确证特征的社会价值。B选项指向社会调查方法，C选项指向历史研究方法，D选项指向逻辑分析方法。

多项选择题

答案：CD。本题考查价值分析方法。价值分析方法就是通过认知和评价社会现象的价值属性，从而揭示、批判或确证一定社会价值或理想的方法。

名词解释

1. **答案**：法学方法论就是指由各种法学研究方法所组成的方法体系以及对这一方法体系的理论说明。一般来说，法学方法论的内容可分为两个基本层次或方面。第一个层次是法学方法论的原则，它构成了法学方法体系的理论基础，并对其他方法的适用发挥着整体性的导向功能。第二个层次是研究的具体方法，它构成了法学体系的主干部分，在解决具体的法律问题方面发挥着广泛的作用。

2. **答案**：法作为调整社会生活的规范体系，它的存在本身不是目的，而是实现一定价值的手段。社会中所有的立法和司法活动都是一种进行价值选择的活动。当立法者为人们确定权利义务的界限时，他们实际上就是力图通过保护、奖励和制裁等法律手段来肯定、支持或反对一定的行为，从而使社会处于一种在立法者看来是正当或理想的状态。正因为法与价值之间有着这种不可分割的联系，所以价值分析就不能不成为法学研究的重要方法。

3. **答案**：实证分析方法的主要特点就是通过对经验事实的观察和分析来建立和检验各种理论命题。所谓经验事实，指的是可以通过人们的直接观察或间接观察被发现的确定的事实因素。对于法学的实证研究而言，经验事实既包括与法律的制定和实施有关的一切社会事实，也包括法律文本中的词语、句法和逻辑结构等事实因素。

简答题

1. **答案**：实证分析方法是法学研究的一种基本方法，其主要特点就是通过对经验事实的观察和分析来建立和检验各种理论命题。所谓经验事实，指的是可以通过人们的直接观察或间接观察被发现的确定的事实因素。对于法学的实证研究而言，经验事实既包括与法律的制定和实施有关的一切社会事实，也包括法律文本中的词语、句法和逻辑结构等事实因素。在法学研究中，可资运用的实证分析方法有许多具体形态，其中最主要的有以下几种。

社会调查的方法。社会调查是法学进行实证研究的最基本的方法。法学所需进行社会调查的课题和范畴是极其广泛的，诸如治安状况的调查、社会组织的调查、法文化的调查、法行为的调查、法实效的调查、法角色的调查和风俗习惯的调查，等等。社会调查的方式也是多种多样的，一般可分为普遍调查、抽样调查、典型调查和个案调查四种。

历史考察的方法。进行历史考察可以使

我们从总体上把握法与经济、政治、文化相互作用的历史脉络，加深我们对历史唯物主义法律观的理解并为研究现实问题打下坚实的理论基础。

比较研究方法。一般可分为两种形式，一种是横向的比较，另一种是历史的比较。横向的比较是法学中最常用的比较方法，其中国际的比较已发展成为法学的一个独立分科，被称为比较法学。历史的比较是按照法现象的时间顺序进行比较研究。通过对不同历史类型法制以及同一类型中不同时期法制度的比较研究，我们可以从中得到很多具有启发性和实用性的知识。

逻辑分析方法。逻辑分析方法的具体形式有很多，如归纳与演绎、分析与综合、比较与分类、科学抽象法、数学模型法，等等。

语义分析方法。语义分析方法在法学研究中发挥着十分重要的作用。在法律领域，语言的功能不仅是一般性地交流思想。立法、执法和司法机构通过语言的操作来划定权利与义务的界限，从而宣告和推行国家意志。语言成为传达国家意志和指令的载体，立法过程、执法过程和司法过程本身都伴随一个语言的操作过程。因而，如何正确地使用和解释法律用语，就直接与秩序和人们的切身利益联系在一起了。

2. **答案**：法学方法论就是由各种法学研究方法所组成的方法体系以及对这一方法体系的理论说明。一般来说，法学方法论的内容可分为两个基本层次或方面。第一个层次是法学方法论的原则，它构成了法学方法体系的理论基础，并对其他方法的适用发挥着整体性的导向功能。第二个层次是研究的具体方法，它构成了法学体系的主干部分，在解决具体的法律问题方面发挥着广泛的作用。

在法学研究的方法体系中，方法论原则占有特别重要的地位。方法论原则是认识问题、解决问题的基本出发点和基本思路，也是关于如何运用具体方法的一种根本方法。以马克思主义为指导的法学必须以唯物辩证法作为自己的根本方法。

对于法学研究而言，坚持唯物辩证法首先要坚持以下几条基本方法论原则：

第一，用唯物辩证法研究法学，就必须坚持实事求是的思想路线。

第二，用唯物辩证法研究法学，就必须坚持社会存在决定社会意识的观点。

第三，用唯物辩证法研究法学，就必须坚持社会现象的普遍联系和相互作用的观点。

第四，用唯物辩证法研究法学，就必须坚持社会历史的发展观点。

第三章　马克思主义法理学的产生与发展

![铅笔图标] **简答题**

1. 答案：马克思主义法学与以往法学的原则区别：马克思主义法学以唯物史观为基础，科学地阐明了法的本质及其发展规律，使法学成为一门真正的科学，它与以往的法学具有原则的区别：

第一，马克思主义法学以唯物史观为基础，它认为法是一定阶级意志的体现，这种意志是由这一阶级的物质生活条件所决定的。以往的法学都以唯心史观为基础，否认物质生活条件对法的决定作用。

第二，马克思主义法学认为法具有阶级性，是为一定阶级的利益服务的，而以往法学都以不同形式否认法的阶级性。

第三，马克思主义法学认为法并不是超历史的，是随私有制、阶级和国家的出现而出现的，并随国家的确立而确立。以往法学大多认为法是超历史的，永恒存在的。

2. 答案：（1）马克思主义法学的本体论意义

马克思主义经典作家对法的现象本体属性的分析，大致可以分为三个层面。

首先，把法的现象放置到整个社会大系统中来加以考察，科学地确证法的现象在社会系统中的地位。

其次，对法的现象的本体属性进行逻辑的"思辨"，深入分析法的现象与社会生活条件的相互关系。

最后，准确把握法的现象与社会系统之间的相互作用，探讨法的现象相对独立性的内在机理。

（2）马克思主义法学的价值论意义

一是致力于分析法的现象的功能状态。一方面，法律要发挥特殊的政治职能，即维护掌握国家政权的统治阶级的利益。另一方

面，法律又要发挥一般的社会职能，即调整社会生活关系，建立和发展社会实际需要的秩序。

二是把握法权关系发展的社会人类学向度。法的现象的历史发展，有其固有的运动机理。在漫漫的历史长河中，法权关系的运动发展呈现出连续性与阶段性的有机统一。它根除了那种表现为与人隔离的虚幻共同体的传统权力，建立起尊重人的价值、维护人的尊严、确认人的个性的价值机制。这是"一个自由人联合体"①。作为这一社会形态初级阶段的社会主义社会的法权关系，把真正的民主权利和自由扩展到亿万劳动人民之中，社会成员的广泛自由和权利在法律上得到确认和保障。

三是深入探求法的现象的价值基础。法的现象的价值属性更深刻的内涵在于：它是对在生产力和交换关系发展的基础上形成的一定社会自由、平等和权利的确认，是对社会主体一定利益的维护和实现。

（3）马克思主义法学的方法论意义

其一是研究方法，即"从具体到抽象"，这是唯物主义法学的认识路线。这种方法符合法的现象生活的实际。按照这一路线，人们关于法的现象的思想、观念、意识的产生，是直接与人们的物质交往及其活动交织在一起的，是人们物质关系的直接产物。

其二是叙述方法，这是建立法学理论体系的方法，即"从抽象上升到具体"。当法学借助于"从具体到抽象"的研究方法形成一定数量的概念和范畴之后，总会提出一个如何系统化的问题，即需要按照一定的原则再现出来，形成一个具有内在逻辑联系的法学理论体系。

马克思主义法学方法论的上述两个方面

---

① 《马克思恩格斯全集》（第二十三卷），人民出版社 1975 年版，第 95 页。

并不是漠不相关的，而是互相联系的。法学研究方法是法学叙述方法的前提，法学叙述方法则是法学研究方法在思维行程中的再现或"复归"，二者构成马克思主义法学方法论的完整系统，成为科学的法学思维的辩证法。[①]

💬 论述题

答案： 习近平法治思想是当代中国马克思主义法治理论、21 世纪马克思主义法治理论，是思想深邃、内涵丰富、意蕴深刻、逻辑严密、系统完备的科学理论体系。其基本精神和核心要义集中体现为习近平在 2020 年 11 月召开的中央全面依法治国工作会议上提出的"十一个坚持"。

第一，坚持党对全面依法治国的领导。中国共产党是领导党和执政党，党的领导是中国特色社会主义最本质的特征，是社会主义法治最根本的保证。党的领导是中国特色社会主义法治之魂，是我们的法治与西方资本主义法治最大的区别。坚持中国特色社会主义法治道路，最根本的是坚持中国共产党的领导。把党的领导贯彻到依法治国全过程和各方面，更好落实全面依法治国基本方略。这既是我国社会主义法治建设的一条基本经验，又是全党全民的广泛共识，更是中国共产党行使领导权和执政权的必然要求。坚持加强党对全面依法治国的领导，体现在党对依法治国的战略谋划和顶层设计上，体现在党对科学立法、严格执法、公正司法、全民守法、法治改革的全面领导上，体现在党领导立法、保证执法、支持司法、带头守法上。

第二，坚持以人民为中心。以人民为中心，是社会主义法治的核心价值。全面依法治国最广泛、最深厚的基础是人民，必须坚持为了人民、依靠人民。其一，法治建设为了人民，把实现好、维护好、发展好最广大人民的根本利益作为法治建设的根本目的，把体现人民利益、反映人民意愿、维护人民

权益、增进人民福祉、促进人的全面发展作为法治建设的出发点和落脚点，努力使每一项立法、执法和司法都符合宪法精神、反映人民意愿、得到人民拥护。其二，法治建设依靠人民，人民是法治实践的主体，要弘扬人民权益靠法律保障、法律权威靠人民维护的社会主义法治精神，做到法律为人民所掌握、所遵守、所运用，增强全社会尊法学法守法用法的自觉意识。

第三，坚持中国特色社会主义法治道路。党的十八大以来，以习近平同志为核心的党中央总结、概括、拓展了中国特色社会主义法治道路，创新了法治道路的理论，明确提出中国特色社会主义法治道路是中国特色社会主义道路在法治领域的具体体现，是建设社会主义法治国家的唯一正确道路。全面推进依法治国，必须走对路。如果路走错了，南辕北辙了，那再提什么要求和举措也都没有意义了。中国特色社会主义法治道路是一个管总的东西。具体讲我国法治建设的成就，大大小小可以列举出十几条、几十条，但归结起来就是开辟了中国特色社会主义法治道路这一条。在坚持和拓展中国特色社会主义法治道路这个根本问题上，我们要树立自信、保持定力。对这一点，要理直气壮讲、大张旗鼓讲。习近平法治思想指明了全面推进依法治国的正确方向，对于进一步统一全党全国人民的认识和行动具有十分重要的意义。坚持中国特色社会主义法治道路，核心要义是坚持党的领导、坚持中国特色社会主义制度、贯彻中国特色社会主义法治理论。在坚持中国特色社会主义法治道路的同时，还要与时俱进，不断推进理论创新、制度创新、实践创新，不断拓宽中国特色社会主义法治道路。

第四，坚持依宪治国、依宪执政。宪法是国家的根本大法，是治国理政的总章程，是中国特色社会主义法律体系的总依据，是中国共产党长期执政的根本法律依据。依法治国首先是依宪治国，依法执政首先是依宪

[①] 参见《法理学》编写组：《法理学》（第二版），人民出版社、高等教育出版社 2020 年版，第 23—30 页。

执政。宪法和法律的生命在于实施，宪法法律的权威在于实施，宪法法律的伟力也在于实施。中国特色社会主义法律体系形成、基本解决有法可依之后，依法治国的重点是保证宪法法律实施，尤其是把宪法实施作为首要任务和基础工作。正如习近平所指出："宪法是国家的根本法。法治权威能不能树立起来，首先要看宪法有没有权威。必须把宣传和树立宪法权威作为全面推进依法治国的重大事项抓紧抓好，切实在宪法实施和监督上下功夫。"① 宪法实施的关键是确保宪法确定的中国共产党领导地位不动摇，确保宪法确定的人民民主专政的国体和人民代表大会制度的政体不动摇，确保宪法所确立的社会主义基本经济制度、基本政治制度得到巩固和发展。保证宪法实施的另一关键是建立健全宪法实施机制，完善宪法监督程序，确保宪法法律的规定落到实处。党的十八大以来，在加强宪法实施机制上党和国家做了大量的工作。2018 年宪法第五次修正案以宪法的形式和权威健全了宪法实施机制，如加强对法规、司法解释的合宪性审查，完善宪法法律解释程序，设立国家宪法日，国家工作人员就职时应当依照法律规定公开进行宪法宣誓等。

第五，坚持在法治轨道上推进国家治理体系和治理能力现代化。新中国成立之后，我们党就提出要推进现代化建设。不过，在很长时间内，在党和国家的文献中，"现代化"概念主要指农业、工业、国防、科技等物质层面的现代化。党的十八大以来，以习近平同志为核心的党中央把国家治理体系和治理能力现代化亦即制度现代化纳入现代化的范畴，推动中国进入全面现代化的新时代。党的十九届四中全会明确提出："到我们党成立一百年时，在各方面制度更加成熟更加定型上取得明显成效；到二○三五年，各方面制度更加完善，基本实现国家治理体系和治理能力现代化；到新中国成立一百年时，全面实现国家治理体系和治理能力现代化，使中国特色社会主义制度更加巩固、优越性充分展现。"②

法治是国家治理体系和治理能力的重要依托，我国社会主义法治凝聚着我们党治国理政的理论成果和实践经验，凝聚着中华民族治理国家的智慧和人类制度文明的精髓，具有支撑国家治理的强大制度力量，是中国治理的制度根基。在法治轨道上推进国家治理体系和治理能力现代化，是国家治理现代化的必由之路。只有全面依法治国才能有效保障国家治理体系的系统性、规范性、协调性，才能最大限度凝聚社会共识。

第六，坚持建设中国特色社会主义法治体系。全面推进依法治国，涉及立法、执法、司法、守法、法律监督、法治保障、法学教育，涉及依法治国、依法执政、依法行政共同推进，法治国家、法治政府、法治社会一体建设，涉及国家法治、地方法治、社会法治统筹互动、协调发展，在实际工作中必须有一个总揽全局、牵引各方的总抓手，这个总抓手就是建设中国特色社会主义法治体系。"中国特色社会主义法治体系"是习近平汇聚全党智慧凝练出来的一个思想品位极高的统领法治建设全局的概念。明确提出"法治体系"概念，并把建设中国特色社会主义法治体系作为全面依法治国的总目标、总抓手，具有重大理论创新、制度创新和实践创新意义。习近平指出建设中国特色社会主义法治体系就是"在中国共产党领导下，坚持中国特色社会主义制度，贯彻中国特色社会主义法治理论，形成完备的法律规范体系、高效的法治实施体系、严密的法治监督体系、有力的法治保障体系，形成完善的党内法规体系"③。

第七，坚持依法治国、依法执政、依法行政共同推进，法治国家、法治政府、法治社会一体建设。党的十八大之后，习近平从

---

①　中共中央文献研究室编：《十八大以来重要文献选编》（中），中央文献出版社 2016 年版，第 148 页。
②　《中国共产党第十九届中央委员会第四次全体会议公报》，人民出版社 2019 年版，第 8 页。
③　中共中央文献研究室编：《十八大以来重要文献选编》（中），中央文献出版社 2016 年版，第 157 页。

实现"两个一百年"奋斗目标、实现中华民族伟大复兴中国梦的战略出发，明确提出"建设法治中国"。建设法治中国概念的提出和建设法治中国理论的形成，旨在解决法治建设碎片化和各自为政的问题，增强法治建设的系统性、协同性。习近平指出，建设法治中国，就是要"坚持依法治国、依法执政、依法行政共同推进，坚持法治国家、法治政府、法治社会一体建设"①，必须"在共同推进上着力，在一体建设上用劲"②。

习近平对三者"共同推进"和三者"一体建设"进行了辩证阐释，指出：依法治国、依法执政、依法行政是一个有机整体，关键在于党要坚持依法执政，善于运用制度和法律治理国家，提高党科学执政、民主执政、依法执政水平，坚持以法治的理念、法治的体制、法治的程序开展工作，改进党的领导方式和执政方式，推进依法执政制度化、规范化、程序化。重点在于政府要依法行政，坚持法定职责必须为、法无授权不可为，健全依法决策机制，完善执法程序，严格执法责任，做到严格规范公正文明执法。

习近平指出："法治国家、法治政府、法治社会三者各有侧重、相辅相成，法治国家是法治建设的目标，法治政府是建设法治国家的主体，法治社会是构筑法治国家的基础。"③ 在"一体建设"中，法治政府建设对法治国家、法治社会建设具有示范带动作用，要率先突破。2015 年 12 月，中共中央、国务院印发了《法治政府建设实施纲要（2015—2020 年）》，明确提出了法治政府建设的指导思想、总体目标、基本原则、衡量标准、主要任务和具体举措。5 年后，即2020 年 12 月，中共中央印发了《法治社会建设实施纲要（2020—2025 年）》，提出要建设信仰法治、公平正义、保障权利、守法诚信、充满活力、和谐有序的社会主义法治社会。两个《实施纲要》生动体现了坚持法

治国家、法治政府、法治社会一体建设的指导思想和决策部署。

第八，坚持全面推进科学立法、严格执法、公正司法、全民守法。这四个方面是全面推进依法治国、建设社会主义法治国家的基本任务。党的十八大首次提出全面推进依法治国的基本任务是科学立法、严格执法、公正司法、全民守法。在这四个环节中，科学立法是全面推进依法治国的前提，严格执法是全面推进依法治国的关键，公正司法是全面推进依法治国的重点，全民守法是全面推进依法治国的基础。四个环节的意义在于：科学立法保证良法善治，严格执法维护法律权威，公正司法确保公平正义，全民守法提振社会文明。要继续推进法治领域改革，解决好立法、执法、司法、守法等领域的突出矛盾和问题。

第九，坚持统筹推进国内法治和涉外法治。统筹推进国内和国际两个大局是我们党治国理政的基本理念和基本经验。党的十八大以来，习近平更加强调必须统筹国内国际两个大局，综合运用国际国内两个市场、国际国内两种资源、国际国内两类规则，坚定不移"维护国家主权、安全、发展利益"和"维护世界和平、促进共同发展"④。

在当今世界激荡变局的背景下，在复杂多变的国际环境下，习近平高瞻远瞩、审时度势，及时提出要"坚持统筹推进国内法治和涉外法治"，"协调推进国内治理和国际治理"，使两个大局相互促进、相得益彰，依法维护国家主权、安全、发展利益，坚决维护国家主权、尊严和核心利益。在"两个大局"中，涉外法治是短板、是弱项，所以要加快涉外法治工作战略布局，强化法治思维，运用法治方式，综合利用立法、执法、司法等手段开展斗争，有效应对挑战、防范风险。统筹国内国际两个大局，要秉持共商

---

① 中共中央文献研究室编：《十八大以来重要文献选编》（中），中央文献出版社 2016 年版，第 188 页。
② 中共中央文献研究室编：《十八大以来重要文献选编》（中），中央文献出版社 2016 年版，第 188 页。
③ 《习近平谈治国理政》（第三卷），外文出版社 2020 年版，第 285 页。
④ 中共中央文献研究室编：《十八大以来重要文献选编》（上），中央文献出版社 2014 年版，第 37 页。

共建共享的全球治理观,推进国际关系民主化法治化公正化,推动构建人类命运共同体。

第十,坚持建设德才兼备的高素质法治工作队伍。人才强法是人才强国的重要组成部分,是全面依法治国的根本保证。法治人才培养上不去,没有人才辈出的良好局面,全面依法治国的伟业是无法实现的。习近平强调指出:"全面推进依法治国,建设一支德才兼备的高素质法治队伍至关重要。"① 在法治工作队伍中,法治专门队伍主要包括在人大和政府从事立法工作的人员,在行政机关从事执法工作的人员,在司法机关从事司法工作的人员。全面推进依法治国,首先要把这几支队伍建设好。要按照政治过硬、业务过硬、责任过硬、纪律过硬、作风过硬的要求,推进法治专门队伍革命化、正规化、专业化、职业化,确保做到忠于党、忠于国家、忠于人民、忠于法律。要大力加强律师队伍思想政治建设,把拥护中国共产党领导、拥护社会主义法治作为律师从业的基本要求,教育引导律师等法律服务工作者坚持正确政治方向,依法依规诚信执业,认真履行社会责任。

法学教育在全面依法治国中具有基础性先导性作用,要重点打造一支政治立场坚定、理论功底深厚、熟悉中国国情的高水平法学家和专家团队,建设高素质学术带头人、骨干教师、专兼职教师队伍。要坚持立德树人,德法兼修,创新法治人才培养机制,培养造就熟悉和坚持中国特色社会主义法治体系的法治人才及后备力量,要注重培养通晓国际法律规则、善于处理涉外法律事务的涉外法治人才队伍。

第十一,坚持抓住领导干部这个"关键少数"。全面推进依法治国,建设法治中国,必须坚持全民守法。全民守法,就是全国各族人民、一切国家机关和武装力量、各政党和各社会团体、各企业事业组织,都必须以遵守宪法和法律为根本活动原则,并负有维护宪法和法律尊严、保证宪法和法律实施的职责。为此,一方面,要抓住"绝大多数",努力培育社会主义法治文化,弘扬社会主义法治精神,在全社会形成尊法学法守法用法的良好氛围。另一方面,要切实抓住"关键少数",关键少数就是各级领导干部。他们具体行使党的领导权、执政权和国家立法权、行政权、监察权、司法权,是全面依法治国的关键。领导干部必须带头尊崇法治、敬畏法律,了解法律、掌握法律,遵纪守法、捍卫法治,厉行法治、依法办事,不断提高运用法治思维和法治方式深化改革、推动发展、化解矛盾、维护稳定的能力,做尊法学法守法用法的表率,做到在法治之下而不是法治之外,更不是在法治之上想问题、作决策、办事情,切实做到守规则、重程序,法定职责必须为、法无授权不可为,尊重和保护人民权益,自觉接受监督。领导干部要提高运用法治思维和法治方式的能力,努力以法治凝聚改革共识、规范发展行为、促进矛盾化解、建设和谐社会;牢固树立宪法法律至上、法律面前人人平等、权由法定、权依法使等基本法治观念,彻底摒弃人治思想和长官意志,绝不搞以言代法、以权压法;努力营造办事依法、遇事找法、解决问题用法、化解矛盾靠法的法治环境。

上述"十一个坚持"既是习近平法治思想的科学内涵,也是其核心要义。②

---

① 中共中央文献研究室编:《十八大以来重要文献选编》(中),中央文献出版社2016年版,第190页。
② 参见《法理学》编写组:《法理学》(第二版),人民出版社、高等教育出版社2020年版,第23-29页。

第四章 法理学概述

☑ 单项选择题

1. 答案：D。法理学不同于其他法学学科之处在于，它从宏观的、整体的角度来研究法律现象，而不是从微观的、局域的角度来研究法律现象。或者说，法理学思考和研究法律现象的一般性、普遍性问题，而不是法律现象某一领域或某一方面的具体问题，A 选项法理学并非仅研究某一领域具体问题，B 选项法理学不是从微观、局域的角度来研究，均错误；"法理学关注具体的法律问题或事件时，并不是就事论事，而是小中见大，思考和回答这些具体的问题中折射出来的普遍性意蕴"，说明 C 选项错误；D 选项符合法理学研究特点，正确。

2. 答案：C。中国传统法理是现代法治的文化基因，是现代法学的思想精华，C 选项正确。

⤫ 不定项选择题

1. 答案：ACD。A 选项，"法理学思考和研究法律现象的一般性、普遍性问题……包括立法、行政执法、司法、守法、法律监督等在内的法律运行全过程"，所以 A 选项正确。B 选项，"中国的法理学家在思考和研究法的一般性问题的同时，也把密切关注和研究中国的法律实践，为当代中国的法治建设提供理论指南作为自己的核心任务"，可知中国法理学核心任务并非构建脱离本国实践的全球通用理论，B 选项错误。C 选项，"法理学家们往往从现实生活中某些具体的法律问题或事件出发进行法理学思考……思考和回答这些具体的问题中折射出来的普遍性意蕴"，说明法理学对具体法律事件的研究需提炼一般性问题答案，C 选项正确。D 选项，"尽管各个国家的法理学家都努力解答法的一般性问题，都努力建立普遍适用于所有国家的法

的一般理论，但其研究的立足点和参照系都难以脱离本国法的历史和现实"，表明法理学家建立理论体系受本国法历史和现实影响，D 选项正确。

2. 答案：C。

▥ 名词解释

答案：法理学是法学的一般理论、基础理论和方法论，是对法的基本问题、基本原理和基本规律进行系统研究的学科。它在法学体系中处于核心地位，为各部门法学提供理论指导和方法论基础。

✐ 简答题

1. 答案：在现代社会，作为法理学研究对象语境下的法理是一个统合概念，至少包含以下语义和意义：（1）法之道理；（2）法之原理，关于法的学理、学说；（3）法之条理；（4）法之公理，即与正义、良善、信念、功德、共同价值等关联的公理；（5）法之原则；（6）法之美德；（7）法之价值；（8）法之理据，即对法律或法治的合法性、正当性等的解释或论证；（9）法之条件，即法律之所以成为法、有资格被认为是法的一系列形式合理性；（10）法之理论（法理学的一种非规范简称）。

2. 答案：在当代中国，学习法理学具有重要意义，是实现全面依法治国、建设社会主义法治国家的重要基础。（1）树立马克思主义法律观；（2）培养法治理念和法治精神；（3）培养法律思维和法理思维；（4）推动法学理论与实践的发展；（5）增强法治文化自信。

💬 论述题

答案：法理学在法学体系中占有特殊地位。

这个特殊地位就是：它是法学的一般理论、基础理论和方法论。

（1）法学的一般理论

法理学以"一般法"即整体法律现象为研究对象。所谓"一般法"，首先指法的整个领域或者说整个法律现实，以及现行法从制定到实施的全部过程。法理学要概括出各个部门法及其运行的共同规律、共同特征、共同范畴，从而为部门法学提供指南，为法治建设提供理论服务。

其次指古今中外一切法。我们的法理学要立足中国，放眼世界，通观历史，从横向和纵向全面地考察法律现象，要吸收比较法学和法史学的研究成果，尽可能了解和批判地借鉴国外法学的研究成果。正因为法理学研究的是一般法，所以，它也被法学家们称作"法的一般理论"。

（2）法学的基础理论

法理学的对象是一般法，但它的内容不是一般法的全部，而仅仅包含一般法中的普遍问题和根本问题。法理学属于法学知识体系的最高层次，担负着探讨法的普遍原理或最高原理，为各个部门法学和法史学提供理论根据和思想指导的任务。它处理的主要是法律的一般思想，而不是法律的具体知识。因而，法理学的论题是法学和法律实践中带有根本性的问题。

（3）法学的方法论

除作为法的一般理论和法学基础理论外，法理学还是法学的方法论。所谓方法论是指关于方法的理论和学说。在一定意义上，科学的方法是把主体与客体联系起来的桥梁、渡船、通道。在没有科学的方法就没有科学的认识这种意义上，也可以说方法是科学的生命。改革开放以来，我国法理学越来越重视对法学方法的研究，正在建立起科学的方法论体系。在这个过程中，法理学特别注重研究如何把马克思主义认识世界的一般方法即哲学方法论具体化为认识法律现象的具体方法；注重总结我国法学工作者在法学研究中积累起来的有效的方法，并通过理性化的升华，使之成为普遍有效的认识方法；注重移植其他学科的方法；注重批判地借鉴国外法学研究中的科学方法。

鉴于上述法理学在整个法学体系中的特殊地位和作用，认真学习法理学，切实掌握法理学的理论和方法，对于树立科学的法律观、民主的法治观，学会运用辩证唯物主义和历史唯物主义的立场、观点和方法观察和思考法律问题，特别是当代中国特色社会主义法治建设的基本问题，确立法律思维方法和法学理论素质，是十分重要的。

第二编　法理学基本概念

第五章　法的概念

1. 答案：A。题中解释说明，法的产生经历了从个别调整到规范性调整、一般规范性调整到法的调整的发展过程。故 A 正确。同时可知，法律成为社会调整的主要工具，并不是一开始就存在的。故 B 错误。该种解释没有说明经济因素和政治因素在法产生过程中的作用，也没有强调法与其他社会规范的区别。故 CD 错误。

2. 答案：D。法律面前人人平等作为一项基本的法律原则得到确立，是反对封建特权的结果。奴隶制、封建制社会通行的是特权和等级原则，故 B 错。法律面前人人平等主要针对的是特权，但并不禁止合理区别，故 D 项正确。法律平等不等于事实平等，现实中不平等问题的解决依赖于经济、社会等多方面的条件，仅仅依靠法律无法全部解决，故 AC 错误。

3. 答案：A。根据文本，"确定性的指引，即通过规定法律义务，要求人们作出或抑制一定行为"，《民法典》规定了未经同意不得擅自使用他人肖像的义务，甲因知晓该义务而放弃侵权行为，体现了法律通过规定义务抑制人们作出违法行为，属于确定性指引，故 A 选项正确。B 选项不确定性指引是通过授予权利提供选择机会，与题干不符；C 选项评价作用强调对行为的判断衡量，题干未体现；D 选项预测作用侧重对相互行为及法律后果的预见，题干未涉及。

4. 答案：D。法的指引作用是指法对本人的行为的引导作用。陈法官根据法律关于回避的规定作出申请回避的行为，体现了法的指引作用。故 A 项错误。林某参加法律培训后，

开始注重所经营企业的法律风险防控，体现了法的指引作用，反映了法对秩序价值的保护，而非保护自由价值。故 C 项错误。法的评价作用是指法律作为一种行为标准，所具有的判断、衡量他人行为合法与否的作用；强制作用是指法通过制裁违法犯罪行为强制人们遵守法律的作用。法院对王某的行为作出构成盗窃罪的评价，体现了法的强制作用和评价作用。故 B 项错误。王某因散布谣言被罚款 300 元，是依法制裁违法的行为，体现了法的强制作用。故 D 项正确。

5. 答案：D。关于 A，马克思主义法学与以往法学的根本区别在于是否认为法具有客观实在性，是唯物史观还是唯心史观。以往的法学认为法的本质是神的意志、理性、主权者意志等；马克思主义法学认为，法是统治阶级意志的体现，最终由社会物质生活条件决定。因此强调法律以社会为基础，并不是马克思主义法学与其他派别法学的根本区别，A 错误。关于 B，马克思主义法学认为，法不是平均地反映每个人的意志，首先反映统治阶级的意志，因此 B 错误。关于 C，马克思主义法学认为，法的本质体现为法的物质制约性，即法的内容受社会存在这个因素的制约，最终也是由一定的社会物质生活条件决定的，故法律内容的决定性因素是一定的物质生活条件，并不是利益需要。关于 D，根据前面的理由，可以推知 D 是正确的。

6. 答案：B。法律作为一种行为的标准和尺度，具有判断、衡量人们的行为的作用，能衡量人们的行为是善良的、正确的还是邪恶的、错误的，乙依据法律和道德标准对丙的行为进行善恶判断，体现了法律的评价作用，故 B 选项正确。A 选项指引作用是对自身行为

的引导，与题干不符；C选项预测作用强调对行为后果的预见，题干未体现。

7. 答案：A。法国资产阶级启蒙思想家卢梭认为，法律就是人民自己意志的记录。

8. 答案：D。法的普遍性是指法作为一般的行为规范在国家权力管辖范围内具有普遍适用的效力和特性。但法的效力是有局限性的，一国具体的法律，其效力也是不同的。故D不正确。

9. 答案：D。法只调整它认为重要且适合由其调整的社会关系，并非对所有行为和社会关系进行全面调整，所以A选项错误；技术规范仅在特定情况下，涉及重大安全或秩序问题时，才可能转化为法律规范，并非必然转化，B选项错误；法在形式上具有规范性、一般性、概括性，而法院判决书属于非规范性文件，不具备法反复适用的特征，不属于法的范畴，C选项错误；法在其有效期内可反复适用，其调节对象是一般的行为或社会关系，这体现了法的规范性，D选项正确。

10. 答案：D。托马斯·阿奎那是中世纪最有权威的经院哲学家，他将法分为永恒法、自然法、人法和神法四种。托马斯·阿奎那认为法的本质是理性的体现，根植于自然法，并反映上帝的意志，旨在实现和维护正义。自然法指的是那些通过人的自然理性可以知晓的普遍法则。人法的有效性和合法性取决于它是否符合自然法。

11. 答案：C。法的特征有规范性、国家意志性、国家强制性、普遍性、程序性。法具有历史性，但历史性不是其特征。

12. 答案：C。所谓法的规范性，指的是法所具有的规定人们的行为模式，指导人们行为的性质。法的普遍性是指法在国家权力范围内普遍有效；法的程序性是指法的运行是通过时间、空间上的步骤和方式而进行的。

13. 答案：D。法作为社会规范，其特点在于其调整对象是人们的交往行为，与道德、宗教、政治、技术规范等其他社会规范相比，法律具有明确性、强制性、普遍适用性和稳定性等特点。技术规范调整的是人与自然的关系，虽然并不必然涉及人们的交互行为，

但为了避免因不遵守技术规范的行为可能造成的危害，有时需要将技术规范上升为法律规范。

14. 答案：A。国家意志的表现形式是多方面的，可以表现为法，也可以在政治、伦理等领域得到体现。法是国家意志的体现，但并非所有的国家意志都体现为法。

15. 答案：A。法本身只具有国家强制性，不具有国家强制力，故B错误；国家强制力是法的最后保证手段，并非任何情况下都必须借助强制力，在一定程度上，法的实施还要依靠社会舆论、道德观念、法治观念等多种手段来保证，故CD错误。

16. 答案：D。法是统治阶级整体意志的体现，但有些情况下，统治阶级也会允许法体现被统治阶级的某些利益和愿望，当然这也是统治阶级出于维护自身利益的考虑。故D错误。

17. 答案：D。法是调节人们行为的规范。法作为一种社会规范，以其特有的规范作用（告知、指引、预测、评价、教育、强制）实现其社会作用，这是法不同于同一上层建筑中的思想意识形态和政治组织（国家、政党）的基本特征。

18. 答案：D。国家意志的体现是法的第一层次的本质。国家意志是指掌握国家政权的统治阶级的意志；法并非全体社会成员的"共同意志"；阶级意志和阶级利益是不可分的。社会物质生活条件是国家意志内容的最终决定因素，它是法的第二层次的本质。经济以外的因素，如政治、思想、道德、文化、历史传统等，对法所体现的国家意志也有影响。它们是法的第三层次的本质。法和这些因素在经济因素起最终决定作用的条件下相互作用。

19. 答案：D。法的基本特征即不同于其他上层建筑的特征：（1）法是调节人们行为的规范。（2）法由国家制定或认可。（3）法规定人们的权利、义务、权力。（4）法由国家强制力保证实施。

20. 答案：A。社会基本矛盾的状况、生产力的发展水平和国家的性质和状况都决定着法的

性质与作用，但是，它们都是间接地决定法的性质。只有特定的社会物质生活条件才直接决定法的性质、作用和特点。

21. 答案：D。我国社会主义法的本质首先在于它的阶级本质，即它是工人阶级领导下的全国人民共同意志的体现。既体现了它的鲜明的阶级性，又体现了它的广泛的人民性，两者是统一的。

22. 答案：D。道德规范、宗教规范等社会规范根据国家治理需求，通过立法、司法等途径，由国家立法机关或司法机关赋予其法律效力，才可能转化为法律规范，并非直接转化，所以 A、B 选项错误；法的统一性要求法律规范在根本原则上一致，一个国家原则上有一个总的法律体系，只是有的国家可能有个别规范冲突，C 选项错误；文本明确指出法律规范区别于其他社会规范的首要之点在于由国家制定或认可，这使得法具有高度统一性和普遍适用性，其他社会规范不具备这一特性，D 选项正确。①

23. 答案：A。法的指引作用是指法对本人的行为具有的引导作用。

24. 答案：D。个别性指引是指通过一个具体的指示形成对具体人的具体情况的指引。规范性指引是指通过一般的规则对同类的人或行为的指引。个别性指引比规范性指引更具有针对性。故选 D。

25. 答案：D。法不是唯一的调整人们行为的社会规范，道德、伦理、宗教等同样发挥了社会规范的作用。

26. 答案：D。法主要是由法律规范（规则）构成的，它是一种调整人们行为的规范。法的规范作用中的一种是预测作用。

27. 答案：B。法的指引作用，是指法的规范作用的首先体现，即对本人行为的指引。行为的主体是每个人自己。对人的行为的指引有两种：个别性指引和规范性指引。

28. 答案：B。法执行社会公共事务方面的作用主要体现在：为维护人类社会基本生活条件的法律；有关生产力和科学技术方面的法

律；有关技术规范的法律；有关一般文化事务的法律；等等。选项中只有 B 不是执行社会公共事务。

29. 答案：B。指引作用是法对本人所具有的指导作用，在这里，行为主体是每个个人，从这个意义上说，法的指引作用是一种自律作用。

30. 答案：C。有选择的指引，是指通过宣告法律权利，给人们一定的选择范围。该条文赋予公民订立遗嘱的权利。

31. 答案：A。关于法的规范作用，法主要是由法律规范（规则）构成的，它是一种调整人们行为的规范。关于法的社会作用，从法的本质和目的这一角度来说，法是经济基础的上层建筑，是为维护经济基础和发展生产力服务的。这两种作用相辅相成、不可分割，但不是并列的。法通过调整人们行为这种规范作用（作为手段）来实现维护经济基础和发展生产力的社会作用（作为目的）。法的作用的特征之一就在于它是以自己特有的规范作用来实现它的社会作用的。

32. 答案：D。维护统治阶级的阶级统治，这是法的社会作用的核心。体现在：（1）阶级统治的含义极为广泛，包括经济、政治、思想等各个领域。（2）法在维护阶级统治方面，最重要的作用是确认和维护以生产资料私有制为基础的社会经济制度以及统治阶级对被统治阶级的专政。（3）法在调整统治阶级内部和统治阶级及其同盟者之间的关系方面也具有重要作用。

33. 答案：C。本题考查的是法的两个方面的作用，即法的规范作用和法的社会作用。法的规范作用和法的社会作用之间是手段和目的的关系。

34. 答案：B。本题考查了规范性法律文件、法的评价作用、民事权利等知识点。A 选项：法院的判决书只针对案件当事人发生效力，案外人则不需受其约束，因此属于典型的非规范性法律文件。A 选项错误，不当选。

B 选项：评价作用是指以法律为标准对

---

① 参见张文显：《法理学》（第五版），高等教育出版社 2018 年版，第 73 页。

他人已经实施的行动作出合法或违法的判定，法院通过依法裁判对当事人的行为进行判定直接体现了法律的评价作用（也可以说判决本身就是一个评价）。B选项正确，当选。

C选项：作为人格权一部分的姓名权是典型的绝对权，权利人以外的一般主体都应尊重并负有不侵犯义务。C选项错误，不当选。

D选项：无民事行为能力人从事民事法律行为的范围受限，并不意味着其不享有任何民事权利，这是完全不同的两个概念。本题陷阱在于无民事行为能力人和不享有任何民事权利这两个概念容易误解，这是因为理解不到位造成的知识点与日常生活当中一些想当然的常识发生冲突。法律规定，无民事行为能力人可以实施纯获利的行为。D选项错误，不当选。

35. **答案**：C。由于法是由人制定的规则，是立法者主观意志的反映，法能否反映规律取决于立法者对规律的认识程度和尊重程度，且立法者的认识受科学认知水平、技术条件、事物发展程度等多种因素限制，所以法律并非必然与规律完全一致，甚至可能违背规律，A选项错误，C选项正确；文本表明法属于"应然"的范畴，规律属于"实然"的范畴，B选项表述颠倒；法律同规律既有联系又有区别，并非相互独立，D选项错误。

36. **答案**：C。法由国家强制力保证实施是从终极意义上讲的，并非法的每一个实施过程都要借助国家的系统化暴力，国家强制力也不是保证法实施的唯一力量，所以A、B选项错误；在法律实施过程中，当人们的行为符合法律规范要求时，法的强制力只是潜在的，只有行为触犯法律规范时，强制力才会显现，C选项正确；道德依靠人们的内心信念、社会舆论实施，而法主要依靠国家强制力，D选项将法的实施等同于道德实施，错误。

37. **答案**：C。"力"是法律所仰赖和得以表现的"力"，具体是指把"理"奉为法律、制定或认可为法律规范的国家权"力"，以及

保障法律实施和实现的国家强制"力"，C选项符合定义；A选项社会舆论谴责力、B选项内心信念约束力、D选项道德引导力均属于社会规范的非国家强制力量，不属于法律中"力"的范畴，错误。

多项选择题

1. **答案**：CD。显然，五人之间存在激烈的利益上的冲突，为了保全自己必须牺牲另一个人，故C项不正确。不同法学派对该案可能作出不一样的判决，如有的法学派认为，谨遵法律条文，故意杀人者死，应判有罪；有的认为，就道德而言应无罪，就法律而言有罪，司法机关应当将法律与道德区别开来，不能寻求法律之外的正义，应判有罪；边沁的功利主义主张，一命换多命值得，为了救多人牺牲一人值得，应判无罪；有的则认为，司法部门应考虑民意，依据常识判案，无罪。可见，此案的判决不存在"唯一正确的答案"。故D项不正确，AB项表述正确。

2. **答案**：ABC。规范都具有保证自己实现的力量。法是以国家强制力为后盾，通过法律程序保证实现的社会规范。因此，法律强制是一种国家强制，法的国家性（正式性）反映了法的强制性特征，是法的本质的表现。而法的程序性是法区别于其他社会规范的重要特征。故ABC项正确，D项错误。

3. **答案**：AB。C项，马克思主义的法律观认为，法律产生的根本原因是社会的发展：私有制和商品经济的产生是法产生的经济根源；阶级的产生是法产生的阶级根源；社会的发展是法产生的社会根源。D项，解决社会冲突，分配社会资源，维持社会秩序属于法的社会作用。AB项表述正确。

4. **答案**：ACD。物质制约性是法的本质属性，法根源于社会经济基础，要受到社会物质生活条件的制约。

5. **答案**：BCD。法的特征是规范性、国家意志性、国家强制性、普遍性。但道德、宗教、政策也具有一定的规范作用。

6. **答案**：AC。法具有普遍性是在法具有规范的效力的意义上而言的，即法作为行为规范在

国家管辖范围内具有普遍适用的效力和特性。同时也因为法具有普遍性，法才得以广泛、反复地适用。

7. 答案：BD。国家强制力并不是保证法的实施的唯一力量，只是最终保障手段。法的实施也需要社会舆论、法治观念、伦理道德等多种手段来保证。

8. 答案：BD。法的基本特征有规范性、国家意志性、国家强制性、普遍性、以权利义务为内容、程序性。目的性、继承性不是法独有的特征。

9. 答案：ABCD。法是上升为国家意志的统治阶级整体意志的体现，在这个意义上法是一元的，具有统一性和权威性；国家意志不仅体现为法，还体现为道德、伦理等多方面；法作为阶级统治的工具，是以国家的产生和存在为前提条件的。

10. 答案：BCD。规范性是法的一个基本特征，所有的法都具有规范性。

11. 答案：ABCD。法不同于其他上层建筑现象的基本特征：（1）法是调节人们行为的规范。（2）法由国家制定或认可。（3）法规定人们的权利、义务、权力。（4）法由国家强制力保证实施。

12. 答案：ABCD。法作为调节人们行为的一种社会规范，具有规范的一般属性。从现象上说，法具有规范性和一般性（或称普遍性和概括性）的非本质属性。法的规范性是指它为人们的行为提供了一个用以遵循的模式、标准或方向。法的一般性是指法律规范是一种抽象的、概括的规定，即，首先，它的对象是一般的人或事而不是特定的人或事。其次，在这一法律生效期间内，是反复适用的，而不是仅适用一次的。最后，同样情况同样适用，即"法律面前人人平等"。从法的规范性和一般性还可以派生出其他一些属性如连续性、稳定性和效率性。

13. 答案：BC。法本身只有国家强制性而不具有国家强制力，国家强制力是法的强制性的外在力量渊源，是法的最终保障。

14. 答案：ACD。阶级对立社会中的法律是统治阶级整体意志的反映，但不是统治阶级全体

成员意志总和的反映。当个别意志与其整体意志相抵触时，为了维护其整体意志，统治阶级会舍弃个别成员的意志。

15. 答案：ABCD。法具有主观意志性、概括性、抽象性、稳定性、程序性等特点，法的有些特点会产生法的局限性。

16. 答案：ACD。法是一种社会规范，能够为人们提供一个行为模式，指导人们的行为。法作为社会规范的约束力于国家管辖的范围内，无一例外地适用于所有人。法是一个制度化解决问题的程序，具有程序性。

17. 答案：CD。在阶级社会中，法总是体现统治阶级意志的，但法体现的是统治阶级的整体意志，而不是统治阶级内部某党派、集团或其成员的个人意志。

18. 答案：BCD。选项BC，是考查"法是公共权力机构制定或者认可的具有特定形式的社会规范"的特征，根据《民法典》规定的国家政策作为法律以外的其他社会规范，也可作为司法机关裁判案件的根据，因而法是司法机关办案的主要依据，而不是唯一依据；另外，选项D"法是以国家政权意志的形式出现的"的含义与"法律是掌握国家政权的阶级意志的体现、法律是统治阶级意志的体现"等说法是一致的。

19. 答案：ABCD。理性说将法的本质归结为人的理性和本性，通常被称为理性主义法律思想，它是一种唯心史观。主权命令说认为法就是主权者的命令。这些观点都是与马克思主义学说不同的。

20. 答案：ABC。法的规范性、强制性、普遍性等特征，是法在与相近的社会现象（如道德、宗教）进行比较的过程中所表现出来的特殊象征和标志，是法的外在特征。

21. 答案：AB。A选项，戊依据《个人信息保护法》规定的义务（拒绝不合理权限）调整自身行为，属于指引作用中的确定性指引，即"通过规定法律义务，要求人们作出或抑制一定行为"，故A正确。B选项，已根据《专利法》授予的权利（申请专利）进行选择，属于不确定性指引，对应文本中"通过授予法律权利，给人们创造一种选择

的机会"，故 B 正确。C 选项，庚对他人行
为的判断属于法律的评价作用，不符合指引
作用定义，故 C 错误。D 选项，辛预见到
公司行为后果并协商协议，体现的是法律的
预测作用，故 D 错误。

22. **答案**：ABC。A 选项，法院以法律为标准判
定企业行为违法，符合"法律作为一种行为
的标准和尺度，具有判断、衡量人们的行为
的作用"，体现评价作用，故 A 正确。B 选
项，消费者依据法律授予的权利（七天无
理由退货）进行自主选择，属于不确定性
指引，故 B 正确。C 选项，建筑公司通过法
律预见违规后果并调整行为，符合"根据法
律规定，人们可以预先估计到……将如何
行为"，体现预测作用，故 C 正确。D 选
项，公民对平台行为的判断属于评价作用，
而非指引作用，故 D 错误。

23. **答案**：ABC。A 选项，甲遵守限速规定体现
确定性指引，预见超速后果体现预测作用，
故 A 正确。B 选项，乙依据法律评估协议
并调整行为体现指引作用，避免法律风险体
现预测作用，故 B 正确。C 选项，丙依据法
律协商纠纷体现指引作用，预见诉讼维权体
现预测作用，故 C 正确。D 选项，律师丁
制定辩护策略和预见指控方向主要体现法律
的预测作用，未直接体现对自身行为的指
引，故 D 错误。

24. **答案**：AC。A 选项中，《道路交通安全法》
通过规范行为调整交通参与者的社会关系，
体现了法是调整社会关系的行为规范这一特
点；同时法具有规范性、一般性，可反复适
用于所有交通参与者，符合法的特征。B 选
项企业内部考勤制度属于单位内部规范，不
具备法的普遍适用性和国家强制性等特征，
不能体现法区别于其他规范的特点。C 选项
将技术规范中的强制性标准上升为法律，体
现了法与技术规范的区别与联系，以及法对
重要社会关系的调整；法的规范性使其能够
强制人们遵守安全标准，保障生产安全。D
选项政府的临时交通管制通知属于非规范性
文件，仅针对特定事项生效，不具备法的反
复适用性和一般性特征，无法体现法作为社

会规范的典型特点。

25. **答案**：ACD。法独特的调整方式为人们提供
了比道德和宗教更广泛的选择自由和机会，
A 选项正确；虽然宗教规范主要以规定人对
神明的义务调整社会关系，但不排除某些宗
教教义涉及一定的权利内容，B 选项表述过
于绝对；法规定的权利和义务涵盖范围广
泛，既包括私法领域个人、组织间的民事权
利义务，也包括公法领域国家机关及其公职
人员的职权职责，C 选项正确；因为法是立
法者主观意志的反映，其对规律的反映受立
法者认知水平限制，当认识不足时，法律规
定的权利义务可能偏离甚至违背规律，D 选
项正确。

26. **答案**：ACD。法的实施依靠国家强制力，对
违法犯罪行为通过特定程序进行强制制裁，
而道德依靠内心信念、社会舆论实施，二者
在实施方式上有本质区别，A 选项正确；在
社会主义社会，法律实施过程中起经常性保
证作用的是法律自身的道德力量，是人们对
法律的认同、尊重和信仰，国家物质强制力
量是最后一道防线，B 选项错误；文中阐述
"理"从法律客观性、主观方面、调整社会
关系角度以及法律经验技术角度，涵盖了人
们对客观规律的真理性认识、价值领域的
"道理"等因素，C 选项正确；法律以"理"
为内容能获得社会成员自觉遵守，产生"自
律性"效果，以"力"为外在保障，在"自
律"未实现时通过"他律"起作用，D 选项
正确。

27. **答案**：ABCD。A 选项体现了"法是规定权
利和义务的社会规范"，《民法典》通过明
确权利义务来指引行为、调节社会关系；B
选项体现"法是由国家制定或认可的行为规
范"，某省人大常委会作为国家机关制定地
方性法规，赋予其普遍约束力；C 选项体现
"法是由国家强制力保证实施的行为规范"，
公安机关依法对违法行为实施行政处罚，彰
显了国家强制力对法律实施的保障；D 选项
综合体现了法的多个特征，既说明法通过规
定权利义务调整社会关系（规定权利义务
的特征），又表明法对行为和社会关系的调

整作用（调整社会关系的行为规范特征），同时权利义务设定影响行为动机也暗含法律对行为的指引（指引作用是法调整社会关系的具体体现）。四个选项均符合法律的基本特征。

28. **答案**：BC。本题考查的是法的特征，法具有规范性、国家意志性、普遍性、强制性、程序性的特征。而法由国家制定或认可，就是法具有"国家意志"的形式。法由国家制定或认可，这是从法作为一个整体并以国家名义制定和认可来说的，实际上构成这一整体的各个法律、法规是由各种不同层次或不同类别的国家机关制定或认可的，于是就有了宪法、法律、行政法规、地方性法规等不同的法律渊源形式，而它们的法律效力和法律地位是不同的，具有不同的位阶。所以A是正确的。对于法的"国家意志性"在涉及习惯法时要注意，其也是适用的，只不过表现的形式不同。因为习惯经国家机关依法认可就具有法律效力而成为习惯法，而某些习惯经国家机关依法认可并吸收到成文法后，这一习惯的内容就转化为成文法。所以B是错误的。法由国家制定或认可的特征，对以成文法或制定法为主的国家，如德国、法国以及当代中国是非常适合的，而对于以英美为代表的普通法系国家来说，法院的判例同样具有一定的约束力，因而判例的形成也就意味着国家授权特定法院对判例法的制定或认可，对于国家意志性不是例外。所以C是错误的。法由国家制定或认可的这一基本特征也就表明法又具有权威性、普遍性和统一性的非本质属性。权威性指法代表国家主权即最高权力的意志。普遍性和统一性指法在主权所及范围内普遍有效并相互一致和协调。所以D是正确的。

29. **答案**：ABC。本题考查的是法的分类。要求考生注意法根据不同的标准可以作出不同的分类。例如，根据制定和实施的主体的不同可划分为国内法和国际法；根据法的内容、效力和制定程序的不同可划分为根本法和普通法；根据法的调整范围的不同可划分为一般法和特殊法；根据法所创制和表达的形式不同可划分为成文法和习惯法（不成文法）。而考生要理解上述分类中的不成文法（习惯法）所指的并不是英美法系的判例法。考生附带要理解对于法的分类还有公法和私法、普通法和衡平法等，这可以从法的发展的角度来考查。

30. **答案**：ABD。法的局限性；法律推理；司法。本案法院应当受理，这是保障当事人诉权的要求，也是"禁止拒绝裁判原则"的要求。但是，法律也不能超出社会的发展需要去创造社会。故选ABD。

31. **答案**：ABCD。宪法是国家的根本法，它规定了一个国家最基本、最重要的问题，具有最高的效力，国家和社会生活方方面面的工作和活动都要以宪法为指导，不得与宪法相抵触。

32. **答案**：ABC。法维护阶级统治的社会作用主要表现为调整统治阶级与被统治阶级的关系、调整统治阶级与其同盟者的关系、调整统治阶级内部的关系。

33. **答案**：AB。预测作用是指凭借法律的存在，可以预先估计到人们之间会如何行为，其对象包括公民之间，社会组织之间，国家、企事业单位之间以及它们相互之间的行为。

34. **答案**：ABC。个别性指引，即通过一个具体的指示形成对具体人的具体情况的指引。

35. **答案**：AB。法的作用受到法的本质和法的特征的直接影响。

36. **答案**：ABC。评价作用是指法律作为一种行为标准，所具有的判断、衡量他人行为合法与否的作用。

37. **答案**：ABCD。法在社会事务方面发挥的作用体现在维护人类社会的基本生活条件；促进教育、科学和文化发展；确定使用设备、执行工艺的技术规程，规定产品、服务质量的标准；以及维护生产和交换条件等诸多方面。

38. **答案**：ABCD。法在现代社会中的作用是重要的，但也有其局限性。体现在：法只是社会调整方法中的一种；法的作用范围不是无限的；法自身具有局限性，如法具有连续性、抽象性等；实施法律受经济条件的制约并受到其他社会关系的影响。

39. **答案**：AD。评价作用是指法作为一种行为标准，所具有的判断、衡量他人行为合法与否的作用；预测作用是指凭借法律的存在，可以预先估计到人们相互之间会如何行为。

40. **答案**：BCD。有选择的指引是通过宣告一定的权利，赋予人们一定的选择范围。其中 C 项比较特殊，刑法分则部分的条文，要求人们不得为刑法规定的犯罪行为，从这个角度看，其指引作用属于确定的指引。但同时，刑法分则部分的条文，也属于裁判的规则，它告诉人民法院对于犯罪行为，应当如何判处刑罚，从这个角度讲，属于有选择的指引。

41. **答案**：ABCD。A 中刑法、民法都不是执行社会公共事务的法律；法律在法治社会有非常重要的作用，但法律是有局限性的；法对人们的指引有两种方式，即确定的指引和不确定的指引。

42. **答案**：ABC。法明确规定人们在一定条件下可以做什么，应当做什么或不应当做什么，为一般人的行为提供了一个模式、标准或方向，正因如此，法对人们的行为具有指引作用。这种指引作用能够稳定、连续地引导人们的行为，使人们的行为乃至整个社会生活达到最高的效率。

43. **答案**：AB。法的作用分为政治和社会事务两个方向，都是国家职能的体现，本质上具有阶级性，这一条例的通过体现了法在维护政治统治方面的作用，但并不是直接体现。

44. **答案**：CD。立法基于以往的经验，不能完全适应新出现的社会关系和社会事物。并且由于法律体现了一定的利益，所以不能在所有问题上都体现正义。

45. **答案**：ABC。评价功能是指法律对他人行为的合法性进行评价的作用。强制功能是指法律对违法犯罪者追究法律责任的功能。引导功能是指法律指引对本人的行为的功能。教育功能是指法律通过实施对一般人的行为产生影响。

46. **答案**：CD。法律重视程序，并不必然不讲效率；法律反映客观规律，但也体现人的意志。某些领域的社会生活、社会关系不适宜

用法来调整，如思想领域；法强调稳定性，因此有时难以适应复杂的社会现实。AB 因为有①、④所以不正确。

✕ 不定项选择题

1. **答案**：ABCD。法律决定的可预测性是形式法治的要求，正当性是实质法治的要求。两者都是法治国家理当崇尚的价值目标，但是两者之间存在一定的紧张关系。缓解这种紧张关系通常借助法律解释的方法，ACD 正确。可预测性意味着作法律决定的人在作决定的过程中应该尽可能地避免武断和恣意。这就要求他们必须将法律决定建立在既存的一般性的法律规范的基础上，而且他们必须按照一定的方法适用法律规范，如推理规则和解释方法，故 B 正确。

2. **答案**：A。本题考查的是对于马克思主义法律本质观的理解。马克思主义认为，法是社会经济基础上的上层建筑，受到社会物质条件的制约，并在社会发展中受到社会发展客观规律的支配。

3. **答案**：ABCD。本题考查的是不同学派关于法的本质的观点，ABCD 没有从本质方面予以说明。

4. **答案**：ABCD。一般法和特别法是根据法的适用范围的不同划分的，这种划分具有相对性。

5. **答案**：C。这段话的意思是说，法律是法律，道德是道德，法与道德、正义无关。可见，它反映的是实证主义法学派的观点。实证主义法学派分为分析实证主义法学派和社会法学派，前者以权威性制定作为法的概念的一个必要的定义要素，后者以社会实效作为法的概念的一个必要的定义要素。与之相对的非实证主义法学派（自然法学派），则以内容的正确性作为法的概念的一个必要的定义要素。故 ABD 项错误，C 项正确。

6. **答案**：BCD。根据马克思的这段话，法律是人的意识的产物，只有反映自由的自然规律的法律才是真正的法律，即自由的存在。也就是说，自由是衡量国家法律是否属于真正的法律的标准，未能反映自由的无意识的自然规律的法律不是真正的法律，而真正的法

律是人的实际自由存在的条件。故 A 项"法律永远是不自由的"错误，真正的法律即自由的存在，BCD 项正确。

7. 答案： AB。安东尼与夏洛克的契约以金钱与身体（生命）作为对价，违背人权原则和平等原则，但是夏洛克主张有约必践，客观上体现了他的权利意识和契约精神，尽管这种权利要求违背人们的正义感。故 A 项正确，D 项错误。夏洛克有约必践的主张，本质上是"恶法亦法"的观点，故 B 项正确。鲍西娅对契约的解释运用的是文义解释方法，即所谓"一磅肉"，须"仅限一磅，不许相差分毫，也不许流一滴血"，而不是历史解释方法，故 C 项错误。

8. 答案： C。道德和宗教实质上是以规定人对人的义务或人对神明的义务来调整社会关系，并非通过明确规定权利和义务指引行为，所以 A 选项错误；习惯是人们自发形成的行为模式，依习惯行事不存在强制意义上的权利和义务，B 选项错误；法所规定的权利和义务不仅包括个人、组织及国家的权利义务，还涵盖国家机关及其公职人员依法执行公务时的职权和职责，C 选项正确；党章等社会规范规定的权利义务，在内容范围和保证实施的方式等方面与法律上的权利义务有很大区别，D 选项错误。

9. 答案： ABCD。法的局限性体现在多个方面。首先，法只是众多社会调整方法中的一种，除法律外，还有政策、道德等多种调整方法，在一些情况下，法不是调整某些社会关系的主要方法，也可能不是成本最低的方法，A 选项正确。其次，法的作用范围不是无限的，像人们的思想、认识等私人生活范畴的问题，用法律手段干预往往不合适，因为法律是由国家强制力保证实施的，强行干预这些领域可能有害，B 选项正确。再次，法的内容是抽象、概括且稳定的，而社会生活是具体、多变的，这就导致法律不可能涵盖所有社会生活事实，会出现规则真空，具有不适应性和滞后性，C 选项正确。最后，法的实施需要具备人力资源，如专业的法律人员，还需要精神条件，如公民和官员的法律意识，以

及物质条件，如相关的司法设施等，若这些条件不具备，法就不能充分发挥作用，D 选项正确。所以本题全选。

名词解释

1. 答案： 根据马克思主义经典作家关于法的阶级本质的一系列论述，我国法学界一般以"法是统治阶级意志的体现"来表述法的本质。"法是统治阶级意志的体现"这一命题包含着丰富而深刻的思想内容。第一，法是"意志"的体现，人们意识活动的产物，是立法者意志的直接反映。第二，法是"统治"阶级意志的反映。第三，法所反映的意志是统治阶级的阶级意志，即统治阶级的共同意志。第四，法是"被奉为法律"的统治阶级的意志。这意味着统治阶级意志本身也不是法，只有"被奉为法律"后才是法。

2. 答案： 法律是一种行为规范，之所以说它具有规范性，是因为：第一，法律具有概括性。它是一般的、概括的规范，不针对具体的人和事，可以反复被适用。这一点又使法律同非规范性法律文件（如判决书）区别开来。第二，法律的构成要素中以法律规则为主。这不仅表现在法律规则在数量方面占主导地位，而且法律的其他要素或者是为法律规则服务的，或者需要转化为规则而发挥作用。第三，法律规则的逻辑结构中包括行为模式、条件假设和法律后果，这是法律的规范性最明显的标志。

3. 答案： 法律出自国家，具有国家性，因为：第一，它是以国家的名义创制的。尽管它是统治阶级意志的体现，但它不能以统治阶级的名义创制。法律代表的是一种表面上凌驾于社会之上的力量，法律需要在全国范围内实施，就要以国家的名义来制定和颁布。第二，法律的适用范围是以国家主权为界域的，这是法律区别于以血缘关系为范围的原始习惯的重要特征。第三，法律的实施是以国家强制力为保证的。所有这些是法区别于其他社会规范的重要特征。法律的内容从本质上说是统治阶级的意志，从形式上说是国家的意志。只有经过国家制定或认可的统治阶级

意志才是国家的意志。

4. **答案**：法是意志和规律的结合。法的意志性，即法由人来制定，它不能不体现人的意志。它作为人类创造的一种行为规则，必然渗透着人的需要和智慧。法的意志性表现在法律对社会关系有一定的需要、理想和价值。比如，需要秩序与安全，那么这种秩序与安全就是人对法律所寄予的希望，也就是一种意志。法的意志性是不可否定的事实，但是法的这种意志性绝不是任意或者任性。

法的规律性，马克思主义法学认为法的内容是由物质生活条件决定的，是受客观规律制约的。客观规律中最重要的是客观存在的经济生活，即一定的经济关系。所以法具有规律性，它是在对客观规律的认识和把握的基础上制定的。

5. **答案**：法的阶级性，即法是在政治、经济和文化方面占有统治地位的阶级意志的体现，是统治阶级进行阶级统治的工具。统治阶级意志通过国家机关的立法活动，上升为国家的意志，从而使法与该阶级的政策、道德区别开来并相互作用。

6. **答案**：法是由国家强制力保证实施的，对违法和犯罪行为，国家将通过一定的程序对行为者进行强制制裁。

7. **答案**：法的作用是指法对人的行为以及最终对社会关系和社会生活所产生的影响，其实质是统治阶级（或人民）的意志影响社会生活的体现，也是国家权力的运行过程、社会生产方式的自身力量的体现。

简答题

1. **答案**：法的特征是法的本质的外化，是法与其他现象或事物的基本关系的表现，法的特征是法本身所固有的、确定的东西，是区别于其他现象和事物的关键表现。法的特征可概括为以下四点：

（1）法是调整社会关系的行为规范。一方面体现法的规范性，它调节人的行为与社会关系；另一方面体现法的一般性，它调节一般的、普遍的、非特定的人的行为与社会关系。

（2）法是由国家制定或认可的行为规范。法有两种创制方式，国家制定的法一般指成文法，国家认可的法一般指习惯法。法律具有统一性、权威性和普遍性。

（3）法是规定人们的权利和义务的行为规范。法律通过规定人们的权利和义务，指引人们行为和调节社会关系，这也使得其与道德、宗教、习惯等其他规范相区别。

（4）法是由国家强制力保证实施的社会规范。国家强制力是指军队、监狱、警察等国家暴力按照法定程序对违法行为者实施强制制裁。

2. **答案**：法的作用按照不同的分类标准有不同的分类结果，主要有以下几种：

（1）按照一般与特殊的逻辑关系分类，分为法的一般作用和法的具体作用。

（2）按照法的系统与子系统或与要素各自的作用范围分类，分为整体作用和局部作用。

（3）按照立法目的和法的实际效果分类，分为预期作用和实际作用。二者之间差距不大则说明法律具有实效，反之则缺乏实效。

（4）按照法作用于社会关系和社会生活的途径分类，分为直接作用和间接作用。

（5）按照法的社会意义分类，分为积极作用和消极作用，前者为对法律作用的肯定评价，后者为否定评价。

（6）按照法作用于人的行为与社会关系的区别分类，分为法的规范作用和法的社会作用。

①法的规范作用是指法律对人的行为产生的影响，包含告知、指引、评价、预测、教育、强制作用。法的社会作用是指法律对社会关系产生的影响。②从法作为社会规范的角度来看，法具有规范作用，从法的本质和目的来看，法具有社会作用。③二者是手段和目的的关系，即法通过其规范作用实现其社会作用。

3. **答案**：法律作为一种行为的标准和尺度，具有判断、衡量人们的行为的作用。法律不仅具有判断行为合法与否的作用，而且由于法律是建立在道德、理性之上的，所以也能衡量人们的行为是善良的、正确的还是邪恶的、错误的，是明智的还是愚蠢的。法律通过这种评价影响人们的价值观念和是非标准，从而达到指引人们的行为的社会效果。

4. **答案**：预测作用是指根据法律规定，人们可以预先估计到他们相互间将如何行为，国家机关及其工作人员将如何行为。例如，由于《治安管理处罚法》的存在，人们就可相当准确地预见到哪些行为是违反治安管理的行为，会受到什么种类、什么程度的处罚。再如，由于《集会游行示威法》的颁布和宣传，人们可以相当准确地预见到组织非法游行的后果。总之，由于法律具有预测作用，人们就可以根据法律来确定自己的行为方向、方式、界限，合理地作出安排，采取措施。

5. **答案**：法是当代社会经济、政治、文化发展和社会全面进步必不可少的因素。须充分认识和重视法的作用，但是，我们要看到法在作用于社会生活的范围、方式、效果以及实施等方面存在一定的局限性，并要以这种对法的局限性的认识为基础，把法的调整机制与其他社会调整机制有机地结合起来，建立良性的社会秩序。

法的局限性主要表现在以下几个方面：

第一，法只是许多社会调整方法的一种。除法律外，还有政策、纪律、规章、道德、民约、公约、教规及其他社会规范，还有经济、行政、思想教育。虽然在当代社会，就建立和维护整个社会秩序而言，法是最主要的方法，但在某些社会关系和社会生活领域，法并不是主要的方法。且在各种规范调整方法中，法律有时也不是成本最低的方法。

第二，法的作用范围不是无限的，也并非在任何问题上都是适当的。在不少社会关系、社会生活领域或很多问题上，采用法律手段是不适宜的。

第三，法对千姿百态、不断变化的社会生活的涵盖性和适应性不可避免地存在一定的限度。法律作为规范，其内容是抽象的、概括的、定型的，制定出来之后有一定的稳定性。但是，它要处理的现实社会生活则是具体的、形形色色的、易变的。因而，不可能有天衣无缝、预先包容全部社会生活事实的法典。这就使得法律不可能不存在规则真空和一定的不适应性。更为突出的是，法律对人的行为、社会生活和社会关系具有强大的限制性，这种限制性还容易被强化而趋于僵化。这就不可避免地限制人们的创造性活动，特别是社会经济生活和政治生活中的创新和自由。

第四，在实施法律所需人员条件、精神条件和物质条件不具备的情况下，法不可能充分发挥作用。

💬 **论述题**

1. **答案**：（1）法是调节人们行为的规范。这一特征表明法与上层建筑中的思想意识以及国家、政党这些政治组织的区别。一般来说，法是由法律原则、法律概念、法律技术规定以及法律规范四要素构成的，法的主体是法律规范。从逻辑上说，每一法律规范均由行为模式和法律后果两个部分构成。作为一种社会规范，法具有规范性和一般性的属性。

（2）法由国家制定或认可，具有普遍约束力。这一特征表明法有国家意志的形式，使法与其他社会规范区别开来。制定或认可是法产生的两种方式。由于由国家制定或认可，法便具有权威性。一个国家的法，作为一个整体来说，在该国主权所及范围内是普遍有效的，具有普遍约束力。

（3）法规定人们的权利、义务、权力。这一特征也表明法与其他社会规范的区别。有的社会规范也规定了某种权利、义务甚至是权力，但在内容、范围和保证实施的方式等方面，与法律权利、义务、权力有很大区别。这里的"人们"和"权利、义务"都是泛指。

2. **答案**：法是国家意志的体现。这是法的第一层次的本质。

（1）任何国家政权都是由一定阶级掌握的。在任何阶级对立的社会，国家意志就是掌握国家政权的统治阶级的意志。在已消灭了剥削阶级的社会主义社会，国家意志就是掌握国家政权的、以工人阶级为领导的全国人民的共同意志。

（2）从以上意义上讲，统治阶级意志、掌握国家政权阶级的意志和国家意志三者含义是相当的，但三者又有区别。例如，国家意志可以指阶级对立社会中统治阶级的意志，又可以指消灭了剥削阶级的社会的意志，还可以指消灭了剥削阶级的社会主义国家中广大人民的意志。

（3）这种意志是指作为一个整体的阶级的意志，不是个别人的意志或任性，也不是个人意志的机械的总和。在阶级对立的社会中，由于剥削制度的存在，统治阶级和被统治阶级的利益从根本上说是对立的，又由于国家政权由统治阶级掌握，因而这一社会的法，就其整体来说，只能是统治阶级意志的体现。

3. **答案：** 法以其特有的规范作用和社会作用对社会生活发生着深刻的影响，正如以上所述，法是当代社会经济、政治、文化发展和社会全面进步必不可少的因素。我们必须充分认识和重视法的作用，特别是法在社会主义初级阶段的重大作用，坚决克服轻视以至于忽视法的作用的法律虚无主义，大力推进我国社会的法治化进程，建设社会主义法治国家。但是，我们不能因此陷入"法律万能论"的误区。必须看到，法在作用于社会生活的范围、方式、效果等方面都存在一定的局限性。法的局限性主要表现在以下几个方面：

第一，法只是许多社会调整方法中的一种。法是调整社会关系的重要方法，但不是唯一的方法。除法律之外，还有政策、纪律、规章、道德、民约、公约、宗教规范及其他社会规范，还有经济、行政、思想教育等手段。虽然在当代社会，就建立和维护整个社会秩序而言，法是十分重要的方法，但在某些社会关系和社会生活领域，法并不是主要的方法。在各种规范调整方法中，法律有时也不是成本最低的方法。

第二，法的作用范围不是无限的，也并非在任何问题上都是适当的。在现代社会，法的作用范围极为广泛，涉及经济、政治、文化、社会生活的方方面面，从摇篮到坟墓，法律无处不在。但是，应当看到，对不少社会关系、社会生活领域、社会问题，采用法律手段是不适宜的。正所谓："强人之所不

能，法必不立；禁人之所必犯，法必不行。"例如，涉及人们思想、认识、信仰、情感等私人生活范畴的问题，就不宜采用法律手段。正如法国思想家孟德斯鸠（Montesquieu）所说，"如果用法律去改变应该用习惯去改变的东西的话，那是极糟的策略"。因为法律是以国家意志的形式出现的，是由国家强制力保证实施的。对思想、认识、信仰、情感等私人生活领域采用法律手段强行干预、限制、禁止，不仅不可能起到应有的效果，而且往往有害。

第三，法对千姿百态、不断变化的社会生活的涵盖性和适应性不可避免地存在一定的局限。法律作为规范，其内容是抽象的、概括的、定型的，制定出来之后有一定的稳定性。法律不能频繁变动，更不能朝令夕改，否则就会失去其确定性、连续性、稳定性和权威性。但是它要处理的现实社会生活则是具体的、形形色色的、易变的。因而，不可能有天衣无缝、预先包容全部社会生活事实的法律。这就使得法律不可避免地出现规则真空，呈现出一定的不适应性和滞后性，这便是"事随势迁，而法必变"。

第四，在实施法律所需的人力资源、精神条件和物质条件不具备的情况下，法不可能充分发挥作用。法律作为国家制定或认可的社会规范体系，必须由政府机关公职人员、法官、检察官、律师等法律专业人员来实施。即使有了制定精良的法律规范，如果缺乏具有良好法律素质和职业道德的法律专业人员，这样的法律也难以起到预期的作用。法律的实施也需要相应的精神条件或文化氛围，例如，需要公民和公职人员树立"有法可依，有法必依，执法必严，违法必究"的意识，强化权利和义务观念、程序意识等。如果一个社会还没有形成法律实施所需要的文化环境，法的作用必然受到限制。法律的实施还需要一定的物质条件，例如，要有相对完备的侦查、检察、审判组织及物质的附属物（法庭、监狱等）。这些组织及物质的附属物的设立和运行意味着大量的财政支出。假如财政困难，就会限制这些组织及物质的附属物的设立和运行。总之，我们要充分认识到

法的局限性，并以对法的局限性的认识为基础，把法的调整机制与其他社会调整机制有机地结合起来，特别是实行依法治国与以德治国相结合，以各种规范和调整机制的合力来建立良性社会秩序。

案例分析题

答案：（1）法的作用是法对社会产生的影响。法的作用分为规范作用和社会作用，法的社会作用是法规范社会关系的目的，往往是通过法的规范作用逐步发展起来的。法的规范作用有指引、评价、教育、预测和强制五种。本案例中，《道路交通安全法》的规定是对机动车驾驶者和行人、非机动车驾驶人的行为的指引，通过对具体的行为后果的预测，给他们树立一些行为的准则，起到法的规范作用，并最终实现法的社会作用。

（2）任何人都不能对其故意的违法行为而免责，非机动车驾驶人、行人故意造成其事故损失的，机动车一方不承担责任，体现了法律对其违法行为的否定态度，所以是合理的。

（3）法的价值有自由、秩序、正义、效率、利益等，但是法的价值并不是完全统一的，有时法的各种价值之间会发生矛盾，从而导致价值的冲突，此时就要利用价值冲突解决的原则来处理。在本案例中，既有对于交通秩序和效率的保护，也有《道路交通安全法》对于个人生命权、健康权等权益的保护。在这两种价值中，究竟哪种价值更具有优先性，就体现了价值位阶的选择问题。而在各种价值中，人的生命权、健康权是最重要的，所以要处于更高的价值位阶；并且现代社会的发展更多地从正义的角度出发来保护社会的弱势群体和社会公正。在机动车和行人、非机动车方面，无论从机动车的动力设置还是从机动车的社会保障程度上都明显优越于行人、非机动车，此时行人、非机动车相对处于弱势地位，所以在体现社会公正方面也要对其予以倾斜和保护。所以《道路交通安全法》的保护更为合理。

第六章 法的渊源、分类和效力

☑️ **单项选择题**

1. **答案：C。** 在我国，指导性案例是非正式的法的渊源。故 A 错误。规范性法律文件具有普遍适用、反复适用的效力，判决只是针对具体个案、具体当事人的适用，不具有普遍效力，属于非规范性法律文件。故 B 错误。《最高人民法院关于案例指导工作的规定》第 1 条规定："对全国法院审判、执行工作具有指导作用的指导性案例，由最高人民法院确定并统一发布。"故 D 错误。法官参照指导性案例作出判决，实际就是参照类案作出类似判决，属于类比推理。故 C 正确。

2. **答案：A。** 原告有权对死者进行悼念，这是一种习惯权利，属于非正式的法的渊源，不具有明文规定的法律效力，BC 正确。该权利不属于经济、社会、文化权利，而应归入人身权的范畴，故 A 错误。法律适用过程就是一个法律证成的过程，即给一个决定提供充足理由的过程，D 正确。

3. **答案：D。** A 项正确，李某的解释不具有法律约束力，不被作为执行法律的依据，故为非正式解释。从方法上看，李某采用的是文义解释方法，即按照日常的、一般的或法律的语言使用方式清晰地描述制定法的某个条款的内容；而法官结合该法第 7 条第 2 款来解释第 7 条第 1 款，属于体系解释，即将被解释的法律条文放在整部法律乃至整个法律体系中，联系此法条与其他法条的相互关系来解释法律。BC 表述正确。

　　就不同解释方法之间的优先性而言，现今大部分法学家认可下列位阶：（1）语义学解释→（2）体系解释→（3）立法者意图或目的解释→（4）历史解释→（5）比较解释→（6）客观目的解释。但是，这种位阶关系不是固定的，也就是说，依此不能终局地确定个别解释方法的重要性，重要性如何很

大部分取决于其将造成怎样的结果。即在存在更强的理由的情况下，这种优先性关系是可以被推翻的。故 D 项错误。

4. **答案：C。** 该市政府作出车辆限号行驶的规定，是根据社会实际情况和客观需要（"为缓解拥堵"）作出的，体现了实事求是、从实际出发原则；"充分征求广大市民意见"体现了民主立法原则；作出车辆限号行驶的一般规定的同时，也列举了特殊情况免责的情形，体现了原则性与灵活性相结合原则。故 ABD 正确。题中免责规定没有体现注重效率原则，C 错误。

5. **答案：C。** 在中国，判例的重要性被人们普遍承认。但是，中国不是判例法国家，法院已生效同类判决不具有普遍约束力。最高人民法院发布的裁判文书具有最高的司法效力，但是作为法的非正式渊源，不具有明文规定的法律效力，只具有法律说服力。故 C 正确，AB 错误。人民法院进行调解，达成协议的，应当制作调解书。调解书经双方当事人签收后，即具有法律效力。但是这里的法律效力，主要是指申请人民法院强制执行，而不是行政强制执行力。故 D 错误。

6. **答案：A。** 规范性法律文件是有权制定法律规范的国家机关发布的具有普遍约束力的法律文件。非规范性法律文件主要是指国家机关在适用法律的过程中发布的个别性文件，这类文件的效力仅及于特定案件或相关的主体、客体、行为，没有普遍约束力，并非不具有效力。故 A 错误。

7. **答案：A。** 本题考查法的效力和相关知识。

8. **答案：D。** 规范性法律文件体系、规范性法律文件、法律条文都是法的形式，它们具有由高到低不同的等级。规范性法律文件由法律条文构成，规范性法律文件体系由规范性法律文件构成。

9. **答案：D。**《道路交通安全法》作为全国人大

常委会颁布的法律，属于我国法的正式渊源。在本案中，李某并未违章，他依法承担的法律责任并非由其违法行为所致，而来自法律的规定；民事调解书确认李某自愿支付超过10%的赔偿金后，李某即不能反悔；他承担的责任既不是侵权责任，也不是违约责任，只是无过错责任，所以不存在责任竞合问题。故应选 D 项。

10. **答案**：A。关于 A，由于法具有物质制约性，会随着社会的发展而变化，因此法律语言也应具有开放性，但法作为调整人们生活的社会规范，必须具有确定性，它是社会得以维系和发展的前提和内在要求，因此 A 错误。关于 B，法的适用是指国家司法机关根据法定职权和法定程序，具体应用法律处理案件的专门活动。法律所适用的是法律规则或法律原则，而法律规则或法律原则是由法律条文表述的，它们是法律条文的内容，法律条文是它们的表现形式，因此，法律适用并不是适用法律条文自身的语词，而是适用法律条文所表达的法律规则或法律原则，因此 B 正确。关于 C，由于法律规则有其内在的逻辑结构，因此在法的适用过程中必然会有一个逻辑推理过程，但同时，有关司法机关在适用法律之时，要对案件作出公正的判决，就必然会对秩序、自由、利益或正义等价值进行判断，因此 C 正确。关于 D，法的渊源可分为正式的渊源和非正式的渊源，非正式的法的渊源是指具有法律意义的准则和观念。社会风俗习惯是非正式法律渊源的一种，它是指人们在长期的生产、生活中俗成或约定所形成的一种行为规范，我国幅员辽阔，历史悠久，各地都有不同的风俗、习惯，在这些地区实行法律，必须考虑到其特殊的风俗、习惯，因此 D 正确。

11. **答案**：A。法的效力渊源，是指由不同国家机关制定或认可，具有不同法律效力或法律地位的各种法律类别，如制定法、判例法、习惯法、法理等。

12. **答案**：D。特别法是指针对特定人、特定事、特定地区、特定时间有效的法律。故选 D。

13. **答案**：A。有关经济特区的规范性法律文件，由于是全国人大和全国人大常委会授权制定的，其法律地位已经不同于一般法规和规章，可以单列为法的渊源之一。故 A 错误。

14. **答案**：C。形式意义上的渊源，指法的创制方式和表现形式，也就是指法的效力渊源，即法学上通常所说的法的渊源。形式意义上的渊源，还可分为直接渊源与间接渊源。制定法等与法规范、法条文直接相关的渊源为法的直接渊源，学说等与法规范、法条文间接相关的渊源为法的间接渊源。

15. **答案**：C。法律汇编是将一国已经制定、颁布的规范性法律文件按照一定的标准进行排列并汇编成册，不改变规范性文件的内容。

16. **答案**：D。法典编纂实际上是一种立法活动，可以改变原有规范的内容。

17. **答案**：C。依据是否经过国家制定程序，可将法的渊源分为制定法渊源和非制定法渊源。

18. **答案**：D。在罗马法系和社会主义法系，判例不是正式的法律渊源。只有在普通法系判例才是正式的法律渊源。

19. **答案**：C。法律编纂，是指国家立法机关将属于某一法律部门的所有现行规范性法律文件进行清理和修改，创制新的规范，修改不适合的规范，废除过时的规范，从而编制成内容和谐一致、体例完整合理的系统化的新法律或者法典。

20. **答案**：D。规范性法律文件的规范化，是指规范性法律文件在制定的时候或者制定之前要求有统一的标准或者模式。而选项 AB 属于规范性法律文件的系统化的方法。

21. **答案**：D。规范性法律文件系统化，是指对一国全部现行法律进行整理使之形成系统的活动。

22. **答案**：B。法律清理，是指有立法权的国家机关对一定时期和范围的规范性法律文件予以审查、整理、重新确认其法律效力的活动。法律编纂，是指国家立法机关将属于某一法律部门的所有现行规范性法律文件进行清理和修改，创制新的规范，修改不适合的规范，废除过时的规范，从而编制成内容和谐一致、体例完整合理的系统化的新法律或者法典。如果法律编纂的结果是法典，就是法典编纂。法律汇编，又称法规汇编，是指国家机关或者其他组织将有关规范性法律文件按照一定标准汇编成册的活动，是规范性法律文件系统化的一种形式。法律汇编不改变法律的内容，因此不具有立法的性质。

23. **答案**：B。法的溯及力，即法律对其生效以前发生的事件和行为是否适用，如果适用就是有溯及力，如果不适用就是没有溯及力。

24. **答案**：B。从旧原则，即对于新法生效以前发生的事件和行为适用原来的法律。

25. **答案**：D。属地主义是指法对人的效力以地域为准；属人主义是指法对人的效力以国籍为准；保护主义是指以维护本国利益为基础，不管是什么国籍的人，在什么地方发生的行为，只要侵犯了本国的利益，就适用本国的法律。

26. **答案**：C。"从旧兼从轻"的原则，即新法原则上不溯及既往，但新法不认为是犯罪或者处罚较轻的，适用新法。这同时也是罪刑法定原则的体现。

27. **答案**：B。一般来说，一国法律适用于该国主权范围所及的全部领域，包括领土、领水、底土和领空，以及本国驻外使馆、在外船舶、飞机。除刑事法律外，民事、经济等法律的效力也及于在本国域外的本国公民。故选 B。

28. **答案**：B。法律规范生效的时间，如无明文规定，应以公布时间为准。

29. **答案**：C。法律完成历史任务而自行失效属于法的默示废止的形式。

30. **答案**：B。新法公布后旧法即失去效力，这是由于新法的效力优于旧法。

31. **答案**：B。域外效力，即法律的效力及于制定的机关所管理的领域之外。

32. **答案**：D。法律汇编又称法规汇编，是对已经颁布的规范性法律文件按照一定的目的或标准进行系统的排列，汇编成册。法律汇编不改变汇编的规范性法律文件的内容，不制定新的法律规范，因而不是国家的立法活

动。法律汇编既可以由个人进行，也可以由社会团体乃至国家机关进行。

法典编纂是指对散见于不同规范性法律文件中的属于某一部门法的全部现行法律规范，进行审查、修改和补充，编纂成具有完整结构的、统一的法典的活动。法典编纂可以改变原来的规范内容，既可以删除已经过时或不正确的内容，也可以增加新的内容，属于国家的立法活动。其只能由国家的立法机关进行，而不能由执法机关等其他机关、团体和个人进行。

33. **答案**：A。自治条例，一般是指规定关于本自治区实行的区域自治的基本组织原则、机构设置、自治机关的职权、工作制度以及其他比较重大的问题的规范性文件。地方政府规章，是指地方国家行政机关为保证法律、行政法规和本行政区的地方性法规的遵守和执行，制定的规范性法律文件。地方性法规，是指地方国家权力机关及其常设机关为保证宪法、法律和行政法规的遵守和执行，结合本行政区的具体情况和实际需要，依照法律规定的权限，通过和发布的规范性法律文件。

34. **答案**：B。判决是个别性法律文件，适用于特定对象，不具有一般性约束力，故 A 项错误。相对义务又称对人义务，对应特定的权利人，本案中，甲和乙的抚养义务仅对应小琳，是相对义务，故 B 项正确。判决在原被告之间形成保护性法律关系，被告（甲和乙）须支付原告（甲母）抚养费，故 C 项错误。法律关系主体是法律关系的参加者，即在法律关系中一定权利的享有者和一定义务的承担者。本案中，小琳尚不具有成为法律关系主体的行为能力，且不是诉讼当事人一方，所以不是民事诉讼法律关系的主体之一，故 D 项错误。

35. **答案**：D。该法谚表达的主要是法律不溯及既往的一般原则，"法律为未来作规定"指的是不能用明天的法律来要求人们今天的行为，也不能用今天的法律来要求人们昨天的行为；"法官为过去作判决"指的是法官只能根据行为当时的法律对该行为作出判决。

但是这一原则并非绝对，如刑事法律中，各国通例均有"有利原则"作为例外，即法律原则上不溯及既往，但是有利于当事人的除外。故 D 项正确，ABC 项错误。

36. **答案：B。**设证推理是对从所有能够解释事实的假设中优先选择一个假设的推论。

本案中，邻居追赶盗贼遇到陈、崔二人，看到崔宁刚好携带 15 贯钱（待解释现象）；如果陈、崔自刘贵家盗走 15 贯钱并杀死刘贵，那么崔宁身上刚好携带 15 贯钱；因此，可以推定陈、崔自刘贵家盗走 15 贯钱并杀死刘贵。可见，邻居断定崔宁为凶手运用的是设证推理方法，故 B 项正确。

当今中国法的非正式渊源主要包括习惯、判例、政策等，话本小说《错斩崔宁》不能视为一种法的非正式渊源，故 A 项错误。"盗贼自刘贵家盗走 15 贯钱并杀死刘贵"表述的是法律规则中的行为模式，故 C 项错误。法律适用过程作为一个证成过程，法律决定的合理性取决于下列两个方面：一方面，法律决定是按照一定的推理规则从前提中推导出来的；另一方面，推导法律决定所依赖的前提是合理的、正当的。本案中，官府当庭拷讯二人，陈、崔屈打成招，官府据此作出的法律决定（处斩）不符合证成标准，故 D 项错误。

37. **答案：B。**法律非常重要，但也是有限的，不能调整所有的社会关系，故 A 项错误。法官审案应区分法与道德问题，但可以进行价值判断，道德规范作为法的非正式渊源，有的情况下也可以作为司法裁判的理由，故 B 项正确，C 项错误。一般而言，道德规范的强制是内在的，法律规范则是外在的，具有国家强制性，故 D 项错误。

38. **答案：B。**本题考查的是与国务院相关的考点，即国务院是否有权制定有关行政拘留的规范性文件，是否领导和管理民政、司法行政、民族事务和监察监督等工作等问题。

A 选项：根据我国《立法法》第 11 条的规定，犯罪与刑罚，对公民政治权利的剥夺和限制人身自由的强制措施及处罚，属于法律的绝对保留事项，因此只能由全国人大或全国人大常委会制定法律加以规定，国务院的行政法规无权规定上述事项。A 选项错误，不当选。

B 选项：部门规章与地方政府规章没有高下之分，在发生矛盾的情况下，由国务院裁决。B 选项正确，当选。

C 选项：2018 年《宪法修正案》创设了监察委员会这一全新的国家机关，专职负责监察工作，因此国务院不再领导和管理监察工作。C 选项错误，不当选。

D 选项：部门规章与地方性法规没有上位法和下位法的关系，二者发生矛盾时，由国务院决定适用法规或由全国人大常委决定裁决。本选项陷阱在于，考生容易认为国务院部门的级别高所以效力高。D 选项错误，不当选。

39. **答案：D。**根据法的创制和适用主体的不同，可将法分为国内法与国际法。国内法专指由有立法权的国家机关制定或认可的，并适用于本国主权范围内的法律规范的总称。国内法法律关系的主体一般是自然人和法人，国家仅在特定法律关系中作为主体出现。国际法是指作为国际法律关系主体的国家、地区或国际组织之间缔结或参加并适用的法律规范的总称。国际法法律关系的主体主要是国家或特殊的地区和国际组织，自然人一般不能充当。涉外法是一国在涉外关系领域所制定的法律，它属于国内法，但与外国法、国际法都有着密切联系。

40. **答案：C。**当代中国法的正式渊源包括宪法，法律，行政法规，地方性法规，自治法规，经济特区的经济法规，特别行政区的法律、法规，国际条约与协定和法律解释等。当代中国法的非正式渊源包括习惯、政策、指导性案例、道德规范和正义观念、法理等。因此 C 项指导性案例不是当代中国法的正式渊源。

41. **答案：B。**宪法亦称"母法"，是国家的根本法。宪法在法律体系中居于核心地位。它不仅具有最高的法律效力，是最重要的法的渊源，而且是其他一切法律的立法基础，直接决定或影响其他法律的内容。故选 B。

42. **答案：C。**按照创制和表达方式的不同，法可分为成文法与不成文法。成文法亦称制定法，特指由法定的国家机关创制和公布，并以成文的形式出现的规范性法律文件的总称，如宪法、民法等。不成文法，泛指由法定的国家机关认可的，具有法律效力，一般不具有文字形式或虽有文字表达但不具有系统性的法律规范的总称，如习惯法、判例法等。

43. **答案：C。**公法与私法是法学上最传统的分类方法之一，早在古罗马法时期就已经有这种分类方法。当时古罗马五大法学家之一乌尔比安认为："公法是关于罗马国家的法律，私法是关于个人利益的法律。"中世纪后期，随着资本主义的兴起，特别是17～19世纪资产阶级政权的普遍建立，公法与私法的划分成为资产阶级国家法律的基本分类。一般来讲，公法主要包括宪法、行政法、刑法、诉讼法等，私法主要包括民法、商法、家庭婚姻法等。第二次世界大战结束以后，随着公法私法化与私法公法化日益加剧，两者日趋融合，并出现了兼具公法和私法双重属性的经济法、社会法、环境法。因此，诉讼法属于公法，C项错误。

44. **答案：B。**按照适用范围的不同，法可分为一般法与特别法。一般法泛指适用于一般人、一般事并具有普遍约束力的法律。特别法专指适用范围限于特定的人、特定的时间、特定的地区或特定的事项的法律。

45. **答案：C。**按照规定的内容的不同，法可分为实体法与程序法。实体法是以法律关系主体权利义务或职权职责为主要内容的法的总称，如民法、行政法、刑法等。程序法一般是以保障法律关系主体权利义务的实现以及诉讼过程中带有程序性的法律关系主体权利义务为主要内容的法的总称，如民事诉讼法、行政诉讼法、刑事诉讼法等。

46. **答案：A。**"法不溯及既往"是法治国家通行的法律原则，指的是法律不能适用于其生效之前的行为和事件。这一原则体现了法律的可预测性和稳定性，保障公民的合法权益，故A选项正确。狭义的法律效力通常指规范性法律文件的效力，而非规范性法律文件（如判决书、裁定书等）的效力属于广义的法律效力范畴，故B选项错误。《民事诉讼法》在我国驻外使馆内具有法律效力。我国驻外使馆属于我国领土的延伸，我国法律在其范围内具有管辖权，故C选项错误。折中主义是一种以属地主义为主，综合考虑属人主义和保护主义的法律效力原则，并非以属人主义为主，故D选项错误。

多项选择题

1. **答案：AC。**法律证成可分为内部证成和外部证成。法律决定必须按照一定的推理规则从相关前提中逻辑地推导出来，属于内部证成；对法律决定所依赖的前提的证成属于外部证成。内部证成关涉的是从前提到结论之间推论是不是有效的；外部证成关涉的是对内部证成所使用的前提本身的合理性，即对前提的证成。本案中，法官对"公共场所"含义的证成是对前提（法律规定）的证成，属于外部证成，故A正确。法官对"公共场所"的解释，运用的是体系解释方法，即将解释的对象（"公共场所"）放在整个法律体系中，联系不同法律法规之间的关系加以解释，故C正确，B错误。同一个法律术语在整个法律体系中应当具有一致性，不同的法律条文之间不能相互矛盾，但是未必在所有法律条文中都应作相同解释，比如刑法中的"政治权利"与宪法中的"政治权利"就不能作完全相同的解释，故D错误。

2. **答案：ABC。**特定国家现行有效的法，笼统地讲，就是"国法"。"国法"不同于国家法，国家法在多种意义上被使用，有的与民间法相对，有的与地方法相对，有的指宪法相关法。故A错误。"国法"外延包括国家立法机关创制的法律（成文法）、法院或法官创制的规则（判例法）、国家通过一定方式认可的习惯法（不成文法）、其他（如教会法）。故B项错误。"国法"和其他社会规范（如道德、习惯等）都具有强制力，但只有"国法"具有国家强制力。故C项错误。D项表述正确。综上，本题的答案为ABC。

3. **答案**：BCD。《畜牧法》是法律，《畜禽遗传资源进出境和对外合作研究利用审批办法》是行政法规，前者是上位法，效力高于后者。故 A 正确，B 错误。当然，即使不知道后者是否属于行政法规，也能判断出 A 正确 B 错误。该条款内容是对"畜禽""畜禽遗传资源"等用语的界定，属于法律概念的范畴，而不属于法律规范（法律规则和法律原则）的范畴，故 CD 表述错误。需要说明的是，C 项存在一定的争议，因为对法律用语和法律概念的界定属于技术性规范，但是如果仅从法律规范的层面对技术规范作狭义理解，技术规范与道德规范相对，属于法律规范（与法律概念相对）的范畴。因此本题存在不严谨之处。

4. **答案**：BC。本题中的活动并非立法活动，属于规范性法律文件的系统化中的法律汇编。

5. **答案**：ABD。规范性法律文件系统化有利于法的适用和遵守，使现行法保持和谐统一的状态，有助于总结过去立法工作的经验教训，不断提高立法技术水平。

6. **答案**：ABD。法律编纂，是指对属于某一部门法或某类法律的全部规范性文件进行整理、补充、修改，或者在此基础上编制一部新的系统化的法律。它不是一项单纯的技术工作，而是制定法律的活动，只能由国家立法机关来进行。

7. **答案**：BC。中国最早的法的渊源是不成文法，在历史上中国法的渊源包括制定法（成文法）、习惯法等。

8. **答案**：ABD。作为法的渊源的"法律"是指全国人大及其常委会制定的规范性文件。A 不属于规范性的规定，不视为法律；B 属于宪法；D 属于行政法规。

9. **答案**：ABCD。中外法学著作中，法的渊源主要有以下含义：第一，法的历史渊源；第二，法的理论渊源；第三，法的形式渊源；第四，文件渊源，是指对于法律规范作权威性解释的文件或者公文；第五，文献渊源，即没有权威性的、法官没有义务加以采纳的各种关于法律问题的文献资料。

10. **答案**：ABC。规范性法律文件系统化的方法包括法律清理、法律汇编和法律编纂。

法律清理，是指有立法权的国家机关对一定时期和范围的规范性法律文件予以审查、整理、重新确认其法律效力的活动。

法律汇编，又称法规汇编，是指国家机关或者其他组织将有关规范性法律文件按照一定标准汇编成册的活动，是规范性法律文件系统化的一种形式。

法律编纂，是指国家立法机关将属于某一法律部门的所有现行规范性法律文件进行清理和修改，创制新的规范，修改不适合的规范，废除过时的规范，从而编制成内容和谐一致、体例完整合理的系统化的新法律或者法典。

11. **答案**：ABCD。狭义上的法的效力，仅指由国家制定和颁布的规范性法律文件的效力，一般是指法的生效范围或适用范围，包括法的时间效力范围、法的空间效力范围、法的对象效力范围、法的事项效力范围。

12. **答案**：ABCD。当代中国的法律适用于中华人民共和国主权管辖范围内的地域。

13. **答案**：ABD。法的效力层次是指一个国家法律体系中的各种法的渊源，由于制定主体、程序、时间、适用范围等不同，各种法的效力也不同，由此形成的法的效力等级体系。在这个体系中，全国性法的效力高于地方性法，上位法的效力高于下位法，在同一位阶的法律之间，新法优于旧法，特别法优先于普通法，但法律另有规定的依照法律规定。

14. **答案**：BD。法学学说在当代中国属于非正式的法的渊源，即不具有明文规定的法律效力，但具有法律说服力并能够构成法律人的法律决定的大前提的准则来源。作为非正式的法的渊源，并不限于在民事案件中援引。故 C 项错误，D 项正确。法律规则和法律原则均属于法律规范，法律规范由国家制定或认可，属于正式的法的渊源。法学学说属于非正式法律渊源，当然不能作为法律原则。故 A 项错误。根据解释主体和解释效力的不同，法律解释可以分为正式解释和非正式解释。正式解释，通常也叫法定解释，是指由特定的国家机关、官员或其他有解释权的人对法律作出的具有法律上约束力的解释。非正式解释，通常也叫学理解释，一般是指由学者或其他个人及组织对法律规定所作的不具有法律约束力的解释。可知，B 项正确。

15. **答案：BC。**《危险化学品安全管理条例》属于行政法规，《安全生产法》属于法律（狭义），后者效力位阶高于前者，故 A 项错误。根据上位法优于下位法的原则，当两者规定冲突时，应适用《安全生产法》的规定，故 C 项正确；但是法院无权撤销《危险化学品安全管理条例》中与上位法相抵触的条款，故 D 项错误。通常认为，公法是配置和调整公权力的法律规范的总和，以保护国家（公共）利益为目的。公法的一方主体是国家或公权力，与另一方主体一般是不平等的隶属或服从关系，故 B 项正确。

16. **答案：ABCD。**根据特别法优先原则，对于同一机关制定的法律，特别规定相对于同时施行或在先施行的一般规定优先适用。对于同一法律内部，规则相对于原则优先适用，穷尽法律规则，始得适用法律原则；分则相对于总则、具体规定相对于一般规定优先适用。故 ABCD 均正确。

17. **答案：ABD。**由新法明确规定废止旧法，这是我国法的效力终止的常见方式之一。新法通常会在条文中明确规定旧法的废止，以确保法律的更新和衔接，故 A 选项正确。法在完成特定的历史任务后不再适用，也是法的效力终止的一种方式。当某部法律所针对的社会问题或任务已经解决或不再存在时，该法律自然失效，故 B 选项正确。新法中与旧法相抵触的条款自动终止效力，这种说法不完全准确。在我国，新法与旧法相抵触时，通常由有权机关进行解释或作出决定，而不是自动终止效力，故 C 选项错误。有权的国家机关发布专门决议、决定，废除某些法律，这是法的效力终止的正式方式之一。国家机关通过法定程序废止法律，是明确终止法律效力的常见手段，故 D 选项正确。

18. **答案：ABD。**《宪法》与《民法典》是根本法与普通法的关系。《宪法》是国家的根本法，具有最高的法律效力，《民法典》作为普通法，必须符合宪法的规定，故 A 选项正确。《刑法》与《刑事诉讼法》是实体法与程序法的关系。《刑法》规定犯罪和刑罚的内容，属于实体法；《刑事诉讼法》规定刑事诉讼的程序，属于程序法，故 B 选项正确。《公务员法》与《律师法》不是一般法与特别法的关系。一般法与特别法的关系是指在适用范围上，特别法优先于一般法。《公务员法》和《律师法》分别调整不同的社会关系，不存在一般法与特别法的关系，故 C 选项错误。我国《领海及毗连区法》与《联合国海洋法公约》是国内法与国际法的关系。我国《领海及毗连区法》是国内法，而《联合国海洋法公约》是国际法，二者在法律体系中属于不同类别，故 D 选项正确。

19. **答案：ACD。**根据法的效力等级、基本内容和制定程序的不同，法可分为根本法与普通法。注意，这种分类仅适合成文宪法国家。

20. **答案：AC。**公法是指涉及公共权利、公共关系、公共利益和上下服从关系、管理关系、强制关系的法；私法是指平等主体之间涉及个人利益、个人权利、自由选择的法。劳动法是保护社会全体劳动者的合法利益，调整劳动法律关系的法律，C 中的决定也是为了保护公共权利、利益的法律，因此属于公法。

21. **答案：BC。**不成文法，泛指由法定的国家机关认可的，具有法律效力，一般不具有文字形式或虽有文字表达但不具有系统性的法律规范的总称，如习惯法、判例法等。判例法属于不成文法，因此 B、C 项错误。

22. **答案：ACD。**普通法与衡平法是英美法系主要的法的分类。普通法专指英国在 11 世纪以后由法官通过判决形式逐渐形成的适用于全英格兰的一种判例法；衡平法是指英国在 14 世纪后通过对普通法的修正和补充而出现的一种判例法。

23. **答案：AB。**普通法和衡平法的划分属于普通法系的划分方法，而罗马法属于大陆法系，应当分为公法和私法。

24. **答案**：ABC。选项 A 不全面，因为国际法除了国际条约还包括国际惯例；国内法的效力及于国家主权管辖范围内的一切地域，包括领陆、领水、领空，故 B 项不全面；选项 C 中地方性法规的法律效力只及于制定机关的管辖范围。

25. **答案**：ABCD。法的渊源的种类主要分为制定法、习惯法和判例法。家法族规不属于国家法律，衡平法属于判例法。

✕ 不定项选择题

1. **答案**：B。法不溯及既往原则作为现代社会的法律效力原则，均为自然法学派和法实证主义所强调，也被包括人权宣言、宪法、刑法、民法等各种规范性文件所采纳。此外，古罗马时期的法律主要表现为习惯法、议会制定的法律、元老院决议、长老的告示、皇帝敕令、具有法律解答权的法学家的解答与著述等。故 B 项正确。

2. **答案**：CD。法的实效就是指法的实际效果。法的实效与法的效力是两个极为密切的概念，既有联系，也有区别。一般来讲，法的实效意指法的实质有效性，专指法律被实际遵守、执行和适用的状态。如果将法的效力与法的实效相比较，至少有两大区别：其一，法的效力是法本身的属性，表明法存在的价值和法的权威，属于主观的东西；同时就其内容来说决定于物质生活条件，也有深厚的客观性。就是说，法的效力表明的是法的两重性。而法的实效突出的是法的实际效果，其客观性十分明显。其二，法的效力表明立法者的主观愿望，同时也是任何法应该具有的要件，属于"应然"范畴；而法的实效则是法的实际实现状态，属于"实然"范畴。

⬚ 名词解释

1. **答案**：法的渊源又称法律渊源，是指不同来源和不同法律效力的法的外在表现形式。法的渊源包含两个不可分割的要素：一是其与法的效力直接相联系，二是其表现为一定的法律外部形式。

2. **答案**：法的效力渊源，又称法的形式渊源或法律规范的渊源，专指作为首创法律规范的文件、作为具有法的效力和意义的法的外部表现形式。

3. **答案**：判例法是指法院判例中所包含的法律规则与原则所形成的法，泛指可作为先例据以裁判的法院判决。这是英美法系国家的主要法律渊源。遵循先例是判例法的原则，即某一判决所依据的法律原则可作为先例同样适用于该法院及其所属下级法院所管辖的案情相同或相似的案件。

4. **答案**：属地原则是根据领土来确定法的适用范围。按照这一原则，凡属一国管辖范围的人，不管是本国人还是外国人，都受该国法的约束。

5. **答案**：法的效力泛指法的约束力。从广义上讲，法的效力指法律文件对人们行为的约束力，包括规范性法律文件对人们的行为产生的普遍的约束力，非规范性文件对特定的人和事产生的法律约束力，以及因双方、多方协议或单方行为如遗嘱而产生的对特定人的法律约束力。法的效力是法的基本属性，是法的各种约束力的统称。一般认为，法的效力是由适用对象、适用时间和适用空间三个要素构成的。

6. **答案**：法的溯及力，又称法的溯及既往的效力，是指新法对其生效前发生的行为和事件是否适用的问题。如果不适用，新法就没有溯及力；如果适用，新法就有溯及力。包含以下几种原则：一是从旧原则，即新法没有溯及力。二是从新原则，即新法有溯及力。三是从轻原则，即比较新法与旧法，哪个处理轻些就按哪个法处理。四是从旧兼从轻原则，即新法原则上溯及既往，但旧法对行为人的处罚较轻时，则从旧法。五是从新兼从轻原则，即新法对行为人的处罚较轻时，则从新法。

7. **答案**：法的效力位阶，亦称效力等级，指在一国法的体系中因制定的国家机关地位不同而形成的法在效力上的等级差别。这种效力等级的形成同该国立法体制有直接关系。立法的国家机关地位越高，其制定的法的效力等级就越高。

✎ 简答题

1. 答案：（1）法的内容，一指法的阶级本质，二指法所调整的社会关系，即法规定了什么内容。法的形式指法的外部表现形态，即法的内容的组织形式。

（2）法的内容与形式，在一般情况下是统一的，内容决定形式。一方面，不同本质的法往往有不同的形式。如封建制法的本质决定封建制法中存在皇帝的赦令、诏书这种形式。另一方面，法所调整的社会关系的内容决定法的形式。无论是资本主义国家还是社会主义国家，都需要宪法、刑法、行政法等调整社会关系，因此都有宪法、刑法、行政法等法的形式。

（3）法的内容与形式的关系又是复杂的。一方面，具有相同阶级本质和调整内容的法往往有不同表现形式，如有的国家采用成文宪法形式，有的国家采用不成文宪法形式。另一方面，同一种法的形式往往也可为不同阶级本质的法所采用，如宪法、法律、行政法规这些法的形式既为资本主义法采用，也为社会主义法采用。这些情况的存在，是由各国国情所决定的。

2. 答案：规范性法律文件是由不同立法主体在不同时期规定的。制定这些规范性法律文件时，立法主体未必都能顾及它们同其他规范性法律文件之间的联系。在经过一定时间并积累了相当数量的法律、法规、规章后，其中有些法就会出现过时、部分不合时宜或相互抵触、不一致的问题。注意实现规范性法律文件的系统化：第一，有助于查阅有关同一事项的所有规范性法律文件，迅速了解同类的或整个的规范性法律文件体系的全貌，确定有关规范性法律文件的范围；第二，有助于明确哪些规范法律文件已经失效，哪些继续有效，从而有助于法的适用和遵守；第三，有助于发现既有的规范性法律文件哪些应加以废止、修改或补充，有助于发现立法上还有哪些缺陷和空白，以利于立法的进一步发展。

3. 答案：当代中国法的渊源以宪法为核心、以制定法为表现形式，分为正式渊源和非正式渊源。其中正式渊源主要指的是制定法，具有实际的法律约束力。正式的法律渊源主要有以下几种：

（1）宪法。宪法是我国的根本法，宪法所规定的内容、宪法的效力以及制定和修改宪法的程序都不同于其他法律、法规。

（2）法律。法律是指由全国人大及其常委会制定的规范性法律文件。

（3）行政法规。行政法规专指国务院（我国最高行政机关）依照宪法规定的权限和法定程序制定和修改的规范性法律文件，其地位仅次于宪法和法律。

（4）地方性法规。地方性法规是指按照宪法规定的权限，省、自治区、直辖市的人民代表大会及其常委会制定的规范性法律文件，但不得同宪法、法律、行政法规相抵触。

（5）民族自治地方的权力机关所制定的特殊的地方规范性法律文件，分为自治条例和单行条例。

（6）经济特区的经济法规。经济特区的经济法规不得同宪法、法律、行政法规相抵触，否则无效。

（7）特别行政区的法律、法规。香港特别行政区、澳门特别行政区有权制定在各自辖区内生效的法律、法规和命令等。

（8）国际条约与协定。国际条约与协定特指我国缔结和参加的国际条约与协定。

（9）法律解释。法律解释是指有权的国家机关对现行的法律的内容和含义所做的说明。

4. 答案：以法的创制方式和表现形式为标准对法进行分类，分为成文法和不成文法。

成文法也称制定法，是指有立法权或立法性职权的国家机关制定或认可的、以成文形式出现的规范性法律文件。常见成文法有《宪法》《民法典》《刑法典》等。

不成文法是指由法定的国家机关认可，不具有文字形式或者虽具有文字形式但不具有规范化成文形式的法律规范的总称。常见的不成文法有习惯法、判例法等。

5. 答案：公法与私法是法学上最传统的分类方

法之一，早在古罗马法时期就已经有这种分类方法。古罗马五大法学家之一乌尔比安认为："公法是关于罗马国家的法律，私法是关于个人利益的法律。"这种分类在当时的主要目的在于集中力量研究私法。中世纪后期，随着资本主义的兴起，特别是17~19世纪资产阶级政权的普遍建立，公法与私法的划分成为资产阶级国家法律的基本分类。一般来讲，公法主要包括宪法、行政法、刑法、诉讼法等，私法主要包括民法、商法、家庭婚姻法等。第二次世界大战结束以后，随着公法私法化与私法公法化日益加剧，两者日趋融合，并出现了兼具公法和私法双重属性的经济法、社会法、环境法，因而，公法与私法这种划分的实际意义开始变小但仍有一定作用。

6. **答案**：规范性法律文件的规范化，是指立法主体以统一的规格和标准制定和修改各种形式的规范性法律文件，使一国属于法的形式的各种规范性法律文件成为效力等级分明、结构严谨、协调统一的整体。法律、法规、规章产生于不同主体、不同方面，如果没有统一的规格和标准，就会滋生混乱、矛盾、相互脱节和其他弊病，并由此影响法的体系的和谐一致和整个法制的统一和尊严，使人无所适从，给执法、守法造成困难。实现规范性法律文件的规范化，有助于消除或防止以上弊病，有助于分清各种法的类别、效力等级、立法主体和适用范围，有利于整个法的形式和法的体系的和谐统一，对立法的科学化和良法的产生，对整个法制的协调发展和法的实施，有重要意义。

实现规范性法律文件的规范化，是指立法主体以统一的规格和标准制定和修改各种不同的规范性法律文件：第一，只能由相应的、特定的国家机关制定；第二，其法的效力和地位以及它们的相互关系应有明确规定；第三，应用专有名称；第四，应有统一的表达方式，文字应简练明确，法律术语应严谨、统一。

7. **答案**：法的形式和法的渊源是一对容易混淆的概念。许多人所说的法的渊源就是法的形式，所说的法的形式就是法的渊源，究竟是使用法的形式还是法的渊源，几乎完全由人们依据自己的喜好而定。

法的渊源和法的形式的界限不容混淆，它们本来是两种性质不同的事物，分别代表法的形成过程中两个性质不同的阶段，有各自的价值。

第一，未然和已然、可能和现实的区分，是法的渊源和法的形成的一个界分。法的渊源主要指法的来源，它表明法由哪些原料构成，出自何种途径，基于何种动因形成，是法的半成品和预备库，是未然的法和可能的法。法的渊源有一定的必然性意味，但更主要的是未然的和可能的概念。法的形式所表明的则是已然的和现实的概念。它是提取和升华法的渊源的实际成果，是经由法的渊源这种未然的和可能的阶段，而成为已然的和现实的法，是法的既成产品，有鲜明的实在性。

第二，多元和统一的区分，是法的渊源和法的形式的又一界分。法的渊源是多样化的，有来自不同资源、不同进路和不同动因的法的渊源，它们之间有复杂的关联，也各具独立性，是多元化地存在于一国法的渊源体系之中的。法的渊源的多元化，要求法律人经常检点自己是否具有较为宽广的视域，能否驾驭法的渊源体系的全局，能否在实际运作和理论研究中全面发掘各种法的渊源的功用。法的形式也是多样化的，但不是多元的。一国法的形式通常总有法律、法规和其他规范性法律文件的区分，它们的种类在各国也不尽相同。但多样化的法的形式，特别是在公法所涉及的法的形式方面，在绝大多数国家，却被一条统一的主线贯穿在一起，这条主线就是统一的国家权力体系。

8. **答案**：规范性法律文件的系统化是指对已制定的有关规范性法律文件加以系统整理和归纳加工，使其完善化、科学化的活动。

规范性法律文件系统化的方法主要有三种：

（1）法的清理。法的清理指有权的国家机关，在其职权范围内，以一定方式，对一定范围的规范性法律文件进行审查，确定它们或存或废或修改的专门活动。法的清理的目的，是把现存有关的法加以系统研究、分析、分类和处理。清理的基本任务有两个，并由此形成两个阶段。一是厘清现存各种法的基本情况，确定哪些可继续适用，哪些需要修改、补充或废止。这是梳理法的阶段。二是对可继续适用的，列为现行法。法的清理方法，通常分为集中清理、定期清理和专项清理三种。

（2）法的汇编。法的汇编是在法的清理的基础上，按一定顺序将各种法或有关法集中起来，加以系统编排、汇编成册。其特点是：一般不改变法的文字和内容，而是对现存法进行汇集和技术处理或外部加工，是立法的辅助性工作，不产生新法，不是正式的立法活动。法的汇编是法的清理的一种逻辑结果，法的清理是科学的法的汇编的必要准备。法的汇编的主要任务是将法集中化、系统化。法的汇编的价值在于：它使法得到集中化、系统化，从而便于集中、系统地反映法制的面貌，便于人们全面、完整地了解各种相关法的规定；使法的清理的成果得到反映，便于人们发现现行法的优点和缺点，了解立改废的任务何在；还可为法的编纂打下基础和准备必要的条件。

（3）法的编纂。法的编纂又称法律编纂、法典编纂，指立法主体在法的清理和汇编的基础上，将现存同类法和同一部门法加以研究审查，从统一的原则出发，决定它们的存废，对它们加以修改、补充，最终形成集中、统一和系统的法。法的编纂的特点在于：它是一项重要的立法活动，应由有权立法的机关依法定程序进行；其结果是产生新法或法典。法的编纂的主要任务是统一同类有关规范性法律文件，形成系统的整体，删除原有法中已过时的或其他不合适的部分，消除法和立法中的矛盾、混乱。法的编纂不仅适用于形成统一的法典或法律，也可适用于行政法规、地方性法规甚至其他规范性法律文件。法的编纂有助于实现法的科学化、系统化，帮助人们发现现存法的弊病，从而

去改善它、消除它；有助于促进法的体系的完善，就同一部门法实行增删整合，简化规范性法律文件，产生规模较大的作为部门法基础和中心的法；有助于各种法、法律规范之间的协调一致、相互配合；还有助于法的贯彻实行。法的编纂需要在一定数量的同类法的基础上进行。

9. **答案**：法律对人的效力，又称法的对象效力或法对人的行为的效力。各国法律因历史传统和各种因素的作用，在法对人的行为的效力上往往遵循不同的原则。这些原则有：

（1）属人主义原则。这在历史上是较早的一个原则，它是以人的国籍和组织的国别为标准而确立的。其含义是：凡本国的人和组织，无论是在国内还是国外，均受本国法律约束。很显然，若绝对地、唯一地实施这一原则，将有碍国家主权的维护，导致一国的法不适用于在该国领域的外国人和外国组织。

（2）属地主义原则。即依领土来确定法的适用范围：凡属一国管辖范围的人，无论是本国公民还是外国公民或无国籍人，都受该国法律的保护和约束。若绝对地、唯一地实施这一原则，将有碍该国主权，它将使一部分本国公民在国外的违法行为不受本国法律追究，其合法权利也将不受保障。

（3）保护主义原则。这项原则以保护本国利益为目的来确定法的适用范围。其含义是：只要有碍本国利益，不论违法者是具有任何国籍的公民还是无国籍的人，一律受该国法律约束。

（4）以属地主义为主，结合属人主义和保护主义原则，又称为"综合主义原则"。这一原则已被绝大多数国家认可，因为它既维护了本国主权，也维护了他国主权，有利于国际交往。我国也适用这一原则。

10. **答案**：法的溯及力，指新法对它生效前所发生的行为和事件可加以适用的效力。法是规范现时社会关系和指引主体现时行为的准则，公布前，人们不可能明了将来的法规范哪些社会关系，允许或禁止哪些行为，也谈不上按尚未制定的法去办事。因此，一般来说，法只适用于生效后发生的行为和事件，

不适用于生效前的行为和事件，不应有溯及既往的效力，特别是有关侵权、违约的法和刑事法，更不适宜有溯及既往的效力。这就是法不溯及既往的原则。目前世界上多数国家采取从旧原则，法没有溯及力。在法律规定有溯及力的国家，通常采用从旧兼从轻原则。中国现时期主要也采取从旧兼从轻原则，在特殊情况下也可溯及既往。按照立法法的规定，中国法的溯及力的现行制度为："法律、行政法规、地方性法规、自治条例和单行条例、规章不溯及既往，但为了更好地保护公民、法人和其他组织的权利和利益而作的特别规定除外。"

💬 论述题

1. 答案：法的效力与法的实效是两个既紧密联系又相互区别的概念。

（1）概念：法的效力指的是保证法的实施的约束力，其结果有两种可能：立法目的的实现和未实现。法的实效是指法律对行为和关系产生了现实约束力，强调法律产生了实际效果。

（2）具体的区别：第一，法的效力指法律规范是有约束力的，它意味着人们应该按照法律规范所规定的行为模式行动；而法的实效指规范事实上被服从和适用。第二，法的效力尽管也涉及对法的内容的保障，但其重点是表明立者的主观愿望，也是法律规范区别于其他社会规范的重要标志，属于"应然"范畴。然而，"法律实质上并不仅仅是实然和应然，还是民众生活中一种实际有效的力量"。法的实效表明的就是法的实现的客观结果与状态，属于"实然"范畴。

（3）二者的关联：二者之间的联系也是不可忽视的，法的效力是法取得实效的前提，法的实效是法的效力实现的结果。

2. 答案：法的数量非常多，它们由多方面的立法主体制定或认可，或由多方面的司法机关所创制，且产生的时间和针对的侧重点不同，使得它们之间常有冲突。

（1）上位法和下位法的冲突和协调

处理不同层级的法之间所发生的冲突，应遵循上位法优先于下位法的规则。在我国，这方面现行法律规定是：第一，宪法具有最高的法的效力，一切法律、行政法规、地方性法规、自治条例和单行条例、规章都不得同宪法相抵触，否则无效。第二，法律的效力高于行政法规、地方性法规和规章。行政法规的效力高于地方性法规和规章。地方性法规的效力高于本级和下级地方政府的规章。省、自治区人民政府制定的规章，效力高于本行政区域内较大市的人民政府制定的规章。第三，法律、行政法规、地方性法规、自治条例和单行条例、规章超越权限，它们中的下位法违反上位法规定的，由有关机关依照《立法法》第108条所确定的权限予以改变或撤销。

（2）此类法和彼类法的冲突和协调

处理特别法和一般法的冲突，一般可遵循有条件的"特别法优先于一般法"的规则。所谓优先，通常指：在适用对象方面，对特定主体和特定事项有效的法优先于对一般主体和一般事项有效的法；在适用时间和空间方面，对特定时间和特定区域有效的法优先于对平时和普通区域有效的法。所谓有条件，是说应在同一主体制定的法之间适用这一规则。

《立法法》对处理此类冲突已有明确规定：第一，自治条例和单行条例依法对法律、行政法规、地方性法规作变通规定的，在本自治地方适用自治条例和单行条例的规定；经济特区法规根据授权对法律、行政法规、地方性法规作变通规定的，在本经济特区适用经济特区法规的规定。第二，地方性法规和部门规章之间对同一事项的规定不一致的，应决定在该地方适用地方性法规的规定；认为应适用部门规章的，应提请全国人大常委会裁决。第三，部门规章之间、部门规章和地方政府规章之间具有同等效力，在各自的权限范围内施行。第四，根据授权制定的法规同法律规定不一致，不能确定如何适用时，由全国人大常委会裁决。

（3）新法和旧法的冲突和协调

在中国，根据《立法法》的规定，处理

新法和旧法相冲突的基本制度是：第一，同一机关规定的法律、行政法规、地方性法规、自治条例和单行条例、规章，新的规定同旧的规定不一致的，适用新的规定。第二，法律之间、行政法规之间、地方性法规之间，对同一事项的新的一般规定同旧的特别规定不一致，不能确定如何适用时，分别由全国人大常委会、国务院、制定地方性法规的机关裁决。第三，同一机关制定的新的一般规定同旧的特别规定不一致时，由制定机关裁决。

第七章　法的要素

单项选择题

1. 答案： C。委任性规则与确定性规则、准用性规则相对，是指内容尚未确定，而只规定某种概括性指示，由相应国家机关通过相应途径或程序加以确定的法律规则。不合题意，故 A 错误。程序性原则与实体性原则相对，是指直接涉及程序法（诉讼法）问题的原则。该条文表达的是法律规则，而不是法律原则，是实体性规则，而不是程序性规则。故 B 错误。强行性规则与任意性规则相对，是指内容规定具有强制性质，不允许人们随便加以更改的法律规则。该条文关于"承担行政责任或者刑事责任不影响承担民事责任""优先用于承担民事责任"的规定均为强行性规定，不是随便可以更改的，符合题意，故 C 正确。法律责任的竞合指的是同一法律主体实施一个行为，该行为符合两个或两个以上的法律责任构成要件，而这些不同法律责任之间互相冲突。该条文规定不涉及具体法律行为，表达的不是法律责任竞合，故 D 错误。

2. 答案： A。该条款内容具体明确，规定了具体的行为模式，属于法律规则而不是法律原则，故 B 项错误。按照规则对人们行为规定和限定的范围或程度不同，可以把法律规则分为强行性规则和任意性规则。所谓强行性规则，是指内容规定具有强制性质，不允许人们随便加以更改的法律规则。所谓任意性规则，是指规定在一定范围内，允许人们自行选择或协商确定为与不为、为的方式以及法律关系中的权利义务内容的法律规则。该题"男女双方可以约定……"显然属于任意性规则，A 项正确。"约定应当采用书面形式"，单就这个条文来说，属于强行性规则、命令性规则，但不是禁止性规则，D 项不选。按照规则内容的确定性程度不同，可以把法

律规则分为确定性规则、委任性规则和准用性规则。所谓确定性规则，是指内容已明确肯定，无须再援引或参照其他规则来确定其内容的法律规则。法律条文中规定的绝大多数法律规则属于此种规则。所谓委任性规则，是指内容尚未确定，而只规定某种概括性指示，由相应国家机关通过相应途径或程序加以确定的法律规则。所谓准用性规则，是指内容本身没有规定人们具体的行为模式，而是可以援引或参照其他相应内容规定的规则。条文中"适用本法第一千零六十二条、第一千零六十三条的规定"表达的是准用性规则。但该条文是第 1065 条第 1 款的一部分，从属于总体的任意性规则，故不选 C。

3. 答案： C。命令性规则是义务性规则的一种，它规定人们必须作出一定的行为。故选 C。

4. 答案： C。程序性法律原则是指涉及规定保证实体性权利和义务或职权和职责得以实现的程序方面的原则。无罪推定原则是刑事诉讼程序的原则，故选 C。

5. 答案： C。法律规范具体是由法律条文构成的，法律原则是能够作为法律规则来源的具有综合性、稳定性的原理和准则，往往被规定在法律规范中。在人类历史上法律规范并非一开始就以法律条文的形式出现，而是经历了从不成文法到成文法的过程。

6. 答案： B。行为模式是法律规则中规定人们如何具体行为的方式或范式，是法律规则中的核心部分。

7. 答案： A。在立法实践中，法律规则的文字要求简明扼要，因此在表述法律规则内容时，假定条件可以省略。

8. 答案： C。义务性规则是规定人们必须作出或者不得作出某种行为的规则，分为命令性规则（必须为一定行为）和禁止性规则（不得或不准为一定行为）。

9. 答案： B。强行性规则，是指内容具有强制

性质，不允许人们随便加以更改的法律规则；任意性规则，是指在一定范围内允许人们自行选择或协商确定的法律规则。强行性规则的法律效力要强于任意性规则。

10. **答案**：B。法律规则是对一定的事实状态赋予明确的法律意义，并确定具体法律后果的准则。法律原则是指能够作为法律规则本源或基础的综合性、稳定性的原理或准则。法律术语是指具有法律性质或专门法律意义的用语或概念。技术性规范是调整人与自然之间关系的社会规范。

11. **答案**：A。法律规范在成文法中当然由法律条文体现出来，但一个法律规范并不一定等于一个法律条文，一个法律规范可以包括在几个条文中；一个条文中也可能包括几个法律规范。

12. **答案**：D。按照规范的不同行为模式，法律规范可以分为授权性规范和义务性规范。授权性规范，是指规定人们有权为一定行为或者不为一定行为的规范，即规定人们的"可为模式"的规范。义务性规范，是指在内容上规定人们的法律义务，即有关人们应当作出或不作出某种行为的规则，分为命令性规范和禁止性规范。

13. **答案**：D。根据规范内容的确定性程度不同，法律规范可以分为确定性规范、准用性规范和委任性规范。确定性规范，是指明确规定一定行为规则，不必再参照或者援引其他规则的规范。

14. **答案**：B。法律概念，是对各种法律现象或法律事实加以描述概括的概念。《刑法》第13条是关于犯罪的概念的规定。

15. **答案**：A。授权性规范是法律赋予人们一定权利、行为自由的法律规则。正当防卫条款赋予了公民为保护合法利益而采取制止不法侵害的行为的权利。

16. **答案**：A。按照规范的内容不同，法律规范可以分为授权性规范和义务性规范。授权性规范，是指规定人们有权做一定行为或者不做一定行为的规范，即规定人们的"可为模式"的规范。义务性规范是指在内容上规定人们的法律义务，即有关人们应当做出

或不做出某种行为的规则，分为命令性规范和禁止性规范。

17. **答案**：B。法律规则是采取一定的结构形式具体规定人们的法律权利、法律义务以及相应的法律后果的行为规范；法律原则是为法律提供某种基础或本源的综合性的、指导性的价值准则或规范，是法律诉讼、法律程序和法律裁决的确认规范；法律概念是对各种法律规定或法律事实加以描述概括的概念。

18. **答案**：A。按照规范的内容规定不同，法律规范可以分为授权性规范和义务性规范。

19. **答案**：D。法律规范在成文法中当然由法律条文体现出来，但一个法律规范并不一定等于一个法律条文。一个法律规范可以包括在几个条文中；一个条文中也可能包括几个法律规范。

20. **答案**：B。委任性规则，是指内容尚未确定，而只规定某种概括性指导，由相应国家机关通过相应途径或程序加以确定的法律规则。

21. **答案**：C。准用性规则是指规则内容本身并没有规定人们具体的行为模式，而是援引或参照其他规则内容规定的规则。

22. **答案**：A。A项正确。表达法律规则的特定语句往往是一种规范语句。规范语句分为命令句和允许句。命令句是指使用了"必须"（must）、"应该"（ought to、should）或"禁止"（must not）等这样一些道义助动词的语句。允许句是指使用了"可以"（may）这类道义助动词的语句。易知，该条文属于规范语句中的命令句。B项错误，该条文内容具有强制性，不允许人们随意变更，表达的是一个强行性规则。按照规则对人们行为规定和限定的范围或程度不同，可以把法律规则分为强行性规则和任意性规则。强行性规则是指内容规定具有强制性质，不允许人们随便加以更改的法律规则；任意性规则是指规定在一定范围内，允许人们自行选择或协商确定为与不为、为的方式以及法律关系中的权利义务内容的法律规则。C项错误，该条文内容明确肯定，表达的是一个确定性规则。按照规则内容的确定性程度不同，可

以把法律规则分为确定性规则、委任性规则和准用性规则。确定性规则是指内容本已明确肯定，无须再援引或参照其他规则来确定其内容的法律规则。委任性规则是指内容尚未确定，而只规定某种概括性指示，由相应国家机关通过相应途径或程序加以确定的法律规则。准用性规则是指内容本身没有规定人们具体的行为模式，而是可以援引或参照其他相应内容规定的规则。D项错误，该条文表达的只有假定条件和法律后果，没有行为模式。

23. **答案**：B。该条文表达的是法律规则，而不是法律原则，故 C 项错误；该条文表达的是强行性规则，而不是禁止性规则，强行性规则与任意性规则相对，是指内容规定具有强制性质，不允许人们随便加以更改的法律规则，"应当"的表述即为典型，而禁止性规则是指规定人们的消极义务（不作为义务），即禁止人们做出一定行为的规则，典型的标志词如"禁止""不得"，故 A 项错误，B 项正确；该条文表达的是行为模式，即人们如何具体行为，而不是法律后果，故 D 项错误。

24. **答案**：C。一切法律规范都必须以作为"法律语句"的语句形式表达出来，具有语言的依赖性，法律原则也不例外，故 A 项错误。法律规则是法律中最具有硬度的部分，能最大限度地实现法律的确定性和可预测性，故 B 项错误。法律规则的规定是明确具体的，它着眼于主体行为及各种条件（情况）的共性，其明确具体的目的是削弱或防止法律适用上的"自由裁量"。与此相比，法律原则的着眼点不仅限于行为及条件的共性，而且关注它们的个别性，故 C 项正确。法律规则是以"全有或全无"的方式适用于个案当中，而法律原则的适用不同，因为不同的法律原则具有不同的"强度"（weight，分量），而且这些不同强度甚至冲突的原则都可能存在于一部法律之中，故 D 项错误。

25. **答案**：B。法律原则的作用是法律规则所不能替代的，主要表现在三个方面：（1）法律原则为法律规则和概念提供基础或出发点，对法律的制定具有指导意义，对理解法律规则也有指导意义。（2）法律原则可直接作为审判的依据。（3）法律原则可以作为疑难案件的断案依据，以纠正严格执行实在法可能带来的不公。故 B 错误。

26. **答案**：D。调整性规则与构成性规则是依据法律规则的功能所作的分类。调整性规则是对已有行为方式进行调整的规则，它的功能在于控制行为。构成性规则是组织人们按规则规定的行为去活动的规则。故 D 项错误。

27. **答案**：D。规则并非原则的例外，而是原则的具体化，故 AC 项错误，D 项正确。在适用的确定性方面，原则较为模糊，反而更容易产生歧义，B 项错误。

28. **答案**：B。义务性规则是直接要求人们从事或不从事某种行为的规则。义务性规则依其规定人们行为的方式，分为命令式规则和禁止式规则。命令式规则是要求人们必须作出某种行为的规则，禁止式规则是禁止作出某种行为的规则。"行政机关不得滥用行政权力，制定含有排除、限制竞争内容的规定。"属于禁止式规则，故 A 项正确。回避条款是一项法律原则，故 B 错误。"具体办法由国务院有关主管部门或机构"规则的内容（具体办法）尚未确定，只是规定某种概括性指示，即由相应国家机关（国务院有关主管部门或机构）通过相应途径或程序加以确定，属于典型的委任性规则，故 C 项正确。"自然人应当随父姓或者母姓……"内容具体明确，不需参见其他规则，也没有委托其他机关进行具体规定，属于确定性规则。注意，有选择的指引与确定性规则并不矛盾，故 D 项正确。

☑ 多项选择题

1. **答案**：ABC。法律列举越详细，法的确定性和可预测性程度越高，故 A 正确。法官判断原告取证是否违法时作出利益衡量，即认为原告取证目的并无不当，也未损害社会公共利益和他人合法权益，且该取证方式有利于遏制侵权行为，应认定合法，故 B 正确。裁判事实不一定与客观事实完全一致，故 C 正确。在使用条件上，应当优先适用法律规则，穷尽法律规则，方得适用法律原则，故 D 错误。

2. **答案**：ABD。A 项正确，该条款内容具体明确，属于确定性规则；规定了人们的法律义务，包括积极义务（命令性规则，"应当关心老年人的精神需求"）和消极义务（禁止性规则，"不得忽视、冷落老年人"），属于义务性规则。而该义务性规则又是使用"规范语句"来表述的，"应当""不得"均为命令句，故 B 项正确。C 项表述错误，该条款未涉及法律后果，只有行为模式。涉及的行为模式包括"应为模式"（"应当关心老年人的精神需求"）和"勿为模式"（"不得忽视、冷落老年人"），故 D 项正确。

3. **答案**：ABD。技术法规调整的是人与自然的关系，是为了避免因不遵守技术规范可能造成的损害而将技术规范上升为法律所形成的法律规范。

4. **答案**：CD。行为模式即法律规则中规定人们如何具体行为的方式或范式。该法条规定的行为模式系"应为模式"。

5. **答案**：BD。A 为委任性规则；C 为准用性规则。

6. **答案**：BCD。公理性原则是由法律原理构成的原则，是由法律之事理推导出来的法律原则，是严格意义上的法律原则；政策性原则是一个国家或民族出于一定的政策考量而制定的一些原则。

7. **答案**：ABC。A 项说的实际上是准用性规则，表述正确。借助法律推理和法律解释，可以提高法律的适应性，如目的解释；也可以提高法律的确定性，如文义解释，故 B 正确。法律原则相对于法律规则，概括条款相对于确定条款，具有较大的灵活性和伸缩度，通过法律原则、概括条款，可增强法律的适应性，故 C 正确。法律的确定性跟义务性规则和权利性规则没有必然联系，义务性规则可能是确定的，也可能是不确定的，权利性规则同样如此。故 D 错误。

8. **答案**：ABCD。假定条件是指法律规则适用的

条件，它所要解决的问题是行为的时间和场合、行为的确定主体、范围和对象问题。

9. **答案**：BCD。作为法的要素的法律规则是指采取一定的结构形式具体规定人们的法律权利、法律义务以及相应的法律后果的行为规范。法的要素除了法律规则，还有原则和概念。依此，本题正确答案为 BCD。

10. **答案**：AC。公理性原则，法律上之事理推导出来的法律原则。实体性原则是指直接涉及规定和确认实体性权利、义务和职权、职责方面的原则。

11. **答案**：ABC。"为了使国家、公共利益、本人或者他人的人身、财产和其他权利免受正在发生的危险，不得已"这一部分是假定条件；"采取的紧急避险行为，造成损害的"这一部分为行为模式；"不负刑事责任"是法律后果，由于法律认为这种行为不构成犯罪，因此这种法律后果是合法的法律后果。

12. **答案**：BCD。规范性法律条文是直接表述法律规范的法律条文。非规范性法律条文是指不直接规定法律规范，而是规定某些法律技术内容（如专门法律术语的界定、公布机关和时间、法律生效日期等）的条文。

13. **答案**：ABD。AB 系法律原则；D 不属于法律。

14. **答案**：AC。义务性规则是为人们设定义务的规则，它规定人们必须作出某种行为或者不得作出某种行为；准用性规则是没有具体规定行为规则的内容，而是规定可以参照或援用其他法律规则的规定来加以明确的法律规则。

15. **答案**：AD。法律原则，是为法律规则提供某种基础或本源的综合性的、指导性的原理或价值准则的一种法律规范。法律规则与法律原则的适用方式不同。法律规则是以"全有或全无的方式"或涵摄的方式应用于个案当中的。而法律原则的适用是以衡量的方式应用于个案当中的，因为不同的法律原则是具有不同的"强度"（分量）的，而且这些不同强度甚至冲突的原则都可能存在于一部法律之中。因此，D 项表述正确，C 项

表述错误。诚实信用原则是民法的帝王条款，但并非只有民事案件中才可适用，B 项错误。A 项正确，不违反法律的民俗习惯是当代中国法的非正式渊源，故可作为裁判依据。

16. **答案**：BC。规则有较为严密的逻辑结构，包括假定（行为发生的时空、各种条件等事实状态的预设）、行为模式（权利和义务规定）和法律后果（含否定式后果和肯定式后果）三部分，虽然在逻辑上缺少其中任何一部分，都不能算作完整的规则，但在具体条文的表述中均可以被省略。故 A 项正确。规范性条文是直接表达法律规则的条文，故 B 项错误。"在诉讼过程中，与当事人有利害关系的应当回避"是一项法律原则，但"假定—行为模式—法律后果"是规则的逻辑结构，不适用于原则，故 C 项错误。法律规则与法律条文是内容与形式的关系，法律规则可以通过法律条文来表达，也可以通过其他形式来表达，例如判例和习惯；同样法律条文既可以表达法律规则，也可以表达其他内容，例如法律概念、法律原则等，故 D 项正确。

17. **答案**：AC。冲突的规则的适用常常是要么无效，要么有效；确定相互冲突的原则的适用时，则常常要对冲突的原则所承载的不同价值作出权衡，对相互冲突的原则必须进行衡量或平衡，以确定某些原则比其他原则具有更大的"分量"，故 A 项正确、B 项错误。法律规则优先适用。在选用法律的时候，优先选择适用法律规则，适用法律原则是例外，即所谓的"禁止向一般条款逃逸"，故 C 项正确、D 项错误。

18. **答案**：ABC。法院依据公序良俗原则判定协议无效，实际上是对"遗嘱继承优先于法定继承"这一规则创设了例外情形，故 A 项正确。公理性原则是从社会关系性质中产生并得到广泛认同的被奉为法律公理的法律原则，这是严格意义上的法律原则，公序良俗原则属于公理性原则，故 B 项正确。事实判断层面，法官通过证据审查准确认定案件事实；价值判断层面，法官基于公序良俗原则对遗嘱效力作出否定性评价，故 C 项正

确。对作为裁判大前提的公序良俗原则进行充分论证，属于外部证成，故 D 项错误。

名词解释

1. **答案**：法的要素指法的基本成分，即构成法律的基本元素。法的要素具有如下特征：个别性和局部性，多样性和差别性以及不可分割性。

2. **答案**：法律概念是有法律意义的概念，即对各种有关法律的事物、状态、行为进行概括而形成的术语。

3. **答案**：法律规则是指具体规定权利和义务以及具体法律后果的准则，或说是对一个事实状态赋予一种确定的具体后果的各种指示和规定。

4. **答案**：法律原则是指可以作为法律规则的基础或本源的综合性、稳定性原理和准则。

5. **答案**：政策性原则是国家为了实现经济和社会发展战略目标或实现某一时期、某一方面的任务而作出的政治设计或决策，一般说来事关经济、政治、文化、社会、生态文明的发展目标和战略措施等问题，这些问题具有全局性和根本性。

简答题

1. **答案**：法律系统是由诸多相互联系、相互作用的要素所构成的整体，要素则是组成一个整体而相互作用的部分。以我国的立法和司法实践为基础，可以把当代中国法律体系的要素简化为法律概念、法律规则和法律原则。在法学论著和日常语言中，人们往往用"法律规范"（广义的）作为法律概念、法律规则和法律原则的统称。其中，法律概念是对各种法律事实进行概括，抽象出它们的共同特征而形成的权威性范畴；法律规则是指具体规定权利和义务以及具体法律后果的准则，或说是对一个事实状态赋予一种确定的具体后果的各种指示和规定；法律原则是指可以作为法律规则的基础或本源的综合性、稳定性原理和准则。

2. **答案**：法律原则与法律规则同为法律的要素，两者有共性，在规则与原则间有一个边缘地

带，甚至有些法律要素究竟属于规则还是原则是难以定位的。但是法律原则与规则的区别还是明显的：（1）在对事及对人的覆盖面上，法律原则较宽，法律规则较窄，即法律原则有更大的宏观指导性，某一法律原则常常成为一群规则的基础。（2）在变化的速率方面，法律原则有较强的稳定性。法律原则通常是社会重大价值的积淀，不会轻易改变，相比之下，法律规则的改变要容易得多。（3）在是否适用的确定性方面，原则较为模糊，而规则较为明确；当原则与原则、规则与规则相互冲突时，选择的方法也不同。冲突的规则的适用常常是要么无效，要么有效。确定相互冲突的原则的适用时，常常要对冲突的原则所代表的利益作出权衡，对相互冲突的原则必须衡量或平衡，以确定某些原则比其他原则具有更大的"分量"。

3. **答案**：法律规则是规定法律上的权利、义务、责任的准则、标准，或是赋予某种事实状态以法律意义的指示、规定。法律规则是构成法律的首要成分。

与法律原则相比，法律规则具有三大特点：（1）微观的指导性，即在规则所覆盖的相对有限的事实范围内，可以指导人们的行为。（2）可操作性较强。只要一个具体案件符合规则设定的事实状态，执法人员可直接适用该规则，一般公民也能较容易地依据规则选择自己的行为方式。（3）确定性程度较高。与法律原则相比，法律规则的确定性程度要高得多。

4. **答案**：法律规则是指具体规定权利和义务以及具体法律后果的准则，或说是对一个事实状态赋予一种确定的具体后果的各种指示和规定。规则有较为严密的逻辑结构，包括假定（行为发生的时空、各种条件等事实状态的预设）、行为模式（权利和义务规定）和法律后果（含否定式后果和肯定式后果）三部分。缺少其中任何一部分，都不能算作完整的规则；规则的前两项如果是有效的，那么它的后一项也应是有效的。

5. **答案**：授权性规则是指示人们可以作出或可以要求别人作出一定行为的规则。授权性规则的作用在于，赋予人们一定的权利去建立或改变他们的法律地位和法律关系，以建立或调节国家所需要的法律秩序。授权性法律规则的特点是具有任意性，既不强令人们必须作出一定行为，也不禁止人们不得作出一定行为，人们可以在行为与否之间作出较为自由的选择。这一特点表现在它所使用的术语是"可以""有权""有……的自由""不受……干涉""不受……侵犯"等。授权性规则在法律中所占的比重随着法律的进化而递增。在现代法律中，授权性规则占首要地位。

义务性规则是直接要求人们从事或不从事某种行为的规则。与授权性规则不同，义务性规则表现为对义务主体的约束，为人际互助、维持社会安全提供保障。义务性规则依其规定人们行为的方式，分为命令式规则和禁止式规则。命令式规则是要求人们必须作出某种行为的规则；禁止式规则是禁止作出某种行为的规则。义务性规则具有三大特征：第一，强制性。义务性规则通常具有强行性，对于不履行义务的人具有强大的压力，违反义务性规则的主体常常要付出代价，即法律会做出否定性反应，这种反应可能是否定行为的合法性、作出处罚或责令做出赔偿或补偿，等等。这一特征表现在它所使用的术语是"应当""必须""不得""禁止""严禁"等。第二，必要性。为了维护社会成员的自由和利益、维系社会安全和法的权威，义务性规则是必需的，没有义务性规则，社会将不存在。在法治社会，这种必要性还表现在，立法者确定一项义务性规则必须有"社会必要性"，即义务性规则的确立必须有这一规则保护的更高的价值，否则就不得规定，因为义务性规则本身是一种负担，随意确定义务性规则本身构成对公民权利的侵犯。第三，不利性。义务性规则虽然对他人和社会有利，对义务人却是不利的，是一种牺牲或"克己"。

6. **答案**：法律原则可分为政策性原则和公理性原则两大类。

政策性原则是国家为了实现经济和社会发展战略目标或实现某一时期、某一方面的任务而作出的政治设计或决策，一般来说事关经济、政治、文化、社会、生态文明的发展目标和战略措施等问题，这些问题具有全局性和根本性。

公理性原则虽然具有历史性和地域性，但因为它是从社会关系的本质中产生出来的，因此得到广泛承认并被奉为基本法理。例如，宪法领域的主权在民原则、尊重和保障人权原则，民事领域的等价有偿、诚实信用、契约自由、公序良俗原则，诉讼法领域的无罪推定、疑罪从无、程序公正原则。

政策性原则与公理性原则的区别在于：其一，政策性原则具有较强的针对性。社会问题不同，政策性原则就不同。公理性原则是不分地域的。其二，公理性原则因其着眼于平等、公平、善良等持久的道德价值，要求同样情况同样对待，而政策性原则因其着眼于一个时期的政治目标和社会发展纲领而可以随着形势、情况的变化而变更。

无论是政策性原则还是公理性原则，都有基本原则和具体原则之分。基本原则体现着法的本质和根本价值，是整个法律活动的指导思想，构成一个法律体系的灵魂，决定着法的内在统一性和稳定性。具体原则是基本原则的具体化，构成某一法律领域或某类法律活动的指导思想和直接出发点。

7. 答案：法的要素包括法律规则、法律概念和法律原则三者。法的主体是规则，而法律概念和法律原则不是法律规则，既没有规定确定的事实状态，也没有规定具体的法律后果，但在创制法律、理解或适用法律的过程中，它们是必不可少的。在法律实践中，它们往往有直接的、独立的意义。

法律概念对法律事实进行定性，既确定事件、行为和物品等的"自然性质"和"社会性质"，又确定事件、行为和物品等的"法律性质"，从而为人们认识和评价法律事实提供必要的结构。没有这个结构，就无法对事件、行为和物品作出法律评价和法律处理。

法律原则指导和协调着全部社会关系或某一领域的社会关系的法律调整机制。尤其是在处理重大、复杂、疑难案件时，执法机关和司法机关需要平衡互相重叠或冲突的利益，为案件寻找合法合理的解决办法。

当然法律概念和法律原则也有局限性，它们并不像西方有的法学家所认为的是永恒不变、普遍适用的。

第八章 法律体系

1. 答案：C。法律体系也称为部门法体系，是指一国的全部现行法律规范，按照一定的标准和原则，划分为不同法律部门而形成的有机整体。法律体系不包括历史上已经失效的法。故 C 错误。ABD 正确。

2. 答案：B。《著作权法》调整的是著作权法律关系，保护文学、艺术、科学作品作者的著作权以及与著作权相关的权益，属于调整财产关系和人身关系的法律规范，应属于民事法律。故选 B。

3. 答案：D。法律体系，是指一国的部门法体系，即将一国的现行全部法律规范根据一定的标准和原则划分成不同的法律部门，并由这些法律部门所构成的具有内在联系的统一整体。法系，是指根据法的历史传统对法所作的分类。立法体系，是指与一国立法体制密切相关的各个有权机关依法定权限和程序制定的各种规范性法律文件所构成的体系。法律部门，是指根据一定的标准或原则对一国全部现行法律规范所作的分类。故选 D。

4. 答案：B。法律体系是将一国的现行全部法律规范根据一定的标准和原则划分成不同的法律部门，并由这些法律部门所构成的具有内在联系的统一整体。法律体系是由国内法构成的体系，不包括完整意义的国际法即国际公法。故选 B。

5. 答案：B。划分部门法的主要依据是法律调整社会关系的对象和方法。

6. 答案：D。部门法，又称法律部门，是指一个国家根据一定的原则和标准划分的本国同类法律规范的总称。它是法律体系的有机构成部分，也是法律分类的一种形式。部门法是由调整相同种类的社会关系的法律规范组成的，因此法律规范是法律部门的基本细胞。

7. 答案：A。从广义上说，刑法部门不仅包括规范犯罪和刑罚的刑法，还包括预防犯罪、改造犯罪方面的法律规范，《社区矫正法》属于刑法部门。

8. 答案：D。《教育法》和《科学技术普及法》属于教育、科学技术、文化、体育、卫生等类的行政法律，《律师法》属于司法行政类的行政法律。故 ABC 项正确。《会计法》属于加强宏观调控方面的经济法，故 D 项错误。

9. 答案：A。《预算法》属于经济法，《慈善法》属于社会法，《证券法》属于商法，《城乡规划法》属于行政法。

1. 答案：AD。由于法律体系与规范性法律文件体系是内容与形式的关系，构建法律体系时必须考虑到规范性法律文件体系。

2. 答案：ABCD。法律体系即部门法体系，是指将一国现行的全部法律规范根据一定的标准和原则划分成不同的法律部门，并由这些法律部门所构成的具有内在联系的有机整体。

3. 答案：ABC。一国法律体系的现状与一国国家领导人的法律意识，一国的政治、经济和文化发展水平和一国的法律传统等因素都有关系。

4. 答案：CD。法律体系，即部门法体系，是指将一国现行的全部法律规范按照一定的标准和原则，划分成不同的法律部门，形成的内部一致有机联系的整体。

5. 答案：AB。当代中国主要的法律部门有宪法、民法、刑法、行政法、经济法、环境法等。

6. 答案：BD。经济关系不仅由经济法来调整，有时也由行政法、刑法等调整。新的法律部门的产生是一国经济发展、社会关系变化等多种因素共同作用的结果。

7. 答案：ABCD。具体法律制度是同类法律规范的总称，往往是法律部门的组成部分。一个具体法律制度可以从属于不同法律部门,如所有权法律制度可以从属于宪法、民法等法律部门。

8. 答案:ACD。 宪法相关法主要是规定我国的社会制度、公民的基本权利和义务、国家机关的地位、职权范围、组织与活动原则以及其他有关国家政治生活的基本问题的法律规范的总称。

9. 答案:BCD。 法系是根据历史传统但不是根据英国普通法(判例法)和欧洲大陆法典法的历史传统而对法所作的分类。

10. 答案:BD。 本题考查的是部门法的划分标准。在法的部门划分方面主要原则有:粗细恰当原则、多寡合适原则、主题定类原则、逻辑与实用兼顾原则。而在划分标准方面,法律所调整的社会关系是首要的、第一位的标准,但是法律所调整的社会关系同法律所直接保护的对象要区别开来。所以 D 是错误的。同时在第一位标准不能完成部门法的划分时,要运用社会关系的法律调整方法来划分部门法。但是我们要注意到,并不能因为我国是实行社会主义公有制的国家就否定公法、私法的划分。所以 B 是错误的。

11. 答案:BD。 法学体系是指一个国家的有关法律的学科体系,而法律体系则是指一国现行的法律规范体系。

法哲学、法理学、法律心理学、法律史学等属于法学体系,故 A 项错误、B 项正确。法律体系具有属国性,即它一般是一个主权国家的表现形式,在该主权范围内发生效力;法学体系则具有跨国性,多个不同的国家可能在法学体系方面具有相同性或相通性。故 C 项错误。法律体系是法学体系形成、建立的前提和基础。一个国家法学体系中的实体法学内容,是同法律体系中的法律部门划分相对应的。故 D 项正确。

12. 答案:AB。 《未成年人保护法》《社会保险法》属于社会法,《保险法》属于商法,《网络安全法》属于行政法。故 AB 项正确、CD 项错误。

13. 答案:ABCD。 在人类历史上,公认有五大法系,即中华法系、伊斯兰法系、印度法系、大陆法系和英美法系。

14. 答案:AC。 一个国家只有一个法律体系,故 A 项正确。法制体系包括立法体系、执法体系、司法体系、守法体系、法制监督体系等,不是法律体系,故 B 项错误。不同社会形态的法律体系并不相同,同一社会形态的法律体系、同一国家同一社会制度在不同历史时期的法律体系也不完全相同。故 C 项正确。法系是跨越历史和国度的;而法律体系只能是现行法,且只能在一个主权国家范围内构成。故 D 项错误。

名词解释

答案: 法律体系,是指一个国家的全部现行法律规范,按照一定的原则和要求,根据法律规范调整对象和调整方法的不同,划分为若干法律门类,并由这些法律门类及其所包括的不同法律规范形成相互有机联系的统一整体。一个国家只有一个法律体系。法律体系的建立与完善,是实行依法治国的前提和基础。

法律体系具有以下特征:①法律体系的性质是由社会制度的性质决定的;②法律体系的内容是由国家的国情决定的;③法律体系的发展是由社会实践的发展决定的。

简答题

1. 答案: 法律体系具有以下特征:

第一,法律体系的性质是由社会制度的性质决定的。一国的法律体系通常是由一个国家在一定的历史发展阶段形成的。由于各国的政治制度、经济制度、历史文化传统等的不同,它们各自的法律体系必然各具特点,不同社会制度国家的法律制度必然有本质的不同。当代中国的法律体系属于社会主义的法律体系,是产生于社会主义经济基础并为之服务的上层建筑。我们要建立的是中国特色社会主义法律体系,以体现人民共同意志、维护人民根本利益、保障人民当家作主为根本特征,这是社会主义法律体系与资本主义法律体系的本质区别。

第二,法律体系的内容是由国家的国情

决定的。不同社会形态的法律体系并不相同，同一社会形态的法律体系、同一国家同一社会制度在不同历史时期的法律体系也不完全相同。之所以有这些不同，主要原因在于国情的差异。中国社会主义法治建设的现实基础，就是中国仍处于并将长期处于社会主义初级阶段的基本国情没有变。我们要建立的是中国特色社会主义法律体系，必须从我国社会主义初级阶段的实际出发，从我国的基本经济、政治、文化、社会和生态文明及历史传统出发，而不能从主观愿望出发，也不能照搬外国模式。

第三，法律体系的发展是由社会实践的发展决定的。社会实践是法律的基础，法律是实践经验的总结，并随着社会实践的发展而不断发展。生产力发展了，生产关系发展了，社会发展了，法律也要发展，法律体系也要发展。由此可以看出，实践没有止境，法律体系也要与时俱进、不断创新，它必然是动态的、开放的、发展的，而不是静止的、封闭的、固定的，一定阶段所称"法律体系"只能是相对的而不是绝对的。我国社会主义制度和市场经济体制还处于自我完善和不断发展的过程中，因而反映和规范这种制度和体制的法律体系就必然具有稳定性与变动性、阶段性与前瞻性相统一的特点。

2. **答案：** 法律部门的划分标准是：（1）法律规范所调整的社会关系。（2）法律规范的调整方法。而这两个方面有着较为密切的内在关系。

第一，法律规范所调整的社会关系。法律是调整社会关系的行为准则，任何法律都有其所调整的社会关系，否则，就不能称其为法律。法律部门就是以法律所调整的社会关系的内容作为依据来划分一部法律属于哪一个法律部门的。因为这种调整社会关系的内容决定着法律规范的性质。

第二，法律规范的调整方法。法律规范所调整的社会关系虽是很重要的法律部门的划分标准，但仅仅用此作为划分标准还是不够的，因为它们既无法解释一个法律部门（如刑法法律部门）可以调整不同种类的社

会关系，也不能解释同一社会关系需由不同的法律部门来调整这一法律现象。

3. **答案：** ①宪法及其相关法。宪法是国家的根本法，它规定国家的根本制度和根本任务、公民的基本权利和义务、国家生活的基本原则和社会生活的根本准则，在法律体系中居于核心和统帅的地位，具有最高的法律效力。宪法相关法是与宪法相配套、直接保障宪法实施的宪法性法律规范的总和，主要包括四个方面的法律：有关国家机构的产生、组织、职权和基本工作制度的法律；有关民族区域自治制度、特别行政区制度、基层群众自治制度的法律；有关维护国家主权、领土完整和国家安全的法律；有关保障公民基本政治权利的法律。

②民法商法。民法商法是规范民事、商事活动的法律规范的总称，调整的是自然人、法人和其他组织之间以平等地位发生的各种社会关系，可以称为横向关系。

③行政法。行政法是规范行政管理活动的法律规范的总称，包括有关行政主体、行政行为、行政程序、行政监督以及国家公务员制度等方面的法律规范。行政法调整的是行政主体与行政管理相对人（公民、法人和其他组织）之间因行政管理活动而发生的法律关系，总体上可以称为纵向关系。

④经济法。经济法是调整因国家从社会整体利益出发对市场经济活动实行干预、管理、调控所产生的社会关系的法律规范的总称。

⑤环境资源法。中国特色社会主义法律体系按照调整对象和调整方法的不同，划分环境资源法。环境资源法是关于保护、治理和合理开发自然资源，保护环境、防止污染和其他公害，维护生态平衡的法律规范的总称。过去，环境资源法属于经济法和行政法的领域，由于调整对象的特殊性和调整方法的综合性，环境对经济和社会发展的重要性日益突出，环境资源法形成一个独立的法律部门的时机已经成熟。

⑥社会法。社会法是规范劳动关系、社会保障、社会福利和特殊群体权益保障等方

面社会关系的法律规范的总称。社会法是在国家干预社会生活过程中逐渐发展起来的一个法律门类，所调整的是政府与社会之间、社会不同部门之间的法律关系。

⑦军事法。军事法是有关国防和军队建设的法律规范的总称。

⑧刑法。刑法是规范犯罪、刑事责任和刑事处罚的法律规范的总称。从广义上说，刑法部门不仅包括规范犯罪和刑罚的刑法，还包括预防犯罪、改造犯罪方面的法律规范，如《预防未成年人犯罪法》《监狱法》《社区矫正法》等。

⑨诉讼与非诉讼程序法。诉讼与非诉讼程序法是规范解决社会纠纷的诉讼活动与非诉讼活动的法律规范的总称。我国已经制定了《刑事诉讼法》《民事诉讼法》《行政诉讼法》，分别对三种诉讼活动进行规范。此外，我国还制定了《海事诉讼特别程序法》《引渡法》《仲裁法》《劳动争议调解仲裁法》《人民调解法》等非诉讼程序法等。

💬 论述题

1. **答案**：①法律体系与法治体系。法律体系是指由一国现行的全部法律规范按照不同的法律部门分类组合而形成的一个呈体系化的有机联系的统一整体，而法治体系则是指法制运行机制和运行环节的全系统，法治体系（或法制系统）包括立法体系、执法体系、司法体系、守法体系、法制监督体系等，由这些体系组合而成的一个呈纵向的法治运行体系。法律体系着重说明的是呈静态状的法律本身的体系构成，而法治体系则包括静态的法律规范，但更着重说明的是呈动态状的运行机制系统。从相互关系来讲，法治体系包容着法律体系，而法律体系则组合在法治体系之中。

②法律体系与法学体系。首先，法学体系是指一个国家有关法律的学科体系，它属于社会科学范畴，具有意识形态和思想文化属性；而法律体系则是指一国现行的法律规范体系，属于社会规范体系范畴，是社会及个人的行为准则，有实际的法律效力，并产生实际的法律后果。一个属思想范畴，另一个属规范体系，这是两者的外在的本质区别。其次，法学体系的内容和范围比法律体系的内容和范围要大得多，如法学体系有法理学、法律心理学、法律史学等；而作为规范体系的法律体系则不含有这些内容。最后，法律体系具有属国性，即它一般是一个主权国家的表现形式，在该主权范围内发生效力；而法学体系则具有跨国性，多个不同的国家可能在法学体系方面具有相同性或相通性，相互间可以学习、交流、借鉴。

③法律体系与法系。法系是指由不同的国家或地区在历史上所形成的具有相同法的结构和法的表现形式（法的渊源）的一种法的类型。法系的概念更多地表达的是一种法律传统，它是跨越历史和国度的。而法律体系则指的是一国内由现行法律规范组合而成的法律部门的统一整体。它只能是现行法，而且也只能在一个主权国家范围之内构成。在人类历史上，公认有五大法系，即中华法系、伊斯兰法系、印度法系、大陆法系、英美法系，它们都是跨越历史和国度的法律传统。

2. **答案**：中国特色社会主义法律体系的形成并不意味着立法任务已经结束，而是要不断完善发展。完善中国特色社会主义法律体系，要贯彻立法先行、立改废释并举的方针。一方面，要把握轻重缓急，抓紧研究制定基本的、急需的、条件成熟的法律，特别是在中国特色社会主义法律体系中起支架作用、必不可少的重要法律。对于制定法律的条件尚不够成熟的立法项目，可由国务院先行制定行政法规，待条件成熟时再制定为法律。国务院和有立法权的地方人大及其常委会，要抓紧制定与法律相配套的有关行政法规和地方性法规。另一方面，要坚持立、改、废、释并重，及时修改那些与改革发展形势不相适应的法律法规，并适时进行法律解释，有计划、有重点、有步骤地开展法律的清理和编纂工作，不断拓展法律规范覆盖社会生活的广度，强化法律规范调整社会关系的力度，使法律规范更好地适应经济、政治、文化和社会协调发展的需要。总之，要通过不懈努力，最终建立起门类齐全、结构严谨、内部协调、体例科学的完备的中国特色社会主义法律体系。

当前，完善我国法律体系，要加快重要领域、新兴领域和涉外领域立法，包括：

（1）完善社会主义市场经济法律制度。社会主义市场经济本质上是法治经济。为了使市场在资源配置中起决定性作用和更好发挥政府作用，必须以保护产权、维护契约、统一市场、平等交换、公平竞争、有效监管为基本导向，完善社会主义市场经济法律制度。健全以公平为核心原则的产权保护制度，加强对各种所有制经济组织和自然人财产权的保护，清理有违公平的法律法规条款。创新适应公有制多种实现形式的产权保护制度，加强对国有、集体资产所有权、经营权和各类企业法人财产权的保护。国家保护企业以法人财产权依法自主经营、自负盈亏，企业有权拒绝任何组织和个人无法律依据的要求。加强企业社会责任立法，完善激励创新的产权制度、知识产权保护制度和促进科技成果转化的体制机制。加强市场法律制度建设，加强同《民法典》相关联、相配套的法律法规制度建设，制定和完善发展规划、投资管理、土地管理、能源和矿产资源、农业、财政税收、金融等方面的法律法规，促进商品和要素自由流动、公平交易、平等使用。依法加强和改善宏观调控、市场监管，反对垄断，促进合理竞争，维护公平竞争的市场秩序。

（2）完善社会主义民主政治法律制度。制度化、规范化、程序化是社会主义民主政治的根本保障。以保障人民当家作主为核心，坚持和完善人民代表大会制度，坚持和完善中国共产党领导的多党合作和政治协商制度、民族区域自治制度以及基层群众自治制度，推进社会主义民主政治法治化。加强社会主义协商民主制度建设，推进协商民主广泛多层制度化发展，构建程序合理、环节完整的协商民主体系。完善和发展基层民主制度，依法推进基层民主和行业自律，实行自我管

理、自我服务、自我教育、自我监督。完善国家机构组织法，完善选举制度和工作机制。加快推进反腐败国家立法，完善惩治和预防腐败体系，形成不敢腐、不能腐、不想腐的有效机制，坚决遏制和预防腐败现象。完善惩治贪污贿赂犯罪法律制度，把贿赂犯罪对象由财物扩大为财物和其他财产性利益。

（3）完善社会主义文化建设法律制度。建立健全坚持社会主义先进文化前进方向、遵循文化发展规律、有利于激发文化创造活力、保障人民基本文化权益的文化法律制度。制定文化产业促进法，把行之有效的文化经济政策法定化，健全促进社会效益和经济效益有机统一的制度规范。加强互联网领域立法，完善网络信息服务、网络安全保护、网络社会管理等方面的法律法规，依法规范网络行为。

（4）完善社会主义社会建设法律制度。加快保障和改善民生、推进社会治理体制创新法律制度建设。依法加强和规范公共服务，完善教育、就业、收入分配、社会保障、医疗卫生、食品安全、慈善、社会救助，以及妇女儿童、老年人、残疾人合法权益保护等方面的法律法规。加强社会组织立法，规范和引导各类社会组织健康发展。

（5）完善社会主义公共安全和国家安全法律制度。贯彻落实总体国家安全观，加快国家安全法治建设，抓紧出台一批急需法律，推进公共安全法治化，构建国家安全法律制度体系。

（6）完善社会主义生态文明建设法律制度。用严格的法律制度保护生态环境，加快建立有效约束开发行为和促进绿色发展、循环发展、低碳发展的生态文明法律制度，强化生产者环境保护的法律责任，大幅度提高违法成本。建立健全自然资源产权法律制度，完善国土空间开发保护方面的法律制度，制定完善生态补偿和土壤、水、大气污染防治及海洋生态环境保护等法律法规，促进生态文明建设。

（7）完善新兴领域立法。聚焦共享经济、互联网金融、生物科技、人工智能等新

兴领域，尽快出台相关法律法规，引导新模式、新业态、新科技在法治轨道上创新发展，将风险和负面效应降到最低限度。

（8）完善涉外领域立法。聚焦涉外民事、商事、行政、刑事等重要领域，抓紧制定急需的法律法规，加快中国法域外适用的法律体系建设，为依法维护中国的主权、安全和发展利益提供立法保障。

需要强调的是，构建中国特色社会主义法律体系，不能简单地按照外国的法律体系对号入座，不加分析地照搬、照套。由于国情不同，需要用法律手段解决的问题不同，外国有的法律，我们不一定就要制定，外国没有的法律，我们不一定就不需要制定。此外，还要注意处理好法律手段与其他社会调整手段的关系。调整社会关系的手段历来是多种多样的，除法律规范外，还有市场机制、社会习惯、道德规范以及管理经验、科学技术等手段，要充分发挥它们在调整社会关系中的协同和互补作用。

第九章　权利和义务

1. **答案：A。**婚姻自由是基本权利，但基本权利也有它的边界，其行使不能超出这个边界，如不能侵犯其他基本权利或他人的合法权利，故 A 项错误。合宪性解释，简单地说就是依据宪法作出解释，故 C 正确。BD 易知正确。

2. **答案：C。**A 项表述明显错误。B 项，古代法律中，支配权不仅指财产权，更指身份权。D 项，平等主体之间不存在人身依附和相互支配，但他们的自由不能超越法律的界限。故 ABD 项错误，C 项表述正确。

3. **答案：B。**B 项错误，宪法规定的文化生活权利，指的是科学研究、文学艺术创作和其他文化活动的自由，苏某的安居权不在此列。D 项正确，苏某享有和行使安居权的同时，也负有尊重他人权利（养鸽权）的义务，在必要的范围内负有容忍的义务。AC 项表述正确。综上，本题的正确答案为 B。

4. **答案：A。**自由权是指权利人可以自主决定作出一定行为而不受他人干预的权利，它是法律权利的核心，是其他权利要素存在的基础。请求权是法律权利的实体内容，诉权是其保障手段。故选 A。

5. **答案：D。**关于权利的本质，自由说认为，权利即自由；意思说认为权利是法律赋予人的意思力或意思支配力；利益说认为，权利就是法律所保护的利益；折中说认为，权利是保护利益的意志力和依意志力所保护的利益。故选 D。

6. **答案：D。**在剥削阶级社会的法律制度中，权利和义务在数量分配上出现了不平衡，但在总量上是相等的；而在社会主义法律制度实行"权利义务相一致"，权利和义务在数量分配上达到了平衡。

7. **答案：D。**基本权利是宪法所规定的，人们在政治生活、经济生活、文化生活、社会生活中的根本权利。它是与普通权利相对的概念。普通权利是宪法以外的普通法律所规定的权利。

8. **答案：C。**绝对义务，又称对世义务，是相对应不特定法律主体的义务；相对义务，又称对人义务，是对应特定法律主体的义务，故选 C。

9. **答案：D。**法律义务，即由法律规定作为法律关系主体（义务主体或承担义务人）应这样行为或不这样行为的一种限制或约束。前一种情况是行为的义务，后一种情况是不行为的义务，两种情况合称"令行禁止"。

10. **答案：A。**人身权利是每个人都享有的，它既不属于特殊权利也不属于职权，而是绝对权。

11. **答案：B。**履行义务可以采用作为方式，也可以采用不作为方式，取决于法律的要求和具体情况。

12. **答案：B。**姓名权属于法定权利，《民法典》《著作权法》等均有相关规定。故 A 错误。姓名权是绝对权，对应不特定的义务人。故 C 错误。冒犯原则也就是公序良俗原则，该原则认为法律禁止那些虽不伤害别人但冒犯别人的行为是合理的。王甲的行为已经误导了读者，侵害了原告的合法权益。故 D 错误。法律原则可以弥补规则漏洞，纠正不正义的规则，故 B 正确。

13. **答案：D。**法律没有明确规定看望老人的次数，法官可以行使自由裁量权，故 A 项正确。《老年人权益保障法》第 18 条中只有假定（家庭成员）和行为模式（应为和勿为），没有规定忽视、冷落老年人的法律后果，故 B 项正确。消极义务的内容是不作为，积极义务的内容是作为。"应当关心老年人的精神需求""应当经常看望或问候老年人"属于积极义务；"不得忽视、冷落老年人"属于消极义务。故 C 项正确。"常回家看看"已经从道德义务转化为法律义务，法院判决是依据法律规定作出的，故 D 项错误。

14. 答案：D。依据权利和义务的存在形态，可分为应有权利和义务、习惯权利义务、法定权利和义务、现实权利和义务。根据权利和义务所体现的社会内容即它们在权利义务体系中的地位、功能及社会价值的差别，可分为基本权利和义务与普通权利和义务。故 ABC 项正确、D 项错误。

15. 答案：B。权利和义务在数量上是等值的。一个社会的权利总量和义务总量是相等的。在一个社会，无论权利和义务怎样分配，不管每个社会成员具体享有的权利和承担的义务怎样不等，也不管规定权利与规定义务的法条数量是否相等，在数量关系的"绝对值"上，权利与义务总是等值或等额的。故选项 A 错误。法是以权利和义务机制来指引人们的行为、调整社会关系的，并且是在权利和义务的互动中运行的。权利和义务各有其独特而总体上又互相补充的功能。故选项 B 正确。在法律体系即权利义务体系中，权利和义务的地位并非不相伯仲，而是有主要与次要、主导与非主导之分的，故选项 C 错误。权利提供不确定的指引，义务提供确定的指引。权利指引给人们较大的自我选择余地，它们预设的法律后果带有较大的或然性即不确定性。而义务通常与某种不利的或者说人们不希望发生的后果相连，为了避免这种结果的发生，人们就必须作出法律要求的行为，抑制法律禁止的行为，而不容义务主体任意选择。因此，义务指引能够产生确定的结果，故选项 D 错误。

16. 答案：D。权利主体在行使其权利的过程中，只受法律限制，而确定这种限制的目的又在于保证对其他主体的权利给予应有的、同样的承认、尊重和保护，以创造一个尽可能使所有主体的权利都得以实现的自由、公平而且安全的法律秩序。法律的力量仅限于禁止个人损害别人的权利，而不能禁止其行使自己的权利。

多项选择题

1. 答案：AC。积极义务是指行为人必须根据权利的内容做出一定行为的义务，也叫作为义务，如赡养父母、抚养子女、纳税、服兵役等。消极义务是指义务人不得做出一定行为的义务，也叫不作为义务，如不得破坏公共财产、禁止非法拘禁、严禁刑讯逼供等。故 AC 正确，B 错误。D 项属于权利的范畴，不选。

2. 答案：CD。法律权利和法律义务是相互依存的，在数量上是相等的，但在剥削阶级社会，权利义务往往是不等量的。

3. 答案：ABCD。权利的本质是由法律规范所决定，得到国家的认可和保障。权利是权利主体按照自己的愿望来决定是否实施某种行为，因而具有一定程度的自主性。权利是为了保护一定利益所采取的法律手段，与利益紧密相连。权利的实现是以义务为保障的。

4. 答案：ABCD。法律义务是指法律规定人们必须做出某种行为或者不得做出某种行为。它与法律权利密切相关，体现了人们行为的不可选择性。

5. 答案：ABC。作为法律规范内容的权利义务是有待于实现的法律权利和法律义务，属于可能性领域；法律关系主体的权利义务是法律关系主体在实施法律活动过程中所实际享有的权利和正在履行的义务，属于现实性领域。前者针对的是一国之内所有不特定的主体，具有一般的普遍的法律效力；后者针对的主体是特定的，仅对特定的主体有效。

6. 答案：ABCD。权利一词可以在不同意义上使用，如道德权利、自然权利、习惯权利、法律权利，等等。

7. 答案：AB。基本义务是宪法所规定的公民的根本义务，绝对义务是与不特定法律关系主体相对应的义务。

8. 答案：BCD。权利能力是指能够参与一定的法律关系，依法享有一定权利和承担一定义务的法律资格，是法律关系主体实际取得权利、承担义务的前提条件。一国所有公民自出生起即具有权利能力，不以认识和控制能力为前提。权利能力在法律关系中体现为权利。

9. 答案：BD。 一般义务亦称对世义务，其特点是无例外地适用于每个人，每个义务主体无特定的权利人与之相对，故 AC 项正确。一般义务的内容通常不是积极的作为，而是消极的不作为，故 B 项错误。婚姻家庭关系中夫妻之间的权利和义务属于特殊义务，其特点是义务主体有特定的权利主体与之相对，义务主体应当根据权利主体的合法要求作出一定行为，以其给付、协助等行为使特定权利主体的利益得以实现，故 D 项错误。

10. 答案：AC。 第一性权利亦称原有权利，是直接由法律赋予的或由法律授权的主体依法通过其积极活动而创立的权利，如财产所有权、缔约权、合法契约中双方当事人的权利。第二性权利亦称补救权利或救济权利，是在原有权利受到侵害时产生的权利，如诉权、恢复合法权益请求权。故 AC 项正确、BD 项错误。

11. 答案：ABC。 国家权利是国家作为法律关系的主体以国家或社会的名义所享有的各种权利。集体权利是社会团体、企事业组织、法人等集体所享有的各种权利。人类权利是指人类作为一个整体或地球上的所有居民共同享有的权利。个体权利是自然人依法享有的政治权利、经济权利、文化权利和社会权利，通常叫作公民权利。检察权属于国家权利，故 A 项错误。环境权属于人类权利，不属于集体权利，故 B 项错误。和平权属于人类权利，故 C 项错误。监督权是自然人依法享有的政治权利，属于个体权利，故 D 项正确。

名词解释

1. 答案： 基本权利和义务是人们在国家政治生活、经济生活、文化生活和社会生活中的根本权利和义务，是源于社会关系的本质，与主体的生存、发展、地位直接相关的权利和义务，是人生而有之且不可被剥夺、转让、规避并为社会所公认的权利和义务，因而也可说是"不证自明的权利和义务"。基本权

利和义务是人们在基本政治关系、经济关系、文化关系和社会关系中所处地位的法律表现，一般由宪法或基本法确认或规定。

2. 答案： 一般权利亦称对世权利，其特点是权利主体无特定的义务人与之相对，而以一般人（社会上的每个人）作为可能的义务人。它的内容是排除他人的侵害，通常要求一般人不得作出一定的行为。国家的安全权、独立权以及公民的各项自由权、财产权等均属此类权利。一般义务亦称对世义务，其特点是无例外地适用于每个人，每个义务主体无特定的权利人与之相对。一般义务的内容通常不是积极的作为，而是消极的不作为。

简答题

1. 答案： 法律权利与义务有着紧密的联系。

（1）法律权利与义务是一种相辅相成的关系，有权利即有义务，有义务即有权利，两者互为目的、互为手段。

（2）从人的社会性来看，人总是在社会中生活，人与人之间总存在合作（或冲突）关系，必须和其他人一起生活，必须有规范和调整人们相互关系的法律形式，即法律意义上的权利和义务。

（3）从我国现行法律、法规来看，都分别规定着相应的权利和义务。

法律权利与义务的关系反映一定的社会关系，体现人们在社会生活中的地位及其相互关系。法律权利与义务在不同社会有不同的关系。在阶级对抗社会，法律权利与义务两者往往不统一，往往是一部分人只享受权利而不尽义务，另一部分人只尽义务而没有权利。在社会主义社会，法律权利与义务变得具有一致性，不允许有只享受权利而不履行义务的人，也不允许有只尽义务而不享受权利的人。

另：权利与义务的关系是极具法理意义的基本问题。我们可以把权利与义务的关系概述为结构上的相关关系、数量上的等值关系、功能上的互补关系、价值上的主次关系。

①结构上的相关关系。权利与义务是互相关联、对立统一的。权利与义务一个表征

利益，另一个表征负担；一个是主动的，另一个是受动的。就此而言，它们是法这一事物中两个分离的、相反的成分和因素，是两个互相排斥的对立面。同时，它们又是相互依存，相互贯通的。相互依存表现为权利和义务不可能孤立地存在和发展，它们的存在和发展必须以另一方的存在和发展为条件。

②数量上的等值关系。权利和义务在数量上是等值的。首先，一个社会的权利总量和义务总量是相等的。在一个社会，无论权利和义务怎样分配，不管每个社会成员具体享有的权利和承担的义务怎样不等，也不管规定权利与规定义务的法条数量是否相等，在数量关系的"绝对值"上，权利与义务总是等值或等额的。其次，在具体法律关系中，权利和义务互相包含。权利的范围就是义务的界限，义务的范围也就是权利的界限。因而，一方面，权利主体超越义务范围，要求义务主体去从事"超法义务"或"法外义务"就是非法主张，义务主体有权拒绝；另一方面，权利主体有资格要求义务主体不折不扣地履行义务，以保障其权利的实现。

③功能上的互补关系。法是以权利和义务机制来指引人们的行为、调整社会关系的，并且是在权利和义务的互动中运行的。权利和义务各有其独特而总体上又互相补充的功能。第一，权利直接体现法律的价值目标，义务保障价值目标和权利的实现。第二，权利提供不确定的指引，义务提供确定的指引。第三，确定指引与不确定指引标识着义务与权利另一功能上的差别：义务以其强制某些积极行为发生、防范某些消极行为出现的特有的约束机制而更有助于建立秩序，权利以其特有的利益导向和激励机制而更有助于实现自由。

④价值上的主次关系。从价值意义或综合价值的视角看，在法律体系即权利义务体系中，权利和义务的地位并非不相伯仲，而是有主要与次要、主导与非主导之分的。在我国，由于各个历史时期的社会经济、文化、政治的性质和结构不同，法律的价值取向不同，权利与义务何者为本位是历史变化着的：古代法律总体上是以义务为本位的，现代法律是或应当是以权利为本位的。

2. **答案**：法律权利反映一定的社会物质生活条件所制约的行为自由，是法律所允许的权利人为了满足自己的利益而采取的、由其他人的法律义务所保证的法律手段。法律权利的特点是：①权利受到一定的社会物质生活条件的制约，法律权利的根源是一定物质生活条件所允许的人们的行为自由，法律赋予主体权利的程度取决于社会经济结构可能允许的人们自由度的大小。②它来自法律规范的规定，得到国家的确认和保障，但法律规范不能任意规定法律权利，什么权利能够进入法律规范，成为法定权利，归根结底取决于一定的社会物质生活条件。③它是保证权利人利益的法律手段，权利与利益有着密切的联系，但权利并不等于利益，权利人实现自己利益的行为是法律权利的社会内容，而权利则是这一内容的法律形式。④它是与义务相关联的概念，离开义务就无法理解权利，如果没有义务人的法律义务的保证，权利人的权利就不可能行使。⑤它确定权利人从事法律所允许的行为的范围，在这一范围内，权利人满足自己利益的行为或要求义务人从事一定行为是合法的，而超过这一范围，则是非法的或不受法律保护的。

3. **答案**：法是以权利和义务为机制调整人的行为和社会关系的。权利和义务贯穿于法律现象逻辑联系的各个环节、法的一切部门和法律运行的全部过程。

首先，权利和义务是从法律规范到法律关系再到法律责任的逻辑联系的各个环节的构成要素。权利和义务是法律规范的核心内容。

其次，权利和义务贯穿于法的一切部门。权利和义务通贯法运行和操作的整个过程。法的运作以立法为起点，以执法、守法、司法、法制监督为主要环节。

最后，权利和义务全面地表现和实现法的价值。权利、义务是法的价值得以实现的方式，正是通过权利和义务的宣告与落实，统治阶级把自己的价值取向和价值选择变为国家和法的价值取向和选择，并借助国家权威和法律程序来实现。

4. 答案：对权利和义务，可以从不同的角度、按照不同的标准进行分类。对权利和义务进行分类，是为了更好地把握权利、义务的属性与功能，更好地在实践中体现权利、义务的价值。

①依据权利和义务的存在形态，可分为应有权利和义务、习惯权利和义务、法定权利和义务、现实权利和义务。

②根据权利和义务所体现的社会内容即它们在权利义务体系中的地位、功能及社会价值的差别，可分为基本权利和义务与普通权利和义务。

③根据权利和义务对人们的效力范围的不同，可分为一般权利和义务与特殊权利和义务。

④根据权利之间、义务之间的因果关系，可将权利和义务划分为第一性权利和义务与第二性权利和义务。

⑤根据权利主体依法实现其意志和利益的方式，可将权利和义务划分为行动权利和消极义务与接受权利和积极义务。

⑥根据权利主体的不同，可将权利和义务划分为个体权利和义务、集体权利和义务、国家权利和义务、人类权利和义务。

💬 论述题

答案：法律权利是规定或隐含在法律规范中、实现于法律关系中的，主体以相对自由的作为或不作为的方式获得利益的一种手段；法律义务是设定或隐含在法律规范中、实现于法律关系中的，主体以相对抑制的作为或不作为的方式保障权利主体获得利益的一种约束手段。这表明：

第一，作为法学核心范畴的权利和义务，是由法律明文规定的，或包含在法律规范逻辑中的，或至少可以从法律精神和原则中推断出来的。在这个意义上，也可以说权利和义务是"实在"的。虽然人们可以提出"自然权利""自然义务"等口号，用以主张新的权利或应有权利，虽然法学研究不应局限于罗列或赞美已由法律加以确认或规定的权利，不能对应由法律承认和保护的权利不管不问，但在得到法律或法律机关承认、确认之前，法外的权利主张只是一种主观要求，没有客观的法律效力。"具体的权利不仅从抽象的法中获得生命和力量，它也还抽象的法以生命和力量。"

第二，任何法律上的权利和义务都是社会上占支配地位的阶级（统治阶级）或集团（统治集团）的意志的体现，是该阶级或集团及其所代表的社会的价值观念和根本利益的体现，即它们是从占支配地位的阶级或集团的价值观点和标准出发，由法律所确立的确认在人们互相冲突和重叠的利益之间什么是正当的、应由法律加以承认和保护的，以及有关正当行为的类型和尺度的规定。

第三，权利和义务都有明确的界限。首先，权利和义务所体现的利益以及为追求这种利益而采取的行动，是被限制在占支配地位的阶级或集团的根本利益和社会普遍利益之中的，是受社会的经济结构以及社会的文化发展水平制约的，即以社会承受能力为限。其次，权利和义务是互为界限的。最后，任何权利和义务在行使和履行时都有程度上的限定，即都有一定的度，超越这个度，权利和义务就失去其原有的性质。如果权利义务界限确定得适当，符合社会物质生活条件所提供的可能，可以带来社会的稳定和发展；反之，就会引发政治动荡、经济迟滞、社会失序甚至破坏社会的发展。立法者的基本任务就在于根据政治优选法的原理，正确地划分权利和义务的界限，合理地分配权利和义务。

第四，权利和义务归根结底都是工具，而不是目的。权利义务的工具性首先表现为它们是国家分配利益和负担，从而维护和促成一定阶级（集团）的利益或社会的普遍利益，实现政治经济统治和公共管理（社会控制）的手段。其次表现为它们是社会成员或其集体实现主体自我利益的手段。不管权利的具体内容如何，每项权利的享有和行使都同主体获取一定利益联系在一起。从更深层次上讲，没有对利益这一目的的关注，就不会产生对权利这一工具的需要，利益永远是权利形成的动机。当然，作为权利之基础的利益不能是纯粹个人的利益或仅仅与个人有关的利益，而是能够被人们普遍享有、获得广泛关注的利益，即可以或可能互相竞争的利益，正是这种利益的竞争推进着权利和法律的变化和发展。

第五，和义务相比，权利具有能动性和可选择性。权利的能动性和可选择性意味着法律权利给了权利主体在法定范围内为实现利益要求而表现意志、作出选择、从事一定活动的自由，包括在一定条件下转让权利或交换权利的自由，以及放弃某些可与人身相分离的权利的自由。权利主体可以自主决定其是否实际享有、行使或实现某种权利，而不是被迫享有、行使或实现该权利。义务则是受动的，在任何情况下，义务主体都不能自行放弃义务，更不能拒不履行法律义务。对于是否履行义务，义务主体是无法选择的，除非有一个更紧迫的义务发生，以致义务主体不得不先履行后者。

第十章　法律行为

单项选择题

1. **答案**：A。以是否以人们的意志为转移作为标准，可以将法律事实分为法律事件和法律行为。法律事件是法律规范规定的不以当事人的意志为转移的客观事实；法律行为是以当事人的意志为转移的客观行为。

2. **答案**：C。根据行为的法律性质，可以将法律行为分为合法行为与违法行为、公法行为与私法行为、实体法行为与程序法行为，个人行为、集体行为和国家行为是按照行为主体的性质和特点进行的分类。

多项选择题

1. **答案**：AB。我国结婚采用登记制，登记后才有效，房屋转让也须登记才有效。

2. **答案**：ABC。本题考查的是关于违法行为的概念。关于违法行为的构成要素一般包括五个方面，第一，违法行为以违反法律为前提；第二，违法行为必须是某种违反法律规定的行为；第三，违法行为必须是在不同程度上侵犯法律上所保护的社会关系的行为；第四，违法行为一般必须有行为人的故意或过失，但是在行政法领域，一般实行的是过错推定原则，在民法领域也有无过错原则的适用；第五，违法者必须具有法定责任能力和法定行为能力。

3. **答案**：ABD。意志性是法律行为的基本特征之一，故 A 项正确；主体是构成法律行为的必备要件，且社会活动的参与者能否成为法律行为主体由法律进行规定，故 B 项正确；根据法律行为是否符合法律的要求，法律行为可被分为合法行为和违法行为，因此违法行为也能是法律行为，故 C 项错误；根据行为发生的效力，只有一方主体作出行为即能发生效力的是单方法律行为，需两方以上主

体共同作出行为方能发生效力的为多方行为，故 D 项正确。

名词解释

1. **答案**：法律行为构成的客观要件，又称"法律行为构成之体素"，是法律行为外在表现的一切方面，大体上分三点说明：

    第一，外在的行动（行为）。即人们通过身体或言语或意思而表现于外在的举动。

    第二，行为方式（手段）。这是指行为人为达到预设的目的而在实施行为过程中所采取的各种方式和方法。

    第三，具有法律意义的结果。

2. **答案**：法律行为构成的主观要件又称"法律行为构成之心素"，是法律行为内在表现的一切方面，它们是行为主体在实施行为时一切心理活动、精神状态及认知能力的总和。主要包括两个方面：

    第一，行为意思（意志）。它是指人们基于需要、受动机支配、为达到目的而实施行为的心理状态。包括三个层次，即需要、动机、目的。

    第二，行为认知。即人对自己行为的法律意义和后果的认识。

3. **答案**：法律行为的确认就是指由法律规定的机关或个人审查在形式上符合构成要件的行为是否具有法律意义和效力，并给予法律上的认定。

4. **答案**：根据行为是否通过意思表示，可以把法律行为分为表示行为和非表示行为。表示行为是指行为人基于意思表示而作出的具有法律意义的行为。非表示行为是指非经行为者意思表示而基于某种事实状态即具有法律效果的行为，如民法上的先占、遗失物的拾得、埋藏物的发现等。这种基于事实而生效力的行为，在法学上又被称为事实行为。

5. **答案**：根据行为是否需要特定形式或实质要

件，可以把法律行为分为要式行为和非要式行为。要式行为，是指必须具备某些特定形式或程序才能成立的法律行为。非要式行为，是指无须特定形式或程序即能成立的法律行为。

6. **答案：**根据行为之有效程度，可以把法律行为分为完全行为和不完全行为。完全行为，是指发生完全的法律效力的行为。不完全行为，是指仅有部分效力或不发生效力的法律行为，其中包括无效的法律行为、效力未定的法律行为和失效的法律行为等。

📝 简答题

1. **答案：**（1）违法行为以违反法律为前提。行为违反法律，是对法律的蔑视和否定，是对现行法律秩序的破坏，因此要通过追究法律责任、施加法律制裁来否定违法行为，恢复法律秩序。

（2）违法行为必须是某种违反法律规定的行为。确认违法必须以人的行为作为客观依据。

（3）违法行为必须是在不同程度上侵犯法律上所保护的社会关系的行为。

（4）违法行为一般必须有行为人的故意或过失。

（5）违法者必须具有法定责任能力或法定行为能力。

2. **答案：**所谓法律行为，就是人们所实施的，能够发生法律上效力、产生一定法律效果的行为。

（1）法律行为是具有社会意义的行为。法律行为不是一种纯粹自我指向的行为，而是一种社会指向的行为。法律行为的发生，一定是对行为者本人以外的其他个人或集体、国家之利益和关系产生直接或间接的影响，人在社会中生活，个人利益与社会利益一致，或者与社会利益产生矛盾和冲突。

（2）法律行为具有法律性。所谓法律性，是指法律行为由法律规定、受法律调整、能够发生法律效力或产生法律效果。具体来说，首先，法律行为是由法律所调整和规定的行为。由于行为具有社会指向，并且可能造成社会矛盾、冲突和社会危害，它们才有可能也有必要受到法律的调整。其次，法律行为是能够发生法律效力或产生法律效果的行为。所谓能够发生法律效力，具有两层含义：①法律行为往往是交互性的，处在一定的关系（法律关系）之中，或对其他行为有支配力（如行使权力的行为），或受其他行为的支配（如履行义务的行为）。②法律行为一旦形成，就受法律的约束或保护。

（3）法律行为是能够为人们的意志所控制的行为，具有意志性。法律行为是人实施的行为，自然受人的意志的支配和控制，反映了人们对一定的社会价值的认同、对一定的利益和行为结果的追求以及对一定的活动方式的选择。在法律行为的结构中，只存在意志和意识能力强弱的差别，即有时候人们完全按照自我意志来实施法律行为，有时候则可能并不完全出于自由意志实施某种行为，但它本身不是一个意志的有无问题。在法律上，纯粹无意识（无意志）的行为（如完全的精神病人所实施的行为），不能看作法律行为。

3. **答案：**由于法律调整的对象不同，立法、司法实践技术的要求不同，法律行为分类的标准在逻辑上可能是多角度的。我们可以根据行为主体的性质和特点分类，可以根据行为的法律性质分类，也可以根据行为的表现形式与相互关系分类，或者根据行为构成要件分类。

根据行为主体的性质和特点，可被分为个人行为与集体行为和国家行为、单方行为与多方行为、自主行为与代理行为；根据行为的法律性质，可被分为合法行为与违法行为、公法行为与私法行为、实体法行为和程序法行为；根据行为的表现形式与相互关系，可被分为积极行为与消极行为、主行为与从行为。

💬 论述题

1. **答案：**人们的行为可分为法律上有意义的行为（即法律行为）和法律上无意义的行为（即法律不过问的行为）。人们的行为又可分为合法行为和不合法行为（违法行为）。广义的合法行为指法律所不禁止的一切行为。一切行为只要法律未禁止，就是允许的。而严格意义的合法行为指社会关系参加者符合法律规定的、对社会有益或至少无害的，从而受法律保护的行为。

合法行为的特点包括：

（1）合法行为是法律上有意义的，处于法律调整范围内，且符合法律规定和法律原则的行为。（2）合法行为是有益于该社会或至少是无害的、无社会危害性的行为。（3）合法行为是一定社会必然要求的、希望的或允许的行为。（4）合法行为是受国家所保障和保护的行为。

合法行为的种类依其分类标准的不同而不同：

（1）按行为所实现的法律规范性质的不同，可分为禁令的遵守、积极义务的履行、合法权利的享有和法的适用。

（2）按行为人的内心动机和心理期望可以分为：第一类，由于深刻理解并确信法律规定的必要性和合理性而做出的合法行为。第二类，对法律规定并无全面深刻理解，而仅仅出于对法律规定的服从而做出的合法行为。这类行为也称为顺应行为。第三类，行为符合法律的规定，但是在国家制度下做出的，是出于对惩罚的惧怕。

（3）按照行为主体的不同，可以分为自然人的合法行为、法人的合法行为、国家机关及其公职人员的合法行为。

（4）按照是否产生奖励性后果，可将合法行为分为一般的合法行为、受奖励的合法行为。

（5）按行为是作为还是不作为，可将合法行为分为作为的合法行为与不作为的合法行为。前者指符合法律规定或法律原则的积极行为，后者指人们遵守禁止性规范的行为以及某些法律中规定的"默示"行为。

2. 答案：法律行为由客观构成要件和主观构成要件两部分构成：

（1）法律行为构成的客观要件

法律行为构成的客观要件，又可称为"法律行为构成之体素"，是法律行为外在表现的一切方面。

①外在的行动（行为）。即人们通过身体或言语或意思而表现于外在的举动。行动，是法律行为构成的最基本的要素，它是法律行为主体作用于对象的中介及方式。没有任何外在行动的法律行为是不存在的。法律行为之外在行动（行为）大体上分为两类：其一，身体行为；其二，语言行为。后者又包括两种：书面语言行为；言语行为。言语行为分三类：以言表意行为；以言行事行为；以言取效行为。

②行为方式（手段）。这是指行为人为达到预设的目的而在实施行为过程中所采取的各种方式和方法。其中包括：行动的计划、方案和措施；行动的程式、步骤和阶段；行动的技术和技巧；行动所借助的工具和器械；等等。

③具有法律意义的结果。没有结果的行为，一般不能视为法律行为。法律通常根据行为的结果来区分行为的法律性质和行为人对行为负责的界限和范围。

（2）法律行为构成的主观要件

所谓"主观要件"，又称"法律行为构成之心素"，是法律行为内在表现的一切方面。它们是行为主体在实施行为时一切心理活动、精神状态及认知能力的总和。主要包括两个方面：①行为意思（意志）。它是指人们基于需要、受动机支配、为达到目的而实施行为的心理状态。包括三个层次，即需要、动机、目的。②行为认知。即行为人对自己行为的法律意义和后果的认识。

3. 答案：法律行为有其法律形式和社会活动内容，它的意义也正由这两个方面表现出来：

（1）在法律形式方面：法律行为的法律形式存在于实证法当中，它是法律所设立的行为模式，由法律规范的规定表现出来。法律规范中所表达的法律行为模式，承载着法律的价值追求，体现着社会对行为调整的要求，特别包含为实现特定调整目的而具有的法律调整技术。

（2）在社会内容方面：法律行为的社会

活动内容存在于社会活动领域，是人们具体和现实的法律活动，它是法律的运作，是规范的现实化，是活的法律。现实活动中的法律行为构成了现实的法律秩序，其中合法行为具有特别重要的意义。法律行为模式所包含的价值内容和行为要求，都是通过人们的合法行为实现的，由此，合法行为实现着法的各种功能。违法行为对于法的价值来说是产生负面意义的，因此受到法律的否定，而作为违法行为否定性评价后果的法律责任，其实现仍旧依赖于合法行为。

第十一章 法律关系

单项选择题

1. **答案**：A。A项，法官正是基于该协议，判决住房归韩某。可见，该协议不仅具有道德上的约束力，也具有法律上的约束力。故选A，BCD表述正确。

2. **答案**：B。A项表述正确。B项，"法律家长主义"原则主要是为了保护潘桂花，因其精神障碍不能真实反映其意志，而不是针对李能的行为，故B项表述不正确。C项，法律关系主体构成资格，包括权利能力和行为能力。限制民事行为能力人的认定是对潘桂花行为能力即主体构成资格的认定，故C项正确。D项表述准确。

3. **答案**：B。法律关系客体，是权利主体的权利和义务所指向的对象。

4. **答案**：B。在法学上，常常把两个或两个以上的法律事实所构成的一个相关的整体称为"事实构成"。

5. **答案**：C。社会物质生活条件是国家意志内容的最终决定因素，它是法的第二层次的本质。社会物质生活条件一般指生产方式，也是社会经济基础，因而法是建立在经济基础之上的上层建筑。既不能从"唯意志论"来理解法的本质，认为法是以意志为基础的，甚至认为法能创造社会经济关系；也不能否认法的阶级意志而仅讲法是物质生活条件的反映，这也等于将法与经济规律混为一谈。

6. **答案**：C。依《民法典》第143条规定，行为人具有相应的民事行为能力是民事法律行为生效的要件之一。8周岁以上的未成年人系限制行为能力人，限制行为能力人所实施的与其年龄、智力、精神状态不相适应的行为是无效的。因此C中的行为人所实施的行为不能构成法律关系。

7. **答案**：C。甲乙之间的法律关系属于行政法律关系，属于典型的纵向法律关系，且不需

要主体具有民事行为能力，故AB项错误。法律关系的形成需要根据相应的法律规范及其所规定的某种法律事实。在本题的法律关系中，交警乙处罚公民甲依据的是有关电动车骑行需要佩戴头盔的行政法规，以及甲未佩戴头盔的法律事实，故C项正确。调整性法律关系是指在法律规范调整前已经存在的某种社会关系，对未佩戴头盔的电动车骑行者进行行政处罚的法律关系显然是由法律创设的，属于创设性法律关系，故D项错误。

8. **答案**：C。精神产品是人通过某种物体（如纸张、胶片、磁盘）或大脑记载下来并加以流传的思维成果，属于非物质财富。影视作品应属于精神产品。

9. **答案**：D。胡某夫妇和保姆之间存在双向法律关系，即胡某夫妇有权要求保姆照看孩子，同时也有义务向保姆支付500元报酬；保姆有义务照看孩子，同时也有权要求雇主支付报酬。因此，在这个法律关系中有两个法律关系客体，即照看孩子的劳务和500元报酬。故选D。

10. **答案**：D。刘某和孙某签订的买卖合同的标的违反国家法律，侵害国家和社会的利益，导致合同无效，无效合同不受法律保护。故选D。

11. **答案**：C。以是否以人们的意志转移为标准，法律事实大体上可以分为法律事件和法律行为两类。法律事件是法律规范规定的，不以当事人的意志为转移而引起法律关系形成、变更或消灭的客观事实，又分为社会事件和自然事件两种。A项中的关税影响属于社会事件，BD项中人的生老病死属于自然事件，都是不以当事人意志为转移的事实，属于法律事件。C项中引发小王外公赠与行为的不是小王的出生，而是外公自愿赠与的意思表示，属于法律行为。

12. **答案**：C。单向法律关系是指权利人仅享有

权利，义务人仅履行义务，二者之间不存在相反的联系；双向法律关系是指在特定的双方法律主体之间，存在密不可分的两个单项法律关系，其中一方的权利对应着另一方的义务，反之亦然；多向法律关系是三个或三个以上相关法律关系的复合体，这三种法律关系相互关联、缺一不可。

13. **答案**：D。法院是国家的审判机关，法院对乙公司强制执行的法律关系是保护性法律关系；法院在诉讼中与两公司的法律关系是纵向（隶属）法律关系，即在不平等的法律主体之间建立的权力服从关系。甲、乙两公司作为诉讼当事人，具有平等的法律地位，它们之间的合同关系属于调整性法律关系。故选 D。

14. **答案**：A。行为能力是指法律关系主体能够通过自己的行为实际取得权利和履行义务的能力，它是法律主体的意识能力在法律上的反映。

15. **答案**：C。公民的行为能力不同于其权利能力。具有行为能力必须首先具有权利能力，但具有权利能力并不必然具有行为能力。在公民的法律关系主体资格构成中，这两种能力可能是统一的，也可能是分离的。

16. **答案**：C。实施刑讯逼供的警察损害了小翟的人身权，小翟对其提出控告以补救其受损害的权利，两者之间的法律关系为第二性法律关系，故 A 正确。在庭审中，法官居于主导地位，其余的诉讼参与人都需要依法按照法官的指示进行诉讼活动，两者之间的法律关系是纵向法律关系，故 B 正确。民事诉讼和行政诉讼中，原告和被告具有平等的诉讼地位，两者对立，因此，原被告之间的法律关系为横向法律关系。故 C 错误，D 正确。(尽管在行政法律关系中，行政机关与小铁构成纵向法律关系，但在行政诉讼中，两者的诉讼地位是平等的)

17. **答案**：A。法律关系是根据法律规范建立起来的一种社会关系，具有合法性。它是人与人之间的合法关系，这是它与其他社会关系的根本区别。

18. **答案**：B。所谓权利能力，就是能够参与一定的法律关系，依法享有一定权利和承担一定义务的法律资格。它是法律关系主体实际取得权利、承担义务的前提条件。

19. **答案**：A。完全行为能力人，是指达到一定法定年龄、智力健全，能够对自己的行为负完全责任的自然人（公民）。具有完全行为能力的人可以独立进行民事活动。法律将以自己的劳动收入为主要生活来源的 16 周岁以上的未成年人视为完全行为能力人，有利于保护这类自然人的特殊利益。

20. **答案**：B。根据我国《民法典》的规定，8 周岁以上的未成年人为限制民事行为能力人，实施民事法律行为由其法定代理人代理或者经其法定代理人同意、追认；但是，可以独立实施纯获利益的民事法律行为或者与其年龄、智力相适应的民事法律行为。据此，作为限制民事行为能力人的小单花费 6480 元充值游戏，显然超出其能力范围，不具有行为能力。其充值行为未得到法定代理人同意、追认，其与游戏公司的法律关系无效，故 AD 正确。小单母亲因小单擅自使用其账户支付款项，其财产权遭受损失，有权向游戏公司要求返还原物，恢复正常的财产权状态，故 B 项错误。由此产生的法律关系是为了补救遭受损失的财产权利，属于第二性法律关系，故 C 项正确。

21. **答案**：D。法人的权利能力和行为能力是同时产生、同时消灭的，法人一经成立，就同时具有权利能力和行为能力；法人一经撤销，其权利能力和行为能力就同时消灭。法人的行为能力是有限的，由其成立宗旨和业务范围所决定。故 D 不正确。

22. **答案**：C。法律关系客体的种类有：物、人身、精神产品、行为结果。作为法律关系客体的行为结果是特定的，即义务人完成其行为所产生的结果能够满足权利人的利益要求。

23. **答案**：A。引起法律关系产生、变更和消灭的条件主要有法律事实和法律规范。法律规范是法律关系产生、变更、消灭的法律依据，法律事实是法律关系产生、变更、消灭的直接前提条件，它是法律规范和法律关系联系的中介。

24. 答案： C。限制民事行为能力人：不能完全辨认自己行为的精神病人和 8 周岁以上的未成年人。

25. 答案： A。无民事行为能力人包括不满 8 周岁的未成年人和不能辨认自己行为的精神病人。

26. 答案： A。历史唯物主义将社会关系分为物质社会关系和思想社会关系、经济基础和上层建筑。法律关系属于思想社会关系和上层建筑现象。

27. 答案： D。选项 A，法律关系的主体：一般指这种关系的当事人，有时也指参与者。我国法律关系通常的主体是公民（自然人）、法人、非法人组织以及国家。选项 B，法律关系的客体，是指法律关系主体的权利和义务所指向的对象。选项 C，法律关系的内容是指法律关系主体之间的权利义务关系。选项 D，法律事实是指凡是能直接引起法律关系产生、变更和消灭的条件或根据。

28. 答案： D。法律事实分为两类，一类是法律事件，另一类是法律行为。法律事件是指引起法律关系产生、变更或消灭，与参加者意志无关的法律事实。法律行为是指能引起法律关系产生、变更和消灭而通常又与人的意志有关的人的某种实际行动。

29. 答案： D。法律关系客体，即法律关系主体之间权利义务所指向的对象，行为结果是其种类之一。甲与公安机关之间产生了以其行为造成的损害结果为客体的行政处罚法律关系。

30. 答案： B。B 中双方行为人的权利义务的客体是危害人类的物品，不被法律认可，因此不能成为法律关系的客体。

31. 答案： C。法律关系是法律调整社会关系的过程中形成的人们之间的权利义务关系。A 中不存在权利义务关系；B 不是由法律调整所形成的；D 中的关系不合法，不属于法律关系。

32. 答案： B。按照法律关系主体在法律关系中的地位的不同，可将法律关系分为纵向法律关系和横向法律关系。

33. 答案： D。出售盗版商品的行为既侵害了消费者个人利益，也侵害了公共利益、国家利益，因此属于公私混合法律关系。

34. 答案： B。一般而言，权利应该是本位的，享有权利不是为了更好地履行义务，而履行义务是为了更好地享有权利。

35. 答案： B。公民的权利能力分为一般权利能力和特殊权利能力，而二者是有差别的。一般权利能力即基本权利能力，是一国公民均具有的权利能力，是任何人取得公民法律资格的基本条件，不能被任意剥夺或排除。特殊权利能力是公民在特定条件下具有的法律资格，只授予某些特定的法律主体。

36. 答案： B。法律事实是法律规范所规定的能够引起法律关系产生、变更或消灭的客观情况或现象。包括法律事件和法律行为。"魏某与桂某到婚姻登记机关申请登记结婚，婚姻登记机关依法予以登记并发给结婚证书"，这是一种法律行为。

37. 答案： C。公民从出生起到死亡止依法享有权利、承担义务的能力是公民的权利能力。

38. 答案： D。肖像权属于知识产权，因而是精神产品。

39. 答案： B。法律事件是指引起法律关系产生、变更或消灭，与参加者意志无关的法律事实。法律行为是指能引起法律关系产生、变更和消灭而通常又与人的意志有关的人的某种实际行动。

40. 答案： C。根据不同标准，可以对法律关系做不同的分类。按照法律主体在法律关系中的地位不同，可以分为纵向法律关系和横向法律关系。纵向法律关系是指在不平等的法律主体之间所建立的权力服从关系。横向法律关系是指平等法律主体之间的权利义务关系。张某与公交公司属于平等的法律主体，二者之间的服务合同法律关系属于横向法律关系，故 A 项错误。按照相关的法律关系作用和地位的不同，可以分为主法律关系（第一性法律关系）和从法律关系（第二性法律关系）。主法律关系是人们之间依法建立的不依赖其他法律关系而独立存在的或在多向法律关系中居于支配地位的法律关系。由此而产生的、居于从属地位的法律关系，就是从法律关系。诉讼法律关系依赖服务合同法律关系而存在，属于从法律关系，故 B 项错误。C 项正确，法人的权利能力和行为能力是同时产生和同时消灭的。D 项错误，根据《立法法》规定，地方政府规章的制定主体是自治区、直辖市和设区的市、自治州的人民政府。《某市公交卡使用须知》只是公交公司制定的规定，不属于规章。

多项选择题

1. **答案**：ABC。根据《民法典》侵权责任编的规定，被侵权人对损害的发生有重大过失的，可以减轻经营者的责任。因此，赵某是否存在重大过失（违反注意义务），是衡量法律责任轻重的重要标准，故 A 正确。赵某与地铁公司之间的运输合同关系是第一性法律关系（主法律关系），由此而产生的诉讼关系是第二性法律关系（从法律关系），故 B 正确。若经法院调解后赵某放弃索赔，则构成协议免责，故 C 正确。D 明显错误。

2. **答案**：ABC。法律事实，就是法律规范所规定的，能够引起法律关系产生、变更和消灭的客观情况或现象。刘某出具借条导致了借款合同法律关系的产生，该行为属于法律事实，B 正确。"刘某出具该借条系本人自愿，且并未违反法律强制性规定"就是对这一法律事实的认定，也就是对案件事实的认定，故 A 正确。本案判决根据出具借条的行为作出，该行为属于法律行为，而不是法律事件，D 错误。因出具借条的行为而产生的借款合同法律关系属于第一性法律关系（主法律关系），即刘某与王某之间依法建立的不依赖其他法律关系而独立存在的法律关系，因王某起诉产生的民事诉讼法律关系是第二性法律关系（从法律关系），该法律关系以前者合同关系的存在为前提，故 C 正确。

3. **答案**：BD。纳税人没有依法纳税，破坏了国家的税收征收法律关系，因此纳税人受到税务机关处罚形成的法律关系是依赖于税收征收法律关系的第二性法律关系，同时也是保护性法律关系。

4. **答案**：BD。钱某向周某只承担返还欠款的义务，不享有权利，因此他们之间是单向（单务）法律关系；担保法律关系是依赖于借贷法律关系而存在的，因此是从法律关系。担保法律关系是由合法行为产生的，故为调整性法律关系。钱某、周某、车某三人是平等的民事主体，故他们之间是横向法律关系。

5. **答案**：ABCD。在中国，根据各种法律的规定，能够参与法律关系的主体包括：自然人（中国公民、在中国境内的外国公民、无国籍人）；机构和组织；国家。

6. **答案**：CD。义务行为能力是行为能力的一种形式，是指行为人能够实际履行法律义务的能力。

7. **答案**：BC。法人的行为能力总是有限的。并且法人的权利能力和行为能力是同时产生同时消灭的，法人一经依法成立，就同时具有权利能力和行为能力。

8. **答案**：ABCD。在我国，不能进入流通领域，成为私人法律关系客体的物有：人类公共之物或国家专有之物；文物或贵金属；军事设施、武器；危害人类之物。

9. **答案**：ABCD。根据法律关系的定义，在法律规范调整社会关系的过程中形成的人们之间的权利义务关系才属于法律关系的范畴。以上选项都不符合。

10. **答案**：BD。刑事法律关系和诉讼法律关系都是旨在恢复被破坏的权利和秩序的法律关系，故属于保护性法律关系。

11. **答案**：ABC。该行为人与商场是平等的民事法律主体，故 B 正确；商品交易系确定的权利人和义务人之间的法律关系，为相对法律关系，故 A 正确；且他们之间的法律关系是不依赖于其他法律关系而独立存在的，故 C 正确。

12. **答案**：BD。调整性法律关系和保护性法律关系中，调整性法律关系是第一性法律关系；实体性法律关系和程序性法律关系中，实体性法律关系是第一性法律关系。

13. **答案**：CD。AB 属于法律关系客体中的精神产品一类。

14. **答案**：CD。法律关系是根据法律规范建立起来的一种社会关系，体现国家的意志。有些法律关系要当事人意志一致才能产生，但有很多法律关系的产生并不需要体现当事人的意志，如行政法律关系。法律关系根源于社会经济关系并反映经济关系的要求，同时也受到其他社会关系的制约，并且其本身也会对一定社会关系产生影响，具有客观性。

15. **答案：ABD。** 分析：A 系作为法律关系客体的行为结果；B 属于精神产品；D 中的移植人的器官没有和人体分离，应属于人身；只有 C 中的卖给医院的血已经脱离人身，属于法律关系客体。

16. **答案：AD。** 引起法律关系产生、变更和消灭的条件有两个：法律规范和法律事实。

17. **答案：ABCD。** 法律意义上的物是指法律关系主体支配的，在生产上和生活上所需要的客观实体。

18. **答案：ABCD。** 法律事件，是法律规范规定的，不以当事人的意志为转移而能够引起法律关系产生、变更、消灭的客观事实。

19. **答案：BCD。** 法律关系是按照法律规范建立起来的，体现国家的意志，以权利义务为其核心内容。

20. **答案：BC。** 法律关系的主体必须同时具有法律上所说的权利能力和行为能力。需要注意的是，并非只有拥有完全行为能力的主体才能够成为法律关系的主体。限制行为能力的主体在其法定的行为能力范围内也可以成为法律关系的主体。

21. **答案：CD。** 纵向（隶属）的法律关系是指在不平等的法律主体之间所建立的权力服从关系，其特点是法律主体处于不平等地位，法律主体间的权利义务具有强制性。

22. **答案：ACD。** 按照相关法律关系的地位和作用不同，可分为：主法律关系，即不依赖其他法律关系而独立存在的或在多向法律关系中居于支配地位的法律关系；从法律关系，即由主法律关系产生的居于从属地位的法律关系。如实体性法律关系是主法律关系，程序性法律关系是从法律关系。

23. **答案：AD。** 单向法律关系是指权利人仅享有权利，义务人仅履行义务的法律关系；横向法律关系是平等主体之间的权利义务关系，其权利义务的内容具有一定程度的任意性。省人民政府的赠与行为不是作为国家机关实施的。

24. **答案：ABCD。** 在我国，自然人（包括中国公民、外国侨民和无国籍人）和机构、组织以及国家均可成为法律关系主体。外国侨民和无国籍人参与法律关系以我国有关法律和与有关国家签订的条约为依据。

25. **答案：BCD。** 根据内容的不同，行为能力可分为权利行为能力，即通过自己的行为实际行使权利的能力；义务行为能力，即能够实际履行法律义务的能力；责任行为能力，即对自己的违法行为后果承担法律责任的能力。

26. **答案：BC。** 并非每一主体都必然具有权利能力。例如，法人在依法成立时才具有权利能力。具有权利能力不必然具有行为能力，但具有行为能力必然具有权利能力。

27. **答案：AB。** 法律按照主体之间的相互地位可以划分为横向法律关系与纵向法律关系。小钟与摄影师之间的法律关系是平等主体之间的法律关系，属于横向法律关系。小钟与人民法院之间是当事人与审判者之间的诉讼法律关系，是纵向法律关系，故 AB 项正确。小钟与小汀相约去海边游玩，并不是法律意义上的约定，不是依据法律规范建立，不受法律保护，不属于法律关系，故 C 错误。小钟委托摄影师为其拍照并支付报酬，其客体不仅仅是照片，还包括摄影师的拍摄行为和小钟需要给付的金钱。

28. **答案：ABCD。** 法律关系主体的权利和义务与作为法律规则内容的权利和义务，两者领域不同，法律关系主体的权利义务属于现实性领域，而作为法律规则内容的权利义务属于可能性领域；针对的主体不同，法律关系主体的权利义务所针对的主体是特定的，而法律上规定的权利义务所针对的是一国之内所有不特定的主体；法律效力不同，法律关系主体的权利义务属于个别化的法律权利和法律义务，而法律上的权利和义务属于一般化的法律权利和法律义务；属性不同，法律关系主体的权利义务未必都由法律所规定，并不必然具有法律属性，而法律上的权利义务必然具有法律属性。

29. **答案**：BD。法律关系的主体必须同时具有法律上的权利能力和行为能力，这是成为法律关系主体的必备条件。其中，行为能力必须以权利能力为前提，无权利能力就谈不上行为能力。但是，对于自然人而言，有权利能力不一定有行为能力。因此 AC 项正确，B 项错误。在不同的法律关系中，法律关系主体所需要的权利能力也有所不同；不同类型主体之间的权利能力也不可能完全平等。例如，我国《民法典》第 14 条规定："自然人的民事权利能力一律平等。"显然自然人与法人的民事权利能力是不完全平等的。因此 D 项错误。

30. **答案**：ABC。作为法律事实组成部分的行为，是能够引起法律关系产生、变化、发展的人的有意志的行为。

31. **答案**：BCD。法律关系是法律在调整社会关系的过程中形成的人们之间的权利义务关系，是根据法律规范建立起来的一种社会关系，具有合法性。"刘某因赌博欠吴某 1 万元"不具有合法性，不符合法律关系的含义。

32. **答案**：CD。法律关系是法律在调整社会关系的过程中形成的人们之间的权利义务关系。"无效的合同关系"本身不是法律关系，无效的合同关系可能引起法律关系，这一选项比较难，关键是对法律关系概念的真正理解。"奴隶主对奴隶之占有使用关系"，按照奴隶制法属于法律关系，不能按照现在的法律进行理解。

33. **答案**：BCD。法律关系是根据法律所结成的权利（权力）义务关系。它是一种思想社会关系和上层建筑现象。法律本身规定的抽象的权利（权力）义务关系仅体现国家意志；而现实生活中具体的权利（权力）义务关系则不仅体现国家意志，更体现具体法律关系当事人的意志。但当事人的意志必须符合国家意志，才能构成合法行为。

34. **答案**：ABD。法律关系的客体是指法律关系主体的权利和义务所指向的对象。有以下几类：（1）物；（2）人身；（3）精神产品；（4）行为结果。

35. **答案**：ACD。本题考查的是法律关系的分类。我国传统对于公私法划分长期持否定态度，而自 20 世纪 80 年代末期以来，对于此观点逐步改变。考生要理解公法的范畴、私法的范畴和公私法混合的范畴。分类主要是以法律保护的利益以及保护方法为标准。公法主要指宪法、行政法、刑法、刑事诉讼法等；私法主要指民商法；公私混合法主要指经济法、劳动法以及社会保障法、环境保护法等，有些学者认为主要指社会法。答案 B 指出私法不受国家的干预是不对的，因为像民法这种典型的私法在救济手段方式方面也是需要国家干预的，如民法物权法定的原则主要是国家意志干预的体现。

36. **答案**：BD。如李某罪名成立，则既要承担刑事责任，也要承担还款的民事责任，两个责任并不冲突，不属于责任竞合，故 A 项错误。调整性法律关系是基于人们的合法行为而产生的、执行法的调整职能的法律关系，它所实现的是法律规范（规则）的行为规则（指示）的内容，故 B 项正确。所谓法律事实，就是法律规范所规定的、能够引起法律关系产生、变更和消灭的客观情况或现象，包括法律事件和法律行为，本案中，引起民事诉讼法律关系产生的法律事实有李某的借款、赵某的担保和王某的起诉等，故 C 项错误。王某免除李某的部分民事责任，是对自己权利的处分，他有权这样做，故 D 项正确。

37. **答案**：BD。王某与张某婚姻关系的消灭是由离婚诉讼行为引起的，属于法律行为，而非法律事件。法律事件是法律规范规定的、不以当事人的意志为转移而引起法律关系形成、变更或消灭的客观事实，故 A 项错误。生育权本身属于绝对权，对应不特定的义务人，但是张某所主张的生育权，指的是因其妻私自堕胎所侵犯的权利，对应的义务人是其妻王某，故 B 项正确。"有侵害则有救济"强调的是权利救济，而不是说要支持所有的诉讼请求，故 C 项错误。D 项明显是正确的。

名词解释

1. 答案： 法律关系是在法律规范调整社会关系的过程中所形成的人们之间的权利和义务关系。法律关系具有如下特征：第一，法律关系是根据法律规范建立的一种社会关系，具有合法性；第二，法律关系是体现意志性的特种社会关系；第三，法律关系是特定法律主体之间的权利和义务。

2. 答案： 按照法律关系产生的依据、执行的职能和实现规范的内容不同，可以将其分为调整性法律关系和保护性法律关系。调整性法律关系是基于人们的合法行为产生的、执行法的调整职能的法律关系，它所实现的是法律规范（规则）的行为规则（指示）的内容。调整性法律关系不需要适用法律制裁，法律主体之间即能够依法行使权利、履行义务。

保护性法律关系是由于违法行为产生的、旨在恢复被破坏的权利和秩序的法律关系，它执行着法的保护职能，所实现的是法律规范（规则）的保护规则（否定性法律后果）的内容，是法的实现的非正常形式。它的典型特征是一方主体（国家）适用法律制裁，另一方主体（通常是违法者）必须接受这种法律制裁，如刑事法律关系。

3. 答案： 按照相关的法律关系作用和地位不同，可以将其分为第一性法律关系（主法律关系）和第二性法律关系（从法律关系）。第一性法律关系（主法律关系）是人们之间依法建立的不依赖其他法律关系而独立存在的或在多向法律关系中居于支配地位的法律关系。由此产生的、居于从属地位的法律关系，就是第二性法律关系或从法律关系。

4. 答案： 权利能力，又称权义能力，是指能够参与一定的法律关系，依法享有一定权利和承担一定义务的法律资格。这种资格是法律规定的。它是法律关系主体实际取得权利、承担义务的前提条件。

5. 答案： 法律事实是法律规范所规定的、能够引起法律后果即法律关系形成、变更和消灭的因素。法律事实依据其是否以权利主体的意志为转移可分为行为和事件。

6. 答案： 法律关系客体是法律关系主体之间权利和义务所指向的对象。

简答题

1. 答案： 法律关系是一种思想社会关系。

（1）法是国家意志的体现，把人们之间的一定社会关系确认为法所调整的关系，这一过程就体现着国家意志的要求，法律关系的实现亦即国家意志的实现。

（2）每一具体法律关系都通过它的参加者的意思表示形成，如没有买卖双方的意思表示就不会形成买卖合同法律关系。有的法律关系，如遗嘱继承关系，在开始形成时并不基于双方当事人的意思表示，但其最终实现，总是反映了双方的意志。例如，有权获得遗产的当事人倘若拒绝接受遗产，该遗嘱继承关系就不能实现。

（3）当然，法律关系作为一种思想关系或意志关系，并不具有无制约的随意性。它所体现的意志要受法的制约，归根结底还要受社会物质生活条件尤其是社会经济关系的制约。

2. 答案： 所谓法律事实，就是法律规范所规定的、能够引起法律关系产生、变更和消灭的客观情况或现象。也就是说，法律事实首先是一种客观存在的外在现象，而不是人们的一种心理现象或心理活动。不能将纯粹的心理现象看作法律事实。此外，法律事实是由法律规定的、具有法律意义的事实，能够引起法律关系的产生、变更或消灭。法律事实的种类有：

第一，法律事件与法律行为。

以是否以人们的意志转移为标准，法律事实大体上可以分为法律事件和法律行为两类。

法律事件是法律规范规定的，不以当事人的意志为转移而引起法律关系形成、变更或消灭的客观事实。法律事件又分成社会事件和自然事件两种。前者如社会革命、战争等，后者如人的生老病死、自然灾害等，这两种事件对于特定的法律关系主体（当事人）而言，都是不可避免、不以其意志为转移的。

法律行为可以作为法律事实而存在，能够引起法律关系形成、变更和消灭。因为人们的意志有善意与恶意、合法与违法之分，故其行为也可以分为善意行为、合法行为与恶意行为、违法行为。善意行为、合法行为能够引起法律关系的形成、变更和消灭。

第二，肯定式法律事实与否定式法律事实。

这是根据法律事实的存在形式而作出的分类。肯定式法律事实是指只有当这种事实存在时，才能引起法律后果的事实。否定式法律事实是指某一法律关系，若要产生，就必须排除的事实。

在研究法律事实问题时，应当看到这样两种复杂的现象：（1）同一个法律事实（事件或者行为）可以引起多种法律关系的产生、变更和消灭。（2）两个或两个以上的法律事实可以引起同一个法律关系的产生、变更或消灭。在法学上，人们常常把两个或两个以上的法律事实所构成的一个相关的整体，称为"事实构成"。

3. **答案**：根据法律关系发生的方式，可以分为调整性法律关系与创设性法律关系。调整性法律关系的特点是，在法律规范调整之前已经存在某种社会关系，法律规范的调整只是对其进行法律的确认，给其披上法律的外衣，使之成为法律关系，如父母子女关系、买卖关系。创设性法律关系的特点是，在法律规范产生之前某种社会关系并不存在，法律规范作用于社会生活后才出现了该种社会关系，并使之成为法律关系，如破产法律关系。这一分类表明，法不仅具有调整和维护现存社会关系的"定型"作用，还具有塑造和创造新型社会关系的"变革"作用。

4. **答案**：法人组织也具有行为能力，但与公民的行为能力不同。表现在：第一，公民的行为能力有完全与不完全之分，而法人的行为能力总是有限的，由其成立宗旨和业务范围所决定。第二，公民的行为能力和权利能力并不是同时存在的。也就是说，公民具有权利能力却不一定同时具有行为能力，公民丧失行为能力也并不意味着丧失权利能力。与此不同，法人的行为能力和权利能力是同时产生和同时消灭的。法人一经依法成立，就同时具有权利能力和行为能力；法人一经依法撤销，其权利能力和行为能力就同时消灭。

5. **答案**：法律关系客体是指法律关系主体之间权利和义务所指向的对象。它是构成法律关系的要素之一。法律关系客体是一定利益的法律形式。任何外在的客体，一旦它承载某种利益价值，就可能成为法律关系客体。

法律关系客体的范围和种类归纳起来，有以下几类：

（1）物。法律意义上的物是指法律关系主体支配的、在生产上和生活上所需要的客观实体。

（2）人身。人身是由各个生理器官组成的生理整体（有机体）。它是人的物质形态，也是人的精神利益的体现。

（3）精神产品。精神产品是人通过某种物体（如书本、砖石、纸张、胶片、磁盘）或大脑记载下来并加以流传的思维成果。

（4）行为结果。作为法律关系客体的行为结果是特定的，即义务人完成其行为所产生的能够满足权利人利益要求的结果。

6. **答案**：法律关系的形成、变更和消灭的条件包括：法律规范，即法律关系形成、变更和消灭的法律依据；法律事实，即出现法律规范所假定的那种情况。其中，法律规范是法律关系形成、变更和消灭的抽象的、一般的条件，也有文献称为法律关系形成、变更和消灭的前提。法律事实则是法律关系形成、变更和消灭的具体条件。法律关系只有在一般与具体的条件都具备的情况下才会出现形成、变更和消灭的情况。

💬 论述题

答案：法律关系主体的构成要件：权利能力和行为能力。

（1）权利能力与行为能力是法律关系主体所必备的条件。特别是在民事法律关系中，作为一般民事法律关系主体，公民应有民事权利能力和行为能力。

（2）权利能力。①能够参加一定法律关系、成为法律关系主体、享有权利和承担义务的能力或资格，即为权利能力。②权利能力有多种：从权利能力主体看，有公民的权利能力、法人的权利能力、其他组织的一般权利能力和特别权利能力，前者是指一般人和组织都具有的权利能力，后者是指特定的人和组织才具有的权利能力。③法律关系主体获得和丧失权利能力的时间不同。法人、国家机关、社会组织的权利能力一般始于它们成立时，终于它们被撤销或解散时。公民的权利能力一般始于出生，终于死亡。

（3）行为能力。①法律关系的参加者能通过自己的行为依法行使权利和承担义务的能力，即行为能力。②权利能力与行为能力既有联系又有区别。权利能力是确认法律关系主体的前提，法律关系主体必须具有权利能力，但并不是一切具有权利能力的人都有行为能力。法律关系主体都有是否具有行为能力的问题，但由于法人的行为能力与权利能力一般是同时存在的，通常说的行为能力指公民即自然人的行为能力。③行为能力不是一切公民都有的。公民只有达到一定年龄并能对自己行为及其后果具有辨别力和控制力，才具有行为能力。④各国立法通常把公民分成三种人：一是有完全行为能力的人。如我国 18 周岁以上的成年公民一般是完全民事行为能力人，年满 16 周岁以上不满 18 周岁但以自己劳动收入为主要生活来源的公民，视为完全民事行为能力人。二是行为能力受限制的人。如我国立法规定的不能完全辨认自己行为的精神病人和 8 周岁以上的未成年人为限制民事行为能力人。三是无行为能力的人，指不满 8 周岁的未成年人和不能辨认自己行为的精神病人。

第十二章　法律责任

☑ **单项选择题**

1. 答案： C。A项，范某"认为事故主要是该中心未尽到注意义务引起"，即对该中心违约行为的法律判断。B项，演绎推理是从大前提和小前提中必然推导出结论或结论必然蕴含在前提之中的推论。大前提通常是法律规定，小前提是裁判事实，因此题中裁判事实应作为演绎推理的小前提。C项，"该中心按40%的比例承担责任，赔偿4万元"，就是从大前提（法律规定）和小前提（裁判事实）中推出的结论（判决）。D项，法院主要根据法律责任的公正、合理原则作出判决。故 ABD 项错误，C 项正确。

2. 答案： D。法律责任的竞合，是指某种法律事实的出现，导致两种或两种以上的法律责任产生，而这些责任之间相互冲突的现象。其特点是：（1）数个法律责任的主体为同一主体；（2）责任主体实施了一个行为；（3）该行为符合两个或两个以上的法律责任构成要件；（4）数个法律责任之间相互冲突。题中规定的是民事上常见的侵权责任和违约责任的竞合，我国允许受害人选择其中一种责任提起诉讼。

3. 答案： D。规范责任论认为，法律责任的本质是行为的规范评价。因为该流派认为，法体现了社会的价值观念，是指引和评价人的行为的规范。

4. 答案： B。法律责任的构成是指认定法律责任时所必须考虑的条件，包括责任主体、违法行为或违约行为、损害结果、因果关系、主观过错五个方面。由于违法行为或违约行为是最主要、最基本的产生法律责任的原因和根据，是认定和归结法律责任的前提，因此，它是法律责任的核心构成要素。故本题选 B。

5. 答案： C。法是调整人们行为准则的社会规范，纯粹的思想不是法的调整的范围。

6. 答案： B。某种违法行为符合多种法律责任的构成要件，从而在法律上导致多种法律责任并存或冲突，这种现象被称为"责任竞合"。刑事责任是一种惩罚性的责任，在所有法律责任中是最严厉的，当刑事责任与其他法律责任发生竞合时，行为人应当首先承担刑事责任。

7. 答案： B。违约责任是指当事人不履行合同义务或者履行义务不符合约定所应承担的民事责任。本题中市政府依合同约定负有向建筑公司支付承包工程款的义务，却没有履行，应当承担违约责任。

8. 答案： B。李某利用导师身份，欺骗小钟为其制作毒品的行为，实质上将小钟作为其制毒的工具，构成制作毒品罪的间接正犯。因此，制作毒品行为的法律责任也需要李某承担，A 错误。小钟制作毒品时，由于遭受欺骗，在不知道机理的情况下误以为在做实验。因此，小钟的制毒行为不具有主观过错。由于我国刑法以过错责任为原则，因此其不负法律责任，故 B 正确，C 错误。死刑、没收全部财产属于刑法规定的刑事制裁，属于法律责任承担方式中的惩罚，并不涉及补偿，故 D 错误。

9. 答案： D。法律制裁是指由特定国家机关对违法者依其法律责任而实施的强制性惩罚措施。ABC 中的各种处罚都不是由特定国家机关实施的，因此不属于法律制裁。故选 D。

10. 答案： D。根据违法行为所违反法律的性质，可以把法律责任分为民事责任、刑事责任、行政责任、国家赔偿责任。

11. 答案： D。A 中行为人应承担由其过失引起的民事赔偿责任，根据其经济财产状况可以适当减轻责任或免除责任；B 中行为人的行为虽系盗窃行为，但情节较轻，且已过追诉时效，不再承担刑事责任；C 中行为人的行为系正当防卫，不负刑事责任；D 中行为人实施盗窃行为应当承担刑事责任。故选 D。

12. **答案**：D。刑事制裁的目的在于预防犯罪，民事制裁旨在补救受害人损失；在程序上，刑事制裁一般由检察机关提起公诉，民事制裁一般由被侵害人提起诉讼；刑事制裁的方式有限制、剥夺自由、生命，民事制裁主要是对受害人进行财产补偿。二者的相同之处在于制裁机关都是人民法院。故选 D。

13. **答案**：C。民事责任主要是一种财产责任，因此民事制裁是以财产关系为核心的。其制裁方式主要有停止侵害、排除妨害、消除危险、返还财产等，旨在保护财产关系。

14. **答案**：B。小王殴打小单的行为不仅违反了校规校纪，也违反了行政法规和刑法的有关规定，并且导致小单轻伤，应当承担法律责任，故 A 项正确。《高等教育法》要求高校学生"刻苦学习"的规定并非强制性规定，因此小钟的偷懒行为不属于法律所禁止的行为，不需要承担法律责任，故 B 错误。主观过错并非法律责任必备的构成要件，对于无过错责任的情形，行为人即使没有主观过错，但如果出现了法定的情形，造成损害结果，也需要承担法律责任，故 C 正确。小刘为了防止小张的财产遭受不当侵害，见义勇为制止小偷的盗窃行为，在控制、扭送小偷过程中造成其轻微擦伤，显然没有超过必要限度，属于刑法中正当防卫的违法阻却事由。其行为不具有违法性，故不需要承担法律责任，D 正确。

15. **答案**：D。绝对责任，是指行为人只要其行为造成危害结果，行为和结果之间存在外部联系，就应承担责任。

16. **答案**：D。A 为自助免责，B 为时效免责，C 为合法行为，D 构成犯罪，不能免责。

17. **答案**：B。法律责任可以根据不同的标准作不同的划分。以责任的内容为标准，可以分为财产责任和非财产责任。以责任的程度为标准，可以分为有限责任与无限责任。以责任的人数不同为标准，可以分为个人责任和集体责任。以行为人有无过错为标准可以分为过错责任和无过错责任。

18. **答案**：D。罚金属于刑罚中的财产刑，注意与罚款的区别，罚款属于行政制裁。

19. **答案**：D。我国《刑事诉讼法》规定了认罪认罚从宽原则，甲认罪认罚，应当减轻其刑事责任，故 A 正确。我国《民法典》规定："因自愿实施紧急救助行为造成受助人损害的，救助人不承担民事责任。"因此，乙给老人进行心肺复苏，致其产生一定损害，构成助人免责的情形，B 正确。民事法律关系中的加害人和受害人在法律允许的范围内通过协商的方式减轻或免除法律责任，构成协议免责，故 C 正确。不诉免责的"不告诉"必须出于被害人及其代理人的自由意志。丁的妻子是在威胁下不敢进行告诉，不符合不诉免责的情形，故 D 错误。

20. **答案**：B。A 项错误。义务不等于责任，违反义务只是引发责任的原因之一，责任还可以因法律的特别规定而引发。B 正确。刑事责任是违反刑法的犯罪行为所应承担的法律责任。违法行为是指违反国家现行法律规定，危害法律所保护的社会关系的行为。违法行为中只有违反刑事法规，具有社会危害性，应受刑罚处罚的行为，才是犯罪行为。刑事责任由犯罪行为而引发，而犯罪行为属于违法行为的范畴，因此可以说刑事责任仅由违法行为引发。但是不可以说违法行为引发刑事责任。C 项错误。行政责任是指由于违反行政法规范或者因行政法规定而应承担的法律责任。行政责任可以由法律特别规定引发。D 项错误。法律责任并不一定都导致法律制裁，也有的责任可以由责任人主动实现，责任主体自觉承担法律责任，没有介入国家强制力。

21. **答案**：A。法对人的效力，指法律对谁有效力，适用于哪些人。法的空间效力，指法在哪些地域有效力，适用于哪些地区。显然，这两个方面该案均涉及，故 A 项正确。从对人的效力来说，我国采用的原则是：以属地主义为主，与属人主义、保护主义相结合。故 B 项错误，赵某不在中国，未必不能适用中国法律。法的溯及力，也称法溯及既往的效力，是指法对其生效以前的事件和行为是否适用。该案处理与溯及力无关，故 C 项错误。时效免责，即法律责任经过了一定的期限后而免除。根据刑法知识可知，该案中，赵某逃往 A 国前已经被立案侦查，不受追诉期限的限制。故 D 项错误。

☑ 多项选择题

1. **答案**：ABD。本题考查的是法律责任的归责原则。这里要同民事责任的归责原则相区别，民事责任一般有过错责任、无过错责任和公平责任三种归责原则。而法律责任归责原则是从宏观上考查所有的法律责任的。有责任法定原则、公正原则和效益原则。而法律责任在出现法定条件时可以免除和减轻，如正当防卫等。还要注意的是，对于公正原则的要求，并不是和效益原则相冲突的，二者可以兼顾。

2. **答案**：BC。广义的违法行为包括违反刑事法律规范的一切违法行为；狭义的违法行为则不包括违反刑事法律规范的违法行为。

3. **答案**：ABD。西方法学界在法律责任领域影响较大的理论主要有：社会责任论、规范责任论、道义责任论等。

4. **答案**：ABCD。责任法定原则的含义包括：按照法律的预先规定追究违法者的法律责任；排除无法律依据的责任。

5. **答案**：ABC。人民法院有权认定民事、刑事、行政法律责任；仲裁机构有权认定民事法律责任；人民政府有权认定行政责任。

6. **答案**：ABCD。法律责任的免除是指应当承担法律责任，但由于符合法律规定的或者当事人自行决定的免责条件，而不再承担法律责任的情况。它不同于不负责任、减轻责任、无责任，也不同于证成。

7. **答案**：ABCD。违法行为或违约行为与损害结果之间的因果联系具有存在的客观性、因果的顺序性、作用的单向性、内容的法定性的特征。

8. **答案**：BD。AC 中行为人的行为不是违法行为，不承担法律责任，且作出制裁的主体不是实施法律制裁的主体。

9. **答案**：ABC。法律制裁的形式不包括对非责任主体的精神施加痛苦。

10. **答案**：ABD。法律制裁，是指由特定国家机关对违法者依其法律责任而实施的强制性惩罚措施，其作用是预防违法行为、维护社会秩序、平衡社会关系。

11. **答案**：ABD。责任的承担主体包括一般公民、法人、行政机关及其工作人员。产生行政责任的原因包括行政违法行为和法律规定的情况（无过错行政责任）。对于行政主体和监督主体来说，构成行政违法不要求主观状态，而对于行政相对人来说，认定其行为违反行政法有些必须以过错为要件。行政责任的承担形式有罢免行政领导职务、行政处分、没收违法所得等多种。

12. **答案**：AB。刑事责任是一种公法责任，是由行为人严重危害社会的行为引起的，由国家公诉机关予以追究，除自诉案件以外，不允许当事人协商。刑事责任是一种惩罚性、预防性的法律责任。

13. **答案**：ACD。根据我国刑事法律规范，构成刑事法律责任的要件主要包括具有刑事责任能力的责任主体、违反刑事法律规定的行为以及主观过错。根据刑法具体规定，部分犯罪的刑事法律责任的构成还需要有损害结果。因此 ACD 正确。根据罪刑法定原则和责任法定原则，判断是否构成刑事法律责任的唯一规范是刑法，不包含公序良俗，故 D 项错误。

14. **答案**：ABCD。根据违法行为的一般特点，我们把法律责任的构成要素概括为：主体、过错、违法行为、损害结果、因果关系。

15. **答案**：ABC。损害结果包括对人身的、对财产的、对精神的或者三个方面都有的损失和伤害。

16. **答案**：ABC。法律责任的轻重与种类应当与行为人的主观恶性相适应，而不是与其主观态度相适应。

17. **答案**：ACD。公法责任通常由国家专门机关负责认定和追究，不允许当事人之间进行和解即所谓"私了"。

18. **答案**：BC。张三把李四打成重伤，其行为已构成犯罪，应当负刑事责任，同时对因其犯罪行为造成的损失应当承担民事赔偿责任。

19. 答案： ABCD。我国法律责任的归责原则主要有责任法定原则、因果联系原则、责任相称原则、责任自负原则。

20. 答案： ABCD。民事责任是一种财产性的救济责任，是由违法行为、违约行为或者法律规定而引起的。

21. 答案： BC。A 所表述的是法律责任与法律关系中的权利的关系，不符合本题要求。法律责任与权利、义务是不同的概念，不能相互转换。

⛌ 不定项选择题

答案： BD。法律责任的竞合，是指某种法律事实的出现，导致两种或两种以上的法律责任产生，而这些责任之间相互冲突的现象。B 项是民法上侵权责任和违约责任的竞合，属于典型的法律责任竞合。A 项行政责任和刑事责任可以并存，C 项刑事责任和民事责任可以并存，均不构成法律责任竞合。D 项行为人一个犯罪行为触犯两个罪名/法条，但处理时只能按一个罪名/法条定罪，属于刑法上的责任竞合。

📖 名词解释

1. 答案： 法律责任的构成是指认定法律责任时所必须考虑的条件。

第一，责任主体。责任主体是指违反法律或法律规定的事由而承担法律责任的人，包括自然人、法人和其他社会组织。责任主体是法律责任构成的必备条件。

第二，违法行为或违约行为。违法行为或违约行为在法律责任构成中居于重要地位，是法律责任的核心构成要素。

第三，损害结果。损害结果是指违法行为或违约行为侵犯他人或社会的权利和利益所造成的损失和伤害，包括实际损害、丧失所得利益及预期可得利益。

第四，因果关系。因果关系是指违法行为或违约行为与损害结果之间的必然联系。

第五，主观过错。主观过错是指行为人

实施违法行为或违约行为时的主观心理态度。

2. 答案： 法律责任的认定和归结是指对因违法行为、违约行为或法律规定而引起的法律责任，进行判断、认定、追究、归结以及减缓和免除的活动。它是由国家特设或授权的专门机关依照法定程序进行的。在法律领域，认定违法责任并把它归结于违法者的，只能是具有归责权（追究权）的专门国家机关，而且认定和归责的过程表现为一系列法律程序。"认定"和"归责"两个概念的使用表明，当特定的违法行为发生后，法律责任的存在就是客观的，专门国家机关所能做的，只是通过法律程序把客观存在的责任权威性地归结于有责主体。国家机关既不能任意创造或扩大法律责任，也不能任意消灭或缩小法律责任。国家机关认定法律责任和在此基础上的归责与免责，是法律调整社会关系、维系社会秩序、保障公民权利的重要环节。

3. 答案： 归责即法律责任的归结，是指国家机关或其他社会组织根据法律规定，依照法定程序判断、认定、归结和执行法律责任的活动。归责的概念指的是不法行为与制裁之间的特种关系。

4. 答案： 无责任又称不负责任，是指虽然行为人事实上或形式上违反了法律，但因其不具备法律上应负责任的条件，故没有即不承担法律责任。

5. 答案： 责任法定原则是法治原则在归责问题上的具体运用，它的基本要求为：作为一种否定性的法律后果，法律责任应当由法律规范预先规定；违法行为或违约行为发生后，应当按照事先规定的性质、范围、程度、期限、方式追究违法者、违约者或相关人的责任。责任法定原则的基本特点为法定性、合理性和明确性，即事先用成文的法律形式明确地规定法律责任，而且这种规定必须合理。

✏️ 简答题

1. 答案： 在中国法学界乃至世界法学界尚没有一个能被所有人接受并能适用于一切场合的法律责任定义。中国法理学者们通常把法律责任分成广义法律责任和狭义法律责任两种。

按照这种区分，广义的法律责任就是一般意义上的法律义务的同义词，狭义的法律责任则是由违法行为所引起的不利法律后果。

关于如何界定法律责任，法学研究者们提出了许多不同的思路和观点，归纳起来，其中最具代表性的方案有三种。

第一种方案把法律责任界定为法律的否定性评价。

第二种方案把法律责任界定为法律上的不利后果。

第三种方案把法律责任界定为一种特殊意义上的义务。所谓特殊意义上的义务是与一般意义上的义务相对而言的。一般意义上的义务又称第一性义务，即人们通常所说的法律义务，包括法定的作为或不作为的义务以及合法约定的作为或不作为的义务；特殊意义上的义务又称第二性义务，通常是指违反了法定义务或约定义务而引起的新的特定义务。此种界定的优点在于，它既揭示了责任与义务两者之间的联系，又明确了两者之间的区别。按此思路来界定法律责任，不仅可以厘清法学主要范畴和基本法律术语之间的关系，也有助于在立法、执法、司法和法学研究过程中更加准确和规范地使用这些范畴和术语。

2. **答案**：过错责任原则是法律责任原则之一，它是以行为人主观上的过错为承担法律责任的基本条件的认定责任准则。与之相对的概念是严格责任原则。

过错责任原则有以下含义：

第一，它以行为人的过错为责任的构成要件，行为人具有故意或者过失才可能承担法律责任。按过错责任原则，行为人仅在有过错的情况下，才承担法律责任。没有过错，就不承担法律责任。

第二，它以行为人的过错程度作为确定责任形式、责任范围的依据。

与过错责任原则相联系的是过错推定责任原则，即一旦行为人的行为致人损害就推定其主观上有过错，除非其能证明自己没有过错，否则应承担法律责任。

3. **答案**：责任相当原则是公平观念在归责问题上的具体体现，其基本含义为法律责任的大小、处罚的轻重应与违法行为或违约行为的轻重相适应，做到"罪责均衡""罚当其罪"。责任相当原则是实现法律目的的需要，通过惩罚违法行为人和违约行为人，发挥法律责任的积极功能，教育违法、违约者和其他社会成员，从而有利于预防违法行为、违约行为的发生。

责任相当原则的内容具体包括以下几个方面：（1）法律责任的性质与违法行为或违约行为的性质相适应。（2）法律责任的种类和轻重与违法行为或违约行为的具体情节相适应。（3）法律责任的轻重和种类与行为人的主观恶性相适应。

4. **答案**：现代社会每个人都是独立的个人，在法律上具有独立的地位，因此在归责问题上要求遵循责任自负原则。凡是实施了违法行为或违约行为的人，都应当对自己的违法行为或违约行为负责，必须独立承担法律责任；同时，没有法律规定不能让没有违法行为或违约行为的人承担法律责任，国家机关或其他社会组织不得没有法律依据而追究与违法行为者或违约行为者虽有血缘等关系而无违法行为或违约事实的人的责任，防止株连或变相株连。当然，责任自负原则也不是绝对的，在某些特殊情况下，为了社会利益保护的需要，会产生责任转移承担问题。

5. **答案**：法律责任承担的方式，是指承担或追究法律责任的具体形式，包括惩罚、补偿、强制三种。

（1）惩罚

惩罚即法律制裁，是国家通过强制力对责任主体的人身、财产和精神实施制裁的责任方式。惩罚是最严厉的法律责任实现方式。惩罚主要针对人身进行，国家使用强制力对责任主体的人身、精神施加痛苦，限制或剥夺财产，使责任主体受到压力、损失和道德非难，从而起到报复、预防和矫正的作用，平衡社会关系，实现社会的有序发展，维护社会正义。惩罚（法律制裁）具体包括以下种类：民事制裁、行政制裁、刑事制裁、违宪制裁。

（2）补偿

补偿是通过国家强制力或当事人要求责任主体以作为或不作为形式弥补或赔偿所造成损失的责任方式。补偿包括防止性的补偿、恢复性的补偿、补救性的补偿等不同性能的责任方式。补偿的作用在于制止对法律关系的侵害以及通过对被侵害的权利进行救济，使被侵害的社会关系恢复原态。补偿侧重强调事实，较少掺入道德评判，目的主要在于弥补受害人的损害。主要有民事补偿和国家赔偿两种。

（3）强制

强制是指国家通过强制力迫使不履行义务的责任主体履行义务的责任方式。强制的功能在于保障义务的履行，从而实现权利，使法律关系正常运作。强制包括对人身的强制、对财产的强制。对人身的强制有拘传、强制传唤、强制戒毒、强制治疗、强制检疫等方式。对财产的强制有强制划拨、强制扣缴、强制拆除、强制拍卖、强制变卖等方式。强制是承担行政法律责任的主要方式。强制主要为直接强制，也有代执行、执行罚等间接强制。

💬 论述题

1. **答案**：法律责任的归结，也叫归责，是指由特定国家机关或国家授权的机关依法对行为人的法律责任进行判断和确认。责任归责的结果、责任的成立与否，取决于行为人的行为及其后果是否符合相应的责任构成要件。

归责的基本原则是具体法律部门归责原则的基础，是特定法律制度的价值取向的体现；它一方面指导着法律责任的立法，另一方面指导着法律实施中对责任的认定与归结。在我国，归责原则主要可以概括为：责任法定原则、因果联系原则、责任相当原则和责任自负原则。

（1）责任法定原则

责任法定原则是指，法律责任作为一种否定的法律后果应当由法律规范预先规定在法律规范的逻辑结构之中，当出现了违法行为或法定事由的时候，按照事先规定的责任性质、责任范围、责任方式追究行为人的责任。

要贯彻责任法定原则，第一，由特定的国家机关或国家授权的机构归责；第二，反对责任擅断；第三，反对有害追溯，不能以事后的法律追究在先行为的责任或加重责任；第四，责任法定一般允许人民法院运用判例和司法解释等方法，行使自由裁量权，准确认定和归结行为人的法律责任。

（2）因果联系原则

在认定和归结法律责任时，必须首先考虑因果关系，即引起与被引起关系，具体包括：①人的行为与损害结果或危害结果之间的因果联系，即人的某一行为是否引起了特定的物质性或非物质性损害结果或危害结果。②人的意志、心理、思想等主观因素与外部行为之间的因果联系，即导致损害结果或危害结果出现的违法行为或违约行为是不是行为人内心主观意志支配外部客观行为的结果。

（3）责任相当原则

基本含义为法律责任的大小、处罚的轻重应与违法行为或违约行为的轻重相适应，做到"罪责均衡""罚当其罪"。责任相当原则是实现法律目的的需要，通过惩罚违法行为人和违约行为人，发挥法律责任的积极功能，教育违法、违约者和其他社会成员，从而有利于预防违法行为、违约行为的发生。

（4）责任自负原则

与古代社会个体不独立不同，现代社会每个人都是独立的个人，在法律上具有独立的地位，因此在归责问题上要求遵循责任自负原则。凡是实施了违法行为或违约行为的人，都应当对自己的违法行为或违约行为负责，必须独立承担法律责任；同时，没有法律规定不能让没有违法行为或违约行为的人承担法律责任，国家机关或其他社会组织不得没有法律依据而追究与违法行为者或违约行为者虽有血缘等关系而无违法行为或违约事实的人的责任，防止株连或变相株连。当然，责任自负原则也不是绝对的，在某些特殊情况下，为了社会利益保护的需要，会产生责任转移承担问题。

2. 答案：法律责任的本质，是从更深层次回答法律责任是什么和为什么的问题。西方法学家在研究法律责任时，就法律责任的本质问题建立过不同的理论。其中，影响较大的有"三论"即道义责任论、社会责任论和规范责任论。

道义责任论是以哲学和伦理学上的非决定论亦即自由意志论为理论基础的，它假定人的意志是自由的，人有控制自己行为的能力，有自觉行为和行使自由选择的能力，由此推定，违法者应对自己出于自由意志作出的违法行为负责，应该受到道义上的责难。

社会责任论是以哲学和伦理学上的决定论为理论基础的。它假定一切事物（包括人的行为）都有其规律性、必然性和因果制约性。由此推断，违法行为的发生不是由行为者自由的意志，而是由客体条件决定的。因而只能根据行为人的行为环境和行为的社会危险性来确定法律责任的有无和重轻。确定和强制履行法律责任，一方面是维护社会秩序和社会存在，另一方面是使违法者适应社会生活和再社会化，这就是法律责任的本质。

规范责任论认为，法体现了社会的价值观念，是指引和评价人的行为的规范。它对符合规范的行为持肯定（赞许）的态度，对违反规范的行为持否定（不赞许）的态度。否定的态度体现在法律责任的认定和归结中，这种责任就是法律规范和更根本的价值准则评价的结果。因此，行为的规范评价是法律责任的本质。

上述三种理论各有其合理性与局限性。道义责任论正确地揭示了行为的主观因素的作用，却忽视了社会环境对行为方式的巨大影响；社会责任论正确揭示了行为发生受制于一定的客观条件，却忽视了行为人主观因素的重要作用。从历史哲学和法律哲学的角度看，前者所理解的个人，是一种脱离了特定社会关系和社会环境的孤立的个人；后者则完全否认了个人在社会整体面前的相对独立性和主观能动性。因而，这些理论的片面性都与其根本的理论出发点直接相连，仅仅靠增加理论的弹性或对之进行有限的改良，难以完全消除这种片面性。

相对而言，规范责任论可以更加全面地对法律责任的本质进行揭示。它强调了法律责任与体现一定价值标准的法律规范有直接联系。由于法律在评价行为时，不能排除对行为的主观因素和社会环境的考虑，这样，规范责任论从研究法律责任的形式特征入手，有可能把法律评价、主观因素和社会环境较好地统一起来，然而，西方的非马克思主义法学家所提出的规范责任论，既不能充分地理解社会生活中客观规律性与主观能动性的辩证关系，也不可能充分注意到阶级社会中阶级利益冲突和阶级斗争对法律评价标准的深刻影响。

3. 答案：在我国的法律规定中，免责的条件和情况是多种多样的。一般而言，免责的条件和方式主要包括：

时效免责。即违法者在其违法行为发生一定期限后不再承担强制性法律责任。时效免责初看起来是不公正的，但实际上它对于保障当事人的合法权利，督促法律关系的主体及时行使权利、结清债务，维护社会秩序的稳定，以及提高法院的工作效率和质量，有着重要的意义。

不诉免责。即所谓"告诉才处理""不告不理"。在我国，不仅大多数民事违法行为是受害当事人或有关人告诉才处理，有些轻微的刑事违法行为也是"不告不理"。"不告不理"意味着当事人不告，国家就不会把法律责任归结于违法者，即意味着违法者实际上被免除了法律责任。作为免责形式的"不告诉"，必须是出于被害人及其代理人的自由意志。如果"不告诉"是在某种压力或强制环境下作出的，则不构成免除有责主体的法律责任的条件和依据。

自首、立功免责。即对那些违法之后有自首情节或立功表现的人，免除其部分或全部法律责任。

补救免责。即对于那些实施违法行为，造成一定损害，但在国家机关归责之前采取及时补救措施的人，免除其部分或全部责任。这种免责的理由是违法者在归责之前已经超前履行了第二性义务。

协议免责或意定免责。即基于双方当事人在法律允许的范围内的协商同意的免责，即所谓的"私了"。这种免责一般不适用于犯罪行为和行政违法行为（即"公法"领域的违法行为），仅适用于民事违法行为（即"私法"领域的违法行为）。

自助免责。自助免责是对自助行为所引起的法律责任的减轻或免除。所谓自助行为，是指权利人为保护自己的权利，在情势紧迫而又不能及时请求国家机关予以救助的情况下，对他人的财产或自由采取扣押、拘束或其他相应措施，而为法律或社会公共道德所认可的行为。自助行为可以免除部分或全部法律责任。

人道主义免责。权利是以权利相对人即义务人的实际履行能力为限度的。在权利相对人没有能力履行责任或没有能力履行全部责任的情况下，有关的国家机关或权利主体可以出于人道主义考虑免除或部分免除有责主体的法律责任。在有责主体无履行能力的情况下，即使人民法院把法律责任归结于他并试图强制执行，也会因其不能履行而落空。

第十三章 法律程序

1. 答案：诉讼结构是指诉讼主体之间的权利义务活动在时间和空间上的安排方式和关系，即诉讼主体行为的安排、组织和关系所构成的诉讼关系模式。诉讼结构的特点是：第一，诉讼结构的主体主要是指控、辩解、裁判三方。第二，诉讼结构的内容是控、辩、判三方程序的权利和义务。第三，诉讼结构主要存在于起诉和审理两个环节。第四，诉讼结构体现并受制于一定的立法目的和价值取向。

2. 答案：程序正义与结果正义相对，其正义性是由程序建立和保证的。在法律领域，程序正义是过程的正义，主要指向法律程序的正义性，法律程序是否公正，将在很大程度上决定法治目标能否得到实现。

简答题

1. 答案：法律程序是指人们进行法律行为所必须遵循或履行的法定的时间与空间上的步骤和形式，是实现实体权利和义务的合法方式和必要条件。法律程序的基本特征应是：

第一，法律程序是针对特定的行为而作出要求的。

第二，法律程序是由时间要素和空间要素构成的，换言之，法律程序是以法定时间和法定空间方式作为基本要素的。

第三，法律程序是一种法定的形式。程序具有明显的形式性。程序之于实体是形式与内容的关系。程序法是实体法的形式，法律的实体内容通过法律程序得以实现；实体法制约程序法，实体内容决定程序形式。

第四，法律程序是实体权利义务实现的合法方式或必要条件。法律行为实际上就是权利义务行为。权利行为比义务行为更需要法律程序，作为国家的权力行为一般只有在

符合法定程序的条件下，才是合法的，只有在法律程序的约束和指引下才是有效的。

2. 答案：法律程序的存在只能说明程序参与者的行为需要受到约束，"法律程序"若要升级为"正当法律程序"，需要满足若干基本要求。

第一，法律程序应当是中立的。中立性是正当程序的核心。它要求程序的设计者对于特定程序能否使特定主体获益处于无从知晓的状态。程序的主持者或决定者应当一视同仁，保证各方当事人得到平等武装，确保特定结果的出现是程序本身运作的结果，而非出于任何一方的强势行为。

第二，法律程序应当是分化的。通过功能分化和角色分派，法律程序将决定权分散到不同阶段和不同主体那里，使其互相牵制，避免权力的恣意妄为。例如，在刑事审判程序中，判决不是某一主体任性而为的结果，而是经过立案、侦查、审查起诉、审判和执行等程序而作出的。在这些不同阶段，法官、原告、被告、公诉人、辩护人、代理人等各司其职，降低了权力滥用的可能。

第三，法律程序应当是竞争性的。法律程序的作用之一是为充满冲突和对立的各方当事人提供沟通和对话的平台，它以制度化的方式化解纠纷，减少野蛮的暴力行为。尽管如此，法律程序中仍然充满了竞争和博弈。各方当事人为了说服程序主持者、决定者乃至对方当事人，需要有理有据地陈述己方观点，否则将有可能承受不利后果。诸如举证、质证和交叉辩论等行为，有助于确保程序中立地运行而不被任何一方控制，而且还能提高双方对竞争结果的接受度。

第四，法律程序应当是真实而有效的。法律程序的真实性要求利害相关者能够实质性地参与到程序中，对结果产生相应的影响。具体来说：首先，参与应当是自由的。当事

人可以自行决定是否参与程序，行使权利并承担相应后果。其次，参与应当是平等的。当事人应当享有平等的资格和机会发表意见，那些处于分散、孤立或弱势地位的当事人还应当获得特别的帮助。再次，参与应当是及时的。根据事情的轻重缓急，法律通常会设定相应的程序机制，过分延迟或者过分急促地参与都会降低程序的有效性，甚至损害程序的正当性。最后，参与应当是有效的。当事人对程序的参与不能源于执法者的一时兴起，而应当是制度化的。对当事人利益实质影响的决定也只能从其参与的程序中产生。

第五，法律程序应当是公开而透明的。公开意味着各方当事人能够共享作为参与前提的信息资源，意味着程序的进行过程、结果和理由都是透明的。离开了信息支持，当事人无法对法律程序所涉及的事项作出准确判断，甚至会陷入茫然乃至恐慌的心理状态，并最终引发对程序本身和最终结果的质疑。因此，除了少数涉及个人隐私与国家秘密的情形，应当将法律程序置于阳光之下，让所有参与者都能据此明确自己的权利和义务，建立对最终结果的合理预期。

3. **答案**：诉讼就是向司法机关告诉以争论是非，现代意义上的诉讼是指司法机关和案件当事人在其他参与人的配合下为解决案件争议依法定程序所进行的全部活动。根据所涉及的内容和性质，诉讼可分为私法诉讼和公法诉讼。我国诉讼制度主要是由民事诉讼、行政诉讼和刑事诉讼三个方面组成。

诉讼结构是指诉讼主体之间的权利义务活动在时间和空间上的安排方式和关系，即诉讼主体行为的安排、组织和关系所构成的诉讼关系模式。诉讼结构的特点是：

第一，诉讼结构的主体主要是指控、辩解、裁判三方。指控是指对被告的追诉性活动，辩解是指被告人及其代理人或辩护人为被告的利益所进行的答辩性或防御性活动，裁判是指对诉讼实体问题和有关程序问题作出判断性的处理活动。

第二，诉讼结构的内容是控、辩、判三方程序的权利和义务。指控方、辩解方、裁判方各依法享有程序权利和程序义务，由三方权利义务构成诉讼法律关系，反映了诉讼三方在诉讼程序中的地位，并形成诉讼结构。

第三，诉讼结构主要存在于起诉和审理两个环节。起诉阶段，涉及起诉方式与材料、起诉理由与证据，也包括刑事诉讼的证据收集及侦查。审理阶段，包括质证、辩论等，显然存在于控、辩、判三方，并涉及控、辩双方权利，辩论充分程度取决于诉讼结构，也典型反映诉讼结构，而裁判方则听取、分析、判断双方质证和辩论。

第四，诉讼结构体现并受制于一定的立法目的和价值取向。

论述题

1. **答案**：所谓实体法是指规定实体权利和义务的法律，而程序法则是指规定实现权利义务的方式和条件的法律。当然程序法与实体法的划分是相对的。实体正义表现为结果的正义，程序正义表现为过程的正义，二者呈现出如下关系：

第一，程序正义与结果正义可能是相辅相成的关系。例如，行政主体在充分听取各方当事人意见基础上作出的行政决策，通常要比闭门决策的质量更高；但两者之间也可能陷入顾此失彼的境地。

第二，程序正义设定了实体正义的操作框架，并对其有过滤和补救作用。在法治时代，实体正义的实现已经不能简单地诉诸力量、道德或意识形态的对比关系，而是应当依靠说理、论辩、协商、利益衡量等方式，这些行为又应当被纳入以中立、平等和透明为特征的程序正义框架下。倘若实体正义出现漏洞和不足，同样应当通过程序正义加以补救。例如，法院为语言不通的当事人提供翻译、为有困难者提供法律援助等，都体现出程序正义的补救功能。

第三，实体正义和程序正义共享同一个终极评价标准——人的主体性和尊严。"程序正义与实体正义都应以对人的主体性和尊严的维护和尊重为终极价值，在二者冲突时，对人作为理性主体之尊严的尊重和维护应成为终极判准和衡量尺度。"

2. **答案**：程序的一般价值包括公平价值、秩序价值、自由价值和效率价值。

（1）程序的公平价值。程序的公平价值一般是指同类的人应当受到相同的对待。在司法程序中，公平是首要的价值目标。公平价值是程序的首要价值。它包括这样一些最低标准：无偏袒的中立、听取对方意见。

其一，无偏袒的中立是指"与自身有关的人不应该是法官"。结果中不应含纠纷解决者的个人利益；纠纷解决者不应有支持或反对某一方的偏见。

其二，听取对方意见是指给予当事人各方充分的机会来陈述本方意见和理由。这意味着必须将程序告知他们，将诉讼中所指控的信息告知他们，以便他们能够准备答辩，法官"对各方当事人的诉讼都应给予公平的注意""纠纷解决者应听取双方的论据和证据"。

（2）程序的秩序价值。程序的秩序价值主要是指通过可预测的、理性的决定过程来维持某种关系的稳定性、结构的一致性、行为的规范性、进程的连续性、事件的可预测性。

程序的秩序价值至少要求达到两项标准：公开进行的方式，科学解决的手段。

（3）程序的自由价值。程序的自由价值主要是指程序中的每个人都可以自由选择其行为的活动余地，从而保障个人在意志、人身和人格上受到尊重，不受奴役。

（4）程序的效率价值。程序的效率价值是指程序的成本与解决的效果之间的关系问题，即从一个给定的投入量中获得最大的产出，最少的资源消耗取得同样多的效果。

3. **答案**：诉讼原则，即诉讼的程序原则，是指由诉讼法确认或体现的，在诉讼程序全过程中或诉讼程序部分过程中起指导作用的准则。

诉讼原则分为诉讼普遍原则与诉讼特别原则。前者是指在各类、各阶段诉讼程序中均适用的具有普遍指导意义的原则，通常是在《宪法》和《人民法院组织法》中规定的；后者是指在某一类、某一阶段诉讼程序中适用的具有指导意义的原则，它们通常是在具体诉讼法中规定的。

（1）权利原则。这是指诉讼程序应当尊重和保障公民权利。如果说行政权代表国家，具有官方性，那么"司法权则是权利的庇护者"，如果"同一官署忽而忙于维护国家利益，忽而又将国家利益弃置一边，忙于维护正义，显然极不协调"。所以司法程序应当以权利保护为本位，它表现在民事诉讼中就是意思自治的处分权原则，表现在行政诉讼中就是相对人权利保障原则，表现在刑事诉讼中就是被告人人权保障原则。

（2）平等原则。这是指法院在程序上平等对待当事人。其含义包括：第一，一切公民不论身份差别在法律程序面前一律平等；第二，不同民族的当事人有使用本民族语言的平等权利；第三，外国人与中国公民的程序地位平等；第四，其他同类当事人和同类参与人诉讼地位平等；等等。

（3）证据原则。这是指诉讼须以事实为根据，而认定事实应当凭证据，或称证据裁判主义。

（4）公开原则。这是指审判和诉讼活动原则上对当事人、对社会公开。其含义包括：第一，法院审理程序和过程，一般要对社会公开，受社会监督。第二，法院审理程序过程一般要对当事人公开，受当事人监督。第三，对于辩护律师或代理律师，除审理程序和过程公开外，法院进行裁判的证据材料及某些活动环节也应当对当事人的辩护律师、代理律师公开。第四，群众可以在法庭旁听。

（5）回避原则。这主要是指当出现审判人员（含检察人员、侦查人员等）与本案当事人有亲属、利害关系或可能影响案件公正审判的情况时，审判人员应该回避。

（6）辩论原则。这是指在诉讼过程中对于事实认定、法律适用由指控和被控双方及其代理人、辩护人展开辩论。其含义包括：第一，双方平等享有辩论权（刑事被告的辩解也属于辩论权）和平等的辩论机会；第二，当事人可以委托律师或其他公民进行辩论；第三，辩论内容可以是关于事实和证据的质证辩论，也可以是关于法律理解与适用选择的法理辩论；第四，辩论形式可以是当庭辩论，也可以是书面辩解；第五，审判人员有义务倾听（或阅读）和分析辩论、辩解以及代理和辩护意见，并在判决书中反映双方辩论意见，作出分析解释。

（7）经济原则。这是指用较小的诉讼成本，实现较大的诉讼效益，或者说是为实现特定的诉讼目的，应当选择成本最低的方法和手段。

4. 答案： 就中国法传统而言，正当程序是中国法走向现代化的根本元素之一。正当程序的意义主要表现为：

第一，正当的法律程序是权利平等的前提。现代法治原则要求"以相同的规则处理同类的人或事"，即平等地适用法律，而公正的核心是平等。现实生活的具体的人和事，与抽象的法律规则之间存在差异和距离，这给法律适用带来难度。法律适用就是对抽象规则与具体行为的认同过程，这个认同过程的高度"同一性"有赖于法律程序的保证。倘若没有统一的步骤和方法，没有时间与空间上的向导，就难以实现"同一性"，因而平等适用法律也就无从谈起。所以英国法学家们普遍相信：只要你遵守细致规定的光明正大的诉讼程序，你就几乎有把握地获得了公正的解决办法。

第二，正当的法律程序是权力制约的机制。法治社会的国家权力应当受到法律的严格约束，而法律程序是其中不可或缺的一种约束机制。正当的程序通过抑制、分工等功能对权力进行制约。在社会经济生活要求国家自由裁量权相对扩大的今天，实体法规则的控权功能有所缩减，因此程序控权的功能大大增长。法律程序以其特有的功能补充了实体法控制权力的不足，达到权力与权利的平衡、效率与自由的协调、形式合理性与实质合理性的结合。

第三，正当的法律程序是解纷效率的保证。正当合理的法律程序总是能够使纠纷及时、有效、公正、合理地得到解决。相反，偏私或不合理的法律程序往往使纠纷的解决出现这样的情况：当事人在程序过程中就感到有不公正的因素；当事人在程序过程中尚未消除暴力的直接冲突；当事人为纠纷的解决花费了不必要的或过高的诉讼成本；当事人在处理结果面前仍有遗留的纠纷或由处理结果引起的新的冲突和矛盾。因此，正当合理的法律程序能够保证纠纷真正得到解决，从而实现实体公正。

第四，正当的法律程序是权利实现的手段。首先，法律程序是权利义务实现的合法方式或必要条件。正当的程序能促使权利被实际享受，义务得到切实履行。其次，法律程序通过对权力的约束和控制来保障人权。正当程序是以权力制约和权利本位为特征的，通过权力制约来实现实体权利。此外，法律程序是纠纷解决的重要途径，正当程序对于权利又是一种有效的、重要的补救手段。

第五，正当的法律程序是法律权威的保障。法律权威固然需要国家强制力来保障，但是这种强制力有可能使法律权威异化为粗暴的武力。正当程序的意义就在于通过法律执行的各种程序过程使人们体会到法的公正和尊严。正当程序必定会增强人们对法律的好感、敬意和信心。人们对公正的理解和对法律权威的体验首先是从"能够看得见的"程序形式中开始的。

第三编　法的起源和发展

第十四章　法的历史

☑ 单项选择题

1. **答案**：C。原始社会尚未出现阶级和国家，因此不存在法，原始氏族习惯是调整社会关系的社会规范。

2. **答案**：C。法律是随着阶级和国家的产生而出现的，奴隶社会是阶级社会的第一个形态，因此法最早出现于奴隶社会。

3. **答案**：A。在原始社会的氏族部落不存在法律和有阶级的道德。原始社会的习惯靠成员的自觉遵守和氏族首领的威望来维持。

4. **答案**：B。总的来说，法是各种社会因素，在经济因素起最终决定作用的条件下相互作用而产生和发展的。

5. **答案**：B。社会主义法强调集体利益与个人权利的统一（如我国《民法典》中的公序良俗原则）。A项错误，技术规范仍须保留；C项违背程序正义；D项混淆法律与道德的界限。

6. **答案**：B。在封建社会中后期，带有资本主义因素的法逐渐出现。

7. **答案**：D。国家政权是法律存在的基础，只有通过社会革命推翻国家政权才能建立新历史类型的法律体系。

8. **答案**：D。社会基本矛盾（生产力与生产关系、经济基础与上层建筑的矛盾）运动，是法的历史类型更替的根本原因。

9. **答案**：B。法的历史类型是指根据马克思主义历史唯物论，按照法的阶级本质和经济基础而将法划分为不同社会形态的法。

10. **答案**：C。WTO规则、人权公约等超国家法的兴起，使传统以国家为单位的阶级分析法面临解释困境。A项错误，中国坚持中国特色社会主义法治道路；B项错误（如中东酋

长国保留封建色彩）；D项属于极端个例（如人口贩卖）。

11. **答案**：A。大陆法系是以罗马法为基础发展起来的法律的总称。

12. **答案**：C。制定法（成文法）是大陆法系正式的法的渊源。

13. **答案**：D。《乌尔纳姆法典》是公元前21世纪由乌尔第三王朝颁布，早于《汉谟拉比法典》（公元前18世纪），是目前考古发现的最早成文法典。

14. **答案**：D。衡平法是英国在14世纪后通过对普通法的修正和补充而出现的一种判例法。

15. **答案**：A。B、C是英美法系国家法的分类，D不属于法的分类。公法和私法是大陆法系国家法的分类。

16. **答案**：A。大陆法系的诉讼模式是职权主义模式，法官在诉讼中居于主导地位。

17. **答案**：A。法系是根据法的历史传统划分的。

18. **答案**：D。《法国民法典》对民法法系的形成起了重要的作用。

19. **答案**：D。民法法系，是指以罗马法为基础而发展起来的法律的总称，又称罗马法法系、大陆法系等。首先在欧洲大陆各国兴起，主要由拉丁族和日耳曼族构成，法系的内容主要是民法，代表性法律文献是《查士丁尼民法大全》和《法国民法典》。代表国家是法、德。衡平法、判例法和普通法是普通法系的法的分类。

20. **答案**：D。普通法系，是指以英国普通法为基础而发展起来的法律的总称。主要以英国为代表或英美两国为代表，又称英国法系或英美法系。有英国和美国两个分支。罗马日耳曼法系、法典法系和大陆法系都是指民法

法系。

21. **答案**：A。在民法法系国家，判例在法律上或理论上不被认为是正式意义上的法的渊源，判例在法院审判中可以有重大参考作用，但只能被认为是非正式意义上的法的渊源。在普通法系国家，判例被认为是正式意义上的法的渊源，即上级法院（甚至本法院）以前类似案件的判决，作为判例，对下级法院（甚至本法院）有法律上的约束力，制定法与判例法并行存在，相互作用。

22. **答案**：B。1804年《拿破仑法典》首次系统确立了私有财产神圣、契约自由等资本主义法律原则，成为近代资本主义法的典范。

23. **答案**：B。选项B自由大宪章是英国的法律，因此不属于大陆法系的渊源。

24. **答案**：B。罗马法系即大陆法系。日本现行法律制度属大陆法系，如果是问日本古代法律制度，则属于中华法系。

25. **答案**：D。选项ABC是带有资本主义因素的法，但是只有在资产阶级取得政权后，才能产生完全意义上的资本主义法。

26. **答案**：A。垄断阶段（如罗斯福新政后）通过反垄断法、劳动法等限制绝对契约自由，体现国家干预加强。B项是法系差异，C项未普遍实现，D项涉及国际私法规则。

27. **答案**：D。普通法系，是指以英国普通法为基础发展起来的法律的总称。普通法主要是指11世纪后由法官通过判决形式逐渐形成的适用于全英格兰的判例法。

☑ 多项选择题

1. **答案**：ABCD。"世人惟不平则鸣，圣人以无讼为贵"，即普通人受到不公平的待遇就要抗争，但圣人追求的却是没有诉讼和纠纷的发生，反映出无讼是圣人追求的法律观，法律的最高境界是无讼。"财物轻，怨何生，言语忍，忿自泯"，即把财物看轻了，相互间的怨恨就无处产生；说话相互忍让了，愤恨自然就消除了。反映的观念是，个人的道德、观念、品格是纠纷控制的关键，提高个人境界和修为，是消除纠纷的根源。"礼义生于富足、盗窃出于贫穷"，说的是物质富足才知道讲究礼义，生活贫穷则滋生违法犯罪，反映出带有唯物主义色彩的法律观。法律秩序根源于客观的物质条件，良好的法律秩序要以一定的物质基础作前提。"遵三从，行四德，习礼义，看古人，多贤德，为法则"出自古代规范女性道德行为的教材《女儿经》，虽然是道德教化的内容，但由于古代礼法合一，道德和法律相互渗透，道德要求同时也是制度要求，其反映的实际上也是当时的法律观念和法律内容，即女性要效法古人，修习礼义，遵行三从四德。故选ABCD。

2. **答案**：AD。A项是历史唯物主义核心观点，D项承认改良式更替（如英国资产阶级革命）。B项错误，列宁指出可继承旧法技术规范；C项片面，社会主义法也继承民主性内容（如"法律面前人人平等"形式）。

3. **答案**：CD。原始社会的社会规范体现了全体氏族成员的共同利益和意志。

4. **答案**：ABD。法经历了从个别调整到规范性调整、一般规范性调整到法的调整；从习惯到习惯法，从习惯法到制定法；从法与其他规范的一体到与它们的分化、法的相对独立的过程而产生。

5. **答案**：ACD。最早的制定法主要包括习惯法的整理和记载，个别立法文件和最主要的判决的记载。

6. **答案**：BCD。原始氏族组织是全体氏族成员的自治组织，它是以血缘关系为基础自然形成的联盟，实行民主管理。

7. **答案**：ABC。D项错误，原始习惯（如同态复仇）也隐含"权利"（复仇权），但无系统权利体系。A项是强制力区别，B项是适用范围区别，C项是本质区别。

8. **答案**：BCD。本题考查的是法的发展的一般规律。

9. **答案**：ABD。本题考查的是法系的内容。对于此点最近几年也是经常考到的。我们要理解大陆法系和普通法系的历史传统及其主要区别。在法律渊源上，大陆法系制定法是主要的法律渊源，法院的判例，在法律上和理论上不被认为是正式的法律渊源。所以C是错误的。

10. 答案：ABD。随着人类社会生产力的发展，社会形态的变更，法的历史类型由低级类型向高级类型依次更替，这种更替是法的发展的一种特殊形式，不以人的意志为转移的历史必然。

11. 答案：ABD。奴隶制法的特点主要有：严格保护奴隶主的所有制；公开反映和维护贵族的等级特权；刑罚种类繁多，手段残酷，执行有很大的任意性；长期保留原始社会的某些行为规范残余。

12. 答案：BCD。资本主义法的特点主要有：维护资本主义私有制；维护资产阶级专政和代议制政府；宣扬资产阶级民主、自由、平等和人权。

13. 答案：BCD。所谓法的历史类型，就是按照法的经济基础和阶级本质对法所作的基本分类。凡是建立在相同经济基础之上、具有相同阶级本质的法就属于同一历史类型。原始社会不存在法。

14. 答案：AB。社会基本矛盾的运动是法的历史类型的更替的根本原因。法的历史类型是通过阶级斗争和社会革命来实现更替的，代表先进生产方式的阶级只有通过社会革命才能夺取政权，实现法的历史类型的更替。

15. 答案：ACD。封建制法的特征有：维护地主阶级的土地所有制；确认和维护封建等级特权；刑罚残酷，极端野蛮。

16. 答案：BCD。商法的兴起、罗马法的复兴、资本原始积累法律的出现标志着带有资本主义因素的法的出现。

17. 答案：ABC。D 项是垄断资本主义阶段后的修正原则。A 项见法国《人权宣言》第 17 条，B 项为《拿破仑法典》第 1134 条，C 项源于贝卡利亚《论犯罪与刑罚》。[①]

18. 答案：AC。进入 20 世纪后，资本主义法出现"社会化"趋势，加强了国家对社会生活的干预，并开始对财产所有权有所限制。

19. 答案：ACD。法国法系是以 1804 年《法国民法典》为蓝本建立起来的，反映了 19 世纪法国自由资本主义时期社会经济的特点，强调个人权利本位。

20. 答案：AB。现代日本的法律属于大陆法系，苏格兰的法律也属于大陆法系。

21. 答案：BD。在英美法系国家的诉讼中，法官处于消极、中立的仲裁者的地位，不主动参与案件的调查，首先考虑以前的判例，按照判例中概括出的法律规则来判决。

22. 答案：ABD。大陆法系法官主导调查取证（职权主义），程序强调实体真实；英美法系当事人控制证据提交（对抗制），法官居中裁判，故 C 选项错误，其他选项均正确。

23. 答案：BCD。A 项属于神权法残余。B 项是引礼入法开端，C 项是礼法融合的顶峰（《唐律疏议》"亏损名教，毁裂冠冕"），D 项体现孝道优于刑罚。[②]

24. 答案：AC。大陆法系以罗马法为基础形成，产生于欧洲大陆，以民法为典型，以法典化的成文法为主要渊源。

25. 答案：AB。公法和私法是大陆法系对法的分类方法之一。私法是平等主体之间涉及个人权利、利益，自由选择的法。民法和商法属于私法。

26. 答案：BC。资本主义法律有时也反映被统治阶级的利益，这取决于阶级斗争的状况，但最终是为了维护统治阶级的利益。

27. 答案：ABCD。与以往的私有制法律相比，资本主义法律有以下三个特点：首先维护以剥削雇佣劳动为基础的资本主义私有制；其次维护资产阶级专政和代议制政府；最后维护资产阶级的自由、平等和人权。

28. 答案：ACD。《德国民法典》和《法国民法典》是民法法系的代表性法律文献。德国和日本都属于民法法系。《查士丁尼民法大全》是罗马法的代表性法律文献，也属于民法法系。

29. 答案：BCD。在民法法系只有制定法是法的正式渊源，判例在法律上或理论上不被认为是正式意义上的法的渊源，判例在法院审判

中可以有重大参考作用，但只能被认为是非正式意义上的法的渊源。

30. 答案：BCD。法院的判例在英美法系具有正式的法律效力。在英美法系国家，制定法（成文法）和判例法都是法的正式渊源。普通法与衡平法的分类方法是英美法系特有的。英美法系在诉讼程序上采用当事人主义。

31. 答案：BC。我国澳门特别行政区属于民法法系，民法法系又称罗马—德意志法系、大陆法系。

32. 答案：AB。C项错误，"暂行章程"保留部分礼教内容；D项错误，六法体系仿效大陆法系。A项如领事裁判权破坏司法主权，B项指自然经济解体（法史重点结论）。

📖 名词解释

1. 答案：法的历史类型是与社会形态相联系的概念，是依据法所赖以存在的经济基础及其体现的国家意志的性质的不同而对各种社会的法律制度所做的分类。按照划分法的历史类型的标准，法律发展史上先后产生过四种类型的法律制度，即奴隶制度的、封建制度的、资本主义的和社会主义的法律制度。

2. 答案：法系是对各国法律制度的现状和历史渊源进行比较研究的过程中形成的概念。它是依据法律的历史渊源和传统以及由此形成的不同存在样式和运行方式，而对现存的和历史上存在过的各种法律制度所做的分类。

3. 答案：大陆法系又称罗马法系、民法法系、法典法系或罗马日耳曼法系，是承袭古罗马法的传统，依照《法国民法典》和《德国民法典》的样式而建立起来的各国法律制度的总称。欧洲大陆上的法、德、意、荷兰、西班牙、葡萄牙等国和拉丁美洲、亚洲的许多国家的法律都属于大陆法系。

4. 答案：英美法系又称英国法系、普通法系或判例法系，是承袭英国中世纪的法律传统而发展起来的各国法律制度的总称。

5. 答案：中华法系是承袭中国古代法律传统而形成的东亚各国法律制度的总称，是世界历史上曾经存在的影响最大的五大法系之一，古代的中国、朝鲜、日本、琉球等国的法律均属于中华法系。①

6. 答案：社会主义法律制度是以社会主义生产关系为经济基础而建立起来的上层建筑，社会主义法律制度的基本原则和主要内容都是社会主义生产关系本质要求的反映和表现。因此，社会主义法律制度是迄今为止人类历史上唯一的以公有制为基础，以消灭剥削、消除两极分化、实现共同富裕为历史使命的法律制度。

7. 答案：所谓判例法，就是高一级法院的判决。确切地说，是指一个判决中所含有，对其他法院抑或对本院以后的审判具有作为一种前例的约束力或说服力的法律原则或规则。需要指出的是，前例的约束力是指必须遵从它；说服力是指它也可能并不一定被遵从，但有某种影响。一个前例的影响或说服力有多大，要依各种因素而定，如作出判决的法院的地位，法官的声誉以及作为前例的那一原则或规则的表达，等等。

✏️ 简答题

1. 答案：法产生的历史必然性在于：第一，氏族习惯的解体。原始社会末期，随着生产力水平的提高，出现了三次社会大分工，即畜牧业与农业的分工以及手工业和商业的出现。通过这三次分工出现了剩余产品和产品交换，私人占有财产成为可能；劳动生产率达到一个人的劳动所得除了养活自己还略有剩余的程度，战俘和一些氏族成员开始转化为奴隶，阶级开始出现；个体家庭开始出现并日渐代替氏族公社而成为基本经济单位。第二，国家与法对氏族组织与氏族习惯的替代。国家组织体系的形成过程，是一个公共权力逐渐与社会相脱离、逐渐被少数人所垄断的过程。在这一过程中，那些处于形成过程之中的国家机构或已经完全形成的国家机构，以全社会代表的名义对原有氏族习惯加以取舍，认

---

① 参见《法理学》编写组：《法理学》（第二版），人民出版社、高等教育出版社2020年版，第77页。

可那些与现行社会结构相一致的习惯规范，取消那些与现行社会结构不一致的习惯规范，并创制一些新的规范来调整新的社会关系；同时，用有组织的暴力保障这些社会规范得到实施。这样，氏族社会中所没有的法律规范体系便逐渐成长起来。最终的结果是，国家组织体系和法律规范体系完全取代了氏族组织和氏族习惯，成为建立和维持社会秩序的手段。国家组织与法律规范所建立和维持的社会秩序，与原有的社会秩序有根本的差别。这是一种以保护私有制和阶级统治关系为宗旨的秩序，为了压抑和惩罚破坏秩序的行为，国家强制力便成为确保法律规范得到实施的重要力量。

2. 答案：（1）两大法系都是资本主义法系，在本质、指导思想、基本原则方面，都是一致的。

（2）两大法系的差别或区别在宏观方面主要有：

①法的渊源方面的差别。这一差别主要表现为判例是不是正式意义上的法的渊源。在英美法系中，判例与制定法都是正式的法的渊源，上级法院判例在下级法院审理类似案件时有约束力。在大陆法系中，制定法是主要的法的渊源，判例在法律上或理论上不是正式的法的渊源。

②适用法律技术上或法律推理上的差别。在英美法系，法官审理案件时除确定事实外，首先要考虑以前类似案件的判例，从中找出可适用本案的法律规则作为定案的法律根据。在大陆法系，法官审理案件时除确定事实外，首先要考虑有关制定法如何规定，有关判例只作为参考。

③法典编纂方面的差别。英美法系的制定法一般采取单行法律、法规的形式，也有采用法典形式的，但这种法典主要是判例法的规范化，抽象化、系统化较弱。大陆法系的重要基本法律，一般采用较系统的法典形式。

④法的分类方面的差别。英美法系的基本分类是普通法与衡平法之分，无公私法之分，只是在有些法学著作中使用公私法分类法。大陆法系的基本分类是公私法之分。公法主要指宪法、行政法和刑法，诉讼程序法一般也属于公法。私法主要指民法和商法。进入20世纪后，又出现兼有公法和私法两种成分的法，如社会法、经济法和劳动法等。

⑤法律概念、术语上的差别。这一法系所使用的概念往往是另一法系中所没有的。

3. 答案：新型的社会规范体系法律与原有的原始习惯有着根本的不同：

第一，两者体现的意志不同。原始习惯反映氏族全体成员在利益高度融合基础上形成的共同意志，法则是以国家意志的形式体现出来的统治阶级意志，它只是在社会中占主导地位的意志，而不是社会共同意志。

第二，两者产生方式不同。原始习惯以传统的方式自发地形成和演变，法则是由统治阶级及其政治代表在行使国家权力的过程中，有意识地创立和有意识地对原有习惯加以选择、确认而形成的。

第三，两者实施的方式不同。原始习惯也就是每个氏族成员自幼养成的行为习惯，它依靠当事人的自觉、舆论和氏族首领的威望来保障实施。法的实施当然也要借助当事人的守法意识和舆论的支持，但是，还要以国家强制力为最后的保障，并以警察、法庭、监狱和各种强制机关作为后盾。

第四，两者适用的范围不同。原始习惯只适用于具有血缘亲属关系的同一氏族或部落成员。法则适用于国家权力所辖地域内的所有居民。

第五，两者的根本目的不同。原始习惯是维护共同利益，维系社会成员间平等互助关系的手段。法则以实现统治阶级利益为首要目的，并为此建立和维护统治关系和社会秩序。

4. 答案：奴隶制的法律制度具有如下重要特征：（1）否认奴隶劳动者的法律人格，公开确认对奴隶的人身占有；（2）惩罚方式极其残酷，带有任意性；（3）在自由民内部实行等级划分；（4）明显带有原始习惯的某些残余。

封建制的法律制度的特征为：（1）肯定

人身依附关系；（2）封建等级森严；（3）维护专制王权；（4）刑罚严酷、野蛮擅断。

5. **答案**：社会主义法是迄今为止人类历史上最高历史类型的法律制度，是唯一以生产资料公有制为经济基础而建立的法律制度类型。与以往的其他法律历史类型相比，社会主义法作为最高历史类型的法律制度必然具有反映自己本质属性的独有特征，这主要表现在以下三个方面。

第一，社会主义法是以实现共同富裕、实现普遍的平等和自由为历史目标的法律制度。自人类进入有国家、有法律的文明社会以来，消灭压迫，消灭剥削，实现共同富裕，实现人人平等和自由，是人类社会几千年的美好理想。从法律发展史看，近现代资本主义法律文明取代了以人身奴役、等级压迫和专制统治为特征的封建法律制度，确实是一个历史性的伟大进步。但是，以资本主义私有制为基础的平等和自由仅仅实现了"以物的依赖性为基础的人的独立性"，对于具体的个人而言，这种平等和自由的真实意义在很大程度上取决于个人在经济上是否居于支配地位。社会主义法律制度充分地体现以公有制为主体的社会主义先进生产关系的内在要求，通过解放和发展生产力，消灭阶级差距，消除贫富分化，实现共同富裕。

第二，社会主义法是以人民性为根本特征的法律制度。社会主义法律制度是工人阶级利益和意志的体现，也是最广大人民利益和意志的体现。社会主义法的阶级性与人民性不再是相互对立和相互排斥的关系，而是根本一致的关系。它的阶级性正是通过对全体人民的共同意志和利益加以确认而表现出来的，而且，社会主义社会本身意味着开启了一个阶级差别、阶级矛盾逐步缩小和消亡的历史进程。在这一历史进程中，法的阶级性将越来越全面和彻底地表现为法的人民性，这是社会主义法作为迄今为止最高历史类型法律制度所具有的独特属性。

第三，社会主义法是继承和发展了历史上一切人类法律文明优秀成果的法律制度。正如恩格斯所指出的那样，"现代社会主义"就其理论形式来说，"起初表现为18世纪法国伟大的启蒙学者们所提出的各种原则的进一步的、据称是更彻底的发展"。因此，社会主义法作为迄今为止最高历史类型的法律制度，它必然是对人类法律文明史上所有优秀成果的继承和发展，尤其是对文艺复兴和启蒙运动以来法律文明优秀成果的继承和发展。

6. **答案**：当代中国社会主义法律制度属于社会主义历史类型，因此，它具有与其他法律制度根本不同的本质规定性。这种本质规定性主要体现在以下几个层面：

第一，从阶级属性的层面上看，当代中国法律制度最重要的本质规定性在于它是工人阶级及中国共产党领导下的广大人民意志的体现。

第二，从产生方式和存在方式的层面上看，当代中国法律制度最重要的本质规定性在于它是在民主立法程序中形成并存在于各种法律渊源之中的国家意志。

第三，从生产方式的层面上看，当代中国社会主义法律制度最重要的本质规定性在于它的根本使命是为解放生产力和发展生产力服务，为最终消灭剥削，消除两极分化和实现共同富裕服务。

第四，从社会作用的层面上看，当代中国法律制度最重要的本质规定性在于它是引导和保障我国社会主义建设各项事业顺利发展的权威性行为准则。（1）我国法律制度是引导和保障社会主义市场经济建设顺利发展的权威性准则。（2）我国法律制度是引导和保障社会主义民主政治建设顺利发展的权威性准则。（3）我国法律制度是引导和保障社会主义精神文明建设的权威性准则。（4）我国法律制度还是引导和保障对外开放、维护和促进世界和平与发展的权威性准则。

💬 论述题

1. **答案**：（1）维护资本主义私有制即资产阶级的财产权是资本主义法的核心。无论在自由资本主义时期还是垄断资本主义时期，无论是民法法系还是普通法系，无论是资本主义法的哪个部门，都如此。例如，资本主义国家的宪法对保护私有财产权、经营企业权作出原则规定；资本主义私法即民法和商法等，则是直接体现资本主义财产权的法律；资本主义刑法则规定了对侵犯财产罪的惩罚。

（2）维护资产阶级专政和政府。资本主义公法即宪法、行政法、选举法、国家机关组织法，特别是刑法，在这方面发挥着主要作用。资本主义宪法一般规定了社会制度、国家制度和其他重要政治制度的一系列基本原则和实现资产阶级专政的组织。选举法、组织法、公务员法等贯彻一个基本要求，即培养和选拔能忠实和有效地为资产阶级执掌政权的代表。刑法则将危害资产阶级专政的行为规定为最严重的罪行：国事罪、谋叛罪、破坏国家安全罪等。

（3）维护资产阶级自由、平等和人权。资本主义社会不同于以往社会的重大特点之一是，在法律上规定自由、平等和人权。这在反对封建专制、促进新兴资本主义和社会生产力的发展等方面起过重大历史进步作用。但由于资本主义社会仍然是私有制社会，法律上的自由、平等和人权就不能不带有严重局限性，是不可能真正贯彻到底的。

2. **答案**：第一，国家的产生。法与国家是两个相互联系的概念，两者互为标志，相互作用。实现法律调控意味着：一是有一个专门机构以全社会代表的名义认可或制定权威性的行为规范；二是有一批组织起来的官吏负责执行这些规范；三是违反规范者会受到有组织的暴力所施加的制裁。而这些正是国家机构所具有的特点，没有此种特殊公共权力的存在，法律既不可能创制出来，也不可能有效实施。

第二，诉讼与审判的出现。原始社会没有诉讼与审判。氏族内部的纠纷由当事人自行解决或由氏族领袖依习惯进行裁决，部落之间的纠纷则往往诉诸武力，以战争来解决。而法律对社会关系和行为的调控，意味着当事人的"私力救济"被限制和"公力救济"的出现，否则，任由当事人对侵犯权利的行为自行处置，便难以在利益冲突普遍化的状态下保持必要的秩序。这就要求由一个特定的机构来行使审判权，并通过一定的诉讼程序来处理纠纷。

第三，权利与义务的区分。在原始社会还没有权利和义务的分别，而法律对行为的调控，要求以权利与义务的分离为条件，这意味着：一是法律规范要对各种行为加以明确区分，规定出什么行为可以做，什么行为不得做，什么行为必须做；二是在各种法律关系中把相应的权利与义务分别明确地分配给不同的法律关系主体。如果没有这种区分，法律就不能实现对各种行为的调控职能。

当上述三个标志完全具备时，法律产生的过程就完成了。此时，一种与国家组织体系相匹配的法律规范体系便告形成。

3. **答案**：法律从无到有、从萌芽出现到最终形成一种基本制度，在不同的民族和社会中经历了不同的具体过程。然而，在纷繁复杂、差别明显的表象背后可以发现一般规律，主要表现在：

第一，法律制度是在私有制和阶级逐渐形成的社会背景下孕育、萌芽，并与国家组织相伴发展和确立起来的。法律的孕育、萌芽和最终形成需要特定的社会条件，只有在共同利益分化为众多的个体利益并导致普遍的利益冲突，仅靠道德、传统和舆论不足以有效维持社会存在与发展所必需的基本秩序时，法律的产生才成为必要和可能。而社会生产力发展所导致的私有制关系、阶级的出现和原始社会调节机制的崩溃，恰恰创造了法律形成的社会条件。法律的形成过程也受到了国家形成过程的促进；反过来，它确认和推动了国家组织对氏族组织的取代。

第二，法律制度的形成过程是一个行为的调整方式从个别调整发展为一般调整的过程。例如，最初的产品交换只是偶然的个别现象，对这种关系的调整也表现为个别调整。个别调整方式和具体情况直接联系，针对性强，但带有较大的不确定性和不可预见性。我国古代文献上所说的"议事以制，不为刑辟"就是这种情况。在法律调整的实践中，随着偶尔的个别行为演变成比较常见的行为，个别调整所临时确定的规则便逐渐发展成为经常的、反复适用的，不只是针对个别行为而是针对同一类行为的共同规则。共同规则的形成把对行为的调整类型化、制度化为一般调整，即规范调整。规范调整的出现是法律形成过程中的关键性一环。

第三，法律制度的形成经历了由习惯演变为习惯法再发展成为成文法的长期过程。最初的法律规范大多是由习惯演变而来的。在法律制度的形成过程中，国家按照现行社会秩序的需要对原有习惯规范进行甄别取舍。在经过国家有选择的认可之后，习惯就演变成习惯法。在社会生活变化幅度较大、习惯法不足以调整社会关系时，由国家机构有针对性地制定新的规则就成为必要，成文法由此而生。这样，一个满足调整新的社会关系需要，由国家机构制定社会行为规则的法律制度便最终确立起来。

第四，法律、道德和宗教等社会规范从混沌一体逐渐分化为各自相对独立的规范系统。原始社会中的习惯本身就是集各种社会规范于一体的，兼有风俗、道德、宗教规范等多重属性。在国家与法律萌芽之初，法律与道德和宗教等社会规范并无明显界限。随着社会管理经验的积累和文明的进化，对相近或不同行为影响社会的性质和程度有了区分的必要和可能，法律与道德规范和宗教规范及其调整的行为类型开始从混沌走向分化。这种分化在不同的社会所经历的过程不完全相同，但将法律调整与道德调整及宗教调整相对区分开来却是一个共同趋势。

第五，法是一种历史的现象，它有着产生、发展和灭亡的一般规律。根据马克思主义的唯物史观，法律是人类社会发展到一定历史阶段才出现的，它的产生与私有制、阶级和国家的出现密不可分。因此，随着私有制、阶级和国家的消亡，法也将消亡。到了共产主义社会，生产资料公有制代替生产资料私有制，阶级和国家成为历史的遗迹，法因此也会随之消亡。

4. **答案：**（1）梅因认为"所有进步社会的运动，到此处为止，是一个'从身份到契约'的运动"，这是体现契约自由原则的观点。资本主义法律制度首次把契约自由上升为调整社会经济关系的基本原则。它承认一切人都具有独立的法律人格，具有平等的法律地位，可以在法律所界定的广阔领域中自主地处分自己的利益和权利，并在交往各方达成合意的条件下建立或改变彼此的权利、义务关系。这一原则是市场经济关系的本质要求在法律上的体现。市场经济是自由交换的经济，它在法律上就表现为一系列契约订立和履行的过程。

（2）古代法律制度中的人身占有、人身依附、等级特权和专制王权等都是与"身份"一词密切相关的，都是从不同阶级、不同身份的社会群体里衍生出来的概念。然而这一切都是与市场经济的内在规律不相容的，也是与契约自由原则不相容的。契约自由原则不仅为重新安排和调整经济生活提供了新的准则，也为整个社会生活的重新安排和调整提供了参照，自此，现代文明、现代法制的第一种形态资本主义文明和法制才得到确立。在资本主义条件下，契约自由原则在形式上给一切人提供了自由选择的机会，也促使人类从奉行身份尊卑的时代逐步向以契约精神为内核的社会转变，但是，对于不占有生产资料的普通劳动者来说，它只意味着决定把劳动力出卖给什么人的自由，在为了生存而必须出卖劳动力、接受剥削这一点上，普通劳动者是没有自由选择余地的。因此，契约自由对资产阶级才有完全的意义，对普通劳动者则只有部分意义，它是以契约自由的形式实现的经济强制。

（3）人类社会的发展大势，除去原始社会的部落本位外，可以概括为中世纪的家族本位和现代社会的个人本位。在家族本位时代，个人的权利、地位、财产、荣誉不是来自他自己，而是来自家族。家族地位的悬殊（豪门多为敕封），决定了个人之间不同的家族身份。当这个身份成为个人最重要的社会标志时，便会影响到人们生活的方方面面。因此在很大程度上，单纯以身份来划分不同群体，不仅是对人权的漠视，也反映出这个社会是一个不平等的社会。尤其在这个社会中，由家族身份带来的权利、地位、荣誉等还可以世代相传，从而使某种特权或优待能够在特定群体身上得以延续，这更表征了身份社会赤裸裸的不公正，因为它是以制度的方式维系其不平等。

（4）从身份到契约，亦即从家族到个人，是漫长历史过程中的伟大进步。现代社会不是身份社会而是契约社会，现代社会，个人从家族依附中升华而出，成为社会最基本的单位。面对社会，作为个人的权利与义务已不再来自古老的家族，而是来自由他所参与制定的社会契约。现代社会最根本也最重要的契约是宪法，在逻辑上，参与制定宪法的是法律人格平等的每一个人。唯其如此，个人的权利都由宪法提供保障或给予。无论你是什么样的身份，其权利不会多于别人，正如其义务也不会少于别人。因此，我们说，契约型的现代社会是个体之间彼此平等的社会。

（5）身份社会是特权社会，特权本身就是对其他权利的不平等。这种不平等，在我们今天的社会中，正在形成它的"马太效应"。这是一个对全人类、全社会的危险信号。平等，作为人类普遍存在的最基本的价值诉求，是建立一切社会关系的基础，也是对人权最直接的体现。平等的缺失势必导致人心的动荡，也会激发社会的矛盾，最终使整个世界处在一种恶性循环中，不同的"身份"意味着本质相同的人们可能要受到利益上的不公平对待，甚至有天壤之别。这些现象都不是一个良性社会所应出现的，人类要进步、社会要发展，就必须平衡好人们之间的利益分配，形成按规则进行奖励惩罚而非单纯因为"身份"。正如托克维尔在那个时代就作过警告，"在任何时代都是如此，而在今天尤其是如此。追求平等的激情是一个不可抗拒的力量。凡是想与它抗衡的人和权力，都必将被它摧毁"。

（6）从法律角度来看，梅因认为的"所有进步社会的运动，到此处为止，是一个'从身份到契约'的运动"，就是一个人的权利义务是由契约决定还是由身份决定的。在古代社会，一个人有什么权利承担什么义务，很多是他的身份决定的，并且这种身份给其带来的利弊会贯穿一生。比如古罗马时期的父权，整个社会倾向于静止。由于身份是天生的，是无法通过后天人为更改的，所以这时的法律是责任本位的，即拥有某种身份，变相对应要承担该身份所带来的责任和义务。近代社会，特别是资本主义社会，随着契约自由原则的确立和普及，整个社会更加开放进取。过错责任限制了侵权责任的适用范围，物权绝对则保障了契约的基础。所以一个人有什么权利、承担什么义务，更多由自己的自由意志以契约决定。因此，此时的法律是权利本位的，这也正是"契约"一词为现代社会带来的转变和进步。

5. **答案**：与世界其他重要法系相比，中华法系具有某些别具一格的特点。如在法律形式方面成文法与不成文法并存且以成文法为主体；在法律渊源方面国家法与"民间法"（民间社会的习惯与规约等）并存且以国家法为主体；在法律实施方面行政机构与司法机构一体等。其中，在文化比较方面最具特色的是以下三点。

第一，中华法系是基于子法国家主动继受而形成的法系。其他世界重要法系的形成大多与武力征服有关，其形成途径是借助于宗教扩张战争和殖民扩张战争使原本处于本法系之外的国家或地区被武力征服，随之而来的才是母法被子法国家或地区继受。其中，大陆法系和英美法系的形成与武力征服的关系最为明显。与之反差鲜明的是，中华法系的形成完全是一个法律文明和平传播的过程，是由子法国家或地区自主选择、主动继受而形成的法系。

第二，中华法系是以儒家思想为指导而形成的世俗法系。在其他与中华法系历史同样悠久的法系中，普遍带有一定的神权政治色彩。然而，中国的法律文明从公元前11世纪的西周开始，就彻底脱离了神权政治，完成了世俗法律与宗教的分野，从儒家思想的先驱周公，到儒家学派的创立者孔子以及后世的儒家思想的倡导者，对于超自然的神秘力量一直保持敬而远之的态度，对此岸世界的关注优先于对彼岸世界的关注。由于儒家思想是中华法系的指导思想，因而，中华法系始终具有世俗法系的特点，这在历史悠久的世界主要法系中是不多见的。

第三，中华法系是礼法结合、德主刑辅的法系。中华法系是以儒家思想为理论基础而建立起来的，因此，儒家崇尚礼治和德治的观念对中华法系的塑造产生了重要影响，礼和德既是法律制定必须遵循的基础性准则，也是法律适用必须服从的指导性原则。礼是中国古代文化特有的概念，其内容非常丰富，几乎涉及社会生活的各个方面。到了汉代，崇尚礼治的儒家观念进一步发展为"德主刑辅"的法律理论，它强调为政者需以民为本，施行仁政，强制性的法律规范只能处于辅助地位，在国家治理的过程中应当更加重视发挥道德规范和道德教化的作用。如果法律规范与道德规范发生不可兼容的矛盾，道德规范的适用通常应当被优先考虑。由于礼治和德治被持续地倡导，在司法程序中，通过调解和教化来解决纠纷就成为非常普遍的现象，可以说，特别重视调解息讼也是中华法系颇具特色的传统。

中华法系的解体并不等于中国法律文化传统的消亡。由于中华文明是世界四大古文明中唯一延续至今的文明，因此，在作为原中华法系母法国的中国，历史悠久的法律文化传统也必然有所延续，对之如何批判地继承，弃其糟粕，取其精华，是我们建设社会主义法治国家不能回避的课题。①

---

① 参见《法理学》编写组：《法理学》（第二版），人民出版社、高等教育出版社 2020 年版，第 78~80 页。

第四编　法的运行

第十五章　法的制定

✅ 单项选择题

1. **答案**：B。法律汇编是将规范性法律文件按照一定的标准进行排列并汇编成册，这种活动不改变规范性文件的内容，因此不是制定法律，而仅是一种技术性整理和归类活动。法典编纂是指对属于某一部门法或某类法律的全部规范性文件加以整理、补充、修改，或者在此基础上编制一部新的系统化的法律，是制定法律的活动。故选B。

2. **答案**：B。D选项，根据调整的社会关系的不同性质，分为民事立法、刑事立法、行政立法、经济立法、立宪活动。B选项，根据对社会关系调整的作用不同，分为实体法立法和程序法立法。A选项，根据所立之法的效力的不同，可分为一般法立法和特殊法立法等。C选项，根据政体不同，分为君主立法（专制立法）和议会立法（民主立法）。

3. **答案**：B。根据《立法法》的规定，一个代表团或30名以上代表有权向全国人大提出法律案。A项错误（主席团向全国人大提出）；C项错误（中央军委无权提宪法修正案）；D项错误（最高法无权提地方性法规案）。

4. **答案**：B。狭义的立法活动是专指国家的最高权力机关及其常设机关依照法定职权和程序，制定法律这种特殊的规范性文件的活动。

5. **答案**：A。《立法法》第106条规定，部门规章与地方政府规章冲突时，由国务院裁决。B、C项错误（无优先适用规则），D项错误（非解释问题）。

6. **答案**：A。宪法的修改权仅属于全国人民代表大会。

7. **答案**：B。民族自治地方的人民代表大会有权依照当地民族的政治、经济和文化的特点，制定自治条例和单行条例、自治区的自治条例和单行条例，报全国人民代表大会常务委员会批准后生效。

8. **答案**：D。根据《立法法》第13条和第15条的规定，授权立法期满后需由全国人大或其常委会制定法律，而非自动生效（D错误）。A、B、C项均符合《立法法》规定。

9. **答案**：A。依《立法法》第11条规定，执行部门规章的事项、诉讼和仲裁制度、基层群众自治制度等只能由法律规定。

10. **答案**：B。国务院是我国最高行政机关，根据宪法和法律有权制定行政法规。

11. **答案**：C。国务院各部、各委员会根据法律和国务院的行政法规、决定、命令，在本部门权限内，发布命令、指示和规章。

12. **答案**：A。《立法法》第8条规定法律保留原则（如犯罪刑罚、税收等必须由法律制定）。B项是适用原则（《立法法》第103条）。C、D项属司法原则，非立法原则。

13. **答案**：A。保持法律的稳定性和连续性是我国社会主义立法的一项基本原则。

14. **答案**：C。立法技术关注形式合理性，而"符合社会道德"属于立法原则（实质合理性），故C项错误。

15. **答案**：B。全国人民代表大会制定基本法律。国务院根据宪法和法律制定行政法规。省、直辖市的人民代表大会和它的常务委员会，省、自治区所在地的市和国务院批准的较大的市可以制定地方性法规。全国人民代表大会常务委员会制定除基本法以外的其他法律。

16. 答案：D。立法程序，是指按照宪法和法律规定的具有立法权的国家机关创制、认可、修改和废止法律和规范性法律文件的程序或步骤。狭义的立法程序，仅指国家最高权力机关创制、认可、修改和废止法律的程序；广义的立法程序，则包括一切具有立法权的国家机关创制、认可、修改和废止任何规范性法律文件的活动程序。

17. 答案：B。全国人民代表大会通过法律必须是全体代表过半数同意，通过宪法修改要全体代表 2/3 多数同意。

18. 答案：A。根据《立法法》第 53 条，全国人大常委会的法律解释与法律具有同等效力。B 项错误（最高法无权解释地方性法规），C 项错误（国务院无权立法解释），D 项错误（法律解释效力等同于法律）。

☑️ 多项选择题

1. 答案：ABD。依法立法是"有法必依"的一个方面，它要求：保证宪法具有最高地位和最高效力；一切法律、法规都不得违宪；一切效力低的规范性文件不得与效力高的规范性文件相矛盾。

2. 答案：ABC。当代中国的立法原则包括：遵循宪法，依照法定权限和程序，维护法制的统一和尊严，民主、科学。

3. 答案：AC。狭义的立法，是专指国家最高权力机关及其常设机关依照法定职权和程序，制定法律这种特定的规范性文件的活动。国务院不是最高权力机关，因此它制定行政法规的活动不属于狭义的立法活动。

4. 答案：AC。A 项正确（《立法法》第 98～100 条）；B 项错误，自治条例与地方性法规效力相同（第 75 条）；C 项正确，经济特区法规可变通法律（第 90 条）；D 项错误，司法解释效力低于规章。

5. 答案：BD。依我国《全国人民代表大会组织法》规定，全国人大主席团、全国人大各专门委员会、国务院、中央军事委员会、最高人民法院、最高人民检察院、全国人大代表团或 30 名以上的人大代表等均可以向全国人民代表大会提出法律议案。

6. 答案：ABCD。根据《立法法》的规定，法律的效力高于行政法规、地方性法规、规章；行政法规的效力高于地方性法规、规章；地方性法规的效力高于本级和下级地方政府规章；省、自治区人民政府制定的规章效力高于本行政区域内的较大的市的人民政府制定的规章。

7. 答案：ABC。立法活动要遵循合宪性与合法性原则；实事求是，从实际出发原则；民主立法原则；原则性与灵活性相结合原则，不能只有灵活性，忽略原则性。

8. 答案：BCD。A 项错误，《立法法》第 12 条明确犯罪与刑罚、司法制度等绝对法律保留事项不得授权；B 项（第 13 条）、C 项（第 15 条）、D 项（第 14 条）均为《立法法》明文规定。

9. 答案：AB。全国人民代表大会及其常务委员会是我国行使立法权的国家权力机关；法院是司法审判机关；国务院是行政机关。

10. 答案：ABC。特别行政区具有特殊的法律地位，不同于一般的行政区划，因此特别行政区基本法不属于地方性法规。特别行政区基本法由全国人大常委会制定。

11. 答案：BC。依宪法规定，国务院各部委、省、自治区、直辖市以及省、自治区人民政府所在地的市和经国务院批准的较大的市有权制定规章。

12. 答案：ACD。根据《立法法》的规定，基层群众自治制度、对非国有财产的征收、仲裁制度等事项只能由法律加以规定。

13. 答案：CD。广义的立法活动是指有关国家机关按照法定职权和程序，创制各种具有不同法律效力的规范性文件的活动。AB 中的主体都不属于国家机关。

14. 答案：ABD。立法权是国家权力体系中最重要的、核心的权力，包括制定、补充、修改、废止或认可法律法规的权力。享有立法权是立法的前提，立法是行使立法权的过程和表现。

15. 答案：BC。根据我国宪法和有关组织法的规定，省、直辖市的人民代表大会及其常务委员会，省、自治区人民政府所在地的

市和经国务院批准的较大的市的人民代表
大会及其常务委员会有权制定地方性
法规。

16. 答案：BCD。A项错误，"三读"程序适用
于全国人大常委会审议（第32条），非全
国人大会议；B项（第36条）、C项（第
31条）、D项（第44条）均符合《立法
法》。

17. 答案：ABD。A项违反《立法法》第91条
（部门规章不得设定减损权利的规范）；B
项违反第8条（限制人身自由属法律保
留）；D项违反第119条（司法解释不得
超越法律条文）；C项合法（国务院可设
定许可）。

18. 答案：ABD。法律草案审议的结果有交付
表决、搁置、终止审议三种。

19. 答案：AC。A项正确（《立法法》第85
条）；B项错误，经济特区法规仅需备案；
C项正确（《香港基本法》附件一、二）；
D项错误，浦东新区法规依授权制定，无
须批准。

20. 答案：AC。法的创制是拥有立法权的特定
国家机关，根据法定程序和权限，制定或
认可法律、法规的活动。最高人民法院和
律师协会都不拥有立法权。

21. 答案：ABC。依宪法和地方组织法规定，
地方性法规和地方其他规范性文件不得与
宪法、法律和行政法规相抵触，否则
无效。

22. 答案：BCD。行政法规是国务院根据宪法、
法律和权力机关的特别授权，按照法定程
序制定和发布的规范性文件。其名称有条
例、规定、办法三种。

23. 答案：CD。依宪法和1986年修改后的
《地方各级人民代表大会和地方各级人民
政府组织法》的规定，省、自治区、直辖
市以及省人民政府所在地的市和经国务院
批准的较大的市的人民代表大会及其常务
委员会有权制定地方性法规。

24. 答案：AC。A项正确（《立法法》第81
条）；B项错误，自治州条例报省级人大
常委会批准，但单行条例报全国人大常委

会批准（第85条）；C项正确（第101
条）；D项错误，地方性法规可设定临时
性许可（《行政许可法》第15条）。

25. 答案：BC。政体不同：君主立法（专制立
法）和议会立法（民主立法）。

26. 答案：ABD。立法体制，是指按照宪法和
法律的规定，关于国家机关立法权限划分
的制度。一个国家立法体制的形成，主要
是由这个国家的国体、政体和文化传统所
决定的。一般政体对于立法体制的形成的
影响是非常直接的。

27. 答案：AB。《立法法》第106条规定，部
门规章与地方政府规章冲突由国务院裁
决；C项由全国人大常委会裁决，D项适
用地方性法规优先。

28. 答案：ABC。地方省级人民政府向本级人
大及其常委会报告工作，地方政府规章无
须在全国人大常委会备案，省级人民政府
无权审查省和自治区人民政府所在地的市
和国务院批准的较大的市的人民政府制定
的地方政府规章。

29. 答案：ACD。省、自治区、直辖市，省级
人民政府所在地的市和经国务院批准的较
大的市的人民代表大会及其常务委员会有权制
定地方性法规。

30. 答案：ACD。为了解决改革的渐进性和法
律稳定性之间的矛盾，我国在立法实践中
采取的措施主要有：对某些法律采取"试
行"的形式；在法律中仅作某些原则规
定；授权国务院或其他国家机关制定某一
范围、事项的法规；等等。

31. 答案：ABD。一般根据该法的具体性质和
实际需要来决定，主要有：自法律公布之
日起生效；由该法明文规定具体的生效时
间；比照其他法律以确定本法的生效时
间；规定法公布后到达一定期限开始
生效。

32. 答案：BD。法律通过明示被废止或默示被
废止的形式，终止其效力。明示废止的形
式有：新法取代旧法，同时宣布旧法作
废；法律本身规定的有效期届满；由有关
机关颁发专门文件宣布废止。默示废止的

形式有：新法公布后旧法即失去效力；法律完成其历史任务而自行失效。

名词解释

1. **答案**：立法是由特定主体，依据一定职权和程序，运用一定技术，制定、认可和变动法这种特定社会规范的活动。

2. **答案**：立法体制是关于立法权、立法权运行的立法权载体诸方面的体系和制度所构成的有机整体。其核心是有关立法权限的体系和制度。（1）立法体制由三要素构成。（2）立法权的运行体系和制度。（3）立法权的载体体系和制度。

3. **答案**：立法技术是指立法主体在立法过程中采取的如何使所立之法臻于完善的技术性规则，或者说是制定和变动规范性法律文件活动中的操作技巧和方法。例如，法的构造技术、语言技术。随着法律尤其是制定法在国家治理中的地位越来越重要，立法技术的重要性愈益突出。随着法学特别是立法学的发展，立法技术已经成为立法主体和法学家更为重视的问题。

4. **答案**：立法过程是指动态的和有序的事物，是具有阶段性、关联性、完整性的活动过程。这一过程可分三个阶段：（1）立法准备阶段；（2）由法案到法的阶段；（3）立法完善阶段。

简答题

1. **答案**：考察古今中外的立法活动，立法具有如下五个主要特征：

（1）立法是由特定主体进行的活动。立法是以国家名义进行的，一国之内哪个或哪些主体有权立法，在不同历史时期、不同国情之下并不相同，但必须由特定主体进行，以确保立法权威，保障立法质量。

（2）立法是依据一定职权进行的活动。立法是政治权力的重要彰显，也是巩固政治权力的关键途径，不同时代与不同国情下的立法主体，立法职权有大小之别，但它们实际的立法活动应当同它们的立法职权一致。

（3）立法是依据一定程序进行的活动。立法程序是有关国家机关在制定、修改、废止规范性法律文件时必须遵循的步骤和方法，严格遵循合理的、法定的立法程序是立法科学化、民主化、法治化的标志。

（4）立法是运用一定技术进行的活动。任何国家或立法主体要使法律发挥作用，就不能不重视法律技术。

（5）立法是制定、认可、变动法的活动。作为产生和变动法的活动，立法是一项系统工程，包括制定法、认可法、修改法和废止法等一系列活动。

2. **答案**：立法程序是有权的国家机关，在制定、认可、修改、补充和废止法的活动中，所须遵循的法定步骤和方法。立法主体行使立法职权以外的其他职权时的活动步骤和方法不是立法程序，非法定的，可有可无的步骤和方法不是立法程序。立法是一个遵守制度或受节制的过程，通常包括提出法案，审议法案，表决和通过法案和公布法。根据我国《立法法》的规定，全国人大及其常委会立法的程序包括提案、审议、表决和公布。

（1）提出法案

①全国人大主席团、常委会、各专门委员会，全国人大的1个代表团或30名以上的代表，国务院、中央军委、最高人民法院、最高人民检察院，可向全国人大提出属于全国人大职权范围内的法案。

②全国人大常委会委员长会议、常委会组成人员10人以上，国务院、中央军委、最高人民法院、最高人民检察院、全国人大各专门委员会，可向全国人大常委会提出属于常委会职权范围内的法案。

（2）审议法案

全国人大及其常委会审议法案的程序，通常履行由它们的领导机构到有关会议再到大会审议的程序。

（3）表决和通过法案

①全国人大审议的普通法案由全体代表的过半数通过。

②宪法的修改由全体代表的三分之二以

上多数通过

③全国人大常委会审议的法案由常委会全体组成人员的过半数通过。

（4）公布法

公布法，又称法的颁布，是指由有权机关或人员，在特定时间内，采用特定方式，将法公之于众。根据《立法法》的规定，法律签署公布后，及时在全国人大常委会公报和在全国范围内发行的报纸上刊登。在全国人大常委会公报上刊登的法律文本为标准文本。

3. 答案：（1）所谓法的连续性，是指同一个政权制定的新法和旧法之间在法的根本精神和基本原则方面应该保持一定的继承关系或者有它的一定的连贯性，前后法律不要在法律根本精神和基本原则上产生质的变化。

（2）法的稳定性，是指法律不要轻易变动，不要频繁地创、改、废；它的效力要维持适当的时期，不能"朝令夕改"。如果法律改动频繁，人们就会无所适从，这对于正常社会生活秩序的建立和维护，对于人们社会生活的安排和思想心理的适应会造成极大的不便。当然，法的稳定性是相对的，不是绝对的。

4. 答案：正确理解立法原则的含义，需要明晰立法原则与立法指导思想的关联和区别。立法指导思想是观念化和抽象化的立法原则，立法原则是规范化和具体化的立法指导思想；立法指导思想通过立法原则予以体现和具体化，立法原则根据立法指导思想确定。二者紧密相关。但是又有清楚的界限：其一，立法指导思想是为立法活动指明方向的理性认识和重要理论根据；立法原则是立法活动据以进行的基本准绳。其二，立法指导思想主要作用于立法者的思维方式，通过立法者的立法观念来影响立法活动；立法原则主要作用于立法者的立法行为，通常直接对立法活动发挥作用。其三，立法指导思想和立法原则也有抽象和具体的区别，不能把两者完全等同起来，不能以立法指导思想代替立法原则或是相反。

💬 **论述题**

1. 答案：立法指导原则是用以指导立法实践活动的，带有根本性、全局性、规律性的理性认识，总结我国立法实践，我国的立法活动要坚持党领导立法、科学立法、民主立法、依法立法的指导原则。具体包括：

（1）党领导立法

加强党对立法工作的领导，完善党对立法工作中重大问题决策的程序。

做好党领导立法工作，要坚持主要实行政治领导的原则。

要坚持民主决策集体领导，善于统筹协调不同主张和利益关系，遵循党内重大决策程序规定，集体研究决定立法中的重大问题。

党领导立法必须依靠社会主义法治。

要坚持依法依规开展工作。党领导立法工作必须在宪法法律范围内进行，不得随意干预甚至替代立法活动。要做好党领导立法工作程序与立法程序的对接，不允许以党内程序代替立法程序。

（2）科学立法

科学立法的核心在于尊重和体现客观规律，使法律准确适应改革发展稳定安全需要，公正合理地协调利益关系；同时，要坚持问题导向，切实提高法律的针对性、及时性、系统性、协调性，增强法律的可执行性，使每一部法律法规都切实管用。

法属于社会上层建筑，法的产生和发展是由调整社会关系的客观需要决定的。因此，立法应从一国的基本国情出发，从经济、政治、文化和社会发展的实际情况出发。我们的立法必须坚持从我国社会主义初级阶段的基本国情出发，始终把我国改革开放和社会主义现代化建设的伟大实践作为立法的基础，不断总结实践经验，确立体现中国特色社会主义特征要求、符合我国经济社会发展实际的法律制度。正确认识国情是立法的前提和基础。

立法要从社会主义初级阶段这个最大的实际出发，以人民为中心，科学合理地规定公民、法人和其他组织的权利与义务，科学合理地规定国家机关的权力与责任，正确处理好各种利益关系，促进经济、政治、文化和社会的协调发展。要特别注重深入实际，加强调查研究，分析社会生活各方面提出的具体问题。要使制定出来的法律规范，既符合全局的需要，又考虑不同地区的实际情况；既符合长远的发展方向，又切合当前的实际。要坚持立法与经济社会发展进程相适应，区别不同情况作出相应规定，正确处理法律的现实性与前瞻性、原则性与可操作性之间的关系。既要及时把改革的成功经验用法律形式固定下来，又要注意为深化改革留下空间，以发挥法律对于改革开放和社会主义现代化建设的规范、保障、促进和指引作用。

当然，立法也需要研究和借鉴国外的有益经验和人类共同创造的文明成果，但在学习、借鉴国外立法经验时，不能脱离我国的国情和实际，应采取分析、鉴别的态度，从中汲取一些有益、有用的东西，而不能照抄照搬国外的法律制度。

（3）民主立法

民主立法的核心在于一切为了人民、一切依靠人民。立法要坚持人民主体原则，以人民为中心，完善立法工作机制，通过座谈、听证、评估、公布法律草案等拓宽公民有序参与立法途径，健全法律法规规章草案公开征求意见和公众意见采纳情况反馈机制，广泛凝聚社会共识。健全立法机关和社会公众沟通机制，开展立法协商。探索建立有关国家机关、社会团体、专家学者等对立法中涉及的重大利益调整论证咨询机制。发挥立法凝聚共识、统一意志、引领公众、推动发展的作用。要努力使每一项立法都符合宪法精神、反映人民意志、得到人民拥护。

充分表达人民的共同意志和利益诉求，是我国社会主义立法的本质特征，也是我国立法必须坚持的基本原则。我国是人民当家作主的社会主义国家。人民当家作主的一个重要方面，就是人民通过各种途径参与国家立法活动。人民群众参与国家立法活动，主要是通过以下两个方面来实现的：一方面，人民群众通过民主选举各级人大代表，由人大代表在参与国家权力机关的立法工作中，反映人民的意见和要求；另一方面，人民群众通过多种途径参与立法活动，直接表达自己的意愿。因此，有关国家机关在立法活动中，要保障人民群众的积极参与，采取各种有效措施，广泛听取人民群众的意见，保证各类法律规范真正体现人民的共同意志、反映人民的根本利益。

（4）依法立法

依法立法体现了立法过程中的法治原则，要求立法必须严格依照立法权限、立法程序，受到立法监督，维护宪法秩序和法制统一。我国宪法和立法法规定了不同层级的国家机关的立法权限，各有关机关都必须在各自立法权限范围内行使立法权，不能超越法定的权限范围，越权立法。国家机关超越法定权限的越权行为是违法的、无效的。立法必须严格按照宪法、立法法和其他法律所规定的立法程序，不按照立法程序的立法是无效的。

为了保证依法立法，必须有严格的立法监督程序，拥有立法监督权的不同国家机关要在自己权限范围内切实履行职权，使备案审查和改变撤销机制在立法监督中发挥重要作用。依法立法要维护宪法的权威和尊严，维护国家法制的统一。宪法是国家的根本法，是一切法律规范的立法基础。宪法确立的基本原则是一切法律规范必须遵循的基本原则。维护宪法秩序，是一切立法活动的最高准则，也是一切立法活动的根本任务。要坚持以宪法为核心和统帅，任何法律、行政法规和地方性法规都不得同宪法相抵触，行政法规不得同法律相抵触，地方性法规不得同法律、行政法规相抵触。在制定各类法律规范时，要从国家整体利益出发，从人民长远、根本利益出发，防止只从地方、部门利益出发的倾向，防止各自为政。

2. **答案**：科学是反映自然、社会、思维等的客观规律的分科的知识体系。技术是指人类在利用自然和改造自然的过程中积累起来并在生产劳动中体现出来的经验和知识，也可指其他操作方面的技巧。按照马克思主义科学技术是第一生产力的观点，一国科技水平的高低不仅决定着其生产力的发展水平，也对生产关系和上层建筑有着极大影响。因此，在人类历史上，科学技术对推动历史发展一直具有不可估量的意义。

科学技术对法律上层建筑的作用是全方位的。在立法方面，其作用主要体现在法的内容、形式、调整范围、调整方法、法律技术以至法律用语等各个方面。

（1）从法的内容来看，科技的发展扩大了已有的法律的内容。我国刑法中已将"伪造、变造信用证"列为犯罪行为。而信用证则是随着经济和科技的发展在现代才投入使用的。在民法领域，由于录音、录像技术的出现，在继承法中也出现了录音遗嘱与录像遗嘱。科学技术对法的内容的影响更主要地表现在大量新的立法领域的出现，如环境保护法、民用航空法、开采海洋资源法、开采陆上石油条例。这些立法领域的出现是科学技术发展的重要产物。

（2）科学技术扩大了法律调整的空间范围。这尤其体现在国际法对于领海、领空的确定。在古代，人们并无领空的概念。这一概念是随着航空技术的发展而逐渐产生和发展起来的。而今天，人们对领空已有明确的定义，它是指一国的领陆和领水上空的那部分空间，是国家领土不可分割的组成部分，受国家主权支配，对于一国主权与安全具有重大意义。其他领域也是如此。在南极洲发现以前，任何一部法律都未延伸至南极。但随着航海技术的提高，到达南极洲的人越来越多，并逐渐认识到南极洲对于科学研究的意义。为了人类的共同利益，各国对如何保护、开发、利用南极的资源制定了法律，使之也处于法律的保护之下。

（3）从法的形式来看，无论是规范的表现形式、结构形式还是信息传递形式，都与科学技术的发展水平息息相关。最早的规范是习惯，人们以口耳相传的方式将之传递下去。此后，由于文字的产生，习惯法成为成文法，竹简成为记载法律的载体。造纸和印刷术的发明使法律的传递形式有了进一步的发展。进入近代以后，随着电话、电报、传真的

出现，特别是计算机和网络的兴起，法可以在更短的时间内为更多的人所了解和使用。现在人们已开始用光盘记载法律，从网络传递法律，用电脑处理法律信息。可以设想信息革命将会对法的表现形式产生更大的影响。

（4）科学技术的发展把大量的原本属于纯粹技术规范的各种标准带入法律当中，形成了一种新的法律规范形式——法律技术规范（技术法规）。它们既具有技术性又具有法律性，把人与人之间的社会关系同人与自然之间的关系结合起来调整。但它们所调整的已不再仅仅是主体与客体之间的关系，而更主要的是主体之间的关系，即科学技术活动中的社会关系。这类法律规范广泛存在于调整建筑、冶金、化工、环保、航运、医药、食品等行业之中。

（5）法律技术规范的出现还把大量的技术性、专业性术语带到法律文件中，使法律术语发生了很大变化。如《专利法实施细则》中使用的"请求保护色彩""省略视图"等术语就很难使非专业人员理解，如果望文生义或随便猜测则可能导致严重问题。由于专业性较强，这些术语通常只为专业技术人员所使用，这就使社会中的普通人，包括法律工作者难以理解和自由使用这些术语。这就要求我们在立法、执法、司法过程中听取专家意见。

（6）从立法过程本身来讲，科学技术，特别是计算机的发展大大减轻了立法工作的负担。我国的立法机关——全国人民代表大会及其常务委员会通过法案、选举国家领导人时已无须举手表决或将选票投入票箱。代表只需要按动电钮，表决结果就可很快显示出来。此外，在对一项法律、法规在现实生活中的作用进行调查时，以往的做法是出动大量工作人员发放调查试卷，再收集上来进行统计。而现在普遍进行的是网上调查，这一方面省去了大量人力物力，另一方面也大大减少了有效试卷因意外原因而无法被统计的情况。在计算统计数字上，计算机和统计软件的使用也大大减少了所需人力及时间，更降低了错误率，使统计结果更加精确和令

人信服。

因此，科技的这种推动作用最终使法律的制定更加科学、民主和公正，这反过来也会使法律更加注重促进科学技术的发展。两者相互扶持、相得益彰，形成良性循环。总之，由于科技的推动力量，立法无论从技术上、手段上、表现形式上还是过程上都会发生巨大变化。这是生产力进步的表现，是社会发展的必然。它促进了从事不同行业的人在立法领域的交流与合作，法律工作者只能顺应历史潮流、迎接挑战。

第十六章　法的实施

1. 答案：B。"开门立法""问法于民"是群众路线在立法领域的体现（民主立法），目的上以维护最广大人民群众的根本利益为本（立法为民）；标准上以人民满意为本；方式上充分依靠人民群众，扩大公众的有序参与（增强立法主体自身民主性），实行专门机关与群众路线相结合，故选 B。A 项错误，法律平等原则中不包括立法平等。D 显然错误，"开门立法"涉及的是专门机关与普通公众之间的关系，而非不同权力部门之间的关系。C 项不准确，题目涉及的不是执法领域而主要是立法领域的民主。

2. 答案：B。"马锡五审判方式"是群众路线在司法领域的贯彻，是司法民主的典范，是努力树立司法权威及司法为民的典范。故 B 正确。"马锡五审判方式"，顾名思义，指的是办案方法（司法），而不是指依法行政，与立法也没有关系，故 AD 错。C 项错误，"马锡五审判方式"是中国扎根国情的自己的独创，而非借鉴国外经验的结果。

3. 答案：D。合法行政是行政机关的根本要求。行政机关实施行政管理，必须有法律、法规、规章的明确依据，必须在法律、法规、规章规定的范围内进行。没有法定依据或者超越法定范围，都是对合法行政的违背。具体到公安机关，它的职权和职能都是法定的，法律没有授权的不能行使（如 A），法律没有改变的自己不能加以改变（如 B），法律有授权的也必须在授权范围内按照法定的程序行使（如 C，行政解释仅限于不属于审判和检察工作中的其他法律、法令如何具体应用的问题），但是可以创新工作方法和工作手段，促进全面充分履职。故 ABC 错误，D 正确。

4. 答案：C。依据现有法律规范，被告没有过错，不应承担法律责任；法院之所以判决其补偿原告，依据的是公平原则。所以，被告实际承担了一定的法律责任，不属于免责，更不属于不诉免责（当事人未向法院起诉）和协议免责（受害人与加害人协商同意）。故 B 项错误。但是，被告承担的不是法律制裁，因为没有强制性惩罚的内容（不是"赔偿"，是"补偿"），故 A 错。公平原则之所以能适用，主要是因为被告行为与原告损害之间存在因果关系（"原告毕竟是小黄所撞伤，该校的不当行为也是伤害事故发生的诱因"）。正是因为行为与损害之间存在因果关系，在被告没有过错的情况下，判决被告作出一定的补偿而不是承担全部责任，才能说是对双方公平的。故 D 错。C 项表述正确。法律适用过程就是一个证成过程，即给一个决定提供充足理由的过程。法院作出对被告有利的判决（决定），在于对案件事实与规范间关系的证成（提供充足理由）。综上，本题的正确答案为 C。

5. 答案：B。A 项说法正确，中国特色社会主义司法制度包括司法规范体系、司法组织体系、司法制度体系、司法人员管理体系。B 项说法不成立，案件的司法解决意味着个别性事件获得普遍性，普遍性在个别事件中得到实现，是司法普遍性特点的体现，但并不意味着被动性特点被普遍性所替代。C 项说法正确，解决纠纷是司法的主要功能，它构成司法制度产生的基础、决定运作的主要内容和直接任务，也是其他功能发挥的先决条件。D 项说法正确。

6. 答案：B。（1）法的实施，根据是否需有权机关的干预分为法的适用与法的遵守。法的适用是有权机关的行为。（2）法的遵守是指一切国家机关和武装力量、各政党和社会团体、各企业事业组织、全体公民都必须守法，严格依法办事。从内容上看，法的遵守包括行使法的权利和履行法的义务两个方面。

（3）行使法的权利是指人们通过一定的行为，或者要求他人实施或者抑制一定的行为来保证自己合法权益得以实现。本题中黄某的行为即行使《宪法》第 41 条赋予公民的举报权的行为。故选项 B 正确。

7. **答案**：C。法律实施强调"把法律规范的要求由抽象向具体、由主观向客观转化的过程、方式和路径"（动态过程），而法律实效"侧重于强调这种转化所产生的实际效果"（静态结果），二者既有联系又有区别。

8. **答案**：B。法律执行内容的广泛性"源于行政权本质上是管理权和治理权"，B 正确。A 项错误，原法律执行活动具有"主动性"，而人民法院适用法律的特点是"被动性"；C 项错误，行政主体"不必与行政管理相对人协商并征得其同意"即可自行决定和实施行政行为；D 项错误，法律执行程序"强调效率"，而司法程序更注重严谨性和公正性，二者核心价值不同。

9. **答案**：B。根据信赖保护原则，行政行为作出后，若发现轻微违法且非相对人过错，不得撤销。选项 B 中市场监管局因企业无过错而未撤销存在轻微瑕疵的许可，符合该原则。A 项违反原则，因撤销行政许可未给予无过错相对人补偿；C 项违反程序，撤销许可需依法定程序进行并通知当事人；D 项错误，许可系贿赂取得，不适用信赖保护，应依法撤销。

10. **答案**：C。效率原则要求行政机关在法定程序和时限内简捷快速执法。选项 C 中生态环境局在法定期限内快速查处违法行为，符合"提高时间效率、减少工作拖延"的要求。A 项违反合法原则，效率须以依法行政为前提，不得省略法定程序；B 项明显拖延，违反"减少工作拖延"的要求；D 项拒绝提供书面答复可能损害相对人权利，不符合"保护公民权利"的效率原则内涵。

11. **答案**：B。执法，即执行法律，是指国家机关及其公职人员依照法定的权限和程序，贯彻和执行法律的活动。B 属于司法活动。

12. **答案**：C。执法；守法。本题中所考查的执法是狭义意义上的执法，它指国家行政机关

及其公职人员依法行使管理职权、履行职责、实施法律的活动。执法是以国家的名义对社会进行全面管理，具有国家权威性。城市综合管理执法人员查处无照销售食品的行为系执法行为，在执法过程中，要坚持公平合理的原则，要权衡多方面的利益因素和情境因素，执法方式让一般社会公众所接受。执法具有国家强制性，面对国家行政机关及其公职人员的执法行为，公民应当服从，这是公民履行守法义务的体现。如果公民认为执法不当，应当提起行政复议或行政诉讼，而非暴力抗法。故应选 C 项。

13. **答案**：A。行政责任的主体包括行政主体和行政管理相对人。本题中，企业作为行政管理相对人因未履行配合义务（行政违法）承担责任，行政主体未违法则无须担责，故 A 正确。B 错误，行政主体无违法时不承担责任，且行政责任不涉及"连带责任"概念；C 错误，行政责任主体不仅限于个人，还包括行政机关和相对人（如企业）；D 错误，行政责任因行政违法产生，与民事违约无关。

14. **答案**：C。我国归责原则主要有责任法定原则、公正原则、效益原则和合理性原则。而对于综合考虑使行为人承担责任的多种因素，做到合理地区别对待，是公正原则的体现。

15. **答案**：C。行政责任的产生原因是"行为人的行政违法"，即行政法律关系主体（包括行政主体和相对人）不履行法定职责和义务、违反行政法律规范，故 C 正确。A 错误，行政责任因行政违法或不当产生，不仅限于"行政不当"；B 错误，行政责任以违反行政法律规范为前提，而非民事法律规范；D 错误，行政责任与行政职权紧密关联（如行政主体不履行职权即构成违法）。

16. **答案**：C。公民在法律面前一律平等，是指公民不论性别、民族、种族、职业、家庭出身、财产状况、教育程度，一律平等地享有法律规定的权利，平等地受到法律的保护。

17. **答案**：C。狭义的司法活动是指国家司法机关依据法定的权限和程序，运用法律处理案

件的专门活动。

18. **答案**：D。依我国《宪法》《刑事诉讼法》《民事诉讼法》《行政诉讼法》的规定，人民法院、人民检察院依法独立行使自己的职权，不受行政机关、社会团体和个人的干涉。

19. **答案**：B。程序公正"主要指司法过程的公正，司法程序具有正当性，当事人在司法过程中受到公平的对待"，选项B正确。A属于"实体公正"范畴；C是司法人员的职业要求，非程序公正核心；D混淆了法律标准与道德标准。

20. **答案**：D。D项"不闯红灯"属于消极不作为的守法（不做法律禁止的行为），而A、B、C均为主动行使权利或履行义务的积极作为，故D为正确答案。

21. **答案**：B。司法机关应当在政治上、思想上、组织上接受党的领导，把党和国家的政策方针融入司法工作的指导原则中。

22. **答案**：C。司法机关依法独立行使职权，不受国家机关、社会团体和个人的非法干涉。国家权力机关有权对司法活动进行监督，"任何机关"的范围太广。

23. **答案**：A。宪法居于核心地位。守法必须首先遵守宪法。

24. **答案**：D。法的实施，也叫法律的实施，是指法在社会生活中被人们实际施行。法的实施，就是使法律从纸面上的法律变成行动中的法律，使它从抽象的行为模式变成人们的具体行为，从应然状态进到实然状态。以实施法律的主体和法的内容为标准，法的实施方式可以分为：法的遵守、法的执行、法的适用。

25. **答案**：C。法律遵守的条件包括主观和客观两个方面。主观条件是守法主体的主观心理状态和法律意识水平。通常人们的政治意识、法律意识、道德意识、文化程度等都会对其守法行为产生潜移默化的影响和支配。

26. **答案**：C。司法机关和司法人员在行使司法权过程中侵犯了公民、法人或其他社会组织的合法权益，造成严重后果而应承担的责任。

27. **答案**：C。法律实效，是指人们实际上按照法律规定的行为模式去行为，法律被人们实际遵守、执行或适用。选项A，法律效果，是指法律通过实施而实现自己的社会目的、价值或社会功能及其程度。选项B，法律效益有两种含义，一是法律实行的社会效益，二是法在现实生活作用结果中合乎目的的有效部分。选项D，法律效力，是指法律的约束力包括时间效力、空间效力。

28. **答案**：B。民主的法律实施监督是多元化的、双向的、开放性的，有良好的系统间交互法律实施监督机制和社会法律实施监督机制，监督权最终属于人民。

29. **答案**：B。法律实施监督中的法治原则，是指法律实施监督主体必须严格按照法律赋予的职权和法律规定的程序，对法律实施监督的客体及其权力行为进行法律监督。

☑️ 多项选择题

1. **答案**：BCD。法律意识是指人们关于法律现象的思想、观念、知识和心理的总称，包括法律心理和法律思想体系。BCD均属于法律意识范畴，A属于法律制度和法律文本的范畴。

2. **答案**：AC。"小额速裁"程序处理的民事案件的主要特征是法律关系单一、事实清楚、诉讼标的额小、审理周期短、诉讼成本低等，具有便捷、高效、低成本的优势，省时、省钱、省力，即体现的价值取向主要是节约司法成本，提高司法效率，跟司法民主、司法公开没有什么关联。故选AC。

3. **答案**：ABC。法律实施是一种社会活动或社会行为，其主要方式是"作为"，即有关主体从事一定活动或实施一定行为，如行法定义务的行为；其特殊方式是在某些条件下的"不作为"，如不实施违法犯罪的守法行为。D项错误。

4. **答案**：ABD。国家行政机关及其公职人员"应当依据法律规定，积极主动地履行职责"，体现法律执行的主动性，A正确；法律执行"涉及国家政治生活、经济生活、文化生活、社会生活和环境生态的各个方面"，体现内容的广泛性，B 项正确；法律执行程序"强调迅速、简便、快捷和效率"，D 项正确。行政主体实施行政行为具有"单方意志性"，"不必与行政管理相对人协商并征得其同意"，因此"双方合意"并非法律执行的特点。C 错误。

5. **答案**：AC。强调一切社会主体普遍平等守法能够增强公民的法律意识，促进守法行为。国家机关及其工作人员严格遵守法律，建设社会主义法制，同样也会对守法产生良好的影响，守法不仅指不触犯法律，也包括积极实施法律要求的行为。

6. **答案**：ABD。C 错误，行政责任主体包括行政主体和行政管理相对人，行政主体违法（如未履行职责）时也需承担责任（如被撤销行政行为、问责）。

7. **答案**：ACD。贯彻执行公民在法律面前一律平等原则，必须反对形形色色的特权思想，在审理民事案件时坚持当事人诉讼地位平等，在审理刑事案件时，要注重证据。

8. **答案**：ABD。A 正确，司法平等"适用于法人和其他各种社会组织"；B 正确，对应"对于任何公民的违法犯罪行为，都必须同样地追究法律责任"；D 正确，符合"无论民族、种族、性别、宗教信仰等有何差别，适用法律一律平等"。C 错误，诉讼义务需依法履行，"免除部分义务"违反平等原则（除非法律另有特殊规定，如法律援助，题干未提及）。

9. **答案**：ABCD。我国守法的主体包括中华人民共和国全体公民、一切组织；在我国领域内的外国组织和个人。

10. **答案**：BCD。当代中国守法的范围包括规范性法律文件和非规范性法律文件。规范性法律文件包括：享有立法权的国家机关制定的宪法、法律、行政法规、地方性法规、自治条例、单行条例、特别行政区基本法等；有关国家机关在实现其职能过程中制定的规范性法律文件；我国参与缔结或同意的国际条约、协定或国际惯例等。非规范性法律文件包括各有权机关在适用法律的过程中针对具体事件制定的具有法律效力的法律文件，如

判决书、裁定书。

11. **答案**：AB。习惯法、《广东省经济特区条例》是法律而不是遵守法律的行为。

12. **答案**：ABCD。A 属于"实体公正"（裁判结果公正）；B、C 属于"程序公正"（当事人平等对待、裁判中立性）；D 是司法公正的必然要求（原文提到"司法活动的合法性、独立性、有效性"是公正的体现）。

13. **答案**：ABD。司法责任的认定，如同其他法律责任的认定一样，必须遵循法治化的归责原则，具体包括三项内容：一是责任法定原则；二是责任相称原则；三是责任自负原则。

14. **答案**：ABC。A 正确，行政权"主动执法、主动管理"，教育局主动检查符合行政权特点。B 正确，司法权"被动司法，需利害关系人请求"，法院因当事人起诉受理案件体现被动性。C 正确，行政权"以公共利益为对象，可作一般性决策"，市政府出台新规符合行政权对象特征。D 错误，检察院提起公诉虽属司法权范畴，但需以公安机关移送案件（存在个案争端）为前提，本质仍属"事后处理"，不体现主动性。

15. **答案**：ABCD。司法是由特定的国家机关及其公职人员，按照法定职权处理案件的活动，它以国家强制力作为后盾来保证法律得到实现，具有严格的程序性，一般都要作出适用法律的文书。

16. **答案**：ABC。司法机关依法独立行使职权原则的含义：（1）司法权的专属性，即国家的司法权只能由国家各级审判机关和检察机关统一行使，其他任何机关、团体和个人都无权行使此项权利；（2）行使职权的独立性，即人民法院、人民检察院依法独立行使自己的职权，不受行政机关、社会团体和个人的非法干涉；（3）行使职权的合法性，即司法机关审理案件必须严格依照法律规定，正确适用法律，不得滥用职权，枉法裁判。

17. **答案**：ABC。我国法律的适用原则包括司法公正；公民在法律面前一律平等；以事实为根据，以法律为准绳；司法机关依法独立行

使职权。选项 A，乐某的行为明显违背了司法公正的原则。选项 B，族长的行为则侵犯了司法机关的职权。选项 C，市委书记的行为明显违背了依法独立行使审判权的原则。选项 D，监狱为法律执行机关，不存在法律适用的问题。

18. **答案**：AB。A 正确，立法权"追求民主价值，以少数服从多数方式集体行使"，人大表决通过条例符合立法权特征。B 正确，司法权"首要价值是公正"，法院判决侵权赔偿体现实体公正。C 错误，司法权"实行相对独立行使"，检察院抗诉由检察机关依职权独立作出，非"集体表决"（立法权才是集体行使）。D 错误，国务院制定行政法规属于行政权范畴（行政立法权），立法权特指国家权力机关（人大及其常委会）的立法活动，二者性质不同。

19. **答案**：ABC。本题考查的是依法独立行使审判权的基本原则。考生结合国家赔偿法需要注意的是，国家赔偿的主体是国家，对于司法机关工作人员造成的冤假错案，赔偿的是国家，而不是司法机关。所以 D 错误。

20. **答案**：ABC。法律实施监督依法独立原则具体体现在三个方面，一是法律实施监督机构依法设置，任何机关和个人不得违反法律规定任意决定其存废，对应选项 A；二是法律实施监督人员依法任命，任何机关和个人都不能随便剥夺其监督权，对应选项 B；三是法律实施监督活动依法进行，不受其他任何机关、组织和个人的非法干涉，对应选项 C。而选项 D 中说法律实施监督可以根据实际情况随意调整监督标准，与依法独立原则中依法进行监督活动相违背。

21. **答案**：AC。司法机关依法独立行使职权的基本内容有：国家司法权只能由国家审判机关和检察机关统一行使；人民法院、人民检察院依法独立行使自己的职权；司法机关审理案件必须依照法律规定，正确适用法律。

22. **答案**：AB。法律实施监督中的法治原则具体有两个方面：一是法律实施监督主体必须在宪法和法律规定的范围内行使法律实施监督权；二是法律实施监督主体必须按照法定

程序行使法律实施监督权，避免随意性。选项 A 和 B 对应原文的两项具体内容，C 属于依法独立原则，D 属于民主原则，均与法治原则无关，故正确答案为 AB。

23. **答案**：ABD。司法又称法的适用，是指国家司法机关依据法定的职权和程序，运用法律处理案件的专门活动，其中公安机关履行侦查职能，也属于司法活动。

24. **答案**：ABCD。程序正义的意涵包括：第一，程序正义具有独立价值，程序不只是实现特定目标的工具，本身有独立的价值评价标准；第二，程序本身设计的科学合理（包括中立、透明、平等、真实有效等标准）是衡量程序正义是否实现的依据，其终极价值基础在于对人的尊严和道德主体地位的尊重；第三，程序正义与实体正义可能相辅相成（如充分听取意见的行政决策质量更高），也可能顾此失彼（如坚持刑事正当程序可能危及公共安全）。选项 ABCD 均对应原文内容，故全选。

25. **答案**：CD。属人主义，即对人的效力以其国籍为准，适用于本国人，不适用于外国人、无国籍人。

26. **答案**：ABCD。此题考查的主要是法的实施的含义，要求结合一些法学家的名言来分析。法的实施，也叫法律的实施，是指法在社会生活中被人们实际施行。法的实施是实现立法者的立法目的，实现法律的作用的前提，是实现法的价值的必由之路。通过法的实施，就使法律从纸面上的法律变成行动中的法律，将它从抽象的行为模式变成人们的具体行为，从应然状态进到实然状态，所以 ABCD 都正确。

名词解释

1. **答案**：法律实施，也称法的实施，是指法律规范的要求通过法律执行、法律适用、法律遵守等形式或途径在社会生活中得以实现的活动。

2. **答案**：（1）守法主体是指在一个国家和社会中应当遵守法律的主体，即一定守法行为的实施者。从法的应然角度讲，任何一个国家

和社会中的所有主体都应当成为守法的主体，但是从法的历史发展来看，守法主体的范围从实然的角度讲，由于国家性质的不同，守法主体的法律地位差异很大，守法指向的内容也是很不相同的，守法主体的实然与应然呈不同的状态。（2）守法的主体可以分为以下几类：①一切国家机关、武装力量、政党、社会团体、企事业组织。②中华人民共和国公民。③在我国领域内的外国组织、外国人和无国籍人。

3. **答案**：守法的内容包括履行法律义务和行使法律权利。

（1）履行法律义务是指人们按照法的要求作出或不作出一定的行为，以保障权利人的合法权益。（2）行使法律权利是指人们通过自己作出一定的行为或者要求他人作出或不作出一定的行为来保证自己的合法权利得以实现。

4. **答案**：守法状态是指守法主体行为的合法程度。它包括：守法的最低状态、守法的中层状态、守法的高级状态。（1）守法的最低状态是不违反法律。（2）守法的中层状态是依法办事，形成统一的法律秩序。（3）守法的高级状态是守法主体不论是外在的行为，还是内在动机都符合法的精神和要求，严格履行法律义务，充分行使法律权利，从而真正实现法律调整的目的。

5. **答案**：法律执行，又称行政执法，是指国家行政机关及其公职人员依法行使行政管理权、履行法定职责、执行法律的活动。

6. **答案**：行政责任，是指行政法律关系主体因违反行政法律规范所规定的义务而引起的依法必须承担的法律责任。

7. **答案**：执法的原则是指行政执法主体在执法活动中所应遵循的基本准则。我国的行政执法要求遵循合法性原则、合理性原则、高效率原则。

8. **答案**：司法体系也称"司法体制"或"司法系统"，是指由国家宪法所规定的享有国家司法权能、依法处理案件的专门组织机构即司法主体所构成的体系。根据我国现行《宪法》和《人民法院组织法》及《人民检察院

组织法》的规定，我国现行司法主体有以下种类和层次，它们构成当代中国的司法体系。

第一，人民法院。人民法院是我国司法主体的一大主要系统，它代表国家行使审判权。这一大系统由地方各级人民法院、专门人民法院和最高人民法院组成。

第二，人民检察院。人民检察院是我国司法主体的另一大主要系统，它代表国家行使检察权和法律监督权。这一大系统由地方各级人民检察院、专门人民检察院和最高人民检察院组成。

9. **答案**：司法责任原则，是指司法机关和司法人员在行使司法权过程中侵犯了公民、法人和其他社会组织的合法权益，造成严重后果而应承担的一种责任制度。

10. **答案**：法的遵守简称守法，是指公民和其他社会关系的主体自觉遵守宪法和法律，从而使法律得以实现的活动。它是法的实现的一种最基本最主要的形式。它包括社会关系主体积极行使权利和认真履行义务两个方面。

11. **答案**：司法权是一种专有权，具有专属性和排他性。根据我国《宪法》规定，审判权专属于人民法院，检察权专属于人民检察院。

12. **答案**：正当法律程序是一种为了限制恣意，通过角色分派与主体互动而进行的，具有理性选择特征的活动过程。

简答题

1. **答案**：守法作为一种社会行为，是人们有意识、有目的的活动。人们守法的状态，往往受到多种因素的影响和制约。一般来说，对守法具有重大影响的条件主要有主观条件和客观条件。

（1）守法的主观条件

守法的主观条件是守法主体的主观心理状态和法律意识水平。通常人们的政治意识、法律观念、道德观念、纪律观念、个性、文化教育程度等都会对其守法行为产生潜移默化的影响和支配。

政治意识是指人们关于政治现象的思想、观点和心理的总和，是一种重要的社会意识。

法律观念是人们对法所持的态度和信念，是一种法律意识形态，它较之政治意识对人们的守法有着更为直接的影响。

道德观念是人们关于善与恶、公正与偏私、诚实与虚伪、荣誉与耻辱、正义与非正义等的观念。

人们的文化教育程度也在一定程度上影响着人们守法的状态。

一个人在其内在生理素质的基础上和一定的社会历史条件下会逐渐形成自己的个性。人的个性存在种种差异。个性的差异影响着人们包括守法在内的各种行为的状况。

（2）守法的客观条件

守法的客观条件是守法主体所处的客观社会环境，如法制状况、政治状况、经济状况、民族传统、国际形势、科学技术的发展等都会对守法行为产生不同程度的影响。

法制状况包括立法、执法、司法和法律监督等状况，这些都与守法有着密切的联系。首先就立法而言，守法的一个前提条件就是法律自身必须具有优良品质。一个品质优良的法律对人们会产生良好的影响，相反，一个质量低下的法律则只会对人们产生消极的不良的影响。其次就执法和司法而言，国家行政机关和司法机关适用法律的活动也影响着人们的守法。最后就法律监督而言，法律监督是对法律的运行和操作合法性进行监察和督导的手段，它的作用体现在人们实施一定的行为之前、之中和之后，这大大强化了法的威慑作用，促使人们自觉遵守法律。

政治状况主要包括一个国家的社会制度、政治制度、各社会力量对比、社会秩序等方面的状况。不同的社会制度具有不同性质的法，对人们的守法会产生不同的影响。

经济状况主要包括一个国家的经济制度、经济体制和经济发展的水平等，也在不同程度上影响着法的遵守。人们能否依法行使权利和履行义务，并不只是取决于人们主观上的愿望和选择，社会能否为他们提供必要的物质条件也是相当重要的，而这与社会经济的发展水平是密切相关的。

2. 答案：司法责任，是指司法机关和司法人员在行使司法权过程中侵犯了公民、法人或其他社会组织的合法权益，造成严重后果而应承担的责任。司法责任是根据权力与责任相统一的法治原则而提出的一个权力约束机制。按照权力与责任相统一的原则，一方面对司法机关和司法人员行使司法权给予法律保障；另一方面对司法机关和司法人员的违法和犯罪行为给予惩罚。在我国，国家赔偿法、法官法、检察官法等法律确立的司法责任制度，对于实现公正司法和廉洁司法具有重要意义。司法责任的认定，如同其他法律责任的认定一样，必须遵循法治化的归责原则，具体包括三项内容：一是责任法定原则；二是责任相称原则；三是责任自负原则。党的十八大以来，我国开启了新一轮司法体制改革。新一轮司法体制改革最大的亮点就是建立和完善司法责任制，实行"让审理者裁判、由裁判者负责"的司法责任制，极大地丰富和创新了法律适用的司法责任原则。

3. 答案：法律的生命在于实施。法律制定以后，重要的问题是实施，否则法律只能是一纸空文。把立法的要求变成有效的活动，把规定抽象行为模式的法律变成法律关系主体的具体行为，把纸面上的法律变成行动中的法律，就是法律实施的过程。在我国，社会主义法的实施是全面依法治国的重要环节，是实现立法宗旨和目的的具体体现。法律实施的基本形式包括法律执行、法律适用和法律遵守。

4. 答案：执法的原则是指行政执法主体在执法活动中所应遵循的基本准则。我国的行政执法要求遵循合法性原则、合理性原则、效率原则。

（1）合法性原则

合法性原则也即依法行政原则，是法治原则在执法中的具体体现。现代法治国家要求依法行政，保障行政活动的权威性，防止行政权力的滥用。

合法性原则是指执法主体的设立和执法活动不仅要有法可依，行使行政职能也必须由法律授权并依据法律规定。首先，执法主体要合法。执法主体必须在法律规定的职权范围内活动，非经法律授权，不可能具有并行使某项职权。其次,执法内容要合法,执法主体的一切能产生特定法律效力和法律后果的行为都是执法的内容。执法的内容必须有法律依据,是根据法律的规定作出的,而且不得背离立法目的、法律精神及社会公共利益。执法要保护人权,维护公民的合法权益,在执法活动中采用的方式必须是法律规定的方式。最后,执法程序必须合法。执法程序要符合法定步骤、顺序,必须按照各自不同的执法内容来决定所适用的程序,不能任意简化、改变、调换和省略程序。同时,执法还要符合法定时限。

（2）合理性原则

合理性原则是指执法主体在执法活动中,特别在行使自由裁量权进行行政管理时,必须做到适当、合理、公正,即符合法律的基本精神和目的,具有客观、充分的事实根据和法律依据,与社会生活常理相一致。

（3）效率原则

效率原则是指在依法行政的前提下,行政机关在对社会实行组织和管理过程中,以尽可能低的成本取得尽可能大的收益,取得最大的执法效益。

执法的效率原则是依法行政的基本要求之一,它要求行政机关在执法时尊重科学,考虑客观规律,作必要的可行性分析和一定的成本—效益分析,使执法行为具有最大可能的合理性,尽可能给国家、社会、公民带来益处,尽可能避免或减少对国家、社会、公民利益的损害。

5. **答案**:法律实施的评价标准主要包括以下内容:

（1）人们按照法律规定的行为模式和行为程度,是否能够按照授权性规范行使权利,按照义务性规范履行义务;是否能够根据法律设定的法律后果追究违法者的法律责任。

（2）刑事案件的发案率、案件种类、破案率及犯罪分子的制裁情况。

（3）各类合同的履约率与违约率,各种民事或经济纠纷的发案率及结案率,行政诉讼的立案数及其审结情况。其中有些数量指标具有两面性。

（4）普通公民和国家公职人员对法律的了解程度,他们的法律意识及法治观念的提高或提高的程度。

（5）与其他国家或地区的法律实施情况进行可比性研究。

（6）社会大众对社会生活安全、秩序、自由、公正、公共福利等法的价值的切身感受。

（7）法律的社会功能和社会目的是否有效实现及其程度。

（8）有关法律活动的成本与收益的比率。

6. **答案**:法律实施监督具有相对独立性,是法律实施监督活动能够有效开展并达到目的的基本条件,也是法律实施监督必须遵循的一条基本原则。具体来看,有三个方面:一是法律实施监督机构依法设置,任何机关和个人不得违反法律规定任意决定;二是法律实施监督人员依法任命,任何机关和个人都不能随便剥夺其监督权;三是法律实施监督活动依法进行,不受其他任何机关、组织和个人的非法干涉。这种相对独立性之所以必要,是因为权力的行使和运用能实现某种利益,权力行使者出于对自身利益的追求和维护,总是力图脱离监督,千方百计地对法律实施监督进行干扰。如果法律实施监督不能排除这些干扰而屈服于法律实施监督对象的压力,则法律实施监督活动就无法实施。

7. **答案**:合理性原则是指执法主体在执法活动中,特别在行使自由裁量权进行行政管理时,必须做到适当、合理、公正,即符合法律的基本精神和目的,具有客观、充分的事实根据和法律依据,与社会生活常理相一致。

行政管理是一项范围广泛、内容复杂的活动,法律不可能都作出具体的规定,在许多领域只能规定基本原则、基本规则,给行政机关留有较大的自由裁量权。行政机关在法律规定的权限内,要根据具体情况使执法活动适宜、恰当、合理。为此,执法主体要平等对待行政相对人,对于实施了同样或类似行为的行政相对人应予公平对待处理;行使自由裁量权时要以法律精神为指导考虑相关因素，尽可能照顾到各方利益，在多方利益之间衡量时要合情合理，禁止偏袒，禁止谋私，严格控制自由裁量权的行使；对于法律只有原则规定或没有规定的，就应以客观、充分的事实根据为基础，依据法律的基本精神和目的，遵循与社会生活公理相一致原则，公平合理地处理，执法要符合当地的善良风俗；执法要做到程序公正，不单方接触行政相对人，不在事先未通知和听取行政相对人申辩意见的情况下作出对相对人不利的处理；对于不适当、不合理等显失公平的执法行为应依法及时予以纠正，宣布无效并予以撤销。

执法遵循合理性原则还要恰当处理"合理"与"合法"的关系，在某一项法律规范已不适合社会实际情况，但国家又未明令废止时，行政执法机关可根据法律精神，依照法定程序进行一定变通以适应社会需要。

8. **答案**：（1）以事实为根据，就是指司法机关审理一切案件，都只能以与案件有关的客观事实作为根据，而不能以主观臆想作为依据。以法律为准绳，就是指要严格依照法律规定办事，切实做到有法必依、执法必严、违法必究。司法机关在工作中，要符合法律所规定的规格或要求，遵照法律所规定的权限划分并严格按照司法程序办理案件；在法律适用中坚持法制统一性要求，根据我国的法律渊源体系适用法律。

（2）为了贯彻这项原则，在司法实践工作中应当注意以下几个问题：①坚持实事求是、从实际出发的思想路线，重证据，重调查研究，不轻信口供。②在司法工作中，坚持维护社会主义法的规定，而且严格执行程序法的各项规定。③正确处理依法办事与坚持党的政策指导的关系。

9. **答案**：司法，有的法学教材亦称为"法的适用"，是法的实施的重要方式之一。它是国家司法机关依据法定职权和法定程序，具体应用法律处理案件的专门活动。它不同于其他国家机关、社会组织和公民实施法律的活动，它有自身的一些独有特点：

（1）职权的法定性。司法是享有司法权的国家司法机关及其司法人员依照法定职权和法定程序运用法律处理案件的专门活动，也就是以国家名义行使司法权的活动。这项权力只能由享有司法权的国家司法机关及其司法人员行使，其他任何国家机关、社会组织和个人都不能行使此项权力。因此，司法权是一种专有权，并且是排他的。

（2）程序的法定性。司法是司法机关严格按照法定职权和法定程序所进行的专门活动，因此，程序性是司法的最重要、最显著的特点之一。

（3）裁决的权威性。司法是享有司法权的国家司法机关以国家强制力为后盾，以国家的名义运用法律于案件的专门活动，因此，它所作出的裁决具有极大的权威性。即司法机关依照法定职权和法定程序对案件所作出的裁决是具有法律效力的裁决，任何组织和个人都必须执行，不得擅自修改和违抗，因此，它具有很大的权威性和强制性。

10. **答案**：行政责任具有以下三个主要特点：

第一，承担行政责任的主体是行政主体和行政管理相对人。行政主体享有行政职权，负有实施行政管理的义务；行政管理相对人享有接受行政主体所提供的服务的权利，同时也负有协助和配合行政主体的义务。因此，行政责任不仅包括与行政职权和行政职责紧密联系的行政主体的法律责任，还包括行政管理相对人的法律责任。

第二，产生行政责任的原因是行为人的行政违法。行政责任是行政法律关系主体不履行法定职责和义务，违反行政法律规范所引起的法律后果，它以行政法律职责和义务为基础，没有行政法律职责和义务，也就没有行政责任。

第三，行政责任是行政法上的法律责任。由于行政责任是行政法律关系主体不履行法定职责和义务，违反行政法律规范所引起的法律后果，所以行政法律规范所规定的职责和义务的方式及内容，是追究行政责任的根据。行政责任是对行政违法或行政不当的救济，与犯罪行为及民事违法行为的法律后果有着不同的责任承担方式。

11. **答案**：司法的基本要求是正确、合法、及时：

（1）正确。正确首先是指各级国家司法机关适用法律时，对案件确认的事实要准确，即对确认的案件事实要清楚，案件证据要确凿可靠。其次是对案件适用法律要正确，即在确认事实清楚的基础上，根据国家法律规定，区别刑事、民事、经济、行政案件，分清合法与违法，此案与彼案，罪与非罪，此罪与彼罪的界限，实事求是地加以认定。最后是对案件的处理要正确，审理案件要严格执行法律规定，宽严轻重适度，做到罪刑相当，违法行为与处罚结果相当。

（2）合法。合法是指各级国家司法机关审理案件要合乎法律规定，依法司法。任何机关、组织、个人都不能随意行使司法权。

（3）及时。及时就是指国家司法机关审理案件时，要提高工作效率，保证办案质量，及时办案，及时结案。

正确、合法、及时是司法的基本要求，是不可分割的统一整体，不可偏废，缺一不可。

12. **答案**：法律程序的真实性要求利害相关者能够实质性地参与到程序中，对结果产生相应的影响。具体来说：首先，参与应当是自由的。当事人可以自行决定是否参与程序，行使权利并承担相应后果。其次，参与应当是平等的。当事人应当享有平等的资格和机会发表意见，那些处于分散、孤立或弱势地位的当事人还应当获得特别的帮助。再次，参与应当是及时的。根据事情的轻重缓急，法律通常会设定相应的程序机制，过分延迟或者过分急促的参与都会降低程序的有效性，甚至损害程序的正当性。最后，参与应当是有效的。当事人对程序的参与不能源于执法者的一时兴起，而应当是制度化的。对当事人利益产生实质影响的决定也只能从由其参与的程序中产生。

13. **答案**：司法权与立法权有明显区别：

一是立法权本质上是人民共同意志的汇集和表达，主要表现为立法、决定、决议等

形式。司法权本质上是人民共同意志的贯彻，主要表现为侦查、起诉、抗诉、判决、裁定、（裁判）执行等形式。

二是立法权追求的主要价值目标是民主。司法权追求的首要价值目标是公正。

三是立法权实行集体行使权力的方式，其制度设计通常为少数服从多数。司法权依法独立公正行使，其制度设计通常为侦查机关、审判机关、检察机关依照法律规定独立行使侦查权、审判权、检察权。

14. **答案**：司法权与行政权有明显区别：

一是在行使权力的目的上，行政权是实施宪法和法律，事前为社会谋取公共福利；司法权则是事后维护公民与社会组织的权益，维护宪法和法律的权威。

二是在行使权力的对象上，行政权总体上是以国家和社会的公共利益为对象，依法作出一般性的行政决策或处理个案；司法权则只能针对个案，以特定的公民或社会组织以及国家机关为对象，并以至少有两方的争端为前提。

三是在行使权力的方式上，行政权是主动执法、主动管理与服务社会，法律规定行政机关应作为而不作为者，就是失职；司法权（主要是指审判权）是被动司法，实行事后救济原则，其受理案件须经利害关系人的请求。

四是在行使权力的独立性上，行政机关是按行政层级系统行使职权，实行行政首长负责制，下级服从上级行政机关与行政首长的命令和决定，而司法机关在行使审判权时，则只服从法律，不受任何行政机关、社会团体公民个人的干涉。上级法院认为下级法院的判决与裁定有错误的，只能按审判监督程序予以纠正，不能未经监督程序随意改变原审的裁决。

15. **答案**：法的实施是指通过执法、司法和守法等途径，把法律规范具体运用于社会生活，使法作用于社会关系的活动，法的实施的基本形式有以下两种：

第一种是不一定要通过具体的法律关系就能直接实现法律上的权利和义务。在一些

规定绝对权的法律规范和禁止性的法律规范中，权利人并不一定需要通过与特定的人形成具体的法律关系才能实现其权利。因此这种实施形式的特点是：一方权利或义务的实现，不需要他方或多方作出积极的作为，只要不作出有碍权利人的行为，权利人的权利和义务人的义务就能够得到实现。

第二种是必须通过具体的法律关系实现法律上的权利和义务，在规定相对权的法律规范中，凡涉及的权利和义务，彼此都是相互依赖的，一方权利的实现要依赖于另一方作出相应的作为，权利主体要依赖于义务主体的积极作为才能保证实现。因此，这种实施形式的特点是：权利主体和义务主体都是确定的，因而能够形成具体的法律关系，权利也是以义务人积极作为的形式实现的，如果义务人不积极主动地履行义务，则会受到法律的制裁。

值得一提的是，两种实施方式相比，通过具体法律关系实现法律上的权利和义务更具有法律调整的典型特征，具有更大的确切性和保证性。

16. **答案：** 制约法的实效的因素是多方面的，法律实施的实际结果有时也会不尽如人意，因此，分析法的实效的相关条件，解决其中存在的问题，就是法的实施理论中的一个需要认真探讨的课题。法的实效的产生条件可以分为：

（1）法的内容的有效性。法的内容的有效性是任何法产生实效的前提。这种有效性可以分为形式有效性和实质有效性。法的形式有效性决定了法的效力，法的实质有效性则与法的实效直接有关。

（2）法律制度的整体有效性。在一个国家，一般说法律应该是统一的、协调的，围绕法的实施的各项制度是相互配套的。法的实效在一定意义上就取决于这些制度是否健全、合理、统一、高效。

（3）法的实效还依赖其他社会（广义）因素。法的实效必然受到其他社会因素的制约。第一，法的实效依赖国家的基本制度。第二，法的实效还依赖国家的管理体制。第

三，人的思想观念问题。法律只有被信仰，才能被遵守。在我国，依法治国、建设社会主义法治国家，同样要依赖全体公民对法律的尊重和信任，这是我国法产生实效的不可缺少的精神条件。

17. **答案：** 关于程序正义的内涵，可以从以下几个方面来把握。

第一，程序正义具有独立的价值。程序不只是实现特定目标的工具，它本身也有独立的价值，有独立的价值评价标准。从"程序产生的结果是公正的"这一事实并不能推导出"程序是公正的"。

第二，程序本身设计得是否科学合理，可以作为衡量程序正义是否得到实现的依据。其中，"科学合理"包括但不限于中立、透明、平等、真实有效等标准。程序正义终极的价值基础"在于对人的尊严和道德主体地位的尊重"。

第三，程序正义与实体正义可能是相辅相成的关系，例如，行政主体在充分听取各方当事人意见基础上作出的行政决策，通常要比闭门决策的质量更高；但两者之间也可能陷入顾此失彼的境地，比如，在遭受恐怖威胁时对嫌疑恐怖分子坚持刑事正当程序，就可能危及公共安全。如何更好地协调程序正义与实体正义的关系，是法治实践和理论的重大课题。

论述题

1. **答案：** 法律遵守的范围，是指守法主体应遵守的法律的种类。这里的"法律"是广义的，不仅包括宪法和全国人大及其常委会制定的法律，而且包括行政法规、地方性法规、行政规章、自治条例和单行条例等其他具有不同法律效力的规范性文件。其中，宪法居于核心地位。守法必须首先遵守宪法，即必须以宪法为根本活动准则，维护宪法的权威，保证宪法的实施。此外，法律关系的有关主体还必须遵守人民法院发生法律效力的判决书和裁定书，遵守国家行政机关依法作出的执法意见书，遵守依法签订的发生法律效力的合同、调解书、仲裁决定等法律文书。

法律遵守的条件包括主观和客观两个方面。主观条件是守法主体的主观心理状态和法律意识水平。通常人们的政治意识、法律意识、道德意识、文化程度等都会对其守法行为产生潜移默化的影响和支配。客观条件是守法主体所处的客观社会环境，如政治状况、经济状况、文化状况、民族传统、国际形势科学技术的发展等都会对守法行为产生影响。

2. 答案：法律实施监督的功能，集中体现了监督法律实施的制度化、规范化的意义和价值。作为一种制约平衡机制，法律实施监督具有以下主要功能：

保障功能，即通过对法律执行、法律适用和法律遵守等环节的监视、约束、控制、检查和督促，维护社会主义法律制度和法治秩序，保护国家利益和人民群众利益。法律实施监督的保障功能，不仅体现在对国家机关、国家公务人员合法权利、正常活动的保护，而且还体现在对公民、法人和其他社会组织的合法权益的保护，体现在对社会和谐、政治昌明和国家长治久安的维护。救济功能，即通过法律实施监督机制，使侵权行为的受害人得到补偿。现代社会，政府的职能方式由消极转变为积极，国家机关管理活动的范围不断扩大。一旦国家机关及其公务人员作出违法的或不当的行为，就容易侵犯当事人的合法权利。因此，有必要建立法律监控机制，确保为公民、法人和其他社会组织提供更多、更有效的法律救济。

反馈功能，即通过法律实施监督机制，及时收集、审查、掌控有关违法违纪行为的信息，向国家决策部门反映法治运行的状态、方式、效果和其他相关信息。法律实施监督的过程，实际上是关注社会动态、把握社会重大事项和问题的过程，是上通下达、沟通情报、为国家提供宏观信息和运筹决策的过程。

评判功能，即通过法律实施监督机制，对立法、行政、司法工作以及守法状态进行识别、判定和评价。评判功能在各种法律实施监督形式中都能够得到体现。通过这种法律评判，合法行为得到肯定、非法行为受到匡正。此举对于公权力的正确行使和国家公职人员队伍的纯洁能起到筛选作用，对于公民守法行为的褒扬和违法行为的唾弃能起到引导作用。

协调功能，即通过法律实施监督机制，协调法律行为与立法目的之间的偏差和距离，使社会公平正义的理念能够成为现实。法律实施监督的协调功能体现在规范和调整各国家机关的权力与职责关系方面；体现在规范和调整中央与地方关系方面；体现在公权力与私权利、国家与社会、政府与公民的协调方面；体现在对各种利益关系和矛盾冲突的协调方面。

预防功能，即通过法律实施监督活动，提高公民的法律意识和法治观念加强社会预防。法律实施监督促使违法违纪者认识过错、自我谴责、将功补过，使其从被监督和被处罚的教训中得到警示，使一切国家机关和武装力量各政党和各社会团体、各企业事业组织和全体公民都认识到合法行为与违法行为的界限，从而不仅自觉守法，而且积极与违法犯罪行为作斗争。

3. 答案：正当法律程序兼具工具性价值和内在的独立价值，前者指正当法律程序对于获得良好程序结果的有用性，如出台了一部高水平立法、形成了一项科学的行政决策、作出了一份高质量的判决等；后者指正当法律程序因其存在这一事实本身，无须诉诸程序结果便可具有的价值。整体而言，正当法律程序的价值包括以下四个方面。

第一，正当法律程序有利于实现和保障公民权利。首先，正当法律程序要求法律适用过程应当具有同一性，不能随意搞差别对待，从而保障程序参与者的平等权利。其次，只有严格遵守法律程序，当事人才能实际享受到相应的权利，履行相应的义务，纠纷才能得到妥善解决。最后，正当法律程序在多数时候是面向权力主体的，它约束权力主体的过程也是保障公民权利的过程。

第二，正当法律程序是规范和约束权力的有效手段。离开了程序的约束，权力难免会处于野蛮生长的状态，对国家、社会和公民造成巨大破坏。正当法律程序是"把权力关进制度的笼子"的重要方式。它在引导权力造福于民的同时，克制其中存在的滥用倾向，促进权力与权利的平衡、自由与效率的协调。

第三，正当法律程序更能够有效地解决纠纷，提高纠纷解决方案的接受度。现实生活中存在着多种多样的解决纠纷的手段，正当法律程序的优势在于，它能以中立的姿态赢得争议各方的信赖，提高各方对纠纷解决方案的接受度，避免引发新的矛盾和冲突，降低解决纠纷的成本。

第四，正当法律程序是法律权威的保障。在保障法律权威性问题上，国家强制力有时会遭遇刚性有余而弹性不足的困境，有时难以彻底赢得人们的认可。正当法律程序以其不偏不倚的姿态，迎合了人们对公平正义的普遍心理诉求，久而久之可以塑造出一种尊重法律的社会环境，让法律真正在人们心中生根发芽。

4. **答案**：这种看法是不对的，因为法的实施和法的实现，虽然二者都是对法作用于社会关系状态的描述，但是，二者还是有明显的区别：

（1）法的实现比法的实施的含义广泛。法的实施，是执法、司法、守法和法律监督的状态，是贯彻执行法律规范的运动过程，而法的实现既包括贯彻执行法律规范的运动过程，又包括这种运动过程的成功结果，从而使法的预期的社会目的得以实现，将法的预期的社会目的变成事实。显而易见，后者比前者的含义广泛。

（2）法的实施，是将法定的权利和义务应然的东西，通过具体的法律关系变成已然的东西，即将法律规范具体化，因此，它侧重于执法、司法和守法；而法的实现则着眼于法的整体，着眼于法定的权利和义务所达到的成功结果，因此，它不仅强调执法、司法、守法，还特别强调法律监督。

（3）法的实施可能是正值，也可能是负值，法的实现肯定是正值，在法的实施过程中，正值的社会效应并不一定完全得以实现，如存在于审判实践中的冤假错案即如此。然而，法的实现的结局则是肯定符合统治阶级立法目的的正值。

（4）法的实施是手段，法的实现是结果，法的实施包括执法、司法、守法等环节，这些环节都可以视为手段和途径，诚然，这些手段可以达到一定的目的，实现程度不一的部分或全部的结果，但终究不能称法的实施是结果；而法的实现则是结果，是通过法的实施，达到并实现的法的终极结果。

因此，法的实现与法的实施不是同义语的重复，不宜将二者混为一谈。

第十七章　法律职业

1. 答案： B。法律职业的技能特征表现为职业技能通过正规法科学习与系统训练形成，以系统而统一的法律学问为基础，并在实践中持续学习。

2. 答案： B。案例中法官李某拒绝请托、依据事实和法律裁判，体现了"追求公平意味着秉公执法，敢于排除权力、私情、利益等因素的干扰"，同时"追求真理就是坚持以事实为根据"，通过公正裁判实现司法公平正义，符合"追求真理、追求公平"的职业伦理要求。

3. 答案： B。案例中检察官王某因证据矛盾要求补充侦查，体现了"追求真理的过程是探知事实的过程，对事实的分析和认定直接决定着适用法律的最后结果"，通过追求事实真相确保司法公正，符合"追求真理、追求公平"中"坚持以事实为根据""使法律事实与客观事实相一致"的要求。

4. 答案： B。根据《公证法》第26条规定，自然人、法人或者其他组织可以委托他人办理公证，但遗嘱、生存、收养关系等应当由本人办理公证的除外。故A项不正确。《公证法》没有限定办理遗嘱的地点，故B项说法正确。C项说法错误，根据《公证法》第12条的规定，根据自然人、法人或者其他组织的申请，公证机构可以办理下列事务：保管遗嘱、遗产或者其他与公证事项有关的财产、物品、文书。D项说法错误，公证的遗嘱可以变更之前其他形式的遗嘱。

5. 答案： D。法律职业道德与其他职业道德相比，具有更强的公平正义象征和社会感召作用，因为法律在人们心目中是公平与正义的体现，因而A项说法正确。与一般的社会道德相比，法律职业道德具有主体特定性、职业的特殊性和更强的约束性特征，实践中约

束性特征往往通过纪律规范的形式体现出来，因而BC项说法正确。D项说法不成立。

6. 答案： A。法律职业道德的基本原则要求法律职业人员相互尊重、相互配合，虽然法官、检察官、律师各自担任着不同的职责，但在维护司法公正方面是一致的，在人格和依法履行职责上是平等的，因而A项说法是正确的。BCD项内容均不正确。

7. 答案： C。根据《人民法院工作人员处分条例》第31条的规定，违反规定会见案件当事人及其辩护人、代理人、请托人的，给予警告处分；造成不良后果的，给予记过或者记大过处分。因而C项给予的撤职处分不能成立。

8. 答案： B。律师职业伦理要求律师对当事人负有保守秘密的义务，即不得泄露在代理过程中知悉的当事人秘密。张某在代理案件中获取当事人商业秘密后，因疏忽在私下聚会中泄露，直接违反了这一伦理规范。其他选项中，A项涉及与当事人的商业交易，C项涉及案件利害关系，D项涉及利用案情损害当事人利益，均与题干中"泄露秘密"的行为无直接关联。因此，正确答案为B。

9. 答案： A。法律职业语言的转化功能指将社会问题用法言法语转化为法律问题分析。选项A中，律师将民间房屋买卖纠纷转化为"善意取得"这一法律术语分析，符合"转化功能"的定义。其他选项中，B是引用法律规则（交流功能），C是法律适用，D是理论讲解，均未体现"转化社会问题"的核心特征。

10. 答案： C。马克思的这句名言阐述的是法官依法独立行使审判权的必要性。其含义是，法官依法独立行使审判权，只服从宪法和法律，不受其他因素左右。由此可知，法官审判只服从宪法和法律，也必须服从宪法和法律，故B项错误，C项正确。A项显然错

误，法官的法律世界与其他社会领域关系密切。D 项也明显错误，司法和立法是两个不同的领域，法官不可能主宰一切法律事务。

11. 答案：B。法律职业思维的第一个特点是"运用法律术语进行观察、思考和判断"，要求对术语采取法律方法解释。法官未采用日常语言，而是依据法律规定的术语概念（《民法典》中"不可抗力"的法定定义）进行推理，体现了这一特点。

☑ 多项选择题

1. 答案：ABD。法律职业的显著特征包括三个方面：一是技能特征，以系统的法学教育为基础；二是伦理特征，具备区别于大众伦理的职业伦理；三是准入特征，需通过资格考查获得职业许可。

2. 答案：ACD。培养高素质的法治专门队伍，要建立从符合条件的律师、法学专家中招录立法工作者、法官、检察官制度，A 项正确。要建立法官、检察官逐级遴选制度。初任法官、检察官由高级人民法院、省级人民检察院统一招录，一律在基层法院、检察院任职。故 C 项正确。要把善于运用法治思维和法治方式推动工作的人选拔到领导岗位上来，D 项正确。培养高素质的法治专门队伍，也要健全从政法专业毕业生中招录人才的规范便捷机制，但政法专业毕业生不能直接担任法官，因为违反《法官法》规定的法官任职条件，也有违法官、检察官招录与遴选制度。故 B 项错误。

☒ 不定项选择题

1. 答案：C。对于选项 A，律师职业伦理要求对法官不故意作虚假陈述，赵某在法庭上故意作虚假陈述的行为违反了这一要求。选项 B 中，律师对同行应当公平对待，不得通过给予好处的办法引诱对方当事人的律师，钱某私下送昂贵礼品给对方律师的行为不符合律师职业伦理。选项 C，律师如果知道法官有违背职业道德的行为，应当向有权机关报告，孙某的做法符合律师职业伦理中这一其他职业伦理的要求。选项 D，律师不得通过给予

他人有价物品的方式推销其法律服务，李某给介绍人高额回扣招揽业务的行为违反了这一规定。所以正确答案是 C。

2. 答案：A。法律职业道德建设的作用有：示范作用、规范作用、提升作用和辐射作用，其中规范作用是指：法律职业道德规范本身就在于规范法律职业人员的行为，这种作用不仅表现在法律职业人员履行职务过程中，还体现在法律职业人员的日常活动中。所以 A 是正确的。

3. 答案：AB。本题考查法官和律师的相互关系。根据《最高人民法院、司法部关于规范法官和律师相互关系维护司法公正的若干规定》第 3 条的规定："法官不得私自单方面会见当事人及其委托的律师。律师不得违反规定单方面会见法官。"所以律师裘某约请主办法官童某吃饭，了解所代理案件的案情必然违反了该条的规定。该规定第 4 条第 1 款规定："法官应当严格执行回避制度，如果与本案当事人委托的律师有亲朋、同学、师生、曾经同事等关系，可能影响案件公正处理的，应当自行申请回避，是否回避由本院院长或者审判委员会决定。"所以法官开庭时发现一方的律师沈某是其过去的同事，没有主动回避违反了该条的规定。律所刊物发表法官的文章以及法官参加律所举办的研讨会并未违反最高人民法院与司法部制定发布的有关规定。由此可知，本题答案为 AB。

4. 答案：BD。A 错误：法律术语由"法定术语"和"法学术语"两部分组成。B 正确：交流功能指"职业共同体内用相同术语交流，避免大众语言的烦琐与不一致"。C 错误：原文提到"政治问题可能被转化为法律问题提交法院解决"，与选项表述相反。D 正确：法律职业知识包括"制定法中的规则知识"和"法律学问中的原理知识"。

5. 答案：BC。B 选项体现"通过程序进行思考"的特点，法官严格遵循庭审程序（质证环节），排斥权力任意性，符合程序优先原则。C 选项体现"遵循向过去看"的特点，参照先例（过去的判决）作出判决，符合判例法国家"尊重传统、传承经验"的思维习

惯。A 选项体现"以权利为中心思考"，D 选项体现"注重缜密逻辑、谨慎对待情感"，均与题干要求的特点无关。

简答题

1. 答案： 法律职业是指以律师、法官、检察官为代表的，受过专门的法律专业训练，具有娴熟的法律技能与严格的法律伦理的法律人所构成的自治性共同体。其特征主要包括：（1）法律职业的技能特征。法律人掌握不同于其他行业的专业的系统职业技能。（2）法律职业的伦理特征。法律职业伦理有别于大众伦理和其他职业伦理，这种伦理受法律活动规律的制约，受法律职业技能的影响。（3）法律职业的自治特征。法律职业需要专业化的司法官吏以及法律职业的专门逻辑等。法律人在程序构成的"法的空间"里运用法律概念术语、职业化的方法和技能，进而形成不同于普通大众逻辑的法律思维。（4）法律职业的准入特征。加入法律职业必将受到严格考察，获得许可证，得到头衔。职业的准入特征可以检测申请者的素养。

2. 答案： 进入新时代以后，在全面推进依法治国、建设社会主义法治体系和法治国家的背景下，"法治工作者""法治队伍"等概念应运而生，具体而言，包括这样几个群体：（1）第一个群体，也可以说是最核心的队伍，是法治专门队伍。（2）第二个群体，是法律服务队伍。主要是律师，也包括公证员、基层法律服务工作者、人民调解员，以及法律服务志愿者。律师队伍是依法治国的一支重要力量，在保障法律正确实施、维护当事人合法权益、维护社会公平正义、支持司法机关定分止争、提高司法公信力中能够发挥十分重要的作用。（3）第三个群体，是通晓国际法律规则、善于处理涉外法律事务的涉外法治人才队伍。目前，在联合国及其所属组织的国际立法、国际执法、国际司法和其他国际法律事务中，我国参与的程度仍然有限，主要原因之一就在于我国缺乏相关法治人才。（4）第四个群体，是法学专家队伍。法学专家队伍对于探索和形成中国特色社会

主义法学理论体系、法治理论体系和法治话语体系，用马克思主义法学思想统领法治意识形态阵地，培养高素质法治人才，具有不可替代的重要作用。

3. 答案： 法律职业思维是法律人最重要的职业技能。法律职业思维主要有以下几个特点。第一，运用法律术语进行观察、思考和判断，对术语概念采取法律方法进行解释和推理。第二，通过程序进行思考。法律人总是以程序为优先，在程序内进行思考和判断。程序的设置是为了排斥权力的任意性，从而促进理性选择，形成公正、客观、稳妥的结论。第三，以权利为中心进行思考。法律施行时，总是以权利和权利保障为圭臬，以法定的权利作为诉讼请求的依据，因此民事或行政审判均以请求权作为思维的逻辑起点。第四，遵循向过去看的习惯，表现得较为稳妥，甚至保守。法官对待法律与事实的态度只承认既定的规则和过去的事实。判例法国家遵循先例原则被视为尊重传统、传承经验的好的方式。第五，注重缜密的逻辑，谨慎地对待情感因素。法律人强调推理的逻辑性，使当事者和全社会看到这个结论是出自理性的，即具有了说服力。虽然法律思维并不绝对排斥情感因素，但它与道德思维、宗教思维的情感倾向有着严格的界限。道德思维是一种以善恶评价为中心的思维活动，而法律判断是以事实与规则认定为中心的思维活动，因此法律思维首先是服从规则而不是听从情感。第六，法律思维追求程序中的"真"，而不是科学意义上的"真"。法律意义上的真实或真相其实只是程序意义上的，即法律上的真实和真相并不是现实中的真实和真相，它们之间可能存在较大距离。第七，判断结论总是非此即彼。例如，"法律无法以一种完美无缺的公平方法来适用于一切情况"，司法必须对许多不允许妥协的问题作出"一刀切"的决定，所以法律职业思维的结论总是非此即彼、黑白分明的。

论述题

答案： 法律职业有别于其他一般的社会职

业，它基于公平、公正的立场将法律运用到具体的人和事。因此，它要求从业人员具备良好的道德品质。法律职业所谓的"德才兼备"也特别强调"以德为先"。伦理是人类社会生活关系之规范、原理、规则的总称，其建立于个人之良心、职业之预例、自律之惩戒以及社会之舆论基础之上。各种职业因其性质、内容与社会期待的不同，存在着不同的职业伦理。法律职业伦理是指法律人在其职业实践中必须遵守的特殊道德规范。其虽然会因时代的不同而在内容上有所差异，但基本内容是相同的。

自从人类社会产生法律职业以来，就有了相应的法律职业道德。早在古希腊时代。柏拉图就主张执法者要"以心治心"，亚里士多德主张执法者"应当凭国家的法度行事"，西塞罗主张执法者必须公正、廉洁。在法律活动促进法律职业形成之前的近代西方社会，其内部就已经开始酝酿着一种"身份荣誉意识"，进而发展为一种传承后世的法律职业伦理。它从集团内部维系着这个共同体的成员并保证该共同体的社会地位和声誉。中国虽然没有像西方那么早形成自治性的法律职业，但法律从业道德思想是十分丰富的。在周代出现了"明德慎罚"思想，周公提出要用有"德行"的人掌管诉讼的主张："继自今立政，其勿以人，其惟吉士。"即为了正确处理狱讼，要用有"德行"的"吉士"，而不要用心术不正的"人"管理政务。《尚书·吕刑》继承了周公的思想，提出"非佞折狱，惟良折狱""哀敬折狱""惟察惟法，其审克之"，即处理狱讼要把心思放端正，要有同情心，要有责任感。秦律把司法官吏不能及时发现所辖地的犯罪活动叫作"不胜任"，知道而不敢论处的叫作"不廉"，处罚不当、失轻失重的叫作"失刑"，罪当重而故意轻判或者罪当轻而故意重判的叫作"不直"，等等。中国历代有"清官"作风，其实就是一种法律职业道德。宋代名臣包拯主张"法存画一""赏德罚罪""以法律权衡天下"等，成为千百年来人们称颂不衰的"包青天"。

法律职业伦理首先是一些具有可操作性的、主要用于各种伦理冲突时的一种指导或者技术规范。它是按照道德要求，对法律执业行为规范的一种技术性处理。换言之，法律职业伦理为执业者解决道德困境时提供一种具有可操作性的、确定性的、免除某些角色道德责任而承担另外一种角色道德责任的指引规范。更重要的是，法律职业伦理还是法治职业理想信念的基础和保障。依靠和凭借法律职业伦理，法律人以高贵的灵魂处理凡俗的法务，方能实现其职业理想。

在当代中国法治建设中，法治队伍职业伦理的重要性已经引起了高度重视。"德法兼修""德才兼备"，是对法治工作人员的基本要求。法治专门队伍、法律服务队伍、涉外法治人才队伍、法学专家队伍这四支法治队伍，在法律职业伦理方面既有共同性，也有各自特点。

法官检察官的职业伦理包括：（1）爱岗敬业、尽职尽责。（2）追求真理，追求公平。（3）忠于法律，保证法律的有效实施。

律师的职业伦理包括：（1）对当事人而言，要勤奋工作，讲究效率；（2）对法官而言，尊重法官就是尊重法律，即使是在与法官的非职务性接触中也应该如此，不卑不屈，具有自己的独立性和尊严；（3）对同行而言，不作任何有损于律师职业的事情，尊重同行等；（4）其他律师职业伦理。

第十八章 法律方法

单项选择题

1. **答案**：C。A项错误，所谓正式解释，通常也叫法定解释、有权解释，是指由特定的国家机关、官员或其他有解释权的人对法律作出的具有法律上约束力的解释。王某老伴儿和子女不符合正式解释权的主体要求，都是非正式解释。B项错误，主观目的解释，指的是立法者的目的解释，即根据立法者的意志或立法资料揭示某个法律规定的含义。本案中，王某老伴儿和子女都不是根据王某的意志或相关资料来解释遗嘱的含义。D项错误，各种不同法律解释方法中，文义解释是首先考虑的解释方法，相较于其他解释方法具有优先性。C项正确，尽管遗嘱引起争议，但是仍符合意思表示真实、合法的要求。

2. **答案**：B。A项，学理解释，又称非正式解释，一般是指学者或者其他组织或个人所做的不具有法律约束力的解释。本案中，商场宣称"最终解释权"的本意是具有强制力和法律约束力的解释权，而非学理解释。C项，法定解释权，又称正式解释权，是指特定的国家机关、官员或其他有解释权的人做出的具有法律约束力的解释，当事人对合同的解释不属于法定解释权。D项，商场做法属于限制对方权利，免除自己义务，违背"权利和义务相一致"的原则，D项错误。由此可知，需要用公平正义来解释合同填补漏洞，B项表述正确。综上，本题的正确答案为B。

3. **答案**：B。法律思维的重心在于合法性分析，"以法律为准绳"要求根据法律规则、原则和精神进行判断，确保个案处理"一断于法"，与题干中"围绕合法与非法""优先以法律规则为依据"的表述直接对应。

4. **答案**：B。法理思维的反思性特征明确指出，需对已形成的法学原理、法治公理等进行再认识，不仅关注具体规则，更关注规则背后

的社会价值、时代精神等。

5. **答案**：C。体系解释，即将被解释的法律条文放在整部法律中乃至整个法律体系中，联系此法条与其他法条的相互关系来解释法律的解释方法。

6. **答案**：B。限制解释是指当法律条文的字面含义广于立法原意时，对法律所作的比字面含义窄的解释。

7. **答案**：A。法律思维以权利义务为分析核心，认为一切法律问题本质上都是权利与义务问题。题干中律师通过梳理"权利与义务"判断违约行为，直接体现了这一特点。

8. **答案**：B。依照宪法规定，全国人大常委会有权解释宪法。

9. **答案**：D。辩证推理，是指当作为推理的前提处于多元化时，借助于辩证思维从中选择出最佳的命题以解决法律问题。类比、推定等是辩证推理的具体方法。

10. **答案**：B。归纳推理是指从两个或更多的同类命题中获取一般性命题的推理。

11. **答案**：C。凡关于法律条文本身需要进一步明确界限或补充规定的，由全国人大常务委员会进行解释或用法律加以补充规定。

12. **答案**：C。法律解释属于官方解释或有权（有效）解释，只有被授权的国家机关才能进行。法院作为国家司法机关，其依据司法解释作出的解释属于有权解释（正式解释），因此选C。A（学理解释）和D（非正式解释）均为非官方解释；B（任意解释）是个人或组织未经授权的解释，均不符合题意。

13. **答案**：B。合法性原则要求法律解释必须符合法定权限和程序。我国法律对地方人大常委会的解释权限有明确规定，设区的市人大常委会对地方性法规的解释需遵循法定程序（如报请批准），题干中"未报请批准"的越权行为违反了合法性原则。B正确。

14. **答案**：B。当最高人民法院和最高人民检察院的司法解释发生冲突时，应当由全国人大常委会作出最终解释。

15. **答案**：B。合理性原则要求法律解释尊重公序良俗。题干中法院结合当地传统习俗（公序良俗）解释法律，体现了"尊重公序良俗"的合理性原则，通过符合社会传统的方式增强法律解释的说服力和针对性。B正确。

16. **答案**：A。最高人民法院在审判过程中对如何具体应用法律所作的解释，属于司法解释，对下级法院具有普遍约束力。

17. **答案**：C。根据概念，法律推理是从法律事实、法律规范等已知前提得出法律结论的思维过程，C正确。立法、执法、司法、守法均离不开法律推理，A、D错误，前提不仅包括法律规范，还包括法律事实、原则、判例等，B错误。

18. **答案**：B。文义解释是指从法律条文的字面意义来说明法律规定的含义。

19. **答案**：B。法院从自动驾驶汽车、电动滑板车等个别案例中总结出"新兴交通工具运营者承担无过错责任"的一般规则，并适用于无人机案件，符合归纳推理"从特殊到一般"的特征。因该规则是从先前判例中归纳而来，而非直接援引现有法律，故排除A（演绎推理）和C（类比推理需基于个案事实相似性，而非总结普遍规则）。

20. **答案**：D。本题考查的是对于法律解释的方法的理解。要求考生掌握法律解释具体方法以及具体的概念和意义。

21. **答案**：B。乙国法院通过对比案例A与案例B的事实特征（场所管理人、财物安全注意义务、非直接侵权），基于两者的实质性相似性，推定判决结果应一致，符合类比推理"从个别到个别""类似案件类似处理"的核心逻辑。因未涉及从多个案例中归纳一般规则，故排除A；若直接援引"场所管理人责任"的法律条文，则为演绎推理，但题干未提及现有法律规定，故排除C。

22. **答案**：C。自然科学研究中的推理是一种寻找和发现真相和真理的推理，而在法学领域，法律推理是一种寻求正当性证明的推理。法律推理的核心主要是为行为规范或人的行为是否正确或妥当提供正当理由。故A错。法律解释和法律推理往往相互交织，法律推理的过程中要涉及法律解释，法律解释也包含一定的法律推理，两者并不是完全独立的。故B错。法律推理不仅包括严格的形式推理，也包括辩证推理，后者具有明显的价值取向性，要受到人的价值观影响。故D错。C项表述正确。

多项选择题

1. **答案**：ABC。准用性规则是指内容本身没有规定人们具体的行为模式，而是可以援引或参照其他相应内容规定的规则。"依照第1款的规定处罚"，表达的是准用性规则，并可以避免法条重复表述，故AC正确。体系解释是指将被解释的法律条文放在整部法律中乃至整个法律体系中，联系此法条与其他法条的相互关系来解释法律。法院对第4款的解释，联系的是相关司法解释对《刑法》其他条款中"情节严重"的解释，并与此保持统一，属于体系解释。故B正确。法院的解释背后，隐藏的是对解释结果公正的追求。故D错误。

2. **答案**：ABD。法律适用过程是一个法律证成的过程。法律证成可分为内部证成和外部证成，即法律决定必须按照一定的推理规则从相关前提中逻辑地推导出来，属于内部证成；对法律决定所依赖的前提的证成属于外部证成。前者关涉的只是从前提到结论之间推论是不是有效的，而推论的有效性或真值依赖于是否符合推理规则或规律。后者关涉的是对内部证成中所使用的前提本身的合理性，即对前提的证立。故A、B项正确，C项错误。在法律适用中，内部证成和外部证成是相互关联的。D项正确。

3. **答案**：AC。杨某非法定的解释主体，其解释不具有法律约束力，故属于任意解释（或者说非正式解释），故A项正确，D项错误。B项错误，比较解释是依据外国的立法例和判例学说对某个法律规定所作的解释，杨某的解释尽管也有比较（白骨和尸体），但是不属于法律解释学上所讲的比较解释。C 项正确，文义解释的特点是将解释的焦点集中在语言上，按照语言使用方式描述法律的内容，杨某认为尸体的含义不包括白骨，正是从文义上进行解释的。因此，本题的正确答案为 AC。

4. **答案**：AB。A 正确，素材提到"法律规范具有抽象性、概括性，只有经过解释才能适用于具体的行为和关系"，案例中"公共利益"作为抽象概念需结合具体情形解释，符合这一必要性。B 正确，素材指出"法律术语、概念经常具有多种含义，只有经过解释才能明确具体含义"，案例中"公共利益"一词含义模糊，需解释明确，符合这一必要性。C 错误，案例未涉及法律规范因"社会变化"需解释的问题，仅体现术语含义模糊的澄清。D 错误，虽然素材提到法律解释具有阶级性，但本题问的是"必要性"，阶级性属于性质而非必要性，故不选。

5. **答案**：ABCD。我国法律解释按机关性质分为立法解释、司法解释、行政解释、监察解释四类。

6. **答案**：ABCD。当发生法律规定本身意义模糊，出现法律空隙或漏洞，同一位阶的法律规定之间存在抵触，某些法律规定明显落后于社会发展等情况时，就需要使用辩证推理来解决有关法律问题。

7. **答案**：ABCD。法律解释不同于一般的解释。法律解释的对象是法律规定，体现了一定的价值取向。

8. **答案**：ABC。最高人民法院属于司法机关，负责司法解释，排除。

9. **答案**：ACD。赵某和律师刘某的解释属于任意解释，全国人大常委会的解释属于法定解释。

10. **答案**：ABD。检察解释仅对检察工作有效，法院办案依据审判解释，C 错误。

11. **答案**：CD。类比推理是根据两个或两类对象某些属性相同，从而推出它们在另一些属性方面也可能存在相同点的推理。类比推理属于辩证推理，是辩证推理的方法之一。

12. **答案**：BC。法学研究学者和法律工作者对法律条文进行的阐述和解释属于学理解释，律师和当事人在司法活动中对法律进行的解释属于任意解释。

13. **答案**：AB。监察解释主体是国家监察委员会，C 排除。地方人大常委会属于立法解释主体，D 排除。

14. **答案**：BD。类比推理是根据两个或两类对象某些属性相同，从而推出它们在另一些属性方面也可能存在相同点的推理。归纳推理是从两个或更多的同类特殊命题中获取一般性命题的推理。运用归纳推理的典型是判例法制度。

15. **答案**：BD。被告方律师将本案与从前的案例进行类比推出结论，采用的是类比推理的方法。法院判决虽前后不一致，但在合法性上并无失当，因为法律推理要受现行法律的约束。

16. **答案**：BCD。法学研究工作者对法律条文进行的解释属于学理解释，不具有法律效力，是其法律意识的表现。同时也属于广义上的法律监督。

17. **答案**：ACD。学理解释无法律约束力，B 错误。

18. **答案**：AB。A 正确，参照《民法典》总则编（上位法）解释法律，符合合法性原则中"低位阶规范解释不得抵触高位阶规范"的要求。B 正确，结合消费者协会调研数据（社会现实问题），体现合理性原则中"符合社会现实需要"的要求。C、D 均非法律解释的基本原则，排除。

19. **答案**：AB。A 选项，权利保护原则：案件涉及私权利（虚拟财产）是否受保护，需以权利保障为出发点，符合原则要求。B 选项，私权利领域法不禁止即自由原则：法律未禁止公民拥有虚拟财产，应推定其属于私权利自由范畴，符合"法不禁止即自由"原则。C 选项，公权力领域法无授权即禁止原则：适用于限制公权力行使，本案为民事私权纠纷，不涉及公权力，故不适用。D 选项，无罪推定原则：仅限刑法领域，本案为民事案件，排除。

20. **答案**：ABC。A正确，法院以《刑法》第266条（大前提）和案件事实（小前提）推导出判决结论，符合演绎推理"从一般到特殊"的逻辑结构。B正确，法院通过归纳过去3起先例，总结出"社交媒体诈骗适用诈骗罪"的一般性规则，属于归纳推理（从特殊到一般）。C正确，"类似案件类似处理"体现类比推理的核心逻辑，即通过案件事实相似性推导法律适用的一致性。D错误，本案虽无直接法律条文，但通过形式推理（演绎+归纳）已解决问题，无须启动实质推理（仅在法律冲突或空白时适用）。

21. **答案**：AC。根据我国《立法法》的规定，法律的规定需要进一步明确具体含义的；法律制定后出现新的情况，需要明确适用法律依据的，属于全国人大常委会法律解释的权限范围。

22. **答案**：ACD。A正确，本案中原《继承法》规则与《民法典》原则冲突，法院通过实质推理（辩证推理）权衡公序良俗与规则适用，属于典型的价值平衡。B错误，法律原则仅在规则冲突、缺位或明显不公时适用，本案因规则适用导致不合理结果，法院优先适用原则，但"放弃适用规则"表述不准确，实质是通过原则修正规则适用。C正确，实质推理需综合考量伦理（胚胎的生命伦理）、情感（家庭利益）和社会利益（生育权保护），符合辩证推理的特点。D正确，法律规则优先是法治的基本要求，实质推理仅在"穷尽规则"或"规则适用导致极端不正义"时启动，本案即属于规则缺位且需填补漏洞的情形。

23. **答案**：ABD。本题考查的是法律解释的特点。法律解释具有以下四个特点：（1）法律解释的对象是法律规定和它的附随情况。法律解释的任务是通过研究法律规定和它的附随情况，探求它们所表现出来的法律意旨。（2）法律解释与具体案件密切相关。（3）法律解释具有一定的价值取向性。指出法律解释的过程是一个价值判断、价值选择的过程。因此C是错误的。（4）法律解释受解释学循环的制约。解释学循环是解释

学中一个中心问题，它是指整体只有通过理解它的部分才能得到理解，而对部分的理解又只能通过对整体的理解。因此解释者要理解法律的每个用语、条文和规定，需要以理解该用语、条文和规定所在的制度、法律整体乃至整个法律体系为条件。

24. **答案**：ABC。此点考查的是法律推理的内容。法律推理有形式推理和实质推理之分。本题考查的是对二者的综合理解。

25. **答案**：ABCD。A选项，法官援引《民法典》原则性规定、行业惯例及立法精神，均与现有法律体系（如数据安全法）协调一致，未产生冲突，符合"规则、原则、理念一致性"的融贯性标准。B选项，论证以"数据具有经济价值"（小前提）+"法律未禁止保护数据财产权"（隐含大前提）→"数据受保护"（结论），虽非严格三段论，但符合逻辑推导的基本规则，且公众可理解其推理路径。C选项，庭审中公开听取多方意见，保障了当事人及利益相关方的辩论权，遵循了"程序公正、辩论公开"的程序规则，符合程序合理性要求。D选项，判决不仅解决个案，还为同类案件确立裁判规则，推动法律实践发展，体现了"良好法律效果+开启法律新路径"的效果最优性标准。

26. **答案**：AD。本题考查的是对法律解释方法的理解，法律解释和法律推理也是近几年来考试经常光顾之处。本题要求考生理解法律解释的具体方法。一般来讲，法律解释具有以下一些方法。文义解释，也称语法解释、文法解释、文理解释，是从法律条文的字面意义来说明法律规定的含义。所以A认为文义解释又称为严格解释是不妥当的。历史解释是指通过研究立法者有关立法的历史资料或从新旧法律的对比中了解法律含义。体系解释，也称逻辑解释，是指将被解释的法律条文放在整部法律中乃至整个法律体系中，联系此法条与其他法条的相互关系来解释法律。目的解释，是指从制定某一法律的目的来解释法律，指的不仅是对原先制定该法律时的目的进行解释，也可以探求法律在当前条件下的需要，所以D错误。

27. **答案**：AD。A 正确，将"人行横道"扩大解释至未标明标线的过街路口，符合"保障行人通行安全"的立法目的，属于目的解释。B 错误，机械限定时速为 20 公里，未体现"保障安全"的实质目的，属于文义解释而非目的解释。C 错误，电动自行车是否属于"机动车"需依据法律定义（如《道路交通安全法》第 119 条），强行扩大解释超出目的解释范畴，可能违反立法本意。D 正确，将"减速"解释为"停车让行"，通过强化行人优先原则实现"保障安全"的目的，符合目的解释逻辑。

✕ 不定项选择题

答案：ACD。法官认为王某未经许可的购买行为适用"非法买卖"罪名，重要的理由在于氰化钠具有极大的毒害性，而刑法规定的目的，正是要通过对行为人的惩罚防止危险物质对人体和环境造成毒害，所以，王某虽然只有购买行为，但是也构成该罪。可见，法官对"非法买卖"进行了目的解释。故 A 项正确。法律人查明和确认案件事实的过程不是一个纯粹的事实归结过程，而是一个在法律规范与事实之间的循环过程，即目光在事实与规范之间来回穿梭。故 B 项错误。法律决定按照一定的推理规则从相关前提中逻辑地推导出来，属于内部证成；对法律决定所依赖的前提的证成属于外部证成。前者关涉的只是从前提到结论之间推论是不是有效的，后者关涉的是对内部证成中所使用的前提本身的合理性，即对前提的证立。故 CD 正确。

📖 名词解释

1. **答案**：法律解释是对具有法律效力的规范性法律文件的说明。从法律解释的对象来看，不限于狭义的法律，而是包括宪法、法律、法规在内的所有规范性法律文件。同时，法律解释也不仅是对个别法律条文、概念和术语的说明，而且也指对整个法律文件的系统阐述。

法律解释从性质上看是一种创造性的活动，是立法活动的继续。首先，它是对法律所做的具有普遍约束力的解释，与被解释的法律一样，都具有法律效力。其次，它是针对法律规定不明确或不清楚之处所做的说明，因此，就具有填补法律漏洞的作用。

2. **答案**：法律思维是指按照法律的逻辑（包括法律规则、原则和精神）来观察、分析和解决社会问题的思维方式。法律思维方式的重心在于合法性的分析，即围绕合法与非法来思考和判断一切有争议的诉求、利益、行为。

3. **答案**：行政解释是指国家行政机关在依法行使职权时，对有关法律、法规、规章如何具体应用的问题所做的解释。它有两种情况：（1）国务院及其主管部门对不属于审判和检察工作中的其他法律如何具体应用问题所做的解释。（2）省、自治区、直辖市人民政府主管部门对地方性法规和规章如何具体应用的问题所做的解释。这种解释仅在所辖地区内发生效力。

4. **答案**：司法解释是指国家最高司法机关在适用法律、法规的过程中对如何具体应用法律、法规的问题所做的解释。它包括：（1）审判解释，即最高人民法院对属于审判工作中如何具体应用法律的问题所做的解释；（2）检察解释，即最高人民检察院对属于检察工作中如何具体应用法律的问题所做的解释；（3）审判、检察联合解释，是指最高人民法院和最高人民检察院对具体应用法律的共同性问题所做的联合解释。

5. **答案**：归纳推理是从特殊到一般的推理，即从个别知识推出一般知识的推理活动。它是一种或然性推理。

6. **答案**：法治思维是指依法治理、依法办事的思维方式，是把对法律的敬畏、对规则的坚守、对程序的遵循转化成思维方式和行为方式。

7. **答案**：目的解释是指根据制定某一法律规范的目的来确定法律规范含义的解释方法。

8. **答案**：法律推理是逻辑思维方法在法律领域中的运用。推理是从已知的判断推导未知的判断的活动。在以制定法为主的法律体系中，制定法是一切法律推理的基本前提。法律推理正是建立在法律条文与具体事实的这种既相关又不完全对应的关系的基础上。它要求法官在审判过程中理性地、逻辑地而不是机械地适用法律。

9. 答案：实质推理又称辩证推理，是指在法律适用过程中，面临两个或两个以上相互矛盾的法律命题时所进行的选择和权衡过程。

✏️ **简答题**

1. 答案：这里所说的"理"，包括情理、公理、道理。其一，符合社会现实和社会公理。法律解释必须解决现实问题，根据现实需要提出、确定解决办法。法律解释只有符合社会现实需要和社会公理要求，才会具有针对性和说服力。其二，尊重公序良俗。公序良俗是人们在长期的共同生活与生产过程中形成的具有广泛群众基础的行为规范，是经过长期的历史积淀才确立起来的。法律解释应尊重这些规范并要体现社会主义的价值观。其三，顺应客观规律和社会发展趋势。在充分尊重本国法律传统和现实的同时，法律解释应具有一定的超前性，能够对社会发展和法律进步起引导作用。同时，在法律原则的范围内，法律解释应有一定的变革性，从发展的角度解释法律。其四，坚持以党和国家政策为指导。与法律相比，政策更具有灵活性和针对性，更能够及时反映社会发展的实际情况和实际需要。因此，在解释法律时，将实践证明正确的政策性规定及时转化为具有法律效力的解释性文件，不仅是坚持合理性原则的体现，也是法治的内在要求。

2. 答案：司法解释的基本作用是为司法机关适用法律审理案件提供说明。具体包括：（1）对法律规定不够具体而使理解和执行有困难的问题进行解释，赋予比较概括、原则的规定以具体内容；（2）通过法律解释使法律适应变化了的新的社会情况；（3）对适用法律中的疑问进行统一解释；（4）对各级各类法院之间应如何依据法律规定相互配合审理案件、确定管辖以及有关操作规范问题进行解释；（5）通过解释活动，弥补立法的不足。

3. 答案：法律解释在法的实施和实现过程中占有重要地位。它是法律实施的前提，又是法律发展的重要方法。原因在于：

第一，法律是概括的、抽象的，只有经过解释，才能成为具体行为的规范标准。概括性和抽象性是制定法的一个基本特点，即制定法总是针对一般的人或事的行为规则，同事同处、同罪同罚是法治的基本要求。法律不可能为个别行为而制定。这就需要将抽象的一般的规定与具体的个别的行为相结合，法律的实施就是将抽象的规定转化为对具体的行为的指导。只有对抽象的规定加以解释，该规定才能适用于具体的行为和案件。

第二，法律具有相对的稳定性，只有经过解释，才能适应不断变化的社会需要。法律一经制定，就必须保持相对的稳定性，不能朝令夕改。但是法律又必须与社会发展保持一致，要适应社会需要。这个矛盾一般是通过法律解释的方式来解决的。

第三，人的能力是有限的，只有经过不断解释，法律才能趋于完善。法律不可能完美无缺，总会存在这样或那样的不尽如人意之处。

4. 答案：第一，以法律为准绳。法律思维奉法律为中心，要求根据法律规则、原则和精神进行观察、思考和判断，确保个案的处理"一准乎法"。这是法律职业者最基本的职业思维。

第二，以权利义务为分析线索。一切法律问题，说到底都是权利与义务问题。法律思维是根据法律能够做什么、可以做什么、不能做什么、禁止做什么的思考和推理。

第三，在程序中进行思考。法律对利益和行为的调整是在程序中实现的。正如马克思强调的那样，程序是法律制度的生命形式。失去了程序，法律就失去了生命。法律思维把程序摆到重要位置，强调通过合法的程序来获得个案处理的实体合法结果。

第四，充分说理。法律思维的任务不仅是获得处理法律问题的结论，更重要的是提供能够支持所获结论的法律上的理由，特别是那些认同法律并依赖于法律的人们能够接受的理由。

5. 答案：（1）内容融贯性

融贯性既指法律论证要保持法律规则、原则、理念的一致性、协调性，也指构成法律论证之前提的各种价值和理由之间协调一致、融为一体，而不能互相抵触、互相冲突。融贯性标准是法律论证的基本指引。只有当法律论证的理由和结论同现有法律体系和各种前提保持融贯性时，该论证才具有正当性。特别是在援引法律之外的理由时，要注意其是否符合融贯性标准。

（2）逻辑有效性

尽管法律论证突破了形式逻辑的限制，并以非法律因素为论证的前提，但在整体上仍然要遵循逻辑规则。在法律论证中，既要遵守"三段论"等逻辑规则，也要符合公众的思维习惯，确保论证过程和结果能够为公众所理解、所接受。

（3）程序合理性

法律论证不同于其他论证的重要之处，就在于要在规定的场合和程序中进行。法律论证通常在听证会、论证会、司法审判、仲裁、调解等正式场合实施。不论在什么场合中进行，法律论证都要遵循相应的程序规则和标准，包括地位平等、程序公正、辩论公开、回避原则等。

（4）效果最优性

衡量法律论证的优劣，既要看形式、看过程，也要重结果、重实效。从中外法律发展史来看，一些法律职业者通过卓越的法律论证所获得的解决法律问题的方案，不仅取得了良好的法律效果，开启了法律发展的新方向、新路径，也取得了良好的社会效果，推动了人的发展和社会进步。当代中国法律论证要跳出形式主义、教条主义的窠臼，充分考量方案所产生的实际效果，努力实现法律效果、政治效果、社会效果相统一。

💬 **论述题**

1. 答案：（1）形式推理

形式推理，又称分析推理，是指运用演绎推理、归纳推理和类比推理解决法律问题

的方法。

①演绎推理

演绎推理也可以称为三段论推理。它是一种从一般到特殊的推理形式，即从一般知识推出特殊知识的推理活动。它是一种必然性推理。在成文法国家，这是一种主要的法律推理方式。在法律推理中，演绎推理的特点是，法院有可以适用的法律规则和原则（大前提），也有通过审理确定的、可以归入该规则或原则的案件事实（小前提），由此法院可以作出一个确定的判决（结论）。

比如，我国《刑法》规定："隐匿、毁弃或者非法开拆他人信件，侵犯公民通信自由权利，情节严重的，处一年以下有期徒刑或者拘役。"法院审理查明，甲实施了隐匿、毁弃他人信件的行为，并且情节严重。法院由此可以判定，甲应判处一年以下有期徒刑或拘役。在法律适用过程中，运用的形式推理主要是指演绎推理。要保证演绎推理结论的正确，就必须具备两个条件：首先，作为大前提的法律必须已经确定，并且没有歧义；其次，作为小前提的案件事实必须已经查明清楚。离开了这两个条件，就无法进行演绎推理。

②归纳推理

归纳推理是从特殊到一般的推理，即从个别知识推出一般知识的推理活动。它是一种或然性推理。在法律推理中，归纳推理是在没有现成的对号入座的法律规则或原则的情况下，法院从以往的判例中总结出法律规则或原则的活动。它主要适用于判例法国家。在缺乏明确法律规则的情况下，法院可能会从一系列先前的法院判决实践中抽象出可以适用于类似案件的普遍规则或原则，然后再运用演绎法作出判决。由于归纳推理意味着确立新的规则，因此具有准立法的性质。

③类比推理

类比推理是一种从个别到个别的推理。它是根据两类对象的某些属性的相似性推出它们在另一些属性方面也具有相似性的推理活动，也是一种或然性推理。在法律推理中，法院有时可以在确定两个案件的事实存在相

似性的情况下，推定两个案件适用的法律以及判决结果也应相似。这就是所谓的"类似案件，类似处理"。在判例法国家，这是一种基本的法律推理方法。这种方法要得到准确的运用，关键是要确定以前的案件事实与待处理的案件事实之间是否真的相似，如果两者之间确实存在实质性的相似性，就可以按照先例处理现在的案件。

（2）实质推理

实质推理又称辩证推理，是指在法律适用过程中，面临两个或两个以上相互矛盾的法律命题时所进行的选择和权衡过程。实质推理是在存在相互冲突的法律规范的情况下根据原则、价值、利益、政策进行的一种综合平衡和选择活动，它是法官在处理疑难案件时必不可少的一种实践推理。在处理疑难案件时，法官要对各种价值进行平衡和选择，适用在特定问题上价值优越的法律规范。在形式逻辑不能有效发挥作用的场合，法官必须借助辩证逻辑，本着灵活性和确定性相统一的原则来确定它们所反映的或应该反映的现实内容，以达到正确理解和适用法律规范的目的。

2. 答案：我国的法律解释大体可以分为立法解释、行政解释和司法解释。

（1）立法解释。从狭义上说，立法解释专指国家立法机关对法律所作的解释；从广义上说，则泛指依法有权制定法律的机关对自己制定的法律所作的解释。它包括：①全国人大常委会对宪法的解释，以及对需要进一步明确界限或作补充规定的法律的解释。②国务院及其主管部门对自己制定的需要进一步明确界限或作补充规定的行政法规的解释。③省、自治区、直辖市人大常委会对本级人大及自己制定的需要进一步明确界限或作补充规定的地方性法规的解释。④国务院各部委及省级人民政府对自己制定的需要进一步明确界限或作补充规定的行政规章的解释。

（2）行政解释。行政解释是指国家行政机关在依法行使职权时，对有关法律、法规、规章如何具体应用的问题所作的解释。它有两种情况：第一，国务院及其主管部门对不属于审判和检察工作中的其他法律如何具体应用问题所做的解释。第二，省、自治区、直辖市人民政府主管部门对地方性法规和规章如何具体应用的问题所做的解释。这种解释仅在所辖地区内发生效力。

省、自治区人民政府所在地的市和经国务院批准的较大的市的人民代表大会及其常务委员会，也有权在不同宪法、法律、行政法规，本省、自治区的地方性法规相抵触的前提下，制定地方性法规。相应的人民政府主管部门是否具有对同级地方性法规如何具体应用问题的解释权，目前尚无明文规定。从我国行政解释权限的划分特点来看，似应具有。

（3）司法解释。司法解释是指国家最高司法机关在适用法律、法规的过程中对如何具体应用法律、法规的问题所做的解释。它包括：①审判解释，即最高人民法院对属于审判工作中如何具体应用法律的问题所做的解释；②检察解释，即最高人民检察院对属于检察工作中如何具体应用法律的问题所做的解释；③审判、检察联合解释，是指最高人民法院和最高人民检察院对具体应用法律的共同性问题所做的联合解释。

案例分析题

答案：（1）本案例中依据《刑法》直接规定而形成案件事实并形成结论的是法律推理中的形式推理，形式推理主要有三种方式：演绎推理、归纳推理和类比推理，这里适用的是演绎推理，即在德国法上所谓的涵摄。

（2）这里法官所运用的是实质推理。一般来讲，在以下几种情况下需要运用实质推理：第一，法律规定本身的意义模糊；第二，在法律中对有关主题没有直接的明文规定，也就是出现了所谓的"法律漏洞"的情况；第三，法律规定之间有抵触或者法律中出现两种以上需要选择适用的条款；第四，出现通常所说的"合法"与"合理"的矛盾时。

第五编　法的价值

第十九章　法的价值概述

✅ 单项选择题

1. 答案：D。 自由和秩序都是法的最基本的价值。但相对于秩序价值，自由代表了人的最本质的人性需要，位于法的价值的顶端。故A错误。法官认为"原告捏造、散布虚假事实的行为不属于言论自由"，因此不存在价值冲突。故B错误。当然，法官的观点本身不仅是对案件事实的陈述，也包含着一种价值判断。故C错误。言论自由具有道德权利和法律权利的双重属性。故D正确。

2. 答案：C。 公平正义是人类追求的共同理想，但人们对公平正义的理解具有一定的相对性、差异性和多样性，故A正确。合法合理是公平正义的内在品质，实现公平正义的方式应既合法又合理。故B正确。公平正义既有程序上的，也有实体上的，程序公正以实体公正为目标，实体公正以程序公正为基础。故D正确。"陌生人社会"更加偏好程序公正，"熟人社会"更加看重实体公正，但并不意味着程序公正只适用于"陌生人社会"，实体公正只适用于"熟人社会"。故C错误。

3. 答案：C。 公平正义是一个特定的历史范畴，因此，不同社会条件下，公平正义观、公平正义的实际内容及其实现方式和手段具有重要差别。故C项正确，B项错误。坚持公平正义，要求坚持法律面前人人平等，坚持以事实为根据以法律为准绳，坚持不偏不倚、不枉不纵、秉公执法原则，但是并非简单的严格执法就等于实现了公平正义，实际情况中，还要正确处理好法理和情理、普遍与特殊等关系。故D项表述不准确。A项明显错误。综上，本题的正确答案为C。

4. 答案：D。 法的目的价值是整个法的价值体系的基础，形式价值是目的价值实现的必要条件，二者相互依存。

5. 答案：B。 法的价值冲突的必然性源于人类社会资源和机会的有限性，无法同时满足所有价值目标。

6. 答案：C。 法的价值是指法律在发挥其社会作用的过程中能够保护和助长促进那些值得期冀或美好的东西，是法律自身所应当具有的值得追求的品质和属性，是法律所包含的价值评价标准。法的价值通常包括秩序、正义、自由、效率等，而"权威"更多是法的特征，而非法的价值。

7. 答案：B。 法的内在价值，也被称为形式价值，是指法律自身在形式上应当具备的和值得肯定的优良"品质"。在诸多形式价值中，法的权威性、普遍性、统一性和完备性最为重要。

8. 答案：C。 法的价值之间可能存在冲突，比如秩序与正义的冲突。在紧急情况下（如战争、公共安全危机），为了维护社会秩序，可能需要暂时牺牲部分正义。但这并不意味秩序永远优先，具体情况需要具体分析。

9. 答案：A。 解答本题的关键在于区分法律价值冲突的各项解决原则。价值位阶原则是指在不同位阶的法的价值发生冲突时，在先的价值优于在后的价值。个案平衡原则是指在处于同一位阶上的法的价值之间发生冲突时，必须综合考虑主体之间的特定情形、需求和利益，以使得个案的解决能够适当兼顾双方的利益。比例原则是指为保护某种较为优越的法的价值须侵及一种法益时，不得逾越此目的所必要的程度。医院在紧急情况下，未经患者及其家属同意实施手术，表明其作出的价值衡量是母子生命高于患者及其家属的同意权（自由），这正是价值位阶原则的体现，故 A 项正确。D 项为干扰项，法的价值冲突的解决原则中无此项原则。

☑ 多项选择题

1. **答案**：ABCD。苏格拉底服从不公正的判决，其理由在于该判决虽然不公，但也是法律的判决，应当服从，不能以错还错，以毁坏法律的方式（逃亡）对抗这种不公。这表明其坚持的是"恶法亦法"。故 C 项正确。而他的朋友认为既然判决不公，就不应当服从，而应选择"逃亡"以免受不公，这表明他对正义的理解是"恶法非法"。故 D 项正确。A 项易知正确。B 项存有争议。单从 B 项表述来看，不能算错，但是与题意不完全吻合。如前所述，苏格拉底服从判决表明其主张不能"以错还错"，而应服从法律，哪怕服从的是不公的法律。"探究真理的权利"的说法有点牵强。

2. **答案**：ABC。法的形式价值包括法律的公开性、稳定性、灵活性等，而公平性属于法的目的价值。

3. **答案**：CD。兼顾协调原则要求在价值冲突中尽可能协调各种价值目标，避免或弱化冲突，同时通过统筹兼顾实现价值总量的最大化。

4. **答案**：ABD。本题考查的是对于法理学问题的综合理解。C 所理解的是通过法律规定的指引来达到效率的结果，但是这否定了作为行人人身安全的更大价值，所以是错误的；A 体现了对于价值冲突的解决；B 体现的是对于违法行为的处理态度；D 体现的是立法权的问题，在法律位阶上，中央立法的效力高于地方性立法。

5. **答案**：ACD。法无明文规定，则法官拥有较大自由裁量权，但并非不受任何限制，如本案中航空业惯例就是对法官自由裁量权的一个限制，故 B 项错误。行业惯例是法的非正式渊源，当法律决定不能从正式渊源中找到确定的大前提时，就需要诉诸非正式渊源，D 项正确。AC 正确，故本题正确答案为 ACD。

☒ 不定项选择题

1. **答案**：BC。人们对于法律问题的认识与审视，大致包括两个基本的方面：一是人们必须从自身的需要出发，来衡量法律的存在与人的关系以及对人的价值和意义，这就是价值性认识；二是对法律问题进行符合其本来面目的反映和描述，这种认识也可以称为事实性认识。由此种认识出发，对于法律问题的判断也可以分为两类：一是价值判断；二是事实判断。所谓价值判断，是指某一特定的客体对特定的主体有无价值、有什么价值、有多大价值的判断。所谓事实判断，在法学上是用来指称对客观存在的法律原则、规则、制度等所进行的客观分析与判断。在法律的实施过程中，对案件事实的认定总体上属于事实判断，但是认定案件事实离不开证据，一个证据有无证明力以及证明力大小需要相关主体做价值判断。A 项，"经鉴定为重伤"是对案件事实的认识，属于事实判断。故 A 项错误。本案被告律师援引判例运用的是类比推理，通过两个案件的对比得出结论。所谓类比推理，就是根据两个或两类事物在某些属性上是相似的，从而推导出它们在另一个或另一些属性上也是相似的。故 C 项正确。本案中，法院援引司法解释而非判例，对案件作出了判决，这是因为判例不是我国正式的法的渊源，不具有普遍约束力。故 B 项正确，D 项错误。

2. **答案**：AB。环境保护和社会稳定都属于法的目的价值，二者在此案例中存在竞合状态。具体冲突的解决需要根据实际情况进行法益权衡，而非简单地优先考虑某一方。

📖 名词解释

1. **答案**：从哲学的意义上讲，价值这一概念可以从两个基本的方面来理解：首先，价值是一个表征关系的范畴，它反映的是人（主体）与外界物——自然、社会（客体）的关系，揭示的是人类的实践活动的动机和目的。其次，"价值"是一个表征意义的范畴，是用以表示事物所具有的对主体有意义的、可以满足主体需要的功能和属性的概念。

在理解价值这一概念时，必须注意以下两点。第一点是价值存在于且仅仅存在于主体与客体的关系之中，离开了主体，客体就无所谓有无价值（好与坏），因此，主体是一切价值的原点和标准，主体赋予客体以一定的意义，就此而论，价值反映着主体的态度和评价。要注意的第二点是，事物的客观属性是主体进行价值评价的必要参照，价值既反映着主体的主观情感和意向，也反映着客体呈现给主体的客观属性。总之，单纯地把价值归结为主观现象或客观现象都是不正确的。

2. 答案： 在法学研究中，"法的价值"这一术语的含义可以因如下三种不同的使用方式而有所不同。

第一种使用方式是用"法的价值"来指称法律在发挥其社会作用的过程中能够保护和增加哪些价值。这种价值构成了法律所追求的理想和目的，因此，可以称之为法的"目的价值"。

第二种使用方式是用"法的价值"来指称法律所包含的价值评价标准。

第三种使用方式是用"法的价值"来指称法律自身所具有的价值因素。此种意义上的法的价值可称为法的"形式价值"，它与法的目的价值不同，并不是指法律所追求的社会目的和社会理想，而仅仅是指法律在形式上应当具备哪些值得肯定的或"好"的品质。

3. 答案： 法的目的价值构成了法律制度所追求的社会目的，反映着法律创制和实施的宗旨，它是关于社会关系的理想状态是什么的权威性蓝图，也是关于权利义务的分配格局应当怎样的权威性宣告。目的价值最集中地体现着法律制度的本质规定性和基本使命。任何法律制度的目的价值都具有以下两个方面的重要属性。

法的目的价值的多元性。法的目的价值的多元性是与法所调整的社会关系的多样性和人的需求的多样性直接联系在一起的。由于现代社会在此种多样性方面大大超过了古人社会，因而，法的目的价值的多元性在现代法律制度中也就更显得突出。

法的目的价值的时代性。社会特定的物质和精神生活条件是一定价值观念赖以形成的基础，任何社会和个人的价值观念都不是凭空产生的，而是生产方式、生活方式、制度环境和文化传统等现实因素所孕育的产物。

4. 答案： 法的形式价值是指法律制度在形式上所具有的优良品质，品质并不直接反映法的社会目的，但是，却构成了"良法"或"善法"在形式上所必须具备的特殊品质。

5. 答案： 法的评价体系是在法律上对各种事物进行价值判断时所遵循的准则。主要用来解决两类问题：

第一类问题是价值确认，即按一定的标准来确定什么样的要求、期待、行为或利益是正当的，是符合法律的理想和目的，因而是值得从法律上予以肯定和保护的；同时，也要确定什么样的要求、期待、行为或利益是不正当的，是抵触法律的理想和目的，因而是应当从法律上予以禁止和取缔的。

第二类问题是确定价值位阶。并非所有有价值之物都是等价的，它们之间在价值大小、高低、多少上可能是有所差异的；由于各种法的价值的实现都需要相应的资源和机会，而资源和机会总是有限的，所以，法的评价体系会对法的诸多价值按照一定的位阶顺序排列组合。

6. 答案： 价值体系也称价值系统。可以被看作由一组相关价值所组成的系统，它具有以下三个基本特征。

首先，从价值属性上看，法的价值体系是由一组与法的创制和实施相关的价值所组成的系统。换言之，法的价值体系所包含的各种价值是与法律直接相关的价值，而不是所有的价值。

其次，从价值主体上看，法的价值体系是由占统治地位的社会集团所持有的一组价值所组成的系统。法的价值体系是群体现象，而不是个体现象。

最后，从价值体系的结构上看，法的价值体系是由法的目的价值、评价标准和形式价值三种成分所组成的价值系统。由于法的价值这一概念具有三种基本的含义和使用方式，因此，法的价值体系又包含着目的价值系统、评价标准系统和形式价值系统三个子系统。

📝 简答题

答案： 法律价值冲突的原因是人类生活的特殊性。首先，人类生活需求的多样性决定了价值目标的多元化。人类的生活需求是多方面的，法律制度所要达到的目标也是多元的，而社会实现目标的资源和机会是有限的，不足以支持所有价值目标同时得到实现。其次，人类社会利益主体的多元化使法的价值冲突变得更为常见和复杂。一方面，由于人们的价值偏好不同，一些人可能强烈期待法律服务更多地向某种价值倾斜（如分享更多的公共福利），而另一些人则可能有同样强烈的不同期待（如投资回报率的提高），导致不同种类法的价值的冲突。另一方面，由于利益分化的作用，不同利益主体之间完全可能在同一种利益之上发生竞争。最后，随着社会变迁和制度改革，旧的价值观念可能与新的社会需求发生冲突。为了把法的价值冲突控制在法律秩序允许的范围内，为了降低冲突的频率和强度，有必要对法的价值进行整合。在对法的价值进行整合时，应当遵循以下原则：第一，兼顾协调原则。无论是立法还是行政或司法，在价值整合时，都应当优先采取兼顾协调的立场和态度来处理各种价值目标的关系。应最大限度地协调它们之间的关系，尽可能地避免、弱化或是化解价值冲突，应当成为首位的选择。第二，法益权衡原则。在无法兼顾相互冲突的价值的情况下，法益之间的权衡比较必须作为重要方法予以考量，无论是以权利形态存在的法益，还是以非权利形态存在的法益，都应当在经过仔细斟酌之后，以"两善相权取其重"的标准决定取舍。第三，维护法律安定性原则。法治社会的特点是通过而不是绕开法律实现公平正义、促进自由和维护秩序，因此，确保法律本身的安定性成为现代法治特别重要甚至是头等重要的价值。法的安定性的要求是：在任何一个法的争论中，总要有一个是最终的结论，哪怕这一结论是不切实际的。法的安定性要求源起于它的深层需求，这种需求渴望将现实既定的纷乱纳入秩序之中，渴望对纷乱有事先的防范，并使之在人的控制之内。在法的价值整合过程中，精心维护法律的安定性十分必要。

第二十章　法与秩序

答案：B。"法律维护社会的稳定与和谐"直接对应秩序价值的核心目标。法律通过明确规则、约束行为、制裁违法行为，确保社会成员遵循共同规范，从而实现稳定与和谐，这是秩序价值的典型体现。A项体现了法的正义价值或人权保障功能，侧重于保护个体权利，而非直接指向社会秩序的维护。C项属于法的经济功能或效率价值，与秩序价值无直接关联。D项涉及分配正义或公平价值，而非秩序本身。

☑ 多项选择题

1. **答案**：ABCD。法律秩序的形成的行为受多种因素的影响，包括：体制方面的因素、个人方面的因素、环境方面的因素、法律本身的因素等。

📖 名词解释

1. **答案**：秩序是指在一定的时间和空间范围内，事物之间以及事物内部要素之间相对稳定的结构状态。秩序可以分为自然秩序和社会秩序。自然秩序主要针对自然界之物，是依照事物的自然规律而形成的一种状态，客观性是其基本特性。社会秩序主要针对由人类生活所形成的各个社会领域中的社会事物。与自然秩序不同，社会秩序不仅受制于社会发展的客观规律，而且人的主动性和能动性也在其中发挥着重要作用。在人类的社会生活领域，秩序意味着在社会中存在着某种程度的关系的稳定性、进程的连续性、行为的规则性以及财产和心理的安全性等基本社会因素。

2. **答案**：等级结构秩序观的主要目的在于维护贵族的特权地位，控制社会流动（上层向下层流动或下层向上层流动），或把社会流动限定在统治阶级利益允许的范围内，其核心内容是维护剥削阶级对劳动人民的统治，从而最大地实现统治阶级的根本利益。

3. **答案**：资产阶级上升时期，资产阶级的思想家和活动家所追求和强调的是一种使自由而平等的竞争和人道主义生活成为可能的秩序。平等的秩序观是从个人权利的角度出发对社会基本秩序提出要求并加以设计的，它集中地反映了当时的资产阶级保护自由平等的竞争、反对政治干预、消除封建专制势力的愿望，对于发展资本主义的经济、政治和文化起了巨大的推动作用。

4. **答案**：历史唯物主义秩序观有以下几点主要内容。首先，秩序的特殊性质取决于生产方式的历史个性。其次，秩序的力量最终来源于生产关系的历史合理性。最后，阶级社会中的秩序首先是阶级统治的秩序，真正意义上的自由、平等的秩序，只有在消灭了私有制、剥削和阶级之后，才能建立起来。

✏ 简答题

1. **答案**：秩序是法的最基本的价值之一。由于时代和阶级背景的差异，不同的人对秩序有着不同的定义。以历史阶段为线索，大致可归纳出以下四种秩序观。

第一，等级结构秩序观。古希腊思想家柏拉图和亚里士多德等人认为由于并非所有的人都具备发展其美德的能力，正如人有不同的体质，所以人天生就应分为不同的等级。这个等级结构的标准是因才定分、各得其所、和谐一致，各等级之间不得互相僭越。托马斯·阿奎那把封建等级制度看成不可侵犯的秩序，认为整个世界就是一个以上帝为最高主宰的、严格的、不可逾越的等级结构；教会是上帝在人间的代表，具有最高的统治权；直接管理社会的世俗君主政府则必须服从教会的命令；而所有的社会成员都受到理性、神法和政治权威三种秩序的支配；任何人都不得破坏这种秩序，否则便是违背上帝的旨意，要受到上帝的惩罚。中国古代思想家韩非宣称："臣事君，子事父，妻事夫；三者顺则天下治，三者逆则天下乱，此天下之常道也。"

等级结构秩序观的主要目的在于维护贵族的特权地位，控制社会流动（上层向下层流动或下层向上层流动），或把社会流动限定在统治阶级利益允许的范围内，其核心内容是维护剥削阶级对劳动人民的统治，从而最大地实现统治阶级的根本利益。

第二，自由、平等的秩序观。资产阶级上升时期，资产阶级的思想家和活动家所追求和强调的是一种使自由而平等的竞争和人道主义生活成为可能的秩序。有法国资产阶级革命家曾对这种秩序做了如下的描述："我们希望有这样的秩序，在这种秩序下，一切卑鄙的私欲被抑制下去，而一切良好的和高尚的热情会受到法律的鼓励；在这种秩序下，功名心就是要获得荣誉和为祖国服务；在这种秩序下，差别只从平等本身产出；在这种秩序下，公民服从公职人员，公职人员服从人民，而人民服从正义；在这种秩序下，祖国保证每一个人的幸福，而每一个人自豪地为祖国的繁荣和光荣而高兴；在这种秩序下，一切人都因经常充满共和感情和希望得到伟大人民的尊重而成为高尚的人；在这种秩序下，艺术成了使他们高尚的自由的装饰品，商业成了社会财富的源泉，而不仅仅是几个家族的惊人富裕。"

自由平等的秩序观是从个人权利的角度出发对社会基本秩序提出要求并加以设计的，它集中地反映了当时的资产阶级保护自由平等的竞争、反对政府干预、消除封建专制势力的愿望，对于发展资本主义的经济、政治和文化起了巨大的推动作用。

第三，"社会本位"秩序观。法国法学家狄骥认为，社会全体成员由于需要相同的劳动分工而产生的相互依存关系即社会连带关系乃是社会的基本秩序。而基于社会连带关系的性质所生出的社会最高准则即客观法，乃是维系社会连带关系不可缺少的条件，它高于并先于国家和政府而存在，对社会中所有成员普遍适用。庞德认为秩序的标志就是在人的"合作本能"与"利己本能"之间建立并保持均衡的状态。而要维持这种秩序则必须以"社会化的法律"取代过分强调个人权利、自由的法律。

"社会本位"的秩序强调"社会统合""社会连带"及"个人与社会的和谐"，并把它们作为资本主义社会应有秩序的内容。资产阶级试图通过此种秩序的建立和维护，来调整各种相互冲突的利益，减少人们之间的相互摩擦和无谓的牺牲，以使社会成员在最少阻碍和浪费的情况下享用各种资源，从而保障资产阶级的统治地位。

第四，历史唯物主义秩序观。历史唯物主义秩序观有以下几点主要内容。首先，秩序的特殊性质取决于生产方式的历史个性。其次，秩序的力量最终来源于生产关系的历史合理性。最后，阶级社会中的秩序首先是阶级统治的秩序。等级结构秩序观是与古代社会的生活条件相适应的，在现代文明中它已经完全过时。自由、平等的秩序观和"社会本位"秩序观是现代文明的产物，其中分别包含着一定的合理因素。然而，它们都是以历史唯心主义为基础而建立起来的理论，没有深刻揭示秩序本质。历史唯物主义秩序观通过以上论述揭示出了秩序的深刻本质。

2. **答案**：第一，维护阶级统治秩序。在任何社会，法律作为国家的重要统治手段，首先必然要维护以统治阶级整体的根本利益为核心而形成的阶级统治秩序，使阶级统治合法化、制度化，从而最大限度地实现统治阶级的根本利益。其次是出于把阶级矛盾和冲突有效地控制在社会秩序所许可的范围之内的政治需要，统治阶级也会适当地考虑被统治阶级的某些利益和需求，以减少其统治的社会阻力。

第二，维护权力运行秩序。社会秩序的存在离不开权力的存在与有效运行，但权力运用不当也很可能会给社会带来危害甚至灾难。因此，必须对权力的运行加以规范和约束，建立和维护有效的权力运行秩序，使权力运行始终处于可预期与可控制的范围之内。权力运行秩序主要是针对社会的管理者而建构的，如果管理者中的某些个人利用公共权力为自己牟取利益，破坏公共权力的运行规则，导致社会秩序的破坏，那么最终必然会危及整个社会秩序。

第三，维护经济秩序。法律本身就是首先从人们的现实生活特别是经济生活的规范性需求中产生出来的。恩格斯说过："在社会发展的某个很早的阶段，产生了这样一种需要：把每天重复着的产品生产、分配和交换用一个共同规则约束起来，借以使个人服从生产和交换的共同条件。这个规则首先表现为习惯，不久便成了法律。"①这里的"生产和交换的共同条件"事实上就是经济秩序。这说明，法律既是一定经济秩序的内在需求，同时又是一定经济秩序的体现，法律对经济秩序的维护体现为使人们的经济活动摆脱偶然性与随意性，并使之逐渐地趋于稳定并获得相应的连续性和可预测性。

第四，维护正常的社会生活秩序。在任何社会，最起码的社会生活秩序以及相应的社会基本安全的保障与维护，都始终是国家的首要职责。而国家履行这一职责的典型方式就是通过法律来进行的。一方面，法律通过在各种社会利益及其需求的基础上确定主体相应的权利和义务，最大限度地避免社会矛盾和社会纠纷的产生；另一方面，法律也明确地规定相应的、文明的纠纷解决程序与机制。

第五，建立和维护国际政治经济新秩序。在建立和维护国际政治经济新秩序中，法律往往既是各个国家在国际社会中彼此沟通、交流和理解的基本途径和手段，又是各个国家在这种彼此的沟通、交流和理解之中所达至的对待和处理建立、维护国际政治经济新秩序的最低限度共识的基本形式；既是具有最权威效力的关于建立和维护国际政治经济新秩序的各种观念与措施的制度表达，又是对侵害国际政治经济新秩序之行为有效、可

靠、公正的障碍排除机制。

💬 论述题

1. 答案：（1）秩序的含义

秩序是指在一定的时间和空间范围内，事物之间以及事物内部要素之间相对稳定的结构状态。秩序可以分为自然秩序和社会秩序。自然秩序主要针对自然界之物，是依照事物的自然规律而形成的一种状态，客观性是其基本特性。社会秩序主要针对由人类生活所形成的各个社会领域中的社会事物。与自然秩序不同，社会秩序不仅受制于社会发展的客观规律，而且人的主动性和能动性也在其中发挥着重要作用。在人类的社会生活领域，秩序意味着在社会中存在着某种程度的关系的稳定性、进程的连续性、行为的规则性以及财产和心理的安全性等基本社会因素。

（2）秩序作为法的价值的意义

第一，社会的秩序需求和秩序维持是法律产生的初始动机与直接目的。一方面，法律有助于解决社会纠纷和矛盾，减少冲突和混乱，维护社会秩序。另一方面，法律作为阶级分化、阶级斗争的产物，它必然成为维护阶级统治秩序的重要方式之一。

第二，秩序是消解、缓和社会矛盾和冲突的一个基本参照标准。一般来说，社会矛盾和冲突的发生总是表现为秩序被破坏。这就要求社会管理者从中思考如何解决矛盾和冲突以维护现存秩序，或改善制度建立新的秩序。

第三，秩序作为法律的价值，不只从消极的角度来协调和解决社会矛盾和纠纷，而且还从积极的角度，即作为社会的一种理想状态，鼓励社会合作，促进社会和谐。

（3）法律有助于社会秩序的建立

在现代社会，社会秩序的建立在很多情况下需要通过法律的方式实现，主要表现为以下三点。

第一，法律制度的设计本身就是在描绘人们所向往的社会秩序的基本蓝图，它也当然地成为某个特定的社会所追求的目标，成

为该社会建立其社会秩序的标准与参照。

第二，法律通过赋予社会主体一定的权利和自由引导社会主体的各种行为，使这些行为主体在行为方式上和行为结果上能够彼此协调和顺应，从而使相应的社会秩序得以建立。

第三，法律通过给社会主体施加一定的义务与责任的方式，使主体对自身的行为加以必要的克制与自我约束，从而建立相应的社会秩序。

（4）法律有助于社会秩序的维护

第一，维护阶级统治秩序。在任何社会，法律作为国家的重要统治手段，首先必然要维护以统治阶级整体的根本利益为核心而形成的阶级统治秩序，使阶级统治合法化、制度化，从而最大限度地实现统治阶级的根本利益。其次是出于把阶级矛盾和冲突有效地控制在社会秩序所许可的范围之内的政治需要，统治阶级也会适当地考虑被统治阶级的某些利益和需求，以减少其统治的社会阻力。

第二，维护权力运行秩序。社会秩序的存在离不开权力的存在与有效运行，但权力运用不当也很可能会给社会带来危害甚至灾难。因此，必须对权力的运行加以规范和约束，建立和维护有效的权力运行秩序，使权力运行始终处于可预期与可控制的范围之内。权力运行秩序主要是针对社会的管理者而建构的，如果管理者中的某些个人利用公共权力为自己牟取利益，破坏公共权力的运行规则，导致社会秩序的破坏，那么最终必然会危及整个社会秩序。

第三，维护经济秩序。法律本身就是首先从人们的现实生活特别是经济生活的规范性需求中产生出来的。恩格斯说过："在社会发展的某个很早的阶段，产生了这样一种需要：把每天重复着的产品生产、分配和交换用一个共同规则约束起来，借以使个人服从生产和交换的共同条件。这个规则首先表现为习惯，不久便成了法律。"这里的"生产和交换的共同条件"事实上就是经济秩序。这说明，法律既是一定经济秩序的内在需求，同时又是一定经济秩序的体现，法律

对经济秩序的维护体现为使人们的经济活动摆脱偶然性与随意性，并使之逐渐地趋于稳定并获得相应的连续性和可预测性。

第四，维护正常的社会生活秩序。在任何社会，最起码的社会生活秩序以及相应的社会基本安全的保障与维护，都始终是国家的首要职责。而国家履行这一职责的典型方式就是通过法律来进行的。一方面，法律通过在各种社会利益及其需求的基础上确定主体相应的权利和义务，最大限度地避免社会矛盾和社会纠纷的产生；另一方面，法律也明确地规定相应的、文明的纠纷解决程序与机制。

第五，建立和维护国际政治经济新秩序。在建立和维护国际政治经济新秩序中，法律往往既是各个国家在国际社会中彼此沟通、交流和理解的基本途径和手段，又是各个国家在这种彼此的沟通、交流和理解之中所达至的对待和处理建立、维护国际政治经济新秩序的最低限度共识的基本形式；既是具有最权威效力的关于建立和维护国际政治经济新秩序的各种观念与措施的制度表达，又是对侵害国际政治经济新秩序之行为有效、可靠、公正的障碍排除机制。

2. 答案：资本主义进入垄断阶段以来，由于阶级冲突和各种社会矛盾的加剧，自由、平等的秩序观的破绽越来越大，于是资产阶级学者对秩序的思考开始从个人的角度转向社会的角度。法国法学家狄骥认为，社会全体成员由于需要相同的劳动分工而产生的相互依存关系即社会连带关系是社会的基本秩序。而基于社会连带关系的性质所产生的社会最高准则即客观法，是维系社会连带关系的不可缺少的条件，它高于并先于国家和政府而存在，对社会中的所有成员普遍适用。庞德认为秩序的标志就是在人的"合作本能"与"利己本能"之间建立并保持均衡的状态。而要维持这种秩序必须以"社会化的法律"取代过分强调个人权利、自由的法律。

"社会本位"的秩序强调"社会统治""社会连带"及"个人与社会的和谐"，并把它们作为资本主义社会秩序应有的内容。资

产阶级试图通过此种秩序的建立和维护，来调整各种相互冲突的利益，减少人们之间的相互摩擦和无谓的牺牲，以使社会成员在最少阻碍和浪费的情况下享用各种资源，从而保障资产阶级的统治地位。

第二十一章　法与自由

✅ 单项选择题

1. **答案**：D。对自由的限制的标准大致有三点：促进自由权利人的利益，禁止其利用自身的自由进行自我伤害；禁止在行使自由时侵犯他人的相同自由和其他权利；自由的行使必须体现个人利益与社会利益、国家利益的统一。

2. **答案**：B。法律以权利义务方式设定自由的范围及其实现方式，法律通过确认和保护个人的权利（如言论自由、人身自由等），确保人们能够自主决定自己的行为，不受非法干涉。A项"对个人行为的严格限制"与自由价值相悖，法律的限制是为了保障自由的边界，而非直接体现自由价值。C项是秩序价值的体现，而非自由价值；秩序是自由的前提，但两者并不完全等同。D项与自由价值无关，甚至可能与自由价值冲突，因为过度强化国家权力可能导致对个人自由的压制。

📖 名词解释

1. **答案**：在哲学上，自由的含义是对必然的认识和支配。在这里，"必然"是指客观规律。

2. **答案**：在政治学和社会学意义上，自由所指涉的则是人与社会的关系的一种状态，即人与人之间、人与社会组织和政治组织之间关系的一种状态，换言之，就是免于他人的压迫或控制，每个人能够自主地安排自己的行为（包括对公共事务的自主参与）。

3. **答案**：在法学的意义上，自由所指涉的是人的行为与法律的关系，是指人的行为与法律的既有规定相一致或相统一。在法律调整的条件下，人们的政治自由以及社会生活中的各种自由获得了法律的表现形式，自由是法律上的权利，其边界就是不能从事法律所禁止的行为。

✏️ 简答题

1. **答案**：综合哲学、政治学、社会学和法学的自由概念，自由对于人类具有伟大的价值。

   首先，自由是人的属性，是人的主体性的表现。没有自由，人就不是主体。如果人在与自然的关系上没有自由，就只能像动物一样消极地适应自然，受自然的奴役；如果人在社会中没有自由，即意味着受到享受自由者的统治。无论被统治者得到怎样的物质待遇，只要否定了意志自由，否定了人的自主，他就处于一种受奴役状态。

   其次，自由是人的自我意识的现实化。人的自由，从一定意义上讲正是人的自我意识的现实化，是人发挥主观能动性的表现。人的自由在于满足人的自身需要，自由是人的自我意识的现实化。

   最后，自由是人类发展的助动力。人对自由的追求，以及社会自由程度的提高既是人类发展的表征，也是人类向新的自由度迈进、获得新的发展的保证。

2. **答案**：追求自由是人的本性，人类的历史就是不断追求自由的历史。自由作为法的价值的主要意义在于，法律应将确认和保障自由作为自己的价值追求。追求自由是人的本性，法律也应该将确认和保障自由作为自己的价值追求。是否以保障人的自由为目的以及是否能够切实保障人的自由可以说已经成为现代社会衡量法律好坏的一个重要标准。此外，为了帮助主体实现自由，法律除了要确认和保障自由外，还应积极为主体实现自由提供各种现实条件。

3. **答案**：自由需要法律保障，因为对自由构成妨碍的条件需要法律排除；只有在法律的保障下，自由才可能是稳定的和现实的。法律对自由的保障主要体现在以下两个方面：第一，自由需要法律排除人们之间的强制和侵害。在社会中，由于主体多元和利益矛盾的存在，人们在自由行动方面难免互相冲突和侵犯，难免出现以强凌弱，难免出现人对人的强制与压迫，因此，人们需要法律以其特有的规范性和强制力，确认每个人或组织的自由活动范围，排除人们之间的强制和侵害，如此，自由才能得到实现。第二，自由需要法律排除主体自身对自由的滥用。对每一个人自由的威胁不仅来源于他人的强制和侵害，也来源于主体自身对自由的滥用，如果没有法律的限制，主体滥用自由同样可以对自己的自由构成损害。

4. **答案**：从现代社会各国法律的具体规定来看，法律对自由的确认主要采取以下两种方式：第一，以权利和义务规定来设定主体自由的具体范围。权利确立了主体享有的具体自由的法律正当性，义务则对主体享有自由的范围进行界定。第二，以权利和义务规定来设定主体自由的实现方式。如果说法律以权利和义务规定来设定主体自由的具体范围还只具有静态意义的话，那么，法律以权利和义务规定来设定主体自由的实现方式就具有了动态意义，它从动态角度对主体追求自由的行为给予规范化的引导、限定与约束。

5. **答案**：第一，法律通过划定国家权力本身的合理权限范围，并明确规定国家权力正当行使的基本程序，排除国家权力对于主体自由的各种非法妨碍。第二，法律对每个主体享有的自由进行界定和限制，防止主体之间对各自自由的相互侵害。通过法律来排除主体之间的相互侵害对于保障自由的真正实现也具有重大意义。第三，法律也禁止主体自身任意放弃自由。自由是人的本质属性与本质要求，有一些最基本的自由是人之为人的基础条件，任何人都绝不可放弃。放弃这些最基本的自由不仅损害具体主体的自由，更是对人类尊严的否弃。因此，对于主体某些情况下不负责任任意放弃自身自由的行为（如自愿为奴的行为），法律也会加以禁止。第四，法律为各种对主体自由的非法侵害确立救济手段与程序。"没有救济就没有权利"，没有救济也没有自由。对于各种侵害自由的

行为，法律都将通过对侵害者进行惩罚，对自由受到侵害的主体进行赔偿等方式提供法律救济。

6. **答案**：消极自由意味着从约束中解脱出来，不被干预、不被控制的状态。消极自由实现的条件就是没有外界的干预和控制。因此，消极自由之保障原则的基本内容就是排除对主体的干预、保证主体得以自主的外在条件。但是，自由之保障不可能没有干预和控制，如果没有干预和控制就不能防止有人滥用自由进而侵害别人的自由。因此，这一原则基本内容的表达是从干预角度作出的，即法律应当保持对主体行为最大的不干预；仅当主体行使自由损害他人和社会利益时，得将干预施于该主体之上，即使是为了促进被干预者的福利也不构成对干预的授权。

积极自由与不受干预的消极自由不同，它是去做某事的自由。当主体无力做成所希望的事项或者主体忽视某种自由时，外界的一定积极干预恰是为了保障被干预自由的实现。积极自由之保障原则的含义就是，为了保障主体的某些自由而对其进行干预是可行和必要的。这种干预在形式上限制了主体的一定自由，而实质上是为了保证主体的自由。这些被干预的行为没有直接危害他人或社会，而直接危害的是行为人自己。这时的干预否定了被干预者的意思自治，但如果没有这种干预，行为人的重要自由将受到自己行为的损害。这正是这一原则得以成立的根据。

但同样值得注意的是，当为了被干预者的自由而干预其自由能得到授权时，每一个人的自由都会面临强力干预的危险，因为消极自由保障原则所设立的边界已被突破，任何组织特别是政府，都能够以保障被干预者的自由之名来干预他本人。因此，必须强调的是，积极自由保障原则并不意味着对干预的广泛授权，这种授权仍是有限的，即干预的根据不是为了促进被干预者的福利，而是为了防止其境况变坏，为了防止其重大利益受到损害。

7. **答案**：第一，个人自由并存原则。法律所确认的自由，不应当只是社会中某些人的自由，

而应当是所有社会成员的自由，每一社会成员的自由应当是并存的。这意味着要保证每个人享有同样的自由，并且每个人的自由应当互不冲突。因此，法律在权利义务的设置上，应当保证每一社会成员平等地享有相同的权利，同时要合理划分权利的边界以防止冲突出现。

第二，消极自由之保障原则。消极自由意味着从约束中解脱出来，不被干预、不被控制的状态。消极自由实现的条件就是没有外界的干预和控制。因此，消极自由之保障原则的基本内容就是排除对主体的干预，保证主体得以自主的外在条件。但是，自由之保障不可能没有干预和控制，如果没有干预和控制就不能防止有人滥用自由进而侵害别人的自由。因此，法律应当保持对主体行为最大的不干预；仅当主体行使自由损害他人和社会利益时，得将干预施于该主体之上；即使是为了促进被干预者的福利也不构成对干预的授权。

第三，积极自由之保障原则。积极自由与不受干预的消极自由不同，它是去做某事的自由。积极自由之保障原则的含义就是，为了保障主体的某些自由而对其进行干预是可行和必要的。这种干预在形式上限制了主体一定的自由，而实质上是为了保证主体的自由。被干预的行为没有危害他人或社会，而直接"危害"的是行为人自己。这时的干预否定了被干预者的意思自治，但如果没有这种干预，行为人的重要自由将受到自己行为的损害。当然，积极自由保障原则并不意味着对干预的广泛授权，这种授权仍是有限的，即干预的根据不是为了促进被干预者的福利，而是为了防止其境况变坏，为了防止其重大利益受到损害。

第四，公益干预原则。公益干预原则所表达的是，为了保护公共利益或促进重要的公共福利，可以构成对个人自由干预的授权。这一原则的根据在于，社会化大生产造成了人们更紧密的联合，在自由得到扩展的同时，人们的公共空间和共同体利益也变得更为清晰实在，这些公共空间和共同体利益变成了每一个人自由的条件，如果它们受到损害，则个人的自由将受到损害。这一原则包含两个部分：其一，当公共利益受到个人自由侵害时，可以对个人自由施加干预。其二，当个人自由的行使妨碍重要公共福利的发展时，可以对个人自由施加干预。但是，这一原则有可能为政府权力随意干预个人自由大开方便之门，存在着政府滥用权力大规模侵害自由的危险。因此，实施这一原则应附有两个重要的前提条件：其一，证明干预的依据的确是公共利益；其二，证明对自由干预是最后的不可替代的选择。

论述题

1. **答案**：法典是针对某一现行法律领域进行系统编纂的立法文件。法律是人民自由的守护者，法典是法律的系统性文件。自由并非孤立存在，它需要法律的保障，因为自由的实现往往面临各种潜在的妨碍因素，而法律的介入正是为了排除这些妨碍，确保自由得以在有序的框架内被充分实现。法律对自由的保障主要体现在以下两个方面：

第一，自由需要法律排除人们之间的强制和侵害。在社会中，由于主体多元和利益矛盾的存在，人们在自由行动方面难免互相冲突和侵犯，难免出现以强凌弱，难免出现人对人的强制与压迫，因此，人们需要法律以其特有的规范性和强制力，确认每个人或组织的自由活动范围，排除人们之间的强制和侵害，如此，自由才能得到实现。

第二，自由需要法律排除主体自身对自由的滥用。对每一个人自由的威胁不仅来源于他人的强制和侵害，也来源于主体自身对自由的滥用，如果没有法律的限制，主体滥用自由同样可以对自己的自由构成损害。

2. **答案**：从哲学上讲，自由是指在没有外在强制的情况下，能够按照自己的意志进行活动的能力。法的价值所言的"自由"，即意味着法以确认、保障人的这种行为能力为己任，从而使主体与客体之间能够达到一种和谐的状态。从价值上讲，法律是自由的保障。就法的本质来说，它以自由为最高的价值目标。

法律是用来保卫、维护人民自由的，而不是用来限制、践踏人民自由的；如果法律限制了自由，也就是对人性的一种践踏。

但是，法的价值不是只有自由一项，除此之外，尚有秩序、正义等基本价值和其他价值。法的各种价值之间有时会发生矛盾，这就需要在各种价值之间进行平衡，这也证成了法律对自由的干预。自由是从事一切对他人没有害处的活动的权利。因此它必须有一个合理的限度。超过了这个限度，就不再是国家法律许可和保障的行为。相反，它要受到法律的干预。法律所保护的自由就是这种自身合理干预的自由。

法律对自由的干预，就是法律为人们行使自由权确定技术上和程序上的活动方式和活动界限。它像自由的法律保障一样，反映着国家、社会对个人自由的认识和基本态度。法律上采取的自由自身限制标准大致有三点：

（1）促进自由权利人的利益，禁止其利用自由进行自我伤害；（2）禁止在行使自由时侵犯他人的相同自由和其他权利；（3）自由的行使必须体现个人利益与社会利益、国家利益的统一，应当有利于或至少无害于社会、集体和国家。

因此，在针对"裸聊"问题予以法律规制时，也应注意运用法律对个人自由干预的正当性及其限度来进行考察。如果行为者在"裸聊"时没有超越上述法律上采取的自由自身限制标准，则应尊重行为者的个人自由，法律不能涉入其个人活动空间；但是，如果行为者在"裸聊"时超越了上述标准，侵犯了他人的相同自由和其他权利，或者作出了违背社会公共道德，有害于社会、集体和国家的行为，则法律应该介入，将"裸聊"导致的相关问题纳入法律的调整范围。

第二十二章　法与公平正义

✓ 单项选择题

答案：C。这句话是博登海默说的，意在说明正义没有一个精确的概念，大家对正义有不同的认识。

✓ 多项选择题

答案：ABCD。本题考察公平正义的概念，着重考察对实体公平正义与程序公平正义的理解。

📖 名词解释

答案：形式正义是指怎样实施道德和法律原则和规则以及当这些原则和规则被违反的时候如何加以处置的问题。形式正义，是与实质正义相对的概念。从正义与主体利益的关系，正义可分为实体正义与形式正义。实体正义是关于制定什么样的原则和规则（包括道德原则和规则、法律原则和规则等）来公正地分配社会资源的问题，在法律范围内，实质正义可以说是法律创制中的正义，形式正义则是法律执行和适用中的正义。

✏️ 简答题

1. 答案：西方法律思想史中关于法与正义关系的三种观点：一是法本身代表正义，法与正义是等同的。二是正义是衡量法是否符合法的目的即正义的准则。三是法与正义（道德）是无关的，至少二者并无必然的联系，如分析法学派。

2. 答案：第一，公平正义是法律评价标准的核心。公平正义作为法律存在的根本性原因和决定性理由本身就表明，现实的法律的优劣好坏必然也必须由公平正义这个根本性的标准来加以检验和评价。

第二，公平正义是法律发展和进步的根本动因。公平正义自始至终都在引导着包括法律在内的所有的社会基本结构和具体的制度安排的革故鼎新，使法律等社会制度最大限度地符合公平正义的时代要求。

第三，公平正义适用于具体的现实法律实践。在具体的现实法律实践中，有时会产生疑难案件，由于法律规则不明确而难以断案。在这种情况下，作为法的根本价值的公平正义往往在法律适用和法律推理中就成为解释法律的重要依据，人们可以从公平正义的一般要求中获得法律推理的根本性前提，从而解决疑难案件，填补法律的空白和漏洞。

3. 答案：第一，法律通过把社会生活的主要领域及其重要的社会关系纳入其中，实行法治化治理，把公平正义的基本内涵融入法律规范和制度之中，并通过严格依法办事，从而在整个社会之中全面地促进和保障公平正义。

第二，通过法律权利和法律义务机制，一方面在法律上公正地分配社会合作的利益和负担，以此促进和保障法律上的实体公平正义；另一方面在法律上公正地设定本身就体现正义并以实现实体公平正义为目的的程序，以此促进和保障法律上的程序公平正义。这种对公平正义的保障方式主要是由立法来承担的。

第三，通过法律效果认可机制，保障法律上的实体公平正义和程序公平正义，即一方面对违法行为确定其否定性法律后果，予以矫正并恢复受到违反和侵害的法律上的权利和义务；另一方面对合法行为确定其肯定性法律后果，确认已经形成的法律上的权利和义务。

💬 论述题

1. 答案：正义含有"公正、合理"之意，是人类所追求的一种理想状态，体现了人们追求的一种理想，是人们一定伦理观念的表现。在法学上，它是对法的一种主观的、相对的价值判断。它所关注的是法律规范和制度性安排的内容，它们对人类的影响以及它们在增进人类幸福与文明建设方面的价值。从最一般的意义上讲，正义的关注点可以被认为是一个群体的秩序或一个社会的制度是否适合于实现其基本的目标。在实现这个目标的过程中，既能满足个人的合理需要和主张，也能促进生产进步和提高社会内聚性的程度。

由于不同社会的生产方式是不同的，因而正义作为一定社会生产方式的观念形态，就不可能是永恒不变的，即"正义是随着时代的变化而变化的，并且不同的人所追求的正义也很不相同"。马克思主义第一次揭示了正义的物质基础，他们认为的公平只是现存经济关系在其保守方面或在其革命方面的观念化、神圣化的表现。社会中的一种行为只要与该社会的生产方式一致就是正义的，反之就是非正义的。这可以归结为：法所体现的正义总是阶级社会一定生产方式基础上的正义，是统治阶级认为是正义的"正义"。

正义有不同的划分，其影响最大的一次是亚里士多德把正义分为分配的正义和矫正的正义。前者即对不同的人给予不同的对待，对相同的人给予相当的对待，根据人的功绩、出身等的不同来分配财富、荣誉；后者即不管什么人，只要损害了别人的财产、权利，都要给予同等的对待，适用等价交换原则，适用于处理民刑事案件，用以矫正并恢复被损害者的利益，是一种补偿性的公平，或曰事后公正。不同的学者对正义进行了不同的分类，美国学者罗尔斯提出了社会正义与个人正义和实质正义与正式正义。

正义与理性、自由、平等、安全、福利等概念是相互关联的。一定的正义是一种独特的理性的体现，社会秩序中的正义问题在相当广泛的程度上可以进行理性讨论和公正思考。这种理性认为应赋予何种人平等、自由和福利，因而在不同的理性之下感到安全的人是不同的，这些人的安全程度也是不同的。这种变化在社会转型时期尤为突出。因此，正义的内容是十分复杂的。它涵盖了社会中不同的人在不同层面的状态的综合判断。

人们平常所说的自由、平等、秩序等只不过是正义的不同方面。

法，从词源上看含有"平""正""直"和"公正裁判"之意，现在的法指国家判断人们行为合法不合法的标准。它表现为一种由国家权力制定或认可的规范，它规定了人们法律上的权利和义务，国家以强制力保证其实施，法的目的在于维持一定的秩序。由此可见，法是一定时期的"理"与国家强制力的结合。这里指的理可以大致分为内容与形式两个方面。不同的理有不同的内容，也有不同的表现形式。在法律上，这可以从一定程度上体现为法律规定的不同的人所享有的不同的权利义务，以及这些权利义务实现的方式。

法的内容也涉及社会的各个方面，法律赋予不同的人以进行某种行为的不同资格。由于资格的不同，不同的人可以行为的范围不同，即使可以进行同一行为，其后果也可以因为资格的不同而不同。这可以视为法给予人不同的自由。有相同自由的人在社会中处于平等的地位，他们的安全和福利得到同等的保障，而其安全和利益被破坏之后，其所寻求的救济手段也是相同的。法律还规定了法律主体的权利义务，以及权利义务的实现方式等方面，这些内容也反映出法律实际上要体现一种自由、平等，使人从法律规定中得以预见自己行为的后果，从而可以在保障自己安全的行为方式中进行选择。

由此可见，法与正义是一致的。它们都由一定社会的物质生产方式决定，也都与一定的阶级相联系。这体现在，法总是统治阶级利益的集中体现，它总是保护统治阶级的利益，压制被统治阶级。而统治阶级总是首先在经济上占据统治地位，即成为这一时期先进的生产方式的代表，并因此最终在政治上占据统治地位的阶级。当然在这种阶级内部也存在不同利益集团的矛盾冲突，但其根本利益是一致的。法律所保护的正是统治阶级中一致的根本利益。

此外，从关系上讲两者类似于内容与形式的关系。一方面，法所保护的就是正义，正义是法律的精神所在。立法者以正义为标准，将正义作为法的目标；执法者将法贯彻到日常生活中去，使之真正体现在日常生活中。另一方面，法是正义借以体现的形式，是正义实现过程中的工具。但法与正义毕竟是两个不同的事物，它们之间也存在一定的区别。法一旦确定下来，总是明确而具体的，并具有较强的可操作性。它明确规定了人们行为的方向和方式，明确规定了违反法律的后果，并由国家强制力保障。但正义则较为模糊，它更多体现为一种笼统目标和要求，因而其可操作性较差。而且正义仅仅指明人们应当如何行为，并未规定违反正义后的惩罚。此外，正义作为一种理想状态，并不一定全部为法律所吸收，即法律所达到的正义永远只是正义的部分内容和一定层次，因而法律总是需要参照正义的标尺作出修正。

2. **答案**：这里的社会正义是指一种特殊的正义，即社会体制的正义或社会基本结构的正义。所谓社会体制或社会基本结构，是指分配基本权利和义务的经济制度、政治制度和法律制度。社会基本结构的正义包括两个层面：一是社会各种资源、利益以及负担之分配上的正义，二是社会利益冲突之解决上的正义。前者可谓"实体正义"，后者可谓"形式正义"或"诉讼正义"。

法律对社会正义的重要作用体现在如下几个方面：第一，由法律规定各种社会资源的分配与社会负担之承担，可提高它的确定性与规范性程度，以防止权力对资源的垄断，防止权力对负担的无理分配。第二，法律可保障公民公平地参与竞争的社会环境，为每个公民的发展进步提供公平的机会，摒弃先赋性特权、身份、等级等不公正因素的影响，保证每个社会成员都能够有一个平等竞争的环境，从而拓展个人自由创造的空间，最大限度地发挥每一个人的能力和潜能。第三，法律为公民参与社会竞争的能力提供必要的社会保障，特别是保障公民平等地享有教育资源。机会公平当中最重要的就是教育公平，教育公平就是为人人提供同等的受教育的机会和均等的教育资源，为所有人创造自由而全面发展的均等条件。此外，法律还可为各类处于社会劣势地位的公民提供必要的社会保障，以使他们过上有尊严的生活。

第二十三章　法与人权

单项选择题

1. 答案：D。 人权在本源上具有历史性，既不是天赋的，也不是理性的产物，而是历史地产生的，最终是由一定的物质生活条件所决定的。它的具体内容和范围总是随着历史发展、社会进步而不断丰富和扩展。正因如此，不同时代对人权的取舍、理解和使用都会有所差异。D项表达的正是这个意思，正确。AC均否定了人权的历史性，A主张人权是与生俱来的，诉诸人的自然属性，C主张诉诸"造物主"。B项谈的是权利和义务的关系，两者相互联系，相互依存，与题意不合。

2. 答案：C。 人权的综合性特征说明人权本身就是一个开放性的权利体系，随着人对自身的认识和理解的不断深化，人权的具体权利也就是所谓新的权利类型也将不断出现，加入人权的权利体系之中。因此，人权的权利范围具有扩展的可能性，说人权不是开放性的权利体系是错误的。

不定项选择题

1. 答案：BD。 公民的基本权利不可取代，用一项权利取代另一项基本权利，等于宣告人在被替代权利所联系着的社会关系领域内的主体地位被取消。故而B的说法是错的。能够以保障人权最低限度实现为文明标准的现代各国，尽管社会制度不同，文化背景和传统有很大的差异，但在人权的内容上有共同性或相似性。故而D的说法是错的。

2. 答案：A。 人权是法律权利的基础，从本质上讲，人权属于一种不依赖于法律规定即可存在的道德性权利，因此人权的内容只有在被法律确认之后才能变成法律权利，而并非所有的人权都会被法律确认，因此人权的内容与法律权利的内容不可等同。

3. 答案：ABD。 本题考查的是关于人权的概念与层次。人权之内涵有应有权利、法律权利和实有权利。在人权观点上我国坚持马克思主义人权观，主张人权的主权性，主张权利永远不能超出社会物质生活条件许可的范围。所以C主张人权基于理性是错误的，同时主张人权具有国际性，也是不妥当的。

4. 答案：A。 人权首先作为一种先于法律的道德性权利存在，但这并不意味着人权不可以被法律化，为了更好地保护人权，人权应当被纳入法律范畴，借助法律背后的国家强制力保障实施。因此，人权可以同时具备道德性与法律性这两个属性。

简答题

答案： 人权作为法的价值具有非常重要的意义。这些意义可以从不同的角度来认识。

第一，人权作为法的价值表明了法律对作为主体的人的肯定，就是对人的独立且平等的人格与人的尊严的尊重。

第二，人权作为法的价值，表明了法律的来源、法律运作的各个环节以及法律的根本目的都基于人本身，并以人的正当利益和自由意志为关注焦点，以人的理想生活为直接目标。

第三，人权作为法的价值，既是对法律的精神、原则、规范的直接检验也是对法律的精神、原则、规范的方向引导；既是对法律的内在品质进行反思与批判的标准，又是对法律的内在品质进行塑造与完善的依据。

第六编 法治与法治中国

第二十四章 中国社会主义法与民主政治

☑ 单项选择题

1. 答案：C。 政治就是管理众人的事，是中国民主革命先行者孙中山对政治的定义，题不符。故 C 项错误。其他选项正确。

2. 答案：B。 政治问题的核心是国家政权。政治问题可以也应当用法律手段解决。所以，应当是"解决政治问题"，而不是"发现政治问题"。

3. 答案：D。 二者都是以马克思主义作为思想基础的。

4. 答案：D。 在法的范围内进行改革，是改革的方式决定的，是保证社会安定的需要。

☑ 多项选择题

1. 答案：BC。 美国法学家拉斯威尔和麦克杜格尔首创一种政策法学，认为法的价值是权力、财富。

2. 答案：AC。 执政党不能直接修改法律，必须通过立法机关的法定程序。B 选项混淆了"政策指导"与"直接干预立法"的界限。执政党无权代替立法机关制定法律，必须通过人民代表大会制度完成立法。D 选项违背"依法执政"原则。

3. 答案：ABCD。 法是由国家机关制定的，党的政策是由党的领导机关制定的。法表现为规范性法律文件，而党的政策表现为纲领、决议等非规范性文件。法的制定修改需要经过法定的程序，而且法具有稳定性，一经制定非有重大变化不易改变。而政策通常为指导具体任务提出，具有灵活性。

4. 答案：CD。 本题考查法和政治的关系。法虽然有自己独特的发展规律，但是法要反映和实现一定阶级、集团的政治目的和政治要求。

所以 C 是错误的。法、法治反映政治，但并不是每一个具体的法都有相应的政治内容，都反映政治要求，例如一些技术规则；但是在阶级政治的发展中往往是伴随法的存在的，所以 D 是错误的。

5. 答案：ABCD。 本题考查的是马克思主义的民主概念。首先，作为政治上层建筑的民主，是随着阶级和国家的产生而产生的，也是随着其变化而变化的。其次，民主是一个历史范畴，世界上的民主都是具体的、相对的。再次，作为国家政治制度，民主是统治阶级管理社会的一种手段。这是民主的手段性。同时，争得民主权利，建立人民当家作主的政治制度并通过发展民主制度实现自身解放是工人阶级和劳动人民长期奋斗的目标，这体现了民主的目的性。民主的目的性和手段性是辩证统一。最后，一方面，民主政治是近代政治文明的产物，是与专制相对立的政治体系。民主政治作为与专制政治相对立的统治形式和政治形态，具体体现了现代政治文明的基本特征和要求，具有共同性和普遍性。另一方面，不同阶级统治的国家，民主政治的性质是不同的。而且，实现民主需要一定的经济、政治、文化条件，这些条件在不同国家和同一国家的不同时期也不同，由此表现出民主的特殊性和差异性。

✎ 简答题

1. 答案： 在法治条件下，法对执政党的作用也表现在两个方面：第一，法律保证执政党政策的实现。当执政党的政策转化为法律后，便获得了更为有效，更具有可操作性和可执行性，同时具有了法律实现的途径，因为政策获得了法的规范性的普遍效力和国家强制力的保证，可以在国家和社会的广泛领域凭借国家强制力推行。第二，法律对执政党的政策及活动的制约。法治要求任何政党、社会组织、个人以及国家机关都必须在宪法和法律的范围内活动。

2. **答案：**（1）在我国，法与执政党的政策，在经济基础、体现的意志、根本任务和思想理论基础等方面，都具有一致性。

（2）法与执政党的政策，在制定的组织和程序、实施的方式、表现的形式、调整的范围和社会功能、稳定性和灵活性的程度等方面，都有区别。①法由国家机关依据法定程序来制定；党的政策不是由国家机关依据法定程序制定的，而是由党的领导机关根据民主集中制原则制定的。②法具有国家的特殊强制力，在自己的效力范围内具有普遍约束力；政策的实施，对党员以党的纪律作后盾，对公民主要依靠宣传动员和说服教育。③法以宪法、法律、法规等确定性和规范性的形式表现出来，具有肯定性、明确性，具体规定了权利和义务；政策通常以纲领、决议、宣言等非规范性文件形式表现出来，比较注意理论阐述，规定得比较原则，少有具体、明确的权利和义务规定。④法一般调整有重大影响的社会关系，是提供辨别人们行为是否违法犯罪的标准；政策调整的范围更广，它渗透到国家和社会生活的各个领域、环节发挥作用，是区分是与非、正确与错误的标准。⑤法往往是长期经验的总结，情况不发生重大变化不会轻易改变；政策一般是对全局性的任务提出号召，允许人们在实践中加以具体化和灵活运用，它要适合形势变化而及时变化，因而较为灵活。

3. **答案：**在一般关系上，政治对法的影响主要表现在以下三个方面：第一，政治力量在国家中的构成状况决定国家政权的性质，也决定法律的性质。社会中各种政治力量在与国家政权的关系中通常是非均衡的，在阶级对立社会中的非均衡性尤为明显，有掌握政权的统治阶级和被排斥在政权之外的被统治阶级。这种状况既决定国家的性质也决定法律的性质，国家的决策和法律体现统治阶级的

意志，是统治阶级实现其意志的工具。在阶级对立不明显和政治力量多元的情况下，法律往往是政治力量对比关系的表现。

第二，政治力量状况所决定的国家政权组织形式，影响法律的制定和实施。国家政权组织形式不是个人选择的结果，而是由政治力量的构成及关系状况决定的。不同的政权组织形式会产生不同的法律制定要求和实施要求。比如，民主与专制的政权组织形式，对于法律的制定和实施就有不同的要求。如果政治力量严重冲突而无妥协，无法形成稳定的国家政权组织形式，或者致使国家政权机构无法运作，也就没有法律的制定与实施。

第三，政治的发展变化往往直接导致法的发展变化。一个国家内部政治结构的变化，比如阶级、阶层、民族、不同利益集团构成及关系的重大变化，会引起法律制度的变化。不仅因为不同的集团有不同的利益要求和法律诉求，而且它们直接就是影响国家权力的政治力量，其变化必然会引起法律的变化。

4. **答案：**全面依法治国，建设社会主义法治国家，必须在党的领导下有目的、有步骤、有秩序地进行。这是因为：第一，法治是全体人民通过立法、执法、司法、法制监督、法治教育等体制运作所建立起来的社会主义法律秩序，具有鲜明的阶级性和人民性。而作为无产阶级先锋队、以为人民服务为宗旨的中国共产党正是这种阶级性和人民性的集中体现。第二，社会主义民主是法治的基础和前提，没有民主就不会有真正的法治，而共产党是争取民主、发扬民主、扩大民主、建设社会主义民主政治的领导核心，没有党的领导就不会有真正的民主，也就不会有社会主义法治。第三，法律的制定过程是把党的意志转化为国家意志，把党的路线、方针和政策转化为法律原则和规则的过程，是党领导立法机关统一认识、集中智慧的过程。在这个过程中，只有坚持党的领导，才能使我们的立法符合党的基本路线，符合国家和社会的发展战略，适应经济体制改革和政治体制改革的需要，找到改革、发展与稳定的平衡点。第四，法律的实施经常遇到区域性乃

至全国性的全局问题，触及经济、政治、文化等方面的热点问题，牵涉到诸多政法机关以及其他国家机关的关系。这些全局问题、热点问题、跨部门的重大问题的解决，都需要党来指导和协调。第五，共产党是执政党，执政党的法治观念如何，有无全面依法治国的坚定信仰和坚强意志，能否在宪法和法律的范围内活动，是实行法治的决定性因素。

💬 论述题

1. **答案**：（1）法治与民主的关系是法与政治的关系在当代的重要内容。在现代社会，民主可以从广义和狭义两个层次来理解。广义的民主泛指在社会生活的各个领域中实行按照多数人的意志作出决定的社会活动机制。它既适用于国家领域，也适用于非国家领域；它既包括国家政治制度层面的民主，也包括社会层面的民主，如经济民主、文化民主和基层自治民主等。狭义的民主即民主政治，主要表现为国家政治制度层面的民主。在民主政治的意义上，民主与法治的关系可以概括为：民主是法治的基础，法治是民主的保障。

（2）一方面，民主是法治的基础。从法治的产生来说，民主是法治产生的前提，没有民主就没有法治。从法治的性质和内容来说，民主的性质和内容决定了法治的性质和内容。从法治实行和发展的动力来说，民主既是良法制定及适用的有效保障，也是推动法治发展的动力。

（3）另一方面，民主从体制到活动，都要有规则和秩序，否则就会沦为大众的喧闹、多数人的暴政。所以，民主需要法治的保障。法治意味着良好的法律得到普遍的遵守。法治对民主的保障表现为：通过法律确认民主的基本政治制度，确认民主的参与主体及相关权利和自由；划分和确定国家机关的职权权力行使程序及责任，确定破坏民主制度、

侵害民主权利的法律责任；通过法律的有效实施使民主成为社会现实。

（4）从两者的关系中我们可以看到，要实行民主不能离开法治，要实行法治也不能离开民主。在中国，中国共产党的领导与人民当家作主和依法治国三者是有机统一的。要坚定不移走中国特色社会主义政治发展道路，健全人民当家作主制度体系，继续推进社会主义民主政治建设，发展社会主义政治文明。

2. **答案**：党和国家必须在宪法和法律范围内活动，理由在于：

（1）党和国家必须在宪法和法律范围内活动，是国家根本大法和党的根本大法明确规定的。国家根本法，即《宪法》中明确规定："一切国家机关和武装力量、各政党和各社会团体、各企业事业组织都必须遵守宪法和法律。"即《中国共产党章程》亦明确规定："党必须在宪法和法律的范围内活动。"

（2）党和国家在宪法和法律范围内活动，既是党的领导的体现，又是党的领导所必需。因为宪法和法律是以共产党的政策为依据，是共产党的政策条文化、具体化和规范化的表现，共产党领导人民立法，也必须带头守法。

（3）坚持党和国家必须在宪法和法律范围内活动，这从根本上维护了我国社会主义法制的统一性和权威性。

（4）维护并遵守宪法和法律是党性的要求和表现，是衡量一个党员是否合乎标准的重要条件之一。

（5）在现阶段，强调党和国家必须在宪法和法律范围内活动，还具有重要意义，不仅有利于巩固和发展社会主义法治，促进"两个文明"建设的发展，而且有利于加强和完善党的领导。

第二十五章　中国社会主义法与经济

单项选择题

1. **答案**：B。经济基础决定法，法对经济基础有反作用。
2. **答案**：C。法律决定于经济要求，法律应当体现经济生活的要求并按照经济生活的要求发挥作用，但这并不意味着法律总是会自动地体现经济生活的客观要求，也不意味着不会出现违反经济生活规律的法律。

多项选择题

1. **答案**：ACD。生产力对法具有决定作用。法对生产力的阻碍或者促进作用一般通过经济基础这一中介。但是，法对生产力也有直接的促进或者阻碍作用。
2. **答案**：AB。经济基础对社会主义法有决定作用，因此应当遵循经济规律而不是违背经济规律。同时，社会主义法对经济基础具有服务作用。因此社会主义法应当按照经济规律办事，促进经济的发展。
3. **答案**：AB。社会主义法是建立在经济基础之上的上层建筑，一方面，经济基础对社会主义法具有决定作用。另一方面，社会主义法对经济具有服务作用。
4. **答案**：ABCD。本题考查对完善社会主义市场经济法律制度的理解。社会主义市场经济本质上是法治经济。法治经济建设的基础性工作是坚持社会主义市场经济改革方向，遵循社会主义基本制度与市场经济有机结合的规律，以保护产权、维护契约、统一市场、平等交换、公平竞争、有效监管为基本导向，不断完善社会主义经济法律制度。
5. **答案**：BC。市场经济就是法治经济，离开了法治就没有市场经济，解决市场和政府的关系问题只能靠法治。这"两只手"只有在法治之下才能交互作用，只有通过法治才能处理好这"两只手"的关系。理论和实践证明，市场配置资源是最有效率的形式，市场决定资源配置是市场经济的一般规律，市场经济本质上就是市场决定资源配置的经济。
6. **答案**：ABCD。本题考查对马克思主义法学关于法与经济关系的基本理论的理解。

简答题

1. **答案**：我国是社会主义国家，我国的法律是社会主义法律，是由社会主义国家制定或认可并以国家强制力保证的行为规范的系统。我国的法，与其他国家的法律一样，既负有阶级统治职能也负有社会公共职能。在社会公共职能中既包括在国内发展政治、经济、文化等各项事业，也包括走出国门与世界其他国家进行合作与交流。可见，我国社会主义法本身就包含了对外开放的职能，实行对外开放是社会主义法的应有之义。

当今世界是一个开放的世界，随着世界经济一体化的发展日渐加快，任何一个国家都不可能脱离国际社会独立发展。中国也是如此。因此，改革开放是中国走向现代化的必然选择，事实也证明这是中国飞速发展的动力之一。在这一过程中，法律既是对外开放的推动力量，也受益于对外开放。而对外开放一方面促进了法律的变革，另一方面给法律提出了更多的课题。将两者协调起来，可以相互促进、相得益彰，共同服务于社会主义中国。我国社会主义法对对外开放的促进和保障作用体现在：

（1）把对外开放的宏观战略和政策细化为具体的法律、法规，以保证其稳定性和可操作性。战略和政策都具有一定模糊性，不易掌握和运用，特别是在改革开放初期，对于初次与中国进行经济往来的外国人而言，缺乏明确而稳定的法律规范会使其无所适从。因此，必须将战略和政策纳入法律调整，使之明确下来，并具有法律的权威性和稳定性。

当然，这并不是指简单地将政策照搬到法律中，还必须采用一定的法律技术去粗取精，用含义明确的法律术语表达出来。此外，政策也有许多等级，不同级别的政策间可能存在冲突。因此，在将政策转化为法律的同时，必须在各项政策间进行协调，务求相互支持。

（2）法律有助于加速外国经济力量进入中国市场，使中国可以借助外国经验发展经济。历史已经证明，单靠一国自身的力量是难以全面发展的，无论是物质力量上、技术实力上还是管理方式上，任何国家都需要借鉴别国的成功经验或优点。目前，我国积极开拓国际市场，在各方面都有学习别国经验的需要。将这种需要以法律的形式明确和固定下来，有助于使外国了解中国的态度和中国允许的具体做法，使其主动对中国投资，促进中国发展。

（3）法律有助于促进我国积极参与国际经济活动，建立广泛的国际经济关系。在外国进入中国的同时，中国也必须积极走出去，参与国际大家庭的经济活动。能够以自己的名义参与涉外经济活动就需要通过法律形式赋予国内各相关主体一定的法律资格，明确其对外经营权，使其能主动参与国际经济活动。同时也要规定其义务范围，使国家与经济实体同时在对外开放中受益，达到双方能够长足发展的目的。

（4）法律有助于趋利避害，保障我国的经济安全和经济独立，抑制对外开放中的负面效应。对外开放将中国和世界联系在一起，这既是中国的机会，但也使中国面临冲击和挑战。首先，这体现为我国内经济实体由于缺乏经验或实力不够雄厚而在竞争激烈的国际环境中面临困境；其次，这体现为由于没有足够的风险防范措施而使中国的经济面临风险。此外，外国的种种精神垃圾也会借中国对外开放之机进入中国。因此，必须用法律手段将防范措施固定下来，使中国最大限度地免受经济全球化的消极影响。同时，用法律方法抑制各种糟粕在中国的传播。

对外开放也使社会主义法得到新的发展：

（1）它要求我国积极加入多边或地区性的国际条约和国际组织。对外开放给中国提供了新的发展空间，这要求中国更多地投入新的世界经济活动中去。由于经济一体化的影响，世界上重要的经济活动都是在不同的国际组织的参与下或依照不同的国际条约进行的。中国要想在世界经济活动中占有一席之地就必然要参加公约或国际组织，这必然扩大我国的法律渊源和法律内容，使我国法律有新的发展。

（2）对外开放要求我国积极做好现有法律与国际法律、法规、习惯的接轨工作，使我国法律既能反映我国法制的特点，也能适应对外开放的要求。这要求我们一方面加紧对现有法律的废止和修改工作，另一方面制定新的、适应市场经济和对外开放双重要求的法律。

（3）我们要处理好促进贸易投资自由化与捍卫国家主权的关系。经济一体化的发展以发达国家为主导，我国采用外向型经济必然受到发达国家经济政策的影响，形成不同国家间利益的冲突。对此，我们要实事求是，把握住原则和大方向。

总之，我国社会主义法将积极促成对外开放，并扩大其成果，同时对其消极因素进行抑制。而我国对外开放也将带给我国社会主义法以新的内容和形式，使其获得新的发展。

2. 答案：（1）实践中确实存在改革与法律、法规发生冲突的情况。对这种情况要作具体分析，不能笼统地说法要给改革让路，也不能笼统地说要给与法发生冲突的改革者治罪。

（2）这里至少要作两方面的解析：第一，要分析改革方面的情况。改革也可以作具体分析，有好的改革，也有不合时宜的改革，还有盲目的改革，至少改革也有得失成败之分。判断改革得失成败的最主要标准是看它是否有利于发展社会生产力，是否有利于增强我国的综合国力和有利于提高人民生活水平。第二，要分析法方面的情况。分析与改革发生冲突的法，主要就是分析该法是否同宪法中的改革原则、精神相符合。

（3）通过分析可以看出改革与法发生冲突的情况主要有三种：

一是不合时宜的改革同宪法和符合宪法原则的法律、法规、规章的矛盾。发生这种矛盾时，应当坚持宪法原则，阻止这种改革发生或暂不让其发生。二是改革同那些与宪法的改革原则相抵触的法律、法规、规章的矛盾。解决这种矛盾的办法主要也是阻止这种改革发生，同时要修改与宪法原则不符合的法律、法规、规章。三是好的改革、正确的改革与有关不适合改革进行的法律、法规、规章的矛盾。这种矛盾发生时，应当及时修改法律、法规、规章。在没有修改之前，不能用它们束缚改革的手脚。因为，同好的、正确的改革相冲突的法，必然是同确立了正确改革原则的宪法相矛盾的。遵守这样的法不仅会扼杀改革，而且是违宪的。

3. 答案： 经济基础决定法：

（1）有什么样的经济基础就有什么样的法。每一种社会形态都有特定的经济基础和上层建筑。经济基础和上层建筑的统一，构成特定的社会形态。在经济基础与上层建筑这一矛盾统一体中，经济基础起着主要的决定作用。同样地，法作为上层建筑的组成部分，归根结底由经济基础所决定，就法与经济基础两者关系来说，经济基础是第一性的，法是第二性的，有什么样的经济基础就有什么样的法。

（2）经济基础决定法，表现在法的产生、本质、特点和发展变化等，归根结底由经济基础决定。在公有制社会不存在作为阶级意志体现的法。随着私有制的出现，产生了阶级后才产生法。自私有制和阶级产生以来，出现过四种类型的社会经济基础，因此就有奴隶制、封建制、资本主义和社会主义四种相应类型的法。在经济上占主导地位进而在政治上占统治地位的阶级，必然会运用所掌握的国家政权，把它的意志通过法表现出来。因此每一种类型的法都不过是以法的形式表现出来的占统治地位的经济关系。在经济基础发生量的变化时，也能引起法的立、改、废。法的许多特点也由经济基础所决定。如奴隶制经济基础的重要特点之一是奴隶主既占有生产资料又占有奴隶人身，这就决定

了奴隶制法公开保护奴隶主对生产资料和奴隶人身的双重占有权。

（3）讲经济基础决定法，是在最终意义上讲的，不是说经济基础之外的因素对法没有重要影响，也不是说法可直接、自发地从经济基础中产生出来。经济基础决定法，是一个复杂的过程。

4. 答案： 法律对经济的作用主要表现在以下四个方面：第一，确认经济关系。法律确认经济关系，是指法律创建新的生产关系及改造旧的生产关系。第二，规范经济行为。法律对经济主要通过民商法、经济法、行政法和程序法等加以间接调控，对经济行为加以规范，从而使经济在一定的法律秩序中运行。第三，维护经济秩序。法律对经济关系不仅作出确认、调整，而且加以维护和保障，确保其正常的发展秩序不受侵扰，这样才能体现法律经济功能的目的性及其本质。第四，服务经济活动。法律的经济功能不仅通过直接规定经济关系内容的法律规范体现，还通过服务于经济活动的各种法律制度来体现。

5. 答案： 建设社会主义法治经济的核心内涵和要求主要包括：（1）坚持和完善社会主义基本经济制度；（2）完善社会主义市场经济法律制度；（3）营造公平竞争、规范有序的经济法治环境；（4）适应、把握和引领经济新常态；（5）加快建设市场经济法律体系。

6. 答案： 社会主义市场经济本质上是法治经济。法治经济建设的基础性工作是坚持社会主义市场经济改革方向，遵循社会主义基本制度与市场经济有机结合的规律。一方面，完善社会主义市场经济法律制度，要加快建设和完善现代产权制度。另一方面，完善社会主义市场经济法律制度，要加快建设市场经济法律体系。

💬 **论述题**

1. 答案： 马克思主义认为，经济基础与上层建筑矛盾运动的规律，是人类社会发展的一个基本规律。经济基础决定上层建筑，上层建筑对经济基础具有反作用。在法与经济的关

系中，最根本的是法作为上层建筑由经济基础决定并为经济基础服务。

经济基础对法的决定作用，具体体现为：一是经济决定法律的性质，有什么性质的经济基础，就有什么性质的法律上层建筑。二是经济决定法律的内容，法律只是经济关系的一般性和制度性记载。三是经济决定法律的发展变化趋势，经济的发展与变革总会引起法律的发展与变革。四是经济决定法律作用的实现程度，法律的有用性是以满足人们的经济生活需要为衡量尺度的。需要强调的是，法律决定于经济要求，法律应当体现经济生活的要求并按照经济生活的要求发挥作用，但这并不意味着法律总是会自动地体现经济生活的客观要求，也不意味着不会出现违反经济生活规律的法律。

法律服务于经济，具体表现为法律对经济具有能动的反作用：一是维护经济制度。法律通过对社会基本经济关系的确认，使得经济制度得以制度形式合法存在。二是规范经济生活，保障经济有序运行。法律严格保护经过确认的经济制度，通过对经济行为的调控和规范，维护正常的经济秩序不受侵扰，确保经济在法律的轨道上运行。三是通过规制、维护和保障经济关系，最终对生产力发展起到促进作用。法律通过对经济秩序的规范，维护经济的稳定和持续增长。

2. **答案**：无论何种市场经济，与法的关系，对法的迫切需要，都比其他类型的经济要突出得多。正因如此，人们往往说市场经济实质上是法制经济或法治经济。这主要表现在：

（1）市场经济是主体独立的经济。市场经济主体的行为和地位需要由法来规范和确定，需要有法所确认、保障的从事市场经济活动的财产权和其他经济权利。

（2）市场经济关系是契约经济关系。现代市场经济运行过程中的各种活动，几乎都通过契约来实现。产品生产、市场交换、分配方式、产品消费、社会保障等各个环节，虽然形式上有许多差别，但实质上都是契约关系的表现。从身份到契约是从自然经济到市场经济的主要标志。

（3）市场经济是自由竞争、平等竞争经济。竞争就是比赛，比赛就要有比赛规则和规范。这种规则和规范的主要表现形式就是法。

（4）市场经济是有序经济。市场运行需要有正常的秩序，需要有正常的市场进入、市场交易的秩序。要使市场经济成为有序经济，就离不开法制或法治的作用。

（5）市场经济还是开放型经济。现代市场经济的内在动力机制使得它呈现扩展的状态，使各国的经济联系趋于密切。这就要求主权国家既要熟悉和善于运用国际经贸法律、规则和惯例，又要充分注意并善于使自己的涉外经贸法律、法规同国际经贸法律、规则和惯例接轨。

3. **答案**：法在实现市场经济宏观调控中的作用，在实现调控的种种方式或工具中，法是主要的一种。其作用主要在于：

（1）对市场经济的运行起引导作用。通过法的规范，引导市场经济主体在遵循市场经济体制自身要求的同时，也遵循一套统一而普遍适用的规则，避免或抑制各经济主体随意发展、利益冲突和某些经济领域发展失控或呈现危机，使市场经济得以健康发展。

（2）对市场经济的运行起促进作用。通过法的规范，为市场经济的发展创造条件；反映市场经济规律，促进市场经济发展。不仅通过直接调整市场经济的法，为市场发展、完善创造条件，扫除障碍，促使市场按法所反映的规律发展；还通过不直接调整市场经济的法，为正确处理各种社会关系提供标准，促进市场经济发展。

（3）对市场经济的运行起保障作用。国家通过法的规范，确认和维护市场经济主体的正当权益，为市场经济运行提供利益保障；确立和维护必要的平等原则，为市场经济运行提供平等保障；建立和维护必要的法的秩序、法的环境，为市场经济运行提供秩序保障和环境保障。

（4）对市场经济运行起必要的制约作用。国家通过法的规范，在引导、促进和保障市场经济的同时，也制约市场经济中的自发性、盲目性等非有序化倾向和片面强调本位物质利益的消极因素，使市场经济健康发展。

4. 答案： 适应社会主义市场经济运行的内在需要，法在市场经济体制建立过程中以及在市场经济活动中至少有着以下几个方面的作用：

（1）保障作用。保障作用旨在通过为市场经济提供良好的外部法律环境，为市场经济体制的建立和市场经济的发展创造民主稳定的政治局面、安居乐业的社会秩序和切实有效的社会保障体系。这方面的作用犹如为市场经济"护航"。

（2）引导作用。引导作用旨在通过规定社会主义市场经济的发展方向、价值目标、基本政策和利益关系，指引市场经济沿着正确、合法、高效和安全的路线破浪前进。这一方面的作用犹如为市场经济"引航"。

（3）服务作用。由于市场经济法治化，经济交往的过程无不同时也是法律交往的过程加上法律越来越专门化、技术化、信息化和国际化，市场经济对法律服务的需求和依赖也越来越大。律师、公证、法律咨询等法律职业和法律服务体系的发展就是为了满足这方面的需要。法律服务的范围将从主要是诉讼代理扩大到法律顾问、法律评价和法律审定，并从国内扩大到国外。

（4）规制作用。市场经济具有二重性。一方面，发展社会主义市场经济有利于解放和发展社会生产力，增强国家的综合国力，提高人民的生活水平，也有利于增强人们的自立意识、竞争意识、效率意识、民主法治意识和开拓创新精神，使社会主义的优越性进一步发挥出来。另一方面，市场自身也存在着一些弱点和消极方面，例如，可能扩大贫富差别，导致两极分化，也会使一些人利用市场机制的空当而见利忘义、唯利是图，在两种经济体制转轨过程中出现混乱和无序等。法律将对市场经济的消极方面予以规制，以充分发挥市场经济的积极作用，克服其弱点和消极因素。

第二十六章　中国社会主义法与文化

单项选择题

1. 答案： D。文化具有综合性、民族性、历史性、传递性。D 选项"永恒不变"这一绝对化表述，违背了文化动态发展的历史特征，因此是错误的。

2. 答案： C。法律意识是指人们关于法律现象的思想、观念、知识、心理的总称，是社会意识的一种特殊形式。从对法律现象认识的不同阶段的角度，可以将法律意识分为法律心理和法律思想体系。

3. 答案： D。法律思想体系是法律意识的高级阶段，它以理性化、理论化和体系化为特征，是人们对法律现象进行理性认识的产物，也是人们对法律现象的自觉反映形式。法律思想体系反映整个法律意识的水平。

4. 答案： B。社会法律意识集中反映了一个国家或民族法律文化、法律传统，体现一个社会法制的总体发展程度。

5. 答案： C。法律心理是人们对法律现象表面的、直观的感性认识和情绪，是法律意识的初级形式和阶段。

6. 答案： B。法律意识是人们在社会生活中逐渐形成的。

7. 答案： B。宗教活动不得妨碍国家教育制度。

8. 答案： B。按照马克思主义学说，道德先于法律在阶级和国家出现之前就已经产生。

9. 答案： B。任何宗教活动必须在法律框架内进行。

10. 答案： B。B 项错误，法律不调整所有道德领域。

11. 答案： C。法律主要规范人的外部行为，而道德还规范人的内心动机。

12. 答案： C。本题考查法与宗教的关系。法与宗教都是社会存在的反映，都是社会意识，属于上层建筑的范畴，并在一定程度上反映了特定人群的世界观，是广义的文化现象的组成部分。在社会发展的早期，法与宗教规范是浑然一体的，没有严格分离，都是人们行为的规范。但随着社会的发展，人类文明的进步，法与宗教逐渐分离，形成各自不同的调整范围。法只规范人们的行为，退出了对人们精神领域的调整。而宗教却在规范人们行为的同时，还控制人的精神。在当今社会，除了政教合一的国家以外，其他国家的法与宗教都严格分离，只有政教合一的国家还把某些宗教教义作为本国法的渊源。根据上述关于法与宗教的一般知识可知选项 ABD 正确，C 错误。故本题的答案为 C。

13. 答案： D。就调整范围来说，社会主义道德调整的范围比社会主义法律要广泛。就对社会成员的要求来说，社会主义道德对人们的要求比法律高，法律体现了道德的最低要求，同时，法律中也有一些规定不直接涉及是否合乎道德。法律规范一般体现为国家机关制定的成文法，是条文化的，比较具体；而道德一般体现在人们意识或社会舆论中，比较原则、抽象。

14. 答案： A。拒绝赡养父母既违反法律义务，又违背孝道传统，是典型的"德法双违"行为。

15. 答案： C。在阶级社会，统治阶级的思想道德与法律是同一上层建筑的组成部分，有同样的阶级性，是统治阶级意志的体现。

16. 答案： B。法律否定违背性别平等的习俗。

多项选择题

1. 答案： AC。法治文化是由社会的经济基础和政治结构决定的。

2. 答案： AC。B 项程序正义与实体正义并重，D 项道德与法律结合，非单纯依赖。

3. 答案： ABCD。四项均体现法律与道德相互渗透、协同治理。

4. 答案： CD。任何社会规范都具有强制力，即保证自己不被随意违反的力量，道德规范也不例外，只不过道德规范往往通过内心强制、舆论强制等非正式的强制力量来实现其要求，A 项错误。在实践中往往会出现因观念纷争而导致行动上的冲突和矛盾，此时可以通过将一定限度的道德要求转化为法律规定，以相对清晰的行为标准来规制统一人们的行动，进而化解一定范围内的道德难题，B 选项的说法过于绝对，B 项错误。

5. **答案**：AB。作为社会意识的一种特殊形式的法律意识是由社会存在所决定的，同时也反作用于社会存在，其发展具有历史继承性。

6. **答案**：BC。道德无国家强制性，法律以权利义务为核心，道德侧重义务。

7. **答案**：ABCD。提高公民的法律意识水平，应当广泛进行法治宣传，并提高执法、司法人员的法律业务素质，培养领导干部自觉守法的意识。

8. **答案**：ABCD。法律意识在立法工作中的作用表现在法律意识能够产生社会关系需要法律调整的要求，形成完善法律制度的愿望，提出进行法律调整的具体设想或方案，帮助立法者正确认识客观实际。

9. **答案**：ABC。D 项违背依法裁判原则，道德不能替代法律标准。

10. **答案**：ABCD。法律和道德的区别表现在：两者的表现形式和起源的时间不同；两者的具体内容不完全相同；两者实现的方式和手段不同；调整范围不尽相同。

11. **答案**：AC。道德是关于人们思想和行为的善恶、美丑、正义与非正义、公正与偏私、诚实与虚伪、荣誉与耻辱等观念、规范、原则和标准的总和。道德在社会生产生活中自然演进而产生，信念和良心是其存在方式。

12. **答案**：CD。道德的调整范围比法律更广、更具有深度、高度。

13. **答案**：AC。法律对道德义务的确认需保持限度。

14. **答案**：CD。A 错在教义无须批准，D 错在宗教不得干预行政。

15. **答案**：BCD。托马西斯的观点在反对当时封建统治者，尤其是天主教会方面具有进步作用，但是他对于道德和法律之间的界限的解释是不科学的。法律和道德具有一致性也有相互作用。二者都具有外界强制性，区别在于强制的形式，道德的强制性一般体现为社会舆论的谴责，法律则由国家强制力所保证。而对于二者的调整范围来讲，社会主义道德所调整的范围要比法律广；就对社会成员的要求来讲，社会主义道德对人们的要求比法律更高。

📖 名词解释

1. **答案**：文化具有民族性。文化产生于人类的实践活动，而人类的实践都是以一定的社群为基础的。由此，文化具有社群特点并且是某一社群的标志。当这种社群被称为民族时，文化的社群特点就是民族性。正因如此，文化能标志或象征一个民族，也是民族划分的根据。文化的民族性，必然使法律呈现出民族特点。

2. **答案**：法治信仰是对法治发自内心的认同和尊崇。每一位法律职业人员、执法者都应当养成对于法治的信仰。

3. **答案**：法律意识是法律文化观念的基本构成要素，是人们关于法和法律现象的心理、思想与评价的总称。

4. **答案**：道德是人们关于善与恶、正义与非正义、光荣与耻辱、公正与偏私等观念、原则和规范的总和。道德是一种重要的社会现象，绝不是抽象的善恶观念，它的内容与评价标准总是由一定社会物质生活条件所决定的。

✏️ 简答题

1. **答案**：法对文化的作用主要体现为对于主文化和社会文明的加强，正如庞德所言，"对过去来说，法律是文明的一种产物；对现在来说，法律是维系文明的一种工具；对未来来说，法律是增进文明的一种工具"。具体表现为：第一，促进文化事业的发展。法通过对文化事业建设、管理等活动的规制，保证和促进文化事业的发展。文化事业是精神文化发展的物质条件，文化事业的加强能够促进精神文化和制度文化的发展。尤其是，法对主文化中所包含的科学文化知识具有保护和推广的作用。第二，强化主文化的价值标准。法以主文化的价值标准和信仰作为自己的合法性根据和目标，即以国家意志形式强化了社会主义文化的价值标准和信仰。这种强化不仅进一步保证和提高了主文化价值标准作为判定行为、制度正当性标准的地位，还进一步向社会推广这些价值标准，使更多人了解和接受这些标准，并使这些价值标准渗透到社会的亚文化中，对亚文化起到同化和融合的作用，这对于整个社会的文化认同和凝聚力的加强具有非常重要的意义。第三，强化社会主义文化的行为模式。法律规范通过重述主文化的习惯、道德、宗教规则的方式，通过确认和保障主文化认可的公序良俗的方式，强化了社会主义文化的行为模式。

2. **答案**：文化对于法律发展具有深刻影响。任何国家的法都只能在其文化基础上产生和存在，不能脱离自己的文化而自立自足。文化对法的决定性影响有以下几方面：第一，法所包含的基本价值标准，是社会中居于主导地位的文化所包含的价值标准。任何法都包含着一定的价值标准。这些标准既是法追求的标准、方向，又是法律制度正当性的根据。法的这些标准来源于社会的主文化，即社会中居于支配地位的文化，它们通常存在于大多数人所接受的道德、宗教或信念当中，是社会中多数人评价制度和行为是否具有正当性的标准。一项立法要在正当性上得到认可，就必须符合社会主义文化的价值标准；如果与其冲突，就会被人们认为是不正当的、应被废止的恶法。法的历史类型的变更，从文化演进的角度来看，就是一种否定旧制度的新价值标准逐步成为社会的主价值标准进而引发社会革命和法律革命。第二，法的规则通常是社会中通行的重要规则的重述。在法产生之前及在法之外，存在着其他的规则体系（包括道德、宗教、习惯等），这些体系中的规则对社会秩序的构成发挥着重要作用。但这些规则的普遍性和强制力在适应社会管理的广泛性和刚性要求方面存在局限性，为强化社会的管理，人们就通过制定法律或认可

法律的方式"重述"这些体系中的重要规则。第三，社会中的亚文化对法也有重要影响。法律通常会认可或接受亚文化中的合理内容。比如，民族亚文化、职业亚文化中的合理内容，都会对法律的制定和实施产生积极影响，法律也会认可其作用的空间。文化对法的深刻作用是任何立法者都不能抗拒的。如果立法与社会主义文化的价值及规则体系相冲突，与人们普遍的科学知识水平相抵触，就会造成混乱和遭到抵制。

3. **答案**：所谓法律文化，是指在一定社会物质生活条件的作用下，掌握国家政权的统治阶级所创制的法律规范、法律制度或者人们关于法律现象的态度、价值、信念、心理、感情、习惯以及学说理论的复合有机体。法律文化有其独特的内在结构。这一结构由两个层面所构成，一是物质性的法律文化，诸如法律制度、法律规范等，亦曰制度形态的法律文化；二是精神性的法律文化，诸如法律学说、法律心理、法律习惯等，这可称为观念形态的法律文化。如果说制度形态的法律文化旨在建构一定的法律调整机制，那么，观念形态的法律文化则充分展示了人类关于法和法律的精神世界的活动。

4. **答案**：（1）在阶级对立社会，统治阶级的思想道德与法律是同一上层建筑的组成部分，有同样的阶级性。这种思想道德对法律有重大影响。中国历史上儒家的"德主刑辅"等思想对历代封建王朝法律的影响，18世纪伏尔泰、孟德斯鸠等思想家对《拿破仑法典》的影响，都体现了道德对法律的重大促进作用。

（2）反过来，法律也积极促进统治阶级的思想道德。例如，中国封建社会法典中"十恶""八议"等规定以及资本主义法律中的"契约自由"等原则，都表明法律在维护封建主义和资产阶级思想道德方面的作用。

（3）在阶级对立社会中，统治阶级的法律与敌对阶级的思想道德基本上是对立的。

💬 论述题

答案：（1）法治精神包括三个层次，即法治

信仰、法治理念和法治意志。对于法治工作者来说，筑牢法治精神尤为重要。

（2）法治信仰是对法治发自内心的认同和尊崇。每一位法律职业人员、执法者都应当养成对于法治的信仰。如果不信仰法治，没有坚守法治的定力，面对权势金钱、人情、关系，是抵不住诱惑、扛不住干扰的。法治如果不能被信仰，法律就无法深入到人的内心，进而转化为人的行为。信仰法治，坚守法治，是对法律职业人的职业要求。只有具有法治信仰才能具备法治思维，才能学会法治方式。

（3）法治理念是法治精神的表征。"法不阿贵，绳不挠曲"就是法治精神的真谛。要把法治精神作为主心骨，做知法、懂法、守法的执法者，不偏不倚、不枉不纵，坚定地秉公执法。要以事实为依据，以法律为准绳。忠实于宪法和法律，维护宪法和法律的尊严。维护宪法权威，就是维护党和人民共同意志的权威。捍卫宪法尊严，就是捍卫党和人民共同意志的尊严。保证宪法实施，就是保证人民根本利益的实现。只有切实尊重和有效实施宪法，才能保证法治事业顺利发展。

（4）法治意志是宝贵的法治品质。法治意志的形成，需要长期的训练。它遵循的不是知识的路径，也不是对各种誓词的背诵，而是通过经历一次次发生在自己身上冲击法治的事件，在一次次对法治有益而对自己不利后果的选择中，才最终养成的一种决心和不可改变的恒心。经得住各方诱惑、抵得住各方压力，经过各种磨炼，才能养成捍卫法治的勇气、坚守法治的决心。坚守法治的定力，揭示的就是法治意志的本质，是对法治精神的升华。

（5）法治信仰、法治理念再加法治意志，才最终形成法律职业者的"法治能力"。在这个意义上，从事法律职业的人如果出现司法腐败或故意的司法不公，其问题不仅仅是出在法治思维和法治方式上，而首先出在法治信仰和法治意志上。因此，加强社会主义法治文化建设对于建设社会主义法治国家意义重大。

案例分析题

答案：法律与道德，是一对相辅相成的概念。法律承担着维护社会善良风俗的责任，为道德提供坚实的后盾。而道德通常是指关于人们思想和行为的善恶、美丑、正义与非正义、公正与偏私、诚实与虚伪、荣誉与耻辱等观念、规范、原则和标准的总和，它往往是一部分法律的直接渊源，在一定程度上，对法律起约束作用。

在人类社会早期，法与道德是浑然一体的，后来随着社会的发展，两者开始逐步分化。但即使在两者高度分化后，法与道德依然在许多方面表现出共同性。它们具有内在的统一性，具有共同的基础和目的。它们都以权利和义务为调整内容。两者在发生学上、形式归属上、内容上、功能上和发展水平上都具有很多的共同性。

虽然两者的调整范围不尽相同，但两者都是社会调控的手段，都是以实现一定社会秩序和正义为使命。同时需要注意的是，法律与道德的调整作用并非不分主次，调整范围也不是平分秋色，而是随着时代的发展变化而不断发展变化。两者的区别具体表现在以下几个方面：

（1）生成方式上的建构性和非建构性。法在生成上往往与有组织的国家活动有关；而道德则是在社会生产和生活中自然演进生成。（2）行为标准上的确定性与模糊性。法有肯定明确的行为模式和法律后果，可操作性强。而道德通常是对行为的笼统和原则的要求，标准比较模糊。（3）存在形式上的一元性和多元性。法在特定国家的体系结构基本是一元的。而道德由于其存在方式主要表现为信念和良心，故道德在本质上是自由、多元和多层次的。（4）调整方式上的外在侧重于内在关注。法一般只规范和关注外在行为，一般不离开行为过问动机。而道德则首先和主要关注内在动机。（5）运作机制上的程序性和非程序性。法是程序性的，而道德则与程序无关。（6）强制方式上的外在强制与内在约束。专门机构、暴力后盾、程序设置、行为针对性和物质结果构成法的外在强制标志。而道德则主要依靠内在良知认同和责难来约束人们的行为。(7) 解决方式上的可诉性与不可诉性。可诉性是法区别于一切行为规则的显著特征。而道德则不具有可诉性，主要表现为无形的舆论压力和良心谴责。

在认识法律与道德的关系问题上，我们既要克服"法律万能"的观念，看到没有道德支持的法律是无法实施的法律，仅靠法律调整，不靠道德调整的社会将是极其暴虐和专制的社会；又要克服"法律虚无"的观念，看到法治是道德建设的基础，法治既规定着社会主流道德的性质、内容和发展方向，又决定着道德实现的程度。

"依法治国"和"以德治国"都是治国的指导思想和价值原则，二者相结合的思想科学地阐明了道德和法律的相辅相成、相互促进关系。由于二者所追求的价值目标是一致的，我们在现实中应当"德法并举"。

第二十七章 全面依法治国 建设法治中国

单项选择题

1. 答案：B。 法治国家建设过程中，党的领导、人民的支持、法治工作队伍的建设等方方面面，均会对全面依法治国产生重要影响，因此 B 选项的说法过于绝对，是错误的。ACD 均为正确选项。

2. 答案：C。 依法治国理念的基本要求强调要构建人民调解、行政调解、司法调解三位一体的解决社会纠纷的大调解格局和体系。"三位一体纠纷解决机制" 不包括党委调解。故 C 项错误，当选。

3. 答案：D。 本题考查的是多元纠纷解决机制。ABC 项：马锡五审判方式最大的特点即在于坚持在司法审判工作中贯彻落实群众路线，在保证法律效果的同时，争取人民群众对于判决的真心认可，体现了我党全心全意为人民服务的工作理念，据此 ABC 选项正确，不当选。D 项：司法与民意应当有机统一，严格依法裁判是司法的最根本要求，突破法律的界限的判决不仅面临严峻的合法性危机，也从根本上背离了民心所向。故 D 选项错误。当选。

4. 答案：D。 完善行政组织和行政程序法律制度，行政机关要坚持法定职责必须为，法无授权不可为。行政机关不得法外设定权力，没有法律法规依据不得作出减损公民、法人和其他组织合法权益或者增加其义务的决定。故 D 选项错误，当选。

5. 答案：B。 保证司法公正，公正司法维护人民权益。在司法调解、司法听证、涉诉信访等司法活动中保障人民群众参与。完善人民陪审员制度，保障公民陪审权利，扩大参审范围，完善随机抽选方式，提高人民陪审制度公信度。逐步实行人民陪审员不再审理法律适用问题，只参与审理事实认定问题。故 B 选项错误，当选。

6. 答案：D。 完善法律草案表决程序，对重要条款 "可以" 而非 "应当" 单独表决。因此，D 项错误，当选。

7. 答案：C。 在全面推进依法治国的总体战略过程中，法治国家是法治建设的目标，法治政府是建设法治国家的主体，法治社会是建设法治国家的基础。因此，C 项错误，当选。

8. 答案：D。 坚持从中国实际出发。立足我国基本国情，统筹考虑经济社会发展状况、法治建设总体进程、人民群众需求变化等综合因素，汲取中华法律文化精华，借鉴国外法治有益经验，循序渐进、久久为功，确保各项制度设计行得通真管用。D 项错在应当，因此，D 项错误，当选。

9. 答案：C。 并非所有涉及宪法有关规定如何理解实施、适用问题，都应当依照有关规定向全国人大书面提出合宪性审查请求，C 项过于绝对，因此，C 项错误，当选。

10. 答案：C。 法治是资产阶级反对封建主义的产物，主张民主、共和政体，因此，在奴隶社会、封建社会不可能出现。

11. 答案：D。 我国九届人大二次会议通过宪法修正案，明确在《宪法》中规定 "中华人民共和国实行依法治国，建设社会主义法治国家"。

12. 答案：D。 亚里士多德提出：法治应包含两重意义：已成立的法律获得普遍的服从，而大家所服从的法律又应该本身是制定得良好的法律。

13. 答案：D。 我们要传承中华优秀传统法律文化，从我国革命、建设、改革的实践中探索适合自己的法治道路，同时借鉴国外法治有益成果，但决不照抄照搬别国模式和做法，坚持德治和法治相结合，相辅相成。因此我们并不是完全不借鉴国外的法治成果，故 D 项错误，当选。

14. 答案：C。 社会主义法治是以社会主义民主为基础的，包括立法、执法、守法三个方面，其中核心环节是依法办事。

15. 答案：C。本题考查的是建设高素质法治队伍的重要举措。全面推进依法治国，首先要把专门队伍建设好。要加强理想信念教育，深入开展社会主义核心价值观和社会主义法治理念教育，推进法治专门队伍革命化、正规化、专业化、职业化，确保做到忠于党、忠于国家、忠于人民、忠于法律。对法治专门队伍的管理必须坚持更严标准、更高要求。要把拥护中国共产党领导、拥护我国社会主义法治作为法律服务人员从业的基本要求；加强教育、管理、引导，引导法律服务工作者坚持正确的政治方向，依法依规诚信执业，认真履行社会责任，因此，ABD 正确，不当选；C 项错误，当选，综上所述，本题为选非题，答案为 C 项。

16. 答案：D。党的十五大提出依法治国的理论。

17. 答案：C。近代以来，法治的核心被归结为"保护人权"。

18. 答案：B。社会主义法治的基本要素是依法办事。

19. 答案：B。社会主义法治的目标是在高度民主的基础上建成社会主义法治（法制）国家。

20. 答案：B。比较完善的现代法治概念追溯到亚里士多德。但是现代的法治所要求具备的条件是制度条件和思想条件。

21. 答案：C。本题考查的是对于古代的法治的论述。考生要注意的是虽然这些论述包含了法治的内容，但是和现代法治的内容是不同的。

22. 答案：C。依法办事是法制的中心环节。

23. 答案：B。有法必依是社会主义法制的中心环节，是国家机关、社会团体、公职人员和全体公民的普遍守法原则。

24. 答案：B。B 项错误，活动主体不包括监察官，当选。

☑ 多项选择题

1. 答案：ABCD。党的领导是全面依法治国的法治之魂，也是全面依法治国的根本保证，A 选项正确。中国的全面依法治国事业必须坚持从中国国情出发，而中国特色社会主义法治道路是中国建设社会主义法治国家、法治体系的唯一正确道路，B 选项正确。坚持以人民为中心是中国共产党的根本政治立场，也是新时代坚持和发展中国特色社会主义的根本立场，是中国特色社会主义法治的本质要求，C 选项正确。D 选项正确，全面依法治国是一个系统的工程，其中法治国家是目标，法治政府是主体，法治社会是基础，综上，本题答案为 ABCD。

2. 答案：BCD。作为国家根本法的宪法是近代以来的产物，因此古代不能有我们现代人所理解的宪法，A 选项错误。B 选项正确，宪法的最高法律效力体现为对法和对人两个方面，前者强调一切下位法均不能同宪法要求相抵触，后者要求一切守法主体都要遵守宪法，不得有超越于宪法之上的特权。C 选项正确，坚持依法治国，首先要坚持依宪治国；坚持依法执政，首先要坚持依宪执政，这是由宪法的根本法地位和最高法律效力所决定的必然。D 选项同样正确，领导干部要带头守法，模范守法，当然也应当带头遵守宪法，维护宪法权威。综上，本题答案为 BCD。

3. 答案：AD。B 选项错误，检察官拒绝当事人请客送礼主要体现了司法人员的廉洁性。C 选项错误，法官严格按照规定的权限和程序办案是符合司法公正理念的，但这与结果的正确性并不直接关联。

4. 答案：BC。法律人既需要懂法律也需要懂社情民意。因此，A 项错误。D 项中"完全不符合"法治的说法过于绝对。因此，D 项错误。

5. 答案：AC。《民法典》对以前的民事法律、法规、司法解释进行了整合，调整了这些法律规范之间的矛盾，消除了既往的民事法律之间的矛盾，但是民事法律由于社会发展新情况的出现、新的司法解释的制定还会有新的矛盾出现，因此 B 项所说"彻底"消除民事法律之间的矛盾是错误的。《民法典》解决法治建设的问题也不是"一劳永逸"的。

因此，D 项错误。

6. **答案**：ABCD。党的领导是中国特色社会主义法治之魂。只有在党的领导下依法治国、厉行法治，国家和社会生活法治化才能有序推进。因此，A 项正确。法治和改革有着内在的必然联系，二者相辅相成、相伴而生。立法应当主动适应改革需要，积极发挥引导、推动、规范、保障改革的作用。因此，B 项正确。要想建设好法治中国，必须坚持依法治国和以德治国相结合。因此，C 项正确。依规管党治党是依法治国的重要前提和政治保障，依法治国和依规治党是相互统一、相互融合的。因此，D 项正确，综上所述，本题答案为 ABCD 项。

7. **答案**：ABCD。建设社会主义法治国家，需要社会主义市场经济的健康发展，政治体制改革的推进和社会民主政治的完善，社会主义精神文明建设的发展和公民素质的提高以及立法体制、司法体制的改革和社会主义法律监督体系的完善。

8. **答案**：ABCD。关于法治与人治的三个主要分歧：（1）治理国家主要依靠什么？是法律还是道德？（2）对人行为的指引，主要依靠一般性的法律规则，还是依靠针对具体情况的指引？（3）在政治制度上应实行民主还是专制？

9. **答案**：ABCD。法治代表一种对人们行为的高度规范性指引方式而不是一种个别性指引方式。由于法治是以国家名义制定和实施的，因而这种指引方式有极大的权威性。对社会成员来说，也就是法治的体现和要求，它是建立社会秩序的一个必不可少的条件，具有连续性、稳定性、高效率性的优点。

10. **答案**：ABC。在我国和西方国家历史上关于法治与人治有三次重大争论：（1）春秋战国时期儒法两家对这一问题的不同观点。（2）古希腊思想家柏拉图和亚里士多德在这一问题上的不同观点。（3）17～18 世纪资产阶级先进思想家为反对封建专制提出的观点。

11. **答案**：ABCD。实现法治必须有包括立法、执法、司法、法律监督在内完备的法律制度，同时要从法治的观念、理论和法治的运作进行建设。

12. **答案**：ABCD。本题考查的是法治和法制的区别，以及法治的含义优越于法制的理解。

不定项选择题

1. **答案**：D。本题考查的是党的领导和社会主义法治的关系。A 项：党的领导是中国特色社会主义最本质的特征，是社会主义法治最根本的保证。A 项正确，不当选。B 项：习近平总书记在《求是》2019 年第 4 期刊发署名文章《加强党对全面依法治国的领导》中指出："必须坚持实现党领导立法、保证执法、支持司法、带头守法，健全党领导全面依法治国的制度和工作机制……"故 B 项正确，不当选。C 项：《深化党和国家机构改革方案》第 19 项"不再设立中央维护稳定工作领导小组及指出：其办公室。为加强党对政法工作的集中统一领导，更好统筹协调政法机关资源力量，强化维稳工作的系统性，推进平安中国建设，不再设立中央维护稳定工作领导小组及其办公室，有关职责交由中央政法委员会承担"。可见，政法委员会是党委领导政法工作的组织形式，必须长期坚持。故 C 项正确，不当选。D 项：党纪可以严于国法，但不能高于国法，在法治国家当中，宪法和法律至上。故 D 项错误，当选。

2. **答案**：ABD。本题考查的是习近平法治思想的形成和发展。A、B 项：党的十八届四中全会专门研究全面依法治国，出台了《关于全面推进依法治国若干重大问题的决定》。党的十九大提出到 2035 年基本建成法治国家、法治政府、法治社会。故 AB 项错误，当选。C、D 项：党的十九届三中全会决定成立中央全面依法治国委员会，加强党对全面依法治国的集中统一领导。故 C 项正确，不当选；党的十九届四中全会从推进国家治理体系和治理能力现代化的角度，对坚持和完善中国特色社会主义法治体系，提高党依法治国、依法执政能力作出部署。十九届五中全会对立足新发展阶段、贯彻新发展理念、构建新发展格局的法治建设工作提出新要求。故 D 项错误，当选。综上所述，本题为选非题，答案为ABD项。

📖 名词解释

1. 答案：第一，"法治"意指一种治国方略或社会调控方式。第二，法治意指依法办事的原则。法治作为一个动态的或能动的社会范畴，其基本的意义是依法办事。人人平等地依法办事是法治的要求和标志。第三，法治意指良好的法律秩序。无论是作为治国方略，还是作为依法办事的原则，法治最终要表现为一种良好的法律秩序。达到某种法律秩序，既是法治的目标和结果，也是检验是否厉行法治的一个重要标志。第四，法治代表某种具有价值规定的社会生活方式。法治不是单纯的法律秩序，不是任何一种法律秩序都称得上法治状态，法治是具有特定价值基础和价值目标的法治秩序，即有价值规定性的社会生活方式。就现代社会而言，法治的价值基础和取向至少包括：其一，法律必须体现人民主权原则，必须是人民根本利益和共同意志的反映，并且是以维护和促进全体人民的综合利益为目标的。其二，法律必须承认、尊重和保护人民的权利和自由。其三，法律面前一律平等。其四，法律承认利益的多元化，对一切正当的利益施以无歧视性差别的保护。

2. 答案：依法治国是党领导人民治理国家的基本方略，指全体人民在党的领导下，依照宪法法律管理国家事务、经济文化事业和社会事务，使国家各项工作法治化，实现人民民主的法律化、制度化。

3. 答案：依法执政是中国共产党执政的基本方式，是指党依照宪法法律和党法党规管党治党、领导国家和人民，即依照法定的程序和方式将自身意志上升为国家法律，以法治形式实施和执行自己的政治纲领和政治主张，领导人民带头遵守宪法法律和实施党法党规。主要内容包括：依法执掌、领导、运用国家政权，实现执政宗旨和目标；依法支持、督促、保障国家机关在法治和民主的轨道上行使国家权力；依法行使党章和宪法所赋予的

职权，参与重大国务活动；等等。

4. 答案：法治的精神的概念包含：其一，它是安排国家制度、确立法律与权力关系的观念力量。其二，它是一种相对稳定的、为保持法的崇高地位而要求人们持有的尚法理念。其三，它反映法律运行的内在规律，对变法具有支配、评价等作用，在遇有权力涉法行为时能传导公众产生排异意识并最终指导人们认同法律的权威。它的实质是关于法在与国家和权力交互作用时人们对这一关系所选择的价值标准和持有的稳定的心态。

5. 答案：法治的实体要件，指的是依据法治的精神而被奉行的法制原则以及由这些原则所决定的形成制度的法律内容，具体言之，就是法律对待公共权力、国家责任、个人权利、社会自由、公民义务的原则和制度。第一，控权制度的存在和权力制约原则被遵守。第二，国家责任的无可避免和权力与责任相统一制度的建立。第三，权利受到制度保障和社会自由原则的确立。第四，公民义务的法律化和相对化。

6. 答案：法治的形式要件，指的是法治实体要件的表现方式及实现实体要件的技术条件。它包括：

第一，法制的统一性。统一性的含义是：其一，避免法律中的矛盾。如果立法权允许分割，那么法律中同一内容不同的规定就不可避免。其二，法律普遍得到遵守。如果允许有人超越法律，那么就一定允许有人毁掉法律。

第二，法律的一般性。一般性的含义是：其一，法律对社会生活的一般性调整。它指法律规范设定人的行为的两种模式，把允许、肯定和鼓励的行为概括为权利，把禁止、命令和否定的行为概括为义务，使人除了情感和思想外的所有存在都被收入这两种最简单的调整范围之内。其二，法律内容的一般性表述。它指法律规范需要用专业性的词汇、概念高度概括人的行为而使权利和义务成为一般性法律条文，人们按事先公布的法律条文选择行为而不被追究，就是初级形态的法治。其三，法律实施中的一般性适用。它一

方面是指法律规范的全域约束力，另一方面是指法律规范的逻辑适用。

第三，规范的有效性。有效性的含义为：其一，法律规范的效力系统。在全部法律规范中，只有一个规范具有最高效力，就是宪法中的人权规范。其二，法律规范的可操作性。其三，法律规范的实效。它指有效的规范在多大程度上实际产生了约束力。

第四，审判机关依照法律规定独立行使审判权。这既是程序正义所应恪守的原则，也是实体正义所含之当然要求，审判机关依照法律规定独立行使审判权源于审判权的五个特征。其一，审判权是被动性权力，非因诉方、控方请求不得主动行使。其二，审判权是判断性权力。其三，审判权是程序性权力。其四，审判权是中立性权力。其五，审判权是终极性权力，它对争执的判断和处理是最后的和最具权威的，这在结果上必然要求它代表着社会公正。

第五，法律工作的职业性。法律职业是指通过熟谙法律原则及其运用技巧而追求社会公平与获得个人生活来源的专业性工作。该职业的主要构成部分为法官、检察官和律师。如果法律工作非职业化，则无论是法治的实体价值还是形式价值，都会在从业者的无知和盲从中丧失。一般来说，一个社会对法官、检察官的尊重程度，直接表明了这个社会的法治程度。相同的道理，法官、检察官对律师的尊重程度，则表明了这个社会的公正程度。法治社会缺乏了主体条件的保障，即使有良法，也未必能出现良法之治。

简答题

1. **答案**：依法治国、依法执政、依法行政是一个统一的整体，三者相辅相成、不可分离。其相互关系表现在：依法治国具有统领性、根本性和全局性，总揽法治的全局，能不能实现依法治国关键在于执政党能不能坚持依法执政，政府能不能依法行政。依法执政具有导向性和决定性，为依法治国提供价值理念和政治意识。全面推进依法治国，建设法治中国，重点是党科学而有效地依法执政。

依法行政则具有主体性和实践性，在法治体系中，政府执法无论在范围、对象还是数量上都极其广泛、庞大，事关依法治国战略部署的具体执行与落实。

2. **答案**：（1）依法治国的优越性首先是法治优于人治。但法治的优越性不限于与人治相比。

（2）依法治国是治理国家的基本方略，它对发展市场经济、社会文明进步和长治久安等方面的有深刻影响，正说明法治代表理性、效率、文明、民主和秩序等价值。

3. **答案**：第一个主要分歧是：治理国家主要依靠什么？是法律还是道德？人治论者认为国家主要应由具有高尚道德的圣君、贤人通过道德感化来进行治理。法治论者则认为主要应由掌握国家权力的人通过强制性的法律（实际上指刑法）来治理。

第二个主要分歧是：对人的行为的指引，主要依靠一般性的法律规则还是依靠针对具体情况的具体指导。人治论强调具体指引，法治论则强调一般性原则。

第三个主要分歧是：在政治制度上应实行民主还是专制。法治论者主张民主、共和政体（包括君主立宪），人治论者主张君主制、君主专制或寡头政治。

4. **答案**：中国特色社会主义法治道路包括三个"核心要义"，即坚持党的领导，坚持中国特色社会主义制度，贯彻中国特色社会主义法治理论。这三个方面的"核心要义"规定和确保了中国特色社会主义法治体系和社会主义法治国家的制度属性和前进方向。（1）坚持党的领导。党的领导是中国特色社会主义最本质的特征，是社会主义法治最根本的保证。法治中国只能而且必须坚持党的领导。中国共产党对全面推进依法治国的领导，既取决于党的本质属性和根本目标，又是全面推进依法治国的客观必要。（2）坚持中国特色社会主义制度是中国特色社会主义法治体系的根本制度基础，是全面推进依法治国的根本制度保障。（3）贯彻中国特色社会主义法治理论。没有科学的法治理论就不可能取得法治中国建设的成功。中国特色社会主义法治理论是法治体系的理论指导和学理支撑，是全面推进依法治国的行动指南。

5. 答案：法治国家是与专制国家对立的。法治国家是依法治国所形成的理想状态。在当代社会主义中国，法治是民主、自由、平等、人权、理性、文明、秩序、效益与合法性的完美结合。据此意义，社会主义法治国家或法治社会的基本标志应当是：社会生活的基本方面和主要的社会关系均纳入法律（制度及程序的）轨道，接受法律的治理，而法律是建立在尊重民主、人权和潜能，保护和促进经济增长、社会公平、社会秩序和社会进步的基础之上，就是说法治之治是良法之治；凝结着人民公意的宪法和法律高于任何个人、群体、政党的意志，有至上的效力和最高的权威；国家的一切权力根源于法律，而且要依法行使；公民在法律面前一律平等，不因性别、种族、肤色、语言和信仰等特殊情况而有基本权利和义务的差别，非基本权利和义务的差别只应与职位相连，而职位对一切人开放；凡是法律没有禁止的，都是合法或准许的，每个人只要其行为不侵犯别人的自由和公认的公共利益，就有权利（自由）按照自己的意志活动；公民的权利、自由和利益机会非经正当的法律程序和充足的理由不受剥夺，一切非法的侵害（不管是来自个人还是国家）都能得到公正、合理、及时的补偿。

6. 答案：法治的精神，内含着：（1）它是安排国家制度、确立法律与权力比值关系的观念力量；（2）它是一种相对稳定的、为保持法的崇高地位而要求人们持有的尚法理念；（3）它反映法律运行的内在规律，对变法具有支配、评价等作用，在遇有权力涉法行为时能传导公众产生排异意识并最终指导人们认同法律的权威。构成法治精神的要素至少有以下四种：

（1）善法、恶法价值标准的确立。善法，是法治的最低要求。善法、恶法价值标准的确立，使人们在观念上有了"法上之法"与"法下之法"以及"合法之法"与"不法之法"之分。正义为法上之法，追之近之为合法之法，去之远之则为法下之法或不法之法，亦即恶法。恶法不为法，人人有权予以抵抗。

（2）法律至上地位的认同。法律至上地位的认同问题，回答的是法律是否具有最高权威问题。无论何种形态的社会，总有一个至高无上的权威存在。如果公众心目中认同的最高权威不是法律，那么这个社会就肯定不是法治社会。

（3）法的统治。法的统治（rule of law）的观念是法治精神的核心。在这种观念里，最有价值的思想是承认统治阶级也必须严格守法，而不承认法律之外另有主宰法的不被法制约的主体。

（4）权利文化人文基础的建立。权利文化与人道主义文化、科技文化一起构成了当今世界三大文化主流。人道主义文化联系着人类的道德规范，社会的精神文明由此得以养成。科技文化概括着人类创造财富的先进手段，社会的物质文明由此不断提高。权利文化制约着人类设计制度的原则，社会的制度文明由此得以建立。权利文化是法治社会得以形成的人文条件。

💬 论述题

1. 答案：（1）全面推进依法治国的总目标是建设中国特色社会主义法治体系，建设社会主义法治国家。即在党的领导下，坚持中国特色社会主义制度，贯彻中国特色社会主义法治理论，形成完备的法律规范体系、高效的法治实施体系、严密的法治监督体系、有力的法治保障体系、完备的党内法规体系，坚持依法治国、依法执政、依法行政共同推进，坚持法治国家、法治政府、法治社会一体建设，实现科学立法、严格执法、公正司法、全民守法，促进国家治理体系和治理能力现代化。

（2）从立法环节来看，要完善以宪法为核心的法律体系，加强宪法实施。建设中国特色社会主义法治体系，必须坚持立法先行，发挥立法的引领和推动作用，抓住提高立法质量这个关键。形成完备的法律规范体系，要贯彻社会主义核心价值观，使每一项立法都符合宪法精神。要完善立法体制机制，坚持立改废释并举，增强法律法规的及时性、系统性、针对性、有效性。

（3）从执法环节来看，要深入推进依法行政，加快建设法治政府。法律的生命力和法律的权威均在于实施。建设法治政府要求在党的领导下，创新执法体制，完善执法程序，推进综合执法，严格执法责任，建立权责统一、权威高效的依法行政体制，加快建设职能科学、权责法定、执法严明、公开公正、廉洁高效、守法诚信的法治政府。

（4）从司法环节看，要保证公正司法，提高司法公信力。要完善司法管理体制和司法权力运行机制，规范司法行为，加强监督，让人民群众在每一个司法案件中感受到公平正义。

（5）全民守法。树立法治观念，做守法公民。

2. **答案**："法治中国"是在深刻总结生动活泼的地方法治实践经验基础上提炼而成的新概念，是依法治国、建设法治国家的升级版。"法治中国"这一概念具有强大的凝聚力、感召力，它所表达的不仅是法治建设的目标或定位，更是建设法治强国的美好梦想和愿景。法治梦与中国梦一脉相承。中国梦，既是复兴梦，又是强国梦。在当今世界，一个强大的现代化的国家，必然是法治上的强国。全面推进法治中国建设，对于实现近代以来中国人民孜孜以求的法治梦，具有重大的现实意义和深远的历史意义。这集中体现在：第一，法治是强国的有效手段。法治兴则国家兴；法治强则国家强。强国的关键在于紧扣"发展"这一"时代主题"和"第一要务"。而要推动经济社会持续健康发展、民主政治建设与生态环境可持续发展，就必须全面推进依法治国，从法治上为解决这些问题提供制度化方案。法治不仅是制约、制裁的工具，还对经济社会发展具有导航、护航功能，更承载着公平正义、自由平等、民主人权的美好价值，而这些正是国富民强的体现和保障。第二，法治是强国的重要标志。法治是文明的标尺。法治既是治国之策也是强国之道。中国古代的"盛世"，往往是经由法治改革而形成的法治明、国力强大的景象。我国已全面建成小康社会，更加彰显了法治这一强国之根本保障的魅力。第三，法治是强国的构成要素。法治展示了国家的软实力。法治中国不仅立足于国内维度，更统筹国内和国际两个大局，呈现出鲜明的全球化时代特征。国力即国家实力，国家实力不仅是国内意义上的实力，更是在国际上凸显出来的比较优势。掌握和提升国际话语权是国家强盛的坚实后盾和表现，而在全球治理中的决策权和规则制定权则是话语权的重中之重。法治中国通过全面推进依法治国，为全面深化改革、全面建成小康社会和实现中华民族伟大复兴的中国梦提供根本保障。以此为基点，法治中国在一系列大是大非上作出了鲜明的选择和响亮的回答，蕴含独特的内涵和要求：法治中国的主体是人民，法治建设为了人民依靠人民；法治中国的核心在于依法治"权"依法规范与约束国家公共权力、规范公民行为与维护社会秩序；维度是统筹国内法治和国际法治两个大局，为实现中华民族的强国梦奠定基础；依据是以宪法为核心的中国特色社会主义法律体系；标志是维护宪法法律权威，依据国家法律治国理政，依据党内法规管党治党；总目标是建设社会主义法治体系、建设社会主义法治国家，通过法治来确立、维护和保障人权，让发展成果公平惠及全体人民，实现人的全面自由发展。

3. **答案**：所谓法律至上，是指法律享有至高无上的权威，没有任何人或组织可以凌驾于法律之上。在我国确立建设法治国家的方略后，倡导"法律至上"原则具有极其重要的意义。具体表现在：

（1）历史的经验教训，促使人们在坚持法制的前提下，实行法治，倡导法律至上。在社会主义国家，必须实行法治，倡导法律至上。

（2）倡导法律至上是建设社会主义法治国家的必然要求。

（3）倡导法律至上是实行社会主义市场

经济的必然要求。市场经济本质上是一种法治经济，无论是市场经济的运行形式还是它的管理方法，都不可能离开法治调整机制。因此，倡导法律至上，使市场经济的主体及其行为都严格依法办事，对社会主义市场经济的启动、运行和发展有着重要意义。

（4）倡导法律至上是社会主义民主的必然要求。社会主义民主，本质上就是人民当家作主，而人民要真正当家作主，就要求依法建立合理的权力结构形式和制约机制。以限制和正确运用公共权力，亦即倡导法律至上。

（5）倡导法律至上还是保障国家正常运转和保持国家长治久安的需要。倡导法律至上，可以避免因国家领导人的变化或注意力的改变而引起的国家不稳定，使法律具有不可动摇的普遍效力，这样，国家和社会的长治久安才会有保障。

（6）倡导法律至上还有利于加强和改善党的领导，十分清楚，倡导法律至上并不是不要党的领导，而是要求党在宪法和法律范围内活动，也有利于加强党的领导和改善党的领导。

（7）倡导法律至上还有利于促进社会主义精神文明建设。因为倡导法律至上本身就是一个不断培养和提高社会主义法律意识的过程，而这无疑将促进社会主义精神文明的建设。

4. **答案：**（1）全面推进法治中国建设伟大实践的系统化、集成化创新之举，集中体现为坚持依法治国、依法执政、依法行政共同推进，坚持法治国家、法治政府、法治社会一体建设。

（2）依法治国、依法执政、依法行政共同推进。依法治国是党领导人民治理国家的基本方略，指全体人民在党的领导下，依照宪法法律管理国家事务、经济文化事业和社会事务，使国家各项工作法治化，实现人民民主的法律化制度化。依法执政是中国共产党执政的基本方式，是指党依照宪法法律和党法党规管党治党、领导国家和人民，即依照法定的程序和方式将自身意志上升为国家法律，以法治形式实施和执行自己的政治纲领和政治主张，领导人民带头遵守宪法法律和实施党法党规。依法行政要求行政机关必须依法取得和行使行政权力并对行政行为的后果承担法律责任。"执法者必先守纪，律人者必先律己。"执法是行政机关履行政府职能、管理经济社会事务的主要方式，各级政府必须依法全面履行职能，坚持法定职责必须为、法无授权不可为，健全依法决策机制，完善执法程序，严格执法责任，做到严格规范公正文明执法。依法治国、依法执政、依法行政是一个统一的整体，三者相辅相成、不可分离。

（3）法治国家、法治政府、法治社会一体建设。法治国家不同于国家法治，它是通过依法治国和法治国家建设所要达到的理想的法治化状态。成熟的法治国家通常具备五个方面的基本标识：第一，法律之治。法治成为国家治理和社会治理的基本方式，实现民主政治、市场经济、社会管理、文化建设以及生态文明法治化。第二，程序之治。在某种意义上，法治就是程序之治，依法办事就是依照程序办事。程序是制约权力、保障人权、科学决策的保障。第三，人民主体。法治为了人民、依靠人民、造福人民、保护人民。第四，依法行政。政府权力既受法律的制约，同时要保证行政权力拥有足够的权威和效率。第五，良法善治。这是法治国家的最高境界。法治政府在法治中国建设中发挥着重要而特殊的作用。法治政府是集为民政府、有限政府、阳光政府、诚信政府、程序政府、责任政府于一体的政府。法治社会是法治中国建设自上而下的必然要求，是创新社会治理、确保社会安定有序、人民安居乐业的生动表现。法治社会指法治得到全社会公认和践行的一种社会状态，旨在通过公民、社会组织或社会团体等社会主体及其行为的法治化而达致社会治理。

5. **答案：**（1）法治这个词，由于古今中外人们用法和解释的不同，因而就具有多种含义。但是，通常大多是在两种意义上使用，一种是静态意义上的法治，即法律和制度；另一种是动态意义上的法治，即指立法、执法、司法、守法和法律监督的活动和过程。我们理解法治，应从国家的法律制度和法律能被严格遵守和执行结合上认识，因此，法治是指法的制定、执行、司法、守法和法律监督的总称，所以说，"只要有法律和制度存在就有法治存在"。这种提法若从法制的静态意义上看是对的，但若从法治的动态意义上看则不够准确。

（2）所谓厉行法治，是法律和制度在国家和社会生活中真正得到严格的遵守和执行，亦即真正实现社会主义法治的基本要求——使民主制度化、法律化，有法可依、有法必依、执法必严、违法必究。很明显，厉行法制具有非常深刻的内涵，因此，有法律和制度存在，不一定就厉行法治。

（3）承认"只要有法律和制度存在就有法制存在，但不一定就厉行法治"具有重大的现实意义。

总之，在我们建设社会主义市场经济，发展社会主义民主的今天，我们不仅要有适应市场经济和民主政治发展需求的法律和制度，而且尤其要求在实际中真正落实这些法律和制度，真正厉行法治。

6. **答案**：无论采取什么样的法治改革举措，无论创新出何种法治理论，走中国特色社会主义法治道路都必须始终坚持以下基本原则，即坚持中国共产党的领导、坚持人民主体地位、坚持法律面前人人平等、坚持依法治国和以德治国相结合、坚持依法治国与依规治党有机统一、坚持从中国实际出发。第一，坚持中国共产党的领导。坚持中国共产党的领导，是全面推进依法治国必须坚持的首要原则。党的领导和社会主义法治是一致的，社会主义法治必须坚持党的领导，党的领导必须依靠社会主义法治。只有在党的领导下依法治国、厉行法治，人民当家作主才能充分实现，国家和社会生活法治化才能有序推进。第二，坚持人民主体地位。始终坚持法治建设为了人民、依靠人民、造福人民、保护人民，以保障人民根本权益为出发点和落脚点，保证人民依法享有广泛的权利和自由、承担应尽的义务，维护社会公平正义，促进共同富裕；始终坚持保证人民在党的领导下，依照法律规定，通过各种途径和形式管理国家事务，管理经济文化事业，管理社会事务。第三，坚持法律面前人人平等。平等是社会主义法律的基本属性。任何组织和个人都必须尊重宪法法律权威，在宪法法律范围内活动，依照宪法法律行使权力或权利、履行职责或义务，自觉维护法律的统一、尊严和权威，保证宪法法律实施。第四，坚持依法治国和以德治国相结合。依法治国与以德治国的关系在于：国家和社会治理需要法律和道德共同发挥作用，既重视发挥法律的规范作用，又重视发挥道德的教化作用。以法治体现道德理念、强化法律对道德建设的促进作用；以道德滋养法治精神、强化道德对法治文化的支撑作用。实现法律和道德相辅相成、法治和德治相得益彰。第五，坚持依法治国与依规治党有机统一。必须坚持依法治国与依规治党统筹推进、有机统一，注重党内法规同国家法律的衔接和协调，发挥二者在治国理政中的互补作用。建设中国特色社会主义法治体系，既要形成完备的法律规范体系，也要形成完善的党内法规体系。要以党章和宪法为基石，加快党内法规制度建设，推进国家治理体系和治理能力现代化、实现中华民族伟大复兴的中国梦提供有力的制度保障。第六，坚持从中国实际出发。中国特色社会主义法治道路和法治体系，只能建立在中国自身的基本国情和政治经济制度之上。坚持从实际出发就是要突出法治的中国特色、实践特色和时代特色，实现历史经验和现实需求与现实条件的统一，不断丰富和发展符合中国社会主义初级阶段客观实际、具有鲜明中国特色、反映社会发展客观规律的社会主义法治理论，正确地指导全面依法治国伟大实践。

第二十八章　中国社会主义法与社会、科技、生态

答案：C。本题考查了社会热点问题即无人驾驶问题。A选项：根据禁止拒绝裁判原则，即"法官不得以法律没有规定或规定的不清楚为理由拒绝裁判"，故在民事案件的处理过程中，法律没有明文规定的情况下，法官仍可以采用非正式渊源或法律漏洞填补技术对案件进行处理。A选项错误，不当选。

B选项：法律的作用具有局限性，在社会治理的过程中，除了可以利用法律手段来处理社会问题外，还可以依靠政策、道德等其他社会规范来进行规制，因此诸如无人驾驶汽车等伴随科技发展引发的新问题并非只能通过法律手段才能解决。B选项错误，不当选。

C选项：现行交通法规对无人驾驶汽车上路行驶尚无规定本身属于立法空白，这是法律局限性的具体表现。C选项正确，当选。

D选项：立法本身就应当具有一定的前瞻性，完全可以对可能出现的社会问题进行事前预防，因此并非只有当科技发展造成了实际危害后果时，才能动用法律手段干预。D选项错误，不当选。

多项选择题

1. 答案：ABC。本题考查了社会热点问题即《民法典》的问题。

A选项：《民法典》婚姻家庭编总结了此前《婚姻法》《收养法》等立法经验重新对婚姻家庭规范进行立法，凸显了中国社会治理经验，在"送养""过继"问题上又体现了对中国传统社会习俗的充分尊重。A选项正确，当选。

B选项：弘扬社会主义核心价值观是宪法规定的公民思想道德领域的基本要求，作为社会生活的百科全书的《民法典》当然对

其应当有所反映。B选项正确，当选。

C选项：《民法典》第1034条规定，自然人的个人信息受法律保护。个人信息是以电子或者其他方式记录的能够单独或者与其他信息结合识别特定自然人的各种信息。这体现了在信息社会发展的趋势下，民事立法对人格权的保护的新回应。C选项正确，当选。

D选项：法律具有作用上的局限性，理性的有限性使得立法者无法设计出完美的法典，社会的发展也会使得应当保持稳定的法律不可避免地具有滞后性，同时，D选项说法也过于绝对。选错原因是没有发现绝对词和知识点理解不到位。D选项错误，不当选。

2. 答案：ABD。选项A：依法治国属于政治文明范畴，是治理国家的主要方式；以德治国属于精神文明范畴，是思想建设的主要方式，主要是以德教民、以德化民、以德育人。这样，在立法、执法、司法、法律监督、法律解释等政治法律活动中，必须严格遵循法治的精神、原则和方法，不得以道德判断取代或冲击法治规则。而在相当广泛的政治社会领域和精神文明建设中，必须强调德治的精神、原则和方法，不能一味地用法律的强制手段解决思想道德问题。可见道德规范不具有国家强制性。故A选项说法正确，当选。

B选项：在探讨法律与道德之间是否具有概念上的必然联系时主要存在两种立场：实证法学派与非实证法学派。实证法学派坚持认为法律与道德之间不存在必然联系，他们认为即便法律与道德相冲突，该法律仍应被视为合法，即所谓的"恶法亦法"原则；相对地，非实证法学派则认为法律与道德之间存在不可分割的联系，他们认为与道德相冲突的法律不应被认定为合法，即"恶法非法"。

C选项：法治属于政治建设和政治文明；

德治属于思想建设和精神文明。法的生成往往存在于立法、执法、司法、法律监督、法律解释等具有建构性的政治法律活动中；道德规范往往在社会生产生活中自然演变而来，故不具有建构性。故 C 项说法错误，不当选。

D 选项：法律程序具有法律上的意义。其不像民俗习惯、宗教典礼、社团仪式那样任意、松散，它是对形成法律性决定的过程、方式和关系的制度性预设，具有规范性、概括性、确定性、稳定性、普遍约束力和不得违反等特点。法律程序通过分工、抑制、导向、缓解、感染等方式实现对法律行为的调整；而道德自发形成于社会生产生活中，不具有严格的程序要求，与法律程序无绝对的相关性。故 D 项说法正确，当选。

3. **答案：** ACD。在探讨法律与道德之间是否具有概念上的必然联系时主要存在两种立场：实证法学派与非实证法学派。实证法学派坚持认为法律与道德之间不存在必然联系，他们认为即便法律与道德相冲突，该法律仍应被视为合法，即所谓的"恶法亦法"原则；相对地，非实证法学派则认为法律与道德之间存在不可分割的联系，他们认为与道德相冲突的法律不应被认定为合法，即"恶法非法"。"法是善良和正义的艺术"、"正义只有通过良好的法律才能实现"。这些古老的法学格言和现代法学命题表明法是且应当是捍卫和实现正义的手段，法律最重要的价值在于实现正义。

A 选项：认为不公正的法律并非真正的法律，这是恶法非法原则的体现，因此，冉阿让并未犯罪。故 A 选项正确，当选。

B 选项：沙威"笃信法律就是法律"，是恶法亦法的体现，是实证主义的法律观。故 B 项错误，不当选。

C 选项：冉阿让强调法应当包含正义性、正当性，体现法律与道德的相关性，是非实证法学派的观点；沙威强调法律的严格遵守，是法律秩序的要求，是实证法学派的观点。

故 C 选项说法正确，当选。

D 选项：只有法律符合正义、道德，人们才会自觉遵守，强调法律与道德的关联性，说法正确，当选。

✏️ **简答题**

答案： 改革开放 40 多年特别是党的十八大以来，生态文明建设持续创新发展，生态环境法律制度与时俱进、完善发展，整体实现"升级换代"，取得重大成就。现行有效的 30 多部生态环境法律、100 余件行政法规、1000 多件地方性法规，以及相关的司法解释、规章制度、政策措施，为运用法治方式推进生态文明建设提供了保障。[①]

（1）我国生态环境保护法治体系立法现状

我国法律体系中现行有效的有关生态环境保护包括以下几类法律文件和规范：①有关环境保护和污染防治的法律，如：《环境保护法》《海洋环境保护法》《野生动物保护法》等；②有关保护治理和合理开发自然资源的法律，包括《矿产资源法》《森林法》《草原法》等；③其他特别环境资源立法，包括《环境影响评价法》《清洁生产促进法》《可再生能源法》等。

在多领域、多层次的生态环境保护法律规范逐步完善的当下，我国正稳步推进，编纂生态环境法典。编纂生态环境法典，将党的十八大以来生态文明建设理论、制度、实践成果以体系化、法典化的方式确认下来，完善生态环境法律制度体系，具有重大而深远的意义。

（2）生态文明保护的法治要求

人与自然的关系需要法律调整，生态文明的成果需要法治保障；法治能够规范人与自然的关系，促进人与自然的和谐互动，能够保证可持续发展模式的贯彻。

首先，人与自然关系恶化的形势严峻，需要立法强制控制和修复。其次，解决生态

---

① 参见《生态环境法典草案提请审议用最严格制度、最严密法治保护生态环境》，载中国人大网，http://www.npc.gov.cn/c2/c30834/202504/t20250428_444963.html，最后访问时间：2025 年 6 月 1 日。

问题，需要以法治方式来调整和平衡各种利益关系。竞争刺激了对自然资源无节制的开发，而竞争又源于利益的驱动，因此，调整竞争中的利益关系，调整各竞争主体与自然的关系，是解决生态问题的一项基本措施。这就需要发挥法律的规范作用和社会作用，促进社会各主体平衡生态环境利益和其他利益。最后，生态文明的成果需要用法治方式确认和推行。在长期的认识和改造自然的过程中，人们已经认识到许多自然过程的规律，已经获得大量正确处理人与自然关系的科学知识和技能，已经创造出治理受害环境的许多有效方法和方案，已经形成了一些能够保证可持续发展的生产生活模式和生态治理模式，这些都是生态文明的成果，要保证这些成果不被闲置并被有效地用于保护生态，就需要用法治方式予以确认和推行。

综上所述，用法治的方法推进生态保护、实现环境治理，需要以习近平生态文明思想和习近平法治思想为根本遵循，是实现中国式现代化的应有之义。

💬 **论述题**

1. 答案：（1）通过法律管理科技活动

"二战"以来，人类迎来"大科学"时代。科技活动本身已是一项巨大的系统工程，涉及各环节的组织、协调、管理，这些都需要法律来规范，都需要一个良好的法律环境。法律可以确认科技发展在一个国家社会生活中的战略地位。世界上很多国家，尤其是发达国家都通过制定专门科技法的形式来管理整个国家的科技活动。法律对科技的国际竞争具有促进和保障作用。科技国际化已成为当今世界的重要发展趋势，科技事业已由国家事业发展为国际事业。另外，当代经济活动引发了许多全球性问题，如环境污染、气候变化、土地沙漠化、热带雨林锐减、大气臭氧层被破坏以及人口、资源和能源等。这些问题的解决必须依赖于科技的国际合作，而有序有效合作的前提就是形成一批对各国均有效力的法律文件。法律可以对科技活动起到组织、管理、协调作用。任何活动，尤其是涉及众多人员参与的科技活动，其有序发展的前提是在各方面形成切实有效的制度，如科技人员管理制度、研究开发机构制度、科技发展计划制度、科技奖励制度、科技信息管理制度等，而所有制度的前提都是制定相应的法律规范。

（2）法治促进科技经济一体化和科技成果商品化

"科学技术是第一生产力"并不必然推导出，有先进的科学技术，经济就会自然而然地发展。只有使科技和经济相结合，大力促进科技成果商品化，经济才能高速增长，进而使社会对科技的物资、资金投入不断增加，使科技规模得以扩大，以保持或赢得经济上的竞争力，形成科技经济一体化协调发展的良性循环。形成健全的机制，才能为成果转化提供多功能的社会服务体系，使研究、后续试验、开发、应用、推广直至形成新产品、新工艺、新材料，进而发展新产业等各个环节得以顺利和高效运作。在这些方面，法律都是不能忽视的重要基础因素。法律可以有力地保护知识产权，规范无形资产的评估价值。科技成果的专利权、版权商标权、技术秘密权等知识产权，是促进科技成果转化的利益驱动力量，是对权利人付出的回报。法律规定技术交易规则，可以使科技成果的商品性质和交换关系规范化。一些发达国家的实践经验表明，将科技成果推向成熟、稳定的市场，促进科技成果源源不断地转化为现实生产能力，离不开公平有序的竞争规则，离不开相应的法律监督系统。

（3）法治预防科技引发的社会问题

科技活动的社会效果具有两重性：一方面，现代科技的发展为人类提供了改造和利用自然的新手段，提高了人们的生活质量。另一方面，科学技术也可能带来严重的社会问题。科学技术的失控、滥用引起了种种社会公害，如环境污染、生态平衡遭到破坏、自然资源日益枯竭等。20世纪90年代以来，网络技术的飞速发展，为人们获取和传播信息提供了极为便利的手段，但对网络技术的非道德使用及其所带来的社会危害也越来引人注目。事实表明，为防止对科技成果的误用、滥用和非道德使用所造成的社会危害，必须有相应的法律加以防治，并对受害者给予法律救济。同时，研究开发的科技成果，其应用有可能危害人类社会，造成不可逆转后果的，也应当以相应的立法预先作出有关应用范围与性质的规定。

2. **答案**：中国，这个拥有悠久历史的文明古国，在其古代社会的传统治理结构中，高度强调天理、国法、人情的结合，这一做法对现今的法治事业仍具有重要的参考价值。天理、国法、人情的结合，实质上是国法与民情的融合，是法律效果与社会效果的统一，更是现代法治与传统道德的结合。只有不断汲取中国传统文化中的精华，立足于中国的现实情况，我们才能实现传统与现代的完美融合，更有效地推进中国当前法治事业的发展，实现国家治理体系和治理能力现代化的目标。天理与国法相辅相成，国法与人情不可分割。

正如题目所示，当前社会中一些具有影响力的裁判和处罚决定公布后，民众的反应不一，其中一个关键原因在于法律要求与民众普遍遵循的社会道德之间缺乏高度统一，导致了法律与道德的对立。法律不是万能的，法律有其固有的局限和弱点，法律的这些局限和弱点需要由其他社会调整机制给予辅助和补充。在法律之外的其他社会调整机制中，道德是非常重要的常规机制。国家和社会治理需要法律和道德共同发挥作用。我们必须坚持法治与德治并重，大力推广社会主义核心价值观，弘扬中华传统美德，培养社会公德、职业道德、家庭美德和个人品德，既要重视道德的教化作用，也要重视法律的规范作用。通过法治体现道德理念，强化法律对道德建设的促进作用，同时，让道德滋养法治精神，强化道德对法治文化的支撑作用，实现法律与道德的互补和共同提升。

坚持依法治国与以德治国的高度结合，正是基于中国实际情况得出的基本法治原则，这也符合习近平总书记关于结合中国实际情况推进法治建设的指示精神。在新的历史条件下，我们要把依法治国基本方略、依法执政基本方式落实好，把法治中国建设好，必须坚持依法治国和以德治国相结合，使法治和德治在国家治理中相互补充、相互促进、相得益彰，推进国家治理体系和治理能力现代化。

综合测试题一

1. 答案： 法律规则是指规定法律上的权利、义务、责任的准则、标准，或是赋予某种事实状态以法律意义的指示、规定。法律规则是构成法律的主要元素。法律规则三要素说认为法律规则由假定、处理、制裁三部分组成；法律规则二要素说将法律规则的结构分为行为模式、法律后果两部分。

2. 答案： 立法基本原则是立法主体据以进行立法的重要准绳，是立法指导思想在立法实践中的重要体现，反映立法主体在把立法指导思想与立法实践相结合的过程中特别注重什么，是执政者立法意识和立法制度的重要反映。

3. 答案： 法律推理是从一个或几个已知的前提（法律事实、法律规范、法律原则、法律概念、司法判例等法律资料）得出某种法律结论的思维过程，是一项具有创造性的法律实践活动。

简答题

1. 答案： 法律从无到有、从萌芽出现到最终形成一种基本制度，在不同的民族和社会中经历了不同的具体过程。然而，在纷繁复杂、差别明显的表象背后可以发现一般规律，主要表现在：

第一，法律制度是在私有制和阶级逐渐形成的社会背景下孕育、萌芽，并与国家组织相伴发展和确立起来的。

第二，法律制度的形成过程是一个行为的调整方式从个别调整发展为一般调整的过程。

第三，法律制度的形成经历了由习惯演变为习惯法再发展成为成文法的长期过程。

第四，法律、道德和宗教等社会规范从混沌一体逐渐分化为各自相对独立的规范

系统。

第五，法是一种历史的现象，它有着产生、发展和灭亡的一般规律。

2. 答案： 法律体系是指由一国现行的全部法律规范按照不同的法律部门分类组合而形成的一个呈体系化的有机联系的统一整体。它具有以下特点：

（1）法律体系是由一个国家的全部现行法律构成的整体。是由一个主权国家的法律构成的整体，只包括现行的国内法和被本国承认的国际法。法律体系不仅是一个国家的社会、经济、政治、文化、生态等条件和要求的综合性法律表现，还是一个国家主权的象征和表现。

（2）法律体系是一个由法律部门分类组合而形成的呈体系化的有机整体。法律体系作为一个"体系"，它的内部构成要素是法律部门，并且法律部门也不是机械、混乱地堆积在一起的，而是按照一定的标准进行分类组合，呈现为一个体系化、系统化的相互联系的有机整体。

（3）法律体系的理想化要求是门类齐全、结构严密、内在协调。门类齐全是指在一个法律体系中，在宪法的统领下，应该具备调整不同社会关系的一些最基本的法律部门，不能有缺漏。结构严密是指不但在整个法律体系内部要有一个严密的结构，在各个法律部门内部也要形成一个由基本法律及与其相配套的一系列法规、实施细则等构成的严密结构。内部协调是指在一个法律体系中，一切法律部门都要服从宪法并与其保持协调一致，即普通法与根本法相协调、程序法与实体法相协调。

（4）法律体系是客观法则和主观属性的有机统一。从终极的意义上讲，法律体系是经济关系的反映，它必须适应总的经济状况，因此，法律体系的形成是由客观经济规律和

经济关系决定的；但从法律体系的形成过程来讲，它又离不开人的意志、主观能动性、意识形态、文化传统等的作用，由此而使世界各国的法律体系呈现出不同的模式、形态等。因此，法律体系是客观法则和主观属性的有机统一。

3. **答案**：法治在现代的含义，是以民主为前提和目标，以法律至上为原则，以严格依法办事为核心，以制约权力为关键的国家治理方式、社会管理机制、社会活动方式和社会秩序状态。法制一是指法律制度的简称，二是指法律的体系、体制与架构的整体。

两者的区别在于：第一，是否强调法律至上不同。法治强调的是法的统治，就必然具有法律至上的含义。法制则不必然包含法律至上的含义。

第二，产生和存在的时代不同。法治，从严格的意义上讲，是资产阶级革命的产物，是资本主义时代才产生并建立的，只有在资本主义社会和社会主义社会才存在。法制是从法律出现以来就产生的，甚至是法律的另一种表述，它早在奴隶社会初期就产生了。

第三，与权力的关系不同。这是法治与法制的重要区别。法治要约束权力，对于公共权力或者国家权力的约束，是法治的基本特征。法治要求一切权力都必须服从法律，在法律之下活动。但是法制则不一定具有这样的要求。一般所说的法制，可能是能够约束权力的法治之下的法制，也可能是为权力所左右的人治之中的法制。

第四，具有的价值观念不同。法治必然地具有自由、平等、人权的价值观念，但是法制则不一定：法制既可能服务于"善"，也可能服务于"恶"。

第五，与民主的关系不同。法治是与民主相联系的。没有民主，就没有法治。民主既是法治的价值观念，也是现实的政治基础和目标追求。但是法制则不要求必须有民主的政治基础，也不必然以民主作为自己的政治目标。

两者的联系在于：法制是法治的基础，法治是法制的深化。

一方面，法制是法治的基础。法制首先强调的是关于法律的制度建设，它为法治确立制度前提，奠定制度基础。法治是与法制相伴随的，是建立在完备的法律制度的基础之上的。因此，法制是法治的基础。

另一方面，法治是法制的深化。法律制度的建立及其被切实实现是法制的目的。只有法治建立了，法制才能获得最好的立法环境和实施机制、实现条件。如果认为民主是法制的终极目的，那么法治就是法制发展的直接目标。只有奠定法制的基础，进而实现法治的目标，才能实现依法治国，建立法治国家。

4. **答案**：人权是一个由不同权利形式构成的统一整体。人权体系是指将人权划分为不同类别而由不同人权形式相互区分、相互联系形成的人权系统。

第一，从作用方式来看，可分为消极人权、积极人权和社会连带人权。消极人权是指仅凭主体自身的存在和活动，无须相对方即义务人积极作为便可享有和实现的人权，包括公民政治权利。积极人权是指不仅需要权利的相对方消极不侵犯，更需要相对方积极作为，履行特定义务并付出相应的代价方能实现的人权，主要指经济、社会、文化权利。社会权是指参与社会活动的权利，主要是劳动与社会保障权；文化权是指受教育的权利以及从事文学、科学、艺术创作活动的权利。社会连带权是只有全体社会成员分工与合作才能实现的人权，是积极人权和消极人权相互渗透而形成的一种新型人权，包括发展权、健康及生态平衡的环境权以及人类共同遗产所有权等。

第二，从存在形式上看，可分为应然人权、法定人权和实有人权三种。应然人权是从道德意义上讲人应当享有的一切人权。法定人权是人权法定化的具体表现，即为现行的法律规范所确认和认可的人权。实有人权亦称实在人权，是指主体在现实中实际上可以享有的人权。实有人权和应然人权、法定人权相比，更为必要，是衡量一个社会人权保障水平高低的根本标志。

第三，从主体的数量上看，可分为个人

人权和集体人权。个人人权指自然人或公民个人所享有的权利，是把人分解为单独的个体来看待的一种权利形式；集体人权则是人的集合体所享有的人权，其主体主要是国家、民族等，如国家的生存权就是集体人权最典型的表现形式。

第四，从人权的归宿上看，可分为一般主体的人权和特殊主体的人权。一般主体的人权就是人普遍享有的共同的权利，它是一切人，无论是以自然属性还是以社会集体的形式存在，都无差别地平等享有的权利。特殊主体的人权是指由先天或后天的原因导致智力、体力、信仰、精神状况等诸方面具有与众不同的特性的主体所享有的权利，分为两种：一是特殊个体如残疾人、儿童、妇女、老人等享有的人权；二是特殊集体享有的人权。

💬 论述题

1. 答案： 对于刑事法律责任的构成，除了客观的违法行为和损害后果，还需要具备主观过错。具体而言，法律责任的构成要素包含以下内容：

第一，责任主体。责任主体是指违反法定或约定的义务，并具有责任能力因而必须承担法律责任的人，包括自然人、法人和国家。具有责任能力是行为人承担法律责任的前提条件。如果行为人虽然实施了违法行为，但并不具有责任能力，则行为人不承担法律责任。

第二，违法或违约行为，是法律责任的核心构成要素。违法或违约行为包括作为和不作为两类。作为是指当法律或合同禁止行为人作出一定行为时，行为人违反法律规定或合同约定作出了该种行为。大部分违法或违约行为，都属于作为。不作为是指当法律或合同要求行为人作出一定行为时，行为人拒不作出该种行为。区分作为与不作为，对于确定法律责任的范围、大小具有重要意义。

第三，损害结果。损害结果是指违法行为或违约行为侵犯他人或社会的权利和利益所造成的损失和伤害，包括实际损害、丧失所得利益及预期可得利益。就多数法律责任而言，损害结果的存在是不可或缺的构成要件。但是，并非所有法律责任的构成都要求有损害结果的存在。某些法律责任的构成并不要求有损害结果的存在。例如，刑法中的行为犯之构成，只要求行为人实施了犯罪行为，而并不要求犯罪结果的发生。

第四，因果关系。因果关系是指违法行为或违约行为与损害结果之间的必然联系。

第五，主观过错。主观过错是指行为人实施违法行为或违约行为时的主观心理态度。人类社会早期是按照客观原则进行归责的，因而主观过错对法律责任的构成没有什么意义，仅仅与法律责任的大小有一定关系。然而正如哈特所说，现代社会将主观过错作为法律责任构成的要件之一，不同的主观心理状态与认定某一行为是否有责及承担何种法律责任有着直接的联系。主观过错包括故意和过失两类。

在现代法律责任体系中，绝大部分的法律责任要求具备主观过错，但也出现了一种特殊的法律责任，即无过错责任。这种法律责任不需要考量行为人的主观心理状态，只要存在法律规定的情形就应当承担相应的法律责任。无过错责任主要出现在一些特殊的民事法律责任中，如产品责任、危险责任等。

2. 答案：（1）科技对于法治的影响

法治是一个动态的运行体系，科技对于法治的影响遍及法治运行的各个环节，包括立法、法律实施及公民的法律意识等。

①科技对立法的影响

第一，科技提出新的立法领域。随着科技的发展，出现了大量新的立法领域。科技成果一旦开始应用于生产领域，种种新的社会关系就相继出现，法律问题也接踵而来。特别是现代科学技术的发展，导致了数字法、基因技术法、空间法、原子能法等的出现，许多新的法律纷纷登上法制史的舞台。随着有关科技法律的大量涌现，科技法也终于从原有的法律体系中脱颖而出，逐渐成为一个独立的法律部门；与此同时，关于科技法的研究也随之广泛开展起来，科技法学作为一个新的独立的学科，也被广泛承认。

第二，科技运用于立法活动。科技知识

及其研究成果被大量运用到立法过程中，法律规范的内容得以日趋科学化，立法技术也更加科学。同时，随着人类科学技术的发展以及立法水平的不断提高，法律运行各环节中必须应用的专门技术与方法规定，如关于立法技术的规定、关于解释法律和进行法律推理的方法与技术的规定等，越来越受到重视，从而出现了新的法律规范形式——技术法律规范，并逐渐形成了庞大的技术法律规范群。近两年，人工智能备受关注，人工智能大模型为人们分析和理解社会提供了越来越多的帮助，当我们要对社会某一领域进行立法的时候，人工智能也必然为立法提供帮助。

②科技对法律实施的影响

科技对法律实施的影响集中体现于司法领域。一方面，司法的过程不断吸收新的科学技术方法，将之用于案件事实认定和裁判中。另一方面，以新技术发展为依托，司法方法不断实现自我创新。

在事实认定方面，越来越多的高科技产品被用于查明案件事实领域，收效明显。如借助于计算机技术、通信技术、生物技术、医学技术、摄影技术、化学技术及物理学方法，司法机关和司法人员能够快速准确地查获证据，认定事实。

同时，许多国家的科学研究者都在致力于开发各种人工智能计算机系统，探索新的司法方法创新。

③科技对公民法律意识的影响

法律意识对一个国家的法治建设有着重要作用，其常常受到科技发展的影响和启迪。同时，科技发展促进了人们法律观念的革新，出现了一些新的法律思想、法学理论。另外，科技的发展对于历史上已经形成的各个法系以及对于法学流派的产生、分化和发展也产生了重要影响。

（2）法治对于科技的作用

①通过法律管理科技活动

科技活动本身是巨大的系统工程，涉及各环节的组织、协调、管理，这些都需要法律来规范，都需要一个良好的法律环境。法律可以确认科技发展在一个国家社会生活中的战略地位。国家可以通过制定专门科技法的形式来管理整个国家的科技活动。

法律对科技的国际竞争具有促进和保障作用。科技国际化已成为当今世界的重要发展趋势，科技事业已由国家事业发展为国际事业。另外，当代经济活动引发了许多全球性问题，如环境污染、气候变化以及人口、资源和能源等问题。这些问题的解决必须依赖于科技的国际合作，而有序有效合作的前提就是国际法的支持。

②法治促进科技经济一体化和科技成果商品化

健全体制的形成，是科技成果高效转化全局性的和关键性的要素。在这个层次上，法律扮演着重要的角色，是不能忽视的重要基础因素。

国家可以规定各级政府部门在科技成果转化和推广中的地位和作用，明确其职责范围；法律可以有力地保护知识产权，规范无形资产的评估价值，鼓励科技工作者进行创新；法律规定技术交易规则，可以使科技成果的商品性质和交换关系规范化。

③法治预防科技引发的社会问题

科技活动的社会效果具有两重性：一方面，现代科技的发展为人类提供了改造和利用自然的新手段，提高了人们的生活质量。另一方面，科学技术也可能带来严重的社会问题。科学技术的失控、滥用引起了种种社会公害，如环境污染、自然资源枯竭、电信网络诈骗多发等。事实表明，为防止对科技成果的误用、滥用和非道德使用所造成的社会危害，必须有相应的法律加以防治，并对受害者给予法律救济。同时，研究开发的科技成果，其应用有可能危害人类社会、造成不可逆转后果的，也应当以相应的立法预先作出有关应用范围与性质的规定。

总之科技对于法治的影响遍及法治运行的各个环节，包括立法、法律实施及公民的法律意识等。法治对于科技的作用主要在于：通过法律管理科技活动，促进科技经济一体化和科技成果商品化，抑制和预防科技引发的各种社会问题。

综合测试题二

名词解释

1. 答案： 根本法专指一个国家中具有最高法律效力，在法律体系中具有核心地位，其内容规定国家根本制度，修改程序极为严格的宪法。普通法是宪法以外的所有法律的总称。

根据法的效力等级、基本内容和制定程序的不同，法可分为根本法与普通法。这种分类仅适合于成文宪法国家。

2. 答案： 法的效力范围，又称法的适用范围或生效范围，意指法对什么人、在什么事件和空间有效。因此，它是执法、司法和守法的前提。具体而言，法的效力范围包括三种：第一，法的对象效力，是指法对人的效力；第二，法的时间效力，是指法的效力起始和终止的期限以及有无溯及力的问题；第三，法的空间效力，是指法的效力的地域范围，一般分为域内和域外两方面。

3. 答案： 法律解释是通过对法律、法规等法律文件或其部分条文、概念、术语的说明，揭示其中表达的立法者的意志和法的精神，进一步明确法定权利和义务及其界限或补充现行法律的规定的一种国家活动，是立法的继续。因而只有被授权的国家机关才能进行法律解释，法律解释属于官方解释或有权（有效）解释。

4. 答案： 法的实施，亦称"法律实施"，是相对于法律制定而言的，指宪法法律规范的要求通过执法、司法、守法、法律监督等各种形式在社会生活中得以运用、应用和实现的活动。法律实施不仅包括国家机关及其工作人员依法立法、依法执法、依法司法、依法进行法律监督等国家活动，还包括政党、社会团体、企业事业单位、公民个人等主体依法执政、依法管理、依法经营、依法行使权利和履行义务等活动。

简答题

1. 答案： 解决法律冲突的一般原则有下述四种：

（1）根本法优于普通法。在成文宪法国家，宪法是国家根本法，具有最高法律效力，普通法必须以宪法为依据，不得同宪法相抵触。这是国家法制统一的必然要求。

（2）上位法优于下位法。不同位阶的法之间发生冲突，就应按上位法优于下位法的原则，适用上位法。

（3）新法优于旧法。同一国家机关在不同时期颁布的法产生冲突时，应按照新法优于旧法的原则处理。

（4）特别法优于一般法。这一原则的适用是有条件的，这就是要求必须是同一国家机关制定的法，并包括以下两种情况：一是指在适用对象上，对特定主体和特定事项的法，优于对一般主体和一般事项的法；二是指在适用时间、空间上，对特定时间和特定区域的法，优于对平时和一般地区的法。

如果法的效力冲突不能按照一般原则予以解决，只能采取特殊方式。以我国为例，依据《立法法》的有关规定，出现下列情况可由有权的国家机关予以裁决：其一，法律之间对同一事项的新的一般规定与旧的特别规定不一致，不能确定如何适用时，由全国人大常委会裁决；行政法规遇到上述同样情况时，由国务院裁决。同一国家机关制定的地方性法规或规章遇到上述情况时，由制定机关裁决。其二，地方性法规与部门规章对同一事项规定不一致时，由国务院提出意见；认为应适用地方性法规的，应决定在该地方适用地方性法规，如果认为应适用部门规章的，应提请全国人大常委会裁决。部门规章之间、部门规章与地方政府规章不一致时，由国务院裁决。其三，根据授权制定的法规与法律规定不一致时，由全国人大常委会裁决。

2. 答案：法律责任减轻和免除，即通常所说的免责，以法律责任的存在为前提，是指虽然违法者事实上违反了法律，并且具备承担法律责任的条件，但由于法律规定的某些主观或客观条件，可以被部分或者全部免除（即不实际承担）法律责任。

当前免责的条件与方式包括（1）时效免责。（2）不诉免责。（3）自首、立功免责。（4）补救免责。（5）协议免责或意定免责。（6）自助免责。（7）人道主义免责。

3. 答案：从主体看，主体本身的社会身份与地位直接决定或影响主体对法及其功能的现实需求。在等级制社会，所谓主体的平等就是等级内部的相对平等，在等级之间则是绝对不平等的。不平等的主体关系决定了统治阶级总是试图制定并维护具有不平等内容的法律。而在现代社会，人与人之间的普遍平等是一项基本原则，差别对待只是作为例外而存在。这决定了法律主体资格的普遍平等，也决定了法律中的差别对待必须有正当的理由。

从客体看，作为价值关系客体的法律，其内容是否以平等为标准以及在何种范围之内、何种程度上以何种平等为标准，是决定法律内在属性的关键所在。

平等作为法律的价值有助于推进人们之间形成彼此平等、彼此尊重的关系，促进人们在人格平等的基础上对特殊群体的关爱，构建一个平等、友爱、和谐的社会。

论述题

1. 答案：（1）法的规范作用的内涵

根据法律作用于人的行为以及社会关系的形式和内容之间的区别，可以将法律的作用分为规范作用和社会作用。从法是一种社会规范看，法具有规范作用；从法的本质和目的看，法又具有社会作用。这两种作用是手段与目的的关系，即法通过其规范作用（作为手段）而实现其社会作用（作为目的）。

（2）法的规范作用的主要表现

①告知作用。法律代表国家立法机关关于人们应当如何行为的意见和态度。这种意见和态度有的是赞许的，有的是不赞许的。国家机关的法律态度以要达到的目的为根据。这种目的反过来又受到社会价值准则、道德观念的决定。因此，通过法律，人们可以知道什么是国家赞成的，应当做、可以做的，什么是国家反对的，不该做的；可以知道国家的发展目标、价值取向和政策导向。

②指引作用。法律是通过规定人们在法律上的权利和义务以及违反法律规定应承担的责任来调整人们的行为的。调整就是指引。指引有两种情况：第一，确定性的指引，即通过规定法律义务，要求人们作出或抑制一定行为。第二，不确定的指引，即通过授予法律权利，给人们创造一种选择的机会。从立法的意图来说，这两种指引所包括的两种法律后果都是促使人们行为时所考虑的因素。但不同的是，就确定的指引来说，法律的目的是防止人们作出违反法律指明的行为；而就不确定的指引来说，法律的目的是鼓励人们从事法律所容许的行为。

③评价作用。法律作为一种行为的标准和尺度，具有判断、衡量人们的行为的作用。法律不仅具有判断行为合法与否的作用，而且由于法律是建立在道德、理性之上的，所以也能衡量人们的行为是善良的、正确的还是邪恶的、错误的，是明智的还是愚蠢的。通过这种评价，影响人们的价值观念和是非标准，从而达到指引人们的行为的社会效果。

④预测作用。预测作用是指根据法律规定，人们可以预先估计到他们相互间将如何行为，国家机关及其工作人员将如何行为。由于法律具有预测作用，人们就可以根据法律来确定自己的行为方向、方式、界限，合理地作出安排，采取措施。

⑤教育作用。法律的教育作用表现为通过法律的实施而对一般人今后的行为发生影响。

⑥强制作用。法律的强制作用在于制裁违法行为。通过制裁可以加强法律的权威性，保护人们的正当权利。制裁的形式是多种多样的。如刑法中的管制、拘役、有期徒刑、无期徒刑、死刑等；民法中的停止侵害、排

除妨碍、消除危险、返还财产、恢复原状、赔偿损失、赔礼道歉、消除影响、恢复名誉、支付违约金；经济法中的停止供应原材料、停产整顿、停止贷款；行政法中的警告、罚款、拘留、没收、停止营业等。

2. 答案：（1）实质正义和程序正义的内涵

正义包括"实质正义"和"程序正义"两种形式。实质正义表现为结果的正义；程序正义是过程的正义，它的正义性是由程序建立和保证的。在法律领域，程序正义主要指向法律程序的正义性。法律程序是否公正，将在很大程度上决定法治目标能否得到实现。

（2）两者之间的区分与联系

①程序正义具有独立的价值。程序一方面是实现实体正义的工具，另一方面它本身也有独立的价值，有独立的价值评价标准。从"程序产生的结果是公正的"这一事实并不能推导出"程序是公正的"。

②程序正义不依赖于实体结果而存在，程序结果的公正不能证明程序本身的公正，程序本身是否公正直接取决于程序的内在品质；而实体正义不仅需仰赖程序正义实现，还应借助程序正义证成。

③程序正义与实体正义在绝大多数情况下可以和谐一致，如：一个使信息充分对等、使当事人平等有效参与的程序，显然比只由决定者偏听偏信更有助于事实真相的发现；裁判者不得与一方当事人单独接触，显然更易于增强裁判结果的公正性和认受度。

综合测试题三

☑ 单项选择题

1. 答案：B。 阿奎那主张神意论，认为法律的效力来源于上帝的意志，神的智慧是一切法律的渊源。故 A 项正确。霍布斯和边沁主张命令说，认为法是主权者的命令。富勒主张事业说，认为法是使人们的行为服从规则治理的事业。故 B 项错误。卢梭主张意志说，认为法是人民意志的体现。故 C 项正确。庞德主张社会控制说，认为法是发达的政治上组织起来的社会高度专门化的社会控制形式。故 D 项正确。

2. 答案：A。 法是调整社会关系的行为规范，具有普遍性和规范性。故 A 项正确。法以规定人们的权利和义务为主要内容，具有权力和义务一致性。权力的主体是公权力机关，故 B 项错误。法是由国家强制力保证实施的，具有国家强制性。任何社会规范都具有强制性。法律与其他社会规范的不同在于法律具有国家强制性。故 C 项错误。法律中的某些内容是由习惯演变过来的，但是习惯性并不是法律的基本特征。故 D 项错误。

3. 答案：D。 该条款内容具体确定，规定了具体的行为模式，属于法律规则而不是法律原则，故 A 项错误。按照规则的性质不同，可以把法律规则分为授权性规则、义务性规则和权利义务复合性规则。义务性规则又包括命令性规则和禁止性规则。命令性规则是要求人们必须作出某种行为的规则。禁止性规则是禁止作出某种行为的规则。该条款中，"债权人应当……" 显然属于命令性规则。故 B 项错误。按照规则内容的确定性程度不同，可以把法律规则分为确定性规则、委任性规则和准用性规则。所谓确定性规则，是指内容本身已明确肯定，无须再援引或者参考其他规则来确定的法律规则。在法律条文中规定的绝大多数法律规则属于此种规则。所

谓准用性规则，是指内容本身没有规定人们具体的行为模式，而是可以援引或参照其他相应内容规定的规则。该条文中内容已经明确肯定，不需要参照或援引其他条文，属于确定性规则。故 C 项错误，D 项正确。

4. 答案：C。 地方性法规与部门规章对同一事项规定不一致时，由国务院提出意见；认为要适用地方性法规的，应决定在该地方适用地方性法规。如果认为应适用部门规章，应提请全国人大常委会裁决。故 C 项正确。

5. 答案：B。 法律实施与法律实效存在区别。法律实施强调把法律规范的要求由抽象向具体转化的动态过程。法律实效强调这种转化所产生的实际效果，是法律实施之后的静态结果，故 A 项正确。法律实施的基本形式包括法律执行、法律适用和法律遵守。法律制定是法治的起点和前提，法律实施是法治的落实和归宿。法律制定不属于法律实施的形式，故 B 项错误。法律实施是将法律要求的可能性变为现实性的动态过程，故 C 项正确。为了保证法律有效公正实施，需要设置正当法律程序，并依法对法律实施进行监督，故 D 项正确。

☑ 多项选择题

1. 答案：CD。 在我国，典型案例是非正式的法律渊源，不具有普遍约束力。故 A 项错误。在我国，政策文件是非正式法律渊源。故 B 项错误。最高法发布的指导性案例，各级人民法院在处理类似案件时具有应当参照的拘束力。故 C 项正确。司法机关在工作中受党的领导，当然也要执行党的政策，故 D 项正确。

2. 答案：ABCD。 法在现代社会中的作用是重要的，但是也有其局限性。法的局限性体现在：法只是社会调整方法中的一种；法的作用范围不是无限的；法自身特点所带来的局限性，

如法具有连续性、抽象性等特点；实施法律受到经济条件的制约并受到其他社会关系的影响。故 ABCD 正确。

3. **答案**：AB。设证推理是指从某个结论或事实出发，依据某个假定的法则推导出某个前提或曾发生的事实的推论。已经发生的事实是陈某的睡眠质量受到严重影响。法官根据经验法则推理出是由商场的 LED 显示屏所导致，属于设证推理，故 A 项正确。当然推理是指根据两类案件事实性质的轻重程度来判断，内容包括"举轻以明重""举重以明轻"。在该案件中，法官将一般的室内照明灯与商用的 LED 显示屏作轻重对比。一般的室内照明灯会对睡眠造成影响，那么商用的 LED 显示屏必然会对睡眠造成更为严重的影响，属于当然推理，故 B 正确。体系解释是指通过分析某一条文在整个法律体系和所属法律部门中的地位和作用，来分析其含义。该案中法院并没有联系其他法律条文，故 C 项错误。比较解释是指比照国外的立法、学说、判例等方面，对法律条文进行解释，显然该案件中法院并没有引用国外的立法、学说、判例等，故 D 项错误。

4. **答案**：ACD。在法的价值体系中，自由是法的重要价值之一，但不能说自由是法的价值的最高级，故 A 项错误。医院在紧急情况下，未经患者和家属同意进行手术，表明其作出的价值衡量是患者生命高于患者及其家属的同意权（自由），是价值位阶的体现。故 B 项正确。为了解决交通拥堵实施限行，这是协调了秩序和自由之间的冲突，是价值位阶原则的体现，故 C 项错误。法的价值并不只有四种。除了人权、正义、秩序、自由之外，还有效率、平等等法的价值，故 D 项错误。

5. **答案**：BC。免责与"无责任"或者"不负责任"在内涵上是不同的。免责以法律责任存在为前提，是指虽然违法者事实上违反了法律，并且具有承担法律责任的条件，但由于法律规定的某些条件，可以被部分或全部地免除法律责任。"无责任"或"不负责任"是指虽然行为人事实上或形式上违反了法律，但因其不具备法律上应付责任的条件，故不承担法律责任。正当防卫、不可抗力是无责任事件。自首、立功免责和不诉免责属于免责事由，故 BC 正确。

名词解释

1. **答案**：公理性原则是从社会关系性质中产生并得到广泛认同的被奉为法律公理的法律原则，这是严格意义上的法律原则。

2. **答案**：法律解释是通过对法律、法规等法律文件或其部分条文、概念、术语的说明，揭示其中表达的立法者的意志和法的精神，进一步明确法定权利和义务及其界限或补充现行法律规定的一种国家活动，是立法的继续。

3. **答案**：法律关系是根据法律规范产生、以主体之间的权利与义务关系的形式表现出来的特殊的社会关系。这一概念体现在三个方面：①法律关系是社会内容与法律形式的统一；②法律关系是根据法律规范建立并得到法律保护的关系；③法律关系是主体之间的法律上的权利和义务关系。

4. **答案**：守法是指国家机关、社会组织和公民个人依照宪法法律的规定，行使权利（职权）和履行义务（职责）的活动。立法者制定法的目的就是要使法在社会生活中得到遵守。

简答题

1. **答案**：法律继承是法律演进的基本途径之一。法律演进指某一个国家或者社会之中的法律制度，在整体上从落后状态向先进状态的发展进步过程与状态。

法律继承是不同历史类型的法律制度之间的延续、相继、继受，一般表现为旧法律制度（原有法）对新法律制度（现行法）的影响和新法律制度对旧法律制度的承接和继受。

法律体现了两种法律制度之间在时间上的先后顺序，在内容上的"影响—承受"关系，但它不能完全表征一个国家对其同时代的其他国家的法律或国际法律的引进、吸收和摄取，因此需要创造或借用别的术语对之进行概括。

法律继承是通过学习、借鉴其他法律，实现法律发展、演进的方式，侧重于时间面向，反映了对过去历史阶段的学习、借鉴。

2. **答案**：法律适用，即司法，指国家司法机关根据法定职权和法定程序，具体应用法律处理案件的专门活动。由于司法活动的最终服务于司法裁判，在我国"推进以审判为中心的诉讼制度改革"背景下，我们在法理学中讨论法律适用的特点时，着重于法院行使审判权、适用法律的主要特点：

（1）权力的专属性

法律适用是司法机关以国家的名义行使司法权的活动。这项权力只能由国家司法机关及其司法人员依法行使，其他任何行政机关、社会团体和个人都不能行使此项权力。因此，司法权是一种专有权，具有专属性和排他性。根据我国《宪法》规定，审判权专属于人民法院，检察权专属于人民检察院。

（2）严格的程序性

法律适用是司法机关严格按照法定程序所进行的专门活动。因此，程序性是司法最重要、最显著的特点之一。目前我国的诉讼程序分为三大类，即审理刑事案件的刑事诉讼程序，审理民事、经济等案件的民事诉讼程序，审理行政案件的行政诉讼程序。这些诉讼程序是保证正确适用法律、实现司法公正的重要条件。

（3）启动的被动性

审判权的行使不是主动介入当事人之间的纠纷，它实行的是事后救济原则。比如，在解决民事纠纷活动中实行"不告不理"原则，在纠纷业已存在并有当事人愿意将纠纷通过司法途径解决的情况下，审判权在现实中才开始运作。

（4）运作的中立性

审判权的运作过程实质上是以法律和法理为标准对争议双方的是非曲直进行判断的过程。要确保司法正义，就必然要求审判权在运作时不偏向争诉中的任何一方，并以中立的立场平等地对待双方当事人的权利请求和抗辩主张。法官不应因其他因素影响这种中立性。当然，中立不是要求法官审判时不进行价值选择和是非判断，而是应充分尊重当事人双方的"理由"，站在客观的立场上得出结论。

（5）裁判的权威性

公众对司法的信任来源于裁判结果的公正性。公正的裁判树立了裁判的权威性。裁判的权威性得以成立的原因是：裁判是法院以国家名义行使司法权活动的结果，因而从权力设定上看，具有权威性；审判权的中立性使法院制作的法律文书是在充分考虑争讼双方提供的信息、法律规定及一般社会正义观和公共道德观之后的结果；裁判的公开性增加了其权威的可信度。公开的法律程序、广泛的参与性使正义能够以人们看得见的方式予以实现。

（6）裁判的终局性

维护正义可以有多种途径，但在法治社会中，纠纷进入法定程序后，社会正义的最后一道防线是司法。一个有效司法制度的重要因素是其裁判的终局性。如果法院已经作出的终局裁判可以随意改变，就会产生无休止的争议，或诱导人们通过非正义或非法律的方式来解决纠纷。这样不仅会削弱法院体系的效率和权威，而且会使通过正常的法定渠道来寻求正义变得不可能，从而引发更多的社会纠纷。①

💬 **论述题**

1. **答案**：公平正义是人类追求的共同理想，也是法律的核心价值，它既是法律产生的重要动因，也是法律存在的主要理由。法律应该是公平正义的化身，公平正义是法治的生命线。在我国，公平正义是执政党追求的一个非常崇高的价值，全心全意为人民服务的宗旨决定了执政党必须追求公平正义，保护人民权益、伸张正义。全面依法治国，必须紧紧围绕保障和促进社会公平正义来进行。

---

① 参见《法理学》编写组：《法理学》（第二版），人民出版社、高等教育出版社 2020 年版，第 337～338 页。

（1）公平正义的概念

在法理学意义上，我们更加关注，作为社会基本结构的社会体制的公平正义，并主要从实体和程序进行分类分析。

实体公平正义是指通过法律上的实体权利和义务来公正地分配社会合作利益与负担的法律规则所体现出来的正义；程序公平正义是指为了实现法律上的实体权利和义务而公正地设定一系列必要程序，从而以这些程序为内容的法律上的权利和义务所表征的正义。在法律实践中，实体公平正义指的是把规定实体性权利义务的法律规则具体应用到个案处理所得到的结果的正义；程序公平正义则指的是把规定程序性权利义务的法律规则具体应用到个案处理所得到的有关过程和步骤等环节的正义，而不直接涉及个案处理的结果是否正义。

（2）法的公平正义价值

①公平正义作为法的价值的意义

一般来说，公平正义作为法律的价值的意义主要体现在两个方面。

一方面，公平正义作为法律的价值体现了其作为法律的终极目的和存在根据，法律应与正义相一致。公平正义在任何时候都始终是法的终极理想和目标，也是检验现实中的法律的根本标准和依据。

另一方面，公平正义作为法律的价值体现了通过法律对社会基本结构及其制度的理想性的规范建构。在现代社会，社会的基本结构及其制度建构主要是通过法律来进行的，在这一建构过程中，人的主观意志，即使是统治者的主观意志也必须服从于公平正义的价值准则和评价标准，以此进行社会基本结构及其制度的理想性的规范建构。

②公平正义对法律的作用

第一，公平正义是法律评价标准的核心。公平正义作为法律存在的根本性原因和决定性理由本身就表明，现实的法律的优劣好坏必然也必须由公平正义这个根本性的标准来加以检验和评价。

第二，公平正义是法律发展和进步的根本动因。公平正义自始至终都在引导着包括法律在内的所有的社会基本结构和具体的制度安排的革故鼎新，使法律等社会制度最大限度地符合公平正义的时代要求。

第三，公平正义适用于具体的现实法律实践。在具体的现实法律实践中，有时会产生疑难案件，由于法律规则不明确而难以断案。在这种情况下，作为法的根本价值的公平正义往往在法律适用和法律推理中就成为解释法律的重要依据，人们可以从公平正义的一般要求中获得法律推理的根本性前提，从而解决疑难案件，填补法律的空白和漏洞。

③法律对公平正义的保障

第一，法律通过把社会生活的主要领域及其重要的社会关系纳入其中，实行法治化治理，把公平正义的基本内涵融入法律规范和制度之中，并通过严格依法办事，从而在整个社会之中全面地促进和保障公平正义。

第二，通过法律权利和法律义务机制，一方面在法律上公正地分配社会合作的利益和负担，以此促进和保障法律上的实体公平正义；另一方面在法律上公正地设定本身就体现正义并以实现实体公平正义为目的的程序，以此促进和保障法律上的程序公平正义。这种对公平正义的保障方式主要是由立法来承担的。

第三，通过法律效果认可机制，保障法律上的实体公平正义和程序公平正义，即一方面对违法行为确定其否定性法律后果，予以矫正并恢复受到违反和侵害的法律上的权利和义务；另一方面对合法行为确定其肯定性法律后果，确认已经形成的法律上的权利和义务。

2. 答案：法律解释是通过对法律、法规等法律文件条文、概念、术语的说明，揭示其中所表达的立法者的意志和法的精神，进一步明确法定权利和义务或补充现行法律规定不足的一种国家活动。法律解释的基本原则包括：

（1）合法性原则

"合法性"的"法"既指宪法、法律、法规等法律文件关于解释主体及其解释权限和程序的规定，又指法之成为法的效力标准。

首先，符合法定权限和程序。法律解释

是严肃的国家活动，因此必须依照法定的权限和程序进行。我国宪法、立法法和其他有关规定分别就全国人大常委会、最高人民法院、最高人民检察院、国务院及其部门、有地方立法权的地方人大常委会和人民政府的解释权限和程序作了明确的规定。任何国家机关都不得越权解释。

其次，符合上位法及其法律规范，并最终符合宪法规范、宪法原则和宪法精神。在法律规范体系中，低位阶的规范不得同高位阶的规范相抵触，对低位阶的规范的解释也不得同高位阶的规范相抵触。

最后，与法律原则保持一致。法律原则是法律基本精神的体现，法律解释是对法律的补充性说明，必须符合被解释法律的本意。

（2）合理性原则

"理"包括情理、公理、道理。

其一，符合社会现实和社会公理。法律解释必须解决现实问题，根据现实需要提出、确定解决办法。法律解释只有符合社会现实需要和社会公理要求，才会具有针对性和说服力。

其二，尊重公序良俗。公序良俗是人们在长期的共同生活与生产过程中形成的具有广泛群众基础的行为规范，是经过长期的历史积淀才确立起来的。法律解释应尊重这些规范并要体现社会主义的价值观。

其三，顺应客观规律和社会发展趋势。在充分尊重本国法律传统和现实的同时，法律解释应具有一定的超前性，能够对社会发展和法律进步起引导作用。同时，在法律原则的范围内，法律解释应有一定的变革性，从发展的角度解释法律。

其四，坚持以党和国家政策为指导。与法律相比，政策更具有灵活性和针对性，更能够及时反映社会发展的实际情况和实际需要。因此，在解释法律时，将实践证明正确的政策性规定及时转化为具有法律效力的解释性文件，不仅是坚持合理性原则的体现，也是法治的内在要求。

（3）整体性原则

法是由众多规范构成的有机整体。每个规范的功能和价值都取决于法的整体功能和价值，每个概念、术语、条款都受制于法的整体意义。所以，无论对法律规范的解释，还是对概念、术语、条款的解释，都必须贯彻整体性原则。整体性原则既是准确理解法律规范的内在要求，也是维护法制统一性的题中应有之义。首先，要把法律规范置于它所处的规范性法律文件之中进行解释，根据该法律、法规总的指导思想和目标来把握其含义。其次，要把法律规范置于它所处的法律部门之中来理解。最后，要把法律规范置于它所处的单项制度之中来理解。对单项制度内部的规范进行解释，不能局限于它所处的法律、法规和法律部门。

（4）历史与现实相统一的原则

任何法律、法规都是立法者在某一时刻制定的，都有其特定的历史背景。法律解释不能脱离法律规范产生时的立法环境、立法政策、立法动机，甚至还要考虑当时的立法程序。为此，要研究法律、法规制定时的草案及其说明，审议过程中各有关方面的发言、社会舆论的反应以及表决结果，对被解释的法律规范与已废止的同类法律规范进行比较研究。

说明被解释的法律规范产生的历史背景是必要的，但这对法律解释的目的来说是不够的。法律解释不是为了说明过去，而是为了服务现在、指导未来。被解释的法律规范产生于过去的某一时刻，但其效力延伸到现在，直到将来被废止。因此，法律解释必须在考虑法律规范产生的历史背景的同时，充分考虑已经变化了的社会情况和现实的需要。

（5）国内法与国际法相协调的原则

在全球化时代，国内法与国际法的联系越来越密切。在处理国内法与国际法的关系问题时，一般有两种方式：一是按照法律规定，除了声明保留的条款之外，当国内法与我国缔结或参加的国际条约出现冲突时，适用国际条约的规定。二是通过将国际法转化为国内法的方法适用国际法。在这种情况下，如果国际法没有转化为国内法，那么即便两者出现冲突，也不直接适用国际法。但是，在进行法律解释时，既要考虑我国制定的国内法的背景、目的，也要考虑国际条约及其内容在国内的适用性，以保证法律解释既能与国内法保持一致，又能实现我国所缔结和参加的国际条约的目的。

综合测试题四

☑ 单项选择题

1. 答案：B。马克思主义法律观认为，法的本质是由特定社会的物质生活条件决定的，同时法律具有阶级性。"国家不是在创造法律，而是在表述法律"这句话说明法律归根结底是由物质生活条件所决定，即具有物质制约性。故 B 项正确。

2. 答案：C。乙起诉甲所形成的法律关系是程序性法律关系，甲乙之间的合同纠纷是实体性法律关系。实体性法律关系和程序性法律关系中，实体性法律关系是第一性法律关系，程序性法律关系是第二性法律关系，故 A 项错误。甲乙之间是平等主体。平等主体之间所形成的法律关系是横向法律关系，故 B 错误。甲乙之间是合同纠纷，基本权利义务主体一致的特点，所以是相对法律关系，故 C 项正确。调整性法律关系是基于人们的合法行为而产生的。保护性法律关系是由违约行为产生的。在该案中法院认为甲具有违约行为，所以是保护性法律关系，故 D 项错误。

3. 答案：B。规范性法律文件具有普遍约束力。法院的判决只针对当事人发生效力，其他人不受法院判决的约束。法院的判决不具有普遍约束力，属于非规范性法律文件，故 A 项错误。评价作用是指法律作为一种行为的标准与尺度，具有判断、衡量人们的行为的作用。法院通过裁判对当事人的行为进行判断，体现了法律的评价作用，故 B 项正确。姓名权是绝对权，权利人以外的一般主体都应当尊重并负有不侵犯其权利的义务，故 C 项错误。无民事行为能力人所能从事民事法律行为的范围存在限制，但并不意味着其不享有任何民事权利。无民事行为能力人所实施的纯获利益的行为有效。故 D 项错误。

4. 答案：C。我国规定的法律保留事项包括相对保留和绝对保留。绝对保留是指该事项只能由法律规定，不能授权给其他机关规定。绝对保留事项包括限制人身自由的强制措施和处罚、诉讼和仲裁基本制度、犯罪和刑罚、对公民政治权利的剥夺。相对保留事项包括基层群众自治制度、国家主权的事项、税收基本制度等。故 C 项正确。

5. 答案：A。行政法是调整有关国家行政管理活动的法律规范的总和。行政法涉及的范围很广，包括国防、民政、公安、民族、宗教、教育、文化体育卫生、城市建设等行政管理方面的法律。《高等教育法》属于教育方面的法律，属于行政法部门，故 A 项正确。

☑ 多项选择题

1. 答案：ABC。根据法律原则内容的不同分类，可以把法律原则分为实体性原则和程序性原则。程序性法律原则是指涉及规定保证实体性权利和义务或职权和职责得以实现的程序方面的原则。非法证据排除规则、无罪推定原则、公开原则是刑事诉讼程序的原则。

2. 答案：ACD。法系是指由于在法律文明的传播过程中存在输出与继受关系而在法律制度的内容与形式及运作方式上具有共性的一些国家和地区法律的总称，故 A 项正确。加拿大的魁北克属于大陆法系，故 B 项错误。大陆法系承袭古罗马法的传统，习惯用法典的形式对某一法律部门所包含的规范作统一的系统规定，法典构成了法律体系结构的主干。英美法系习惯用单行法的形式对某一类问题作专门的规定，其法律体系在结构上以单行法和判例法为主干，故 C 项正确。

3. 答案：ABD。执法，即执行法律，是指国家机关及其公职人员依照法定的权限和程序，贯彻和执行法律的行为。法院对某一侵权纠纷案件进行审理属于司法活动，故 ABD 正确。

4. 答案：ABC。在运用不同的方法解释法律时，一般文义解释优先。文义解释，也称语法解释、文法解释、文理解释，是指按照日常的、一般的或法律的语言使用方式清晰地描述制定法的某个条款的内容。根据解释的尺度大小，文义解释可以分为字面解释、扩张解释和限缩解释。扩张解释是将条文的含义做扩大范围的解释，限缩解释是将条文的含义做限缩范围的解释。扩张解释和限缩解释都应当符合立法目的。结合此案可知，AC 项正确。本案中，法官将"在工作时间和工作岗位"解释为包含"为完成单位任务而从工作单位到达出差目的地这一过程"，明显属于扩张解释。故 B 项正确。法律解释是法律适用的基础，对于法律适用来说是必不可少的，而不是只有在法律出现漏洞时才需要。故 D 项错误。

📖 名词解释

1. **答案**：法的效力泛指法的约束力。从广义上看，它既包括规范性法律文件对人们的行为有普遍的约束力，也包括非规范性法律文件对特定的人、特定的事有法律约束力，还包括因民事主体双方协议或单方法律行为（如遗嘱）而产生的对特定人的法律约束力。从狭义上看，只有规范性法律文件才能具有普遍约束力。"法的约束力"的含义很广，最核心的是指对人的行为的控制，既包括以国家强制力为后盾对人们违法行为的一种强制，也包括对当事人合法行为的一种指引和保障。

一般认为，法的效力是由适用对象、适用时间和适用空间三个要素构成的。

2. **答案**：法的历史类型是依据法所赖以存在的经济基础及其体现的国家意志的性质的不同而对各种社会的法律制度所做的分类。按照划分法的历史类型的标准，法律发展史上曾先后产生过四种类型的法律制度，即奴隶制度的、封建制度的、资本主义的和社会主义的法律制度。

3. **答案**：归责即法律责任的归结，是指国家机关或其他社会组织根据法律规定，依照法定程序判断、认定、归结和执行法律责任的活动。归责的概念指的是不法行为与制裁之间的特种关系。

4. **答案**：立法体制是关于立法权、立法权运行的立法权载体诸方面的体系和制度所构成的有机整体。其核心是有关立法权限的体系和制度。

✏️ 简答题

1. **答案**：法律思维是指按照法律的逻辑（包括法律规则、原则和精神）来观察、分析和解决社会问题的思维方式。法律思维方式的重心在于合法性的分析，即围绕合法与非法来思考和判断一切有争议的诉求、利益、行为。法律思维具有以下几个基本特点：

第一，以法律为准绳。法律思维奉法律为中心，要求根据法律规则、原则和精神进行观察、思考和判断，确保个案的处理"一准乎法"。这是法律职业者最基本的职业思维。

第二，以权利义务为分析线索。一切法律问题，说到底都是权利与义务问题。法律思维是根据法律能够做什么、可以做什么、不能做什么、禁止做什么的思考和推理。

第三，在程序中进行思考。法律对利益和行为的调整是在程序中实现的。

正如马克思强调的那样，程序是法律制度的生命形式。失去了程序，法律就失去了生命。法律思维把程序摆到重要位置，强调通过合法的程序来获得个案处理的实体合法结果。

第四，充分说理。法律思维的任务不仅是获得处理法律问题的结论，更重要的是提供能够支持所获结论的法律上的理由，特别是那些认同法律并依赖于法律的人们能够接受的理由。

2. **答案**：法的渊源，简称"法源"，指法的来源或根源。"法的渊源"一词中所说的"法"指的是一个国家或地区的现行有效的法。法的渊源是指与法的效力相联系的法的表现形式。首先，法的渊源必须与法的效力相联系，就是说只有能够产生法的效力的规范，才有可能成为法的渊源。这是立法和执法的必然要求，没有效力的"法律"根本没有存在的必要。产生法的效力的因素有多种，其中最关键的是国家的强制力，它使法具有普遍的约束力。其次，任何法律规范都必须有一定的表现形式，正如任何内容都必须有一定的形式一样。因此，法一定的表现形式便成为法的渊源的重要特性。

当代中国法的渊源以宪法为核心、以制定法为主要表现形式。这是由中国的国情、文化、传统和社会实践决定的。首先，人民代表大会制度是我国的根本政治制度，全国人大是我国的最高权力机关，其他国家机关，如行政机关、监察机关、审判机关、检察机关等，都由它产生、对它负责。立法权属于全国人大及其常委会，因此，法的渊源必然以宪法为核心，以制定法为主。其次，这与中国的文化、传统和公民心理因素有关。在中国历史上，制定法一直居主导地位，致使民众对于制定法具有特殊的心理认同。最后，中国特色社会主义法治建设的伟大实践和宝贵经验表明，制定法公布于世，有利于发挥法的引导、教育、规范和奖惩的功能，更有助于推进法治文明进程。

我国法的正式渊源包括：宪法、法律、行政法规、地方性法规、自治条例和单行条例、经济特区的经济法规、特别行政区的法律法规、法律解释（有权解释）等。除此之外，还包括习惯、政策、道德、指导性案例以及法理等非正式法律渊源。

💬 论述题

1. 答案：（1）民主是法治的基础

法治并不简单地是指法律制度，还意味着健全完备的法制和严格依法办事，尊重和维护法律的权威，尊重和保障人权，坚持法律至上的原则。这样的法治，只有在民主的条件下才能真正实行。近现代的法治发展史证明，法治与民主有内在的联系和共生性，法治生存、发展和真正实现的政治条件和政治框架，只能是民主政治。民主是法治的基础，没有民主就没有法治。

第一，民主决定法治的基本价值取向和基本要求。

法治的真谛在于对人民民主权利的确认和维护，尊重和保障人权。在专制主义政治体制下，可能制定完备的法律制度，但无论

法律怎么完备，都不可能把维护人民的民主权利作为法律的价值取向。民主政治为法治目标的实现提供了条件。中国特色社会主义民主具有了更大的优越性，坚持民主集中制的根本原则，具有广泛性、平等性、真实性的特点。因此，社会主义民主为社会主义法治的实现提供了更充分的条件。

第二，民主决定法治的权威性。

法治的一个基本要求，是宪法和法律在公共生活中具有最高权威。法律面前人人平等，任何个人和组织都必须在宪法和法律的范围内活动，服从法律的权威。在专制主义政治体制下，法律只是维护无限专制权力的工具，不可能具有真正的权威。在民主政治条件下，一方面，对国家权力的制约在制度上成为可能，它要求国家权力必须以法律为依据，源于法律并依法行使；另一方面，立法的民主化和法律对民主权利的确认和维护，使广大社会成员对法律具有价值上的认同，而不是视法律为异己力量并加以排斥和反对。只有建立在民主政治基础上的法律才能有真正的权威性。法治建立和实施必须有坚实的民主制度基础。

第三，民主的类型和模式决定法治的类型和模式。

在资本主义民主政治的基础上产生了资本主义法治。与社会主义民主政治相适应，产生了社会主义法治。民主政治的模式，特别是国家制度和政党制度模式直接决定和影响着一个国家的法治模式。在这个意义上，法治是民主政治的表现形式。民主决定着法治的性质和发展模式。

（2）法治是民主的保障

民主的本质内涵是主权在民。社会主义民主政治的本质是人民当家作主。民主作为一种国家制度，需要通过法治来体现和保障，必须经由法治来加以确认和巩固。民主不是独立于法治之外的政治运作，而是通过法治实现和运作的一种制度体系或制度结构。法治既是民主的存在形式，也是民主的实现条件。没有法治，民主就无法制度化法律化，民主就只能是一种理想。

第一，法治确认和保障人民的民主权利和自由。

实行法治，通过宪法和法律确认和保障人民的民主权利和自由，是民主政治的基本前提。没有宪法和法律对人民民主权利和自由的确认和保障，人民当家作主的地位就可能虚置，人民的民主权利就可能随时受到侵害甚至被剥夺。法治不仅确认人民民主权利和自由的内容和范围，而且规范权利行使的方式以及受侵害权利的救济途径。没有法治，权利可能被滥用，权利义务就可能失衡，权利之间的冲突就可能使民主遭到破坏。

第二，法治是对民主制度的确认和保障。

民主是一种国家制度，民主制度必须通过法治来体现和保障。任何性质的民主都必须存在于一定的形式之中。也只有在法治的框架内，民主才能成为一种可操作的制度。民主政治，包括民主的政治决策、民主选举，都必须有法定的、可遵循的程序和规则，这些程序和规则又通常由宪法和法律加以规定。人民的意志只有通过法定程序才能得到体现和确认，对权力的制约和平衡也只有通过法定程序来实现。对法治的违背和破坏，就是对民主制度的违背和破坏。制度化法律化的民主，才是有保障的民主。没有法治保障，民主就只能是抽象的理论原则。

第三，法治是对民主政治运行的规范，是民主政治发展的保障。

民主政治建设只有纳入法治的轨道才能有序运行。在社会转型的关键时期，特别是社会矛盾的凸显期，民主政治发展更需要法治的规范和保障。没有法治，民主政治的运行和发展必然导致秩序失控，危及政治稳定和社会和谐。

2. 答案：（1）司法为民原则

司法为民是社会主义法治的本质要求，是中国共产党以人为本、执政为民的执政理念对法律适用的必然要求，是"一切权力属于人民"的宪法原则在司法工作中的具体体现，是司法工作始终保持正确政治方向的重要保证。坚持司法为民原则，是社会主义法治的本质要求，是法律适用的社会主义性质

的重要特征。在法律适用过程中坚持司法为民，就是要坚持以人为本，尊重和保障人权，努力做到一切为了人民，一切依靠人民，对法律负责，让人民满意，坚持法律效果与社会效果的统一。

（2）依法独立行使职权原则

司法机关依法独立行使职权是司法机关适用法律的一项重要原则。我国《宪法》规定，人民法院、人民检察院分别依照法律规定独立行使审判权、检察权，不受行政机关、社会团体和个人的干涉。

（3）司法平等原则

司法平等原则是法律面前人人平等原则在司法活动中的具体体现，是适用法律的重要原则。在我国，司法平等原则具体地体现为"公民在法律面前一律平等"的原则。它是指各级国家司法机关及其司法人员在行使司法权、处理案件时，对于任何公民，无论其民族、种族、性别、职业、宗教信仰、教育程度、财产状况、居住期限等有何差别，也无论其出身、政治历史、社会地位和政治地位有何不同，在适用法律上一律平等，不允许有任何的特殊和差别。

（4）司法公正原则

司法公正原则是指司法机关及司法人员在司法活动的过程中应坚持和体现公平和正义的原则。司法公正是社会正义的重要组成部分，它包括实体公正和程序公正。实体公正主要是指司法裁判的结果公正，当事人的权益得到了充分的保障，违法犯罪者受到了应有的惩罚和制裁。程序公正主要是指司法过程的公正。

（5）司法公开原则

法谚有云，公平正义必须要以看得见的方式实现司法公开是公正司法的必然要求司法越公开，就越有权威和公信力如果司法权运行不公开，或有选择地公开，司法公信力就无法树立司法机关要增强主动公开、主动接受监督的意识，完善机制、创新方式、畅通渠道，依法及时公开执法司法依据、程序、流程、结果和裁判文书。除法律规定的情形外，一般都要公开。

综合测试题五

☑ 单项选择题

1. 答案：B。我国实行统一而又分层次的立法体制。统一是单一制国家立法体制的共性，指立法体系在全国范围内的统一。分层次是中国特色，即我国的立法体制分为中央立法和地方立法多等级立法。故 B 项正确。

2. 答案：C。一切法律规范都必须以作为"法律语句"的语句形式表达出来，具有语言的依赖性，法律原则也不例外，故 A 项错误。法律规则能够最大限度地实现法律的确定性和可预测性，故 B 项错误。法律规则的规定好似明确具体的，它着眼于主体行为及各种条件的共性；其明确具体的目的是削弱或防止法律适用上的"自由裁量"。而法律原则的着眼点不仅限于行为及条件的共性，而且关注个性，故 C 项正确。法律规则是以"全有或全无"的方式适用于个案当中，而法律原则的适用不同，不同的法律原则具有不同的强度，不同强度的原则可能同时适用，故 D 项错误。

3. 答案：C。法的预测作用是指根据法律规定，人们可以预先估计到他们相互之间如何行为，国家机关及其工作人员将如何行为。甲根据法律预测相关部门会批准他的申请，体现了法的预测作用，故 C 项正确。

4. 答案：A。指司法机关行使职权不受行政机关、社会团体和个人的干涉，而不是不受监督。任何国家机关行使职权都应当受到监督，故 A 项错误。司法的对象极为广泛，一切国家机关、社会组织和个人都可以成为司法的对象，故 B 项正确。司法的主体具有特定性，只能是国家专门机关及其工作人员，故 C 项正确。司法需要遵守法定的权限和程序，防止权力的滥用，故 D 项正确。

5. 答案：D。法律的自主性意味着法律可以作为工具或手段，但这不意味着法律可以调整

所有社会关系，这是法的局限性，故 A 项错误。在国家与法律萌芽之初，法律与道德和宗教等社会规范并无明显界限。随着社会的发展法律与道德规范和宗教规范开始分化。法律的发展并不独立于道德和宗教，故 B 项错误。社会是法的基础，故 C 项错误。法律通过设定相应行为模式来规范人们的实践行为，故 D 项正确。

☑ 多项选择题

1. 答案：ABD。社会主义法是迄今为止人类历史上最高历史类型的法律制度。社会主义法具有反映其本质属性的特征：社会主义法以实现共同富裕、实现普遍的平等和自由为历史目标；社会主义法以人民性为本质特征；社会主义法继承和发展了历史上一切人类法律文明优秀成果。C 项中私有财产神圣不可侵犯属于资本主义法的原则。故 ABD 项正确。

2. 答案：AB。最高人民法院发布的司法解释是司法机关对现行法律的内容和含义所作的说明，是我国的正式法律渊源之一，故 A 项正确。国务院颁布的中华人民共和国土地管理法实施条例是行政法规，其法律地位仅次于宪法和法律，属于我国的正式法律渊源之一，故 B 项正确。《中国共产党章程》不属于我国的正式法律渊源，故 C 项错误。某地区的民间习俗属于习惯。习惯是我国的非正式法律渊源之一，故 D 项错误。

3. 答案：ABC。根据《民法典》侵权责任编的规定，被侵权人对损害的发生有重大过失的，可以减轻经营者的责任。因此，赵某是否存在重大过失（违反注意义务），是衡量法律责任轻重的重要标准。故 A 正确。赵某与地铁公司之间的运输合同关系是第一性的法律关系（主法律关系），由此而产生的诉讼关系是第二性的法律关系（从法律关系）。故 B

正确。若经法院调解后赵某放弃索赔，则构成协议免责。故 C 正确。D 明显错误。

4. 答案：ABCD。为确保法律论证的正当性、公信力，在法律实践中逐渐形成了检验法律论证的标准。主要有以下几项：内容融贯性。法律论证要保持法律规则、原则、理念的一致性、协调性。逻辑有效性，法律论证在整体上要遵循逻辑规则。程序合理性，法律论证要在规定的场合和程序中进行。效果最优性，法律论证得出的解决法律问题的方案应当是最优的。故 ABCD 全选。

5. 答案：ABD。违法或违约行为是法律责任的核心构成要素。违法或违约行为是构成法律责任的基础，没有违法或违约行为就没有法律责任。故 A 项正确。违法或违约必须有行为人，但是并非所有人都可以成为责任主体，无行为能力的人不可能成为责任主体，所以责任主体与法律责任的有无、种类、大小有着密切联系。故 B 项正确。主观过错并不是构成法律责任的必备要件。在民事法律责任方面，有的采取无过错责任原则。故 C 项错误。损害结果是指行为侵犯他人或社会的利益所造成或可能造成的损失，包括实际损害、丧失所得利益及预期可得利益。故 D 项正确。

名词解释

1. 答案：法律关系主体，即法律关系的参加者，是法律关系中权利的享有者和义务的承担者。享有权利的一方称为权利人，承担义务的一方称为义务人。法律关系主体具有法律性和客观性。法律关系主体要求主体具有权利能力和行为能力。

2. 答案：扩充解释，又称扩张解释。是指当法律条文的字面含义过于狭窄，不足以表现立法意图、体现社会需要时，对法律条文所作的宽于其文字含义的解释。在我国，扩张解释不是也不能任意扩大法律的含义，它是为更好地实现法律条文文字未能包含的立法意图而设定的解释方法。因此，它必须始终以立法意图、法律目的和法律原则为基础。

3. 答案：规范性法律文件，专指一定的国家机

关按照法定权力范围，依据法定程序制定出来的、以权利义务为主要内容的、有约束力的、要求人们普遍遵守的行为规则的总称。它是一个国家法律体系的主干部分，包括宪法、法律、法规和规章。一般均有如下特征：

（1）规范性，即规定行动模式，明确权利义务，确定行为后果。（2）强制性，即一般以教育引导人民自觉遵守，同时以国家强制力为后盾，对不遵守者予以制裁。（3）公开性，即公布于众，告诉人们哪些行为可以做、哪些行为应该做、哪些行为禁止做。（4）一般性，即不是针对某一个人，而是针对其调整范围内的所有人；不是只适用一次，而是可以反复适用。

4. 答案：法的要素指法的基本成分，即构成法律的基本元素。

法的要素具有以下特征：（1）个别性和局部性。它表现为一个个元素或个体，是组成法律有机体的细胞。（2）多样性和差别性。组成法律的要素具有多样性，不同的要素具有差别性。这可以从两个层次上来理解。一是法的要素可以分成不同的种类，它不是同一的；二是相同种类的法的要素又可以有不同的个性。（3）整体性和不可分割性。虽然每个法的要素都是独立的单位，但是法的要素作为法律的组成部分又具有整体性和不可分割性。

依照通说，法的要素包括法律概念、法律规则、法律原则。

简答题

1. 答案：大陆法系与英美法系的主要区别包括以下几个方面。

第一，法律渊源的不同。大陆法系是成文法系，其法律以成文法即制定法的方式存在，它的法律渊源包括立法机关制定的各种规范性法律文件、行政机关颁布的各种法规以及本国参加的国际条约，但不包括司法判例。英美法系的法律渊源既包括各种制定法，也包括判例，而且，判例所构成的判例法在整个法律体系中占有非常重要的地位。

第二，法律结构的不同。大陆法系承袭

古罗马法的传统，习惯于用法典的形式对某一法律部门所包含的规范作统一的系统规定，法典构成了法律体系结构的主干。英美法系很少制定法典，习惯用单行法的形式对某一类问题作专门的规定，因而，其法律体系在结构上是以单行法和判例法为主干而发展起来的。

第三，法官权限的不同。大陆法系强调法官只能援用成文法中的规定来审判案件，法官对成文法的解释也需受成文法本身的严格限制，故法官只能适用法律而不能创造法律。英美法系的法官既可以援用成文法也可以援用已有的判例来审判案件，而且，也可以在一定的条件下运用法律解释和法律推理的技术创造新的判例，从而，法官不仅适用法律，也在一定的范围内创造法律。

第四，诉讼程序的不同。大陆法系的诉讼程序以法官为重心，突出法官的职能，具有纠问程序的特点；为体现司法民主，在某些司法程序上实行参与制，即由人民中的代表作为陪审员与法官共同组成法庭来审判案件，陪审员具有与法官同等的权力。英美法系的诉讼程序以原告、被告及其辩护人和代理人为重心，法官只是双方争论的"仲裁人"而不能参与争论，与这种对抗式（也称"诉辩式"）程序同时存在的是陪审团制度，陪审团代表人民参加案件审理，但主要负责作出事实上的结论和法律上的基本结论（如有罪或无罪），法官负责作出法律上的具体结论，即判决。

在 19 世纪末之前，大陆法系与英美法系之间的上述区别最为明显。自进入 20 世纪以来，由于各国之间的经济、政治和文化联系与交流加强，两大法系之间的互相借鉴也随之受到重视，因而它们之间的差别也开始缩小，不再像过去那样明显。不过，在总体上，两者所承袭的传统及其存在样式和运行方式仍有重要的不同之处，这些重要的不同之处，在可以预见的未来是不可能完全消失的。

2. 答案：法律论证是运用一系列理由即法理证明某一种法律命题的正当性、合法性的思维过程。法律论证大量采用法律以外的因素，并在一定程度上超越了传统的逻辑思维模式，因此也容易受到质疑。为确保法律论证的正当性、公信力，各国法律实践中都形成了一些检验、评判法律论证的标准。概括起来，主要有以下几项标准：

（1）内容融贯性

融贯性既指法律论证要保持法律规则、原则、理念的一致性、协调性，也指构成法律论证之前提的各种价值和理由之间协调一致、融为一体，而不能互相抵触、互相冲突。融贯性标准是法律论证的基本指引。只有当法律论证的理由和结论同现有法律体系和各种前提保持融贯性时，该论证才具有正当性。特别是在援引法律之外的理由时，要注意其是否符合融贯性标准。

（2）逻辑有效性

尽管法律论证突破了形式逻辑的限制，并以非法律因素为论证的前提，但在整体上仍然要遵循逻辑规则。在法律论证中，既要遵守"三段论"等逻辑规则，也要符合公众的思维习惯，确保论证过程和结果能够为公众所理解、所接受。

（3）程序合理性

法律论证不同于其他论证的重要之处，就在于要在规定的场合和程序中进行。法律论证通常在听证会、论证会、司法审判、仲裁、调解等正式场合实施。不论在什么场合中进行，法律论证都要遵循相应的程序规则和标准，包括地位平等、程序公正、辩论公开、回避原则等。

（4）效果最优性

衡量法律论证的优劣，既要看形式、看过程，也要重结果、重实效。从中外法律发展史来看，一些法律职业者通过卓越的法律论证所获得的解决法律问题的方案，不仅取得了良好的法律效果，开启了法律发展的新方向、新路径，也取得了良好的社会效果，推动了人的发展和社会进步。当代中国法律论证，要跳出形式主义、教条主义的窠臼，充分考量方案所产生的实际效果，努力实现法律效果、政治效果、社会效果相统一。

论述题

1. 答案：法的特征是法的本质的外化，是法与其他现象或事物的基本关系的表现。由于法与各种各样的现象或事物有着多方面的联系，法也就具有多方面的特征（特征总是在与不同现象或事物的联系和比较中显示出来的）。法的特征是法本身所固有的、确定的东西，具有其客观性，不能由人们任意地编造或抹杀、主观地增加或减少。

但是，由于实践需要和理论需要不同，认识主体可以只就某一或某些方面去辨识法的基本特征。本题中休谟和韩非子，就是从不同的视角，对法的特征进行阐述。

（1）法是由国家制定或认可的行为规范

首先，在韩非子的视角中，法是由国家制定或认可的行为规范。"设之于官府"，体现了法律由国家制定或认可的特征；而"编著之图籍"也展现出制定法形式上的法定性和"成文法"属性。

由国家制定或认可，是国家创制法的两种方式。国家制定的法，即通常所说的"成文法"，是由有权创制法律规范的国家机关制定的。在不同的社会制度、政治制度和法律传统下，国家制定法律的方式有所不同。国家认可的法一般是指习惯法。习惯法是根据调整社会关系的需要，由国家立法机关或司法机关赋予社会上既存的某些习惯、教义、礼仪等以法律的效力而形成的法律规范，或者是法官对特殊的地方习惯的认可。由于它们一般不是通过规范性文件表现出来的，所以被称作"不成文法"。随着社会的发展，国家治理与社会调节形成良性互动关系，越来越多的社会规范得到国家立法、执法和司法机关的认可而具有法律效力，如执政党的规范性政策、在经济社会领域广泛存在的公序良俗等。

法既然是由国家制定或认可的，它就必然具有国家意志的属性，因此具有高度的统一性、极大的权威性。这种统一性是从国家权力和国家意志的统一性中引申出来的。法的统一性首先是指各个法律规范之间在根本原则上的一致，其次是指一个国家原则上只能有一个总的法律体系，且该法律体系内部各规范之间不能相互矛盾。法的权威性主要指法的不可违抗性，法律的权威代表着国家的权威，任何国家都不会容忍违法行为。

（2）法是人类社会规定权利和义务的应然规范

休谟的表述，展现了法是在应然层面上规定人们的权利和义务，影响人们的行为动机，指引人们的行为，调节社会关系。休谟提出实然与应然的二分，"人的意志或者选择"属于法律所调整的应然范畴，而"物质与运动的规律"属于实然的规律。

规律是指，当一定的客观条件存在时，某种结果就会出现。法律则告诉人们，当某一预设（假定）的条件存在时，某种行为就可以作出（许可）、必须作出（命令）或者不得作出（禁止）。法律同规律既有联系，又有区别，同规律既可能一致，也可能不一致甚至违反规律。这是因为法是由人以及人类社会制定的规则，是立法者主观意志的反映，因而法能否反映规律取决于立法者对规律的认识程度和尊重程度，而立法者的认识要受到许多限制，不但常常受科学认知水平和技术条件的限制，也受客观事物发展过程及其表现程度的限制。由于这些限制，人们对规律的认识不可避免地会出现偏差，据此制定的法肯定会在一定程度上偏离规律，甚至违背规律。

（3）法的特征的其他方面

除此之外，法的特征还包括以下方面：

法是由国家强制力保证实施的社会规范，任何一种社会规范，都有保证其实施的社会力量，即都有某种强制性。然而，不同社会规范的强制性在性质、范围、程度和方式等方面是不尽相同的。必须指出，法由国家强制力保证实施，这是从终极意义即国家强制力是法的最后一道防线的意义上讲的，而非意味着法的每一个实施过程、每一个法律规范的实施都要借助国家的系统化的暴力，也不等于国家强制力是保证法实施的唯一力量。如果一个国家的法仅仅依靠国家政权及其暴力系统来维护，这个国家的法就会成为纯粹的暴力。

在社会主义社会，法律的实施虽然离不开国家的物质强制力量作为最后一道防线，但在其实施过程中起经常性保证作用的是法律自身的道德力量，是人们对法律的认同、尊重和信仰。

2. 答案：自由的一般含义是指从受到束缚的状态之中摆脱出来，或不受约束的状态。在哲学意义上，自由是对必然的认识和客观世界的改造，人的自由包括意志自由和实践自由两方面。在政治学和社会学意义上，自由是指主体的利益需求与整个社会秩序的和谐与统一。在法理学的意义上，自由是指主体的行为与法律的既有规定相一致或相统一。一方面，自由意味着主体可以自主地选择和从事一定的行为；另一方面，自由也同时表现为主体自主选择的行为又必须与既有的法律规范的规定相一致。近代以来，法律最为重要的作用之一，就是保障自由。

（1）积极自由与消极自由

对于法律所保障的自由，一直以来都有诸多的讨论与分类，例如：贡斯当将自由分为古代人的自由和现代人的自由。较为重要的体现为积极自由与消极自由的分类。

法律保障的自由可以分为"积极自由"与"消极自由"。"消极自由"一般表现在私权利领域，它是指个人的生活选择不受公权力的干预。但随着福利国家的出现，传统上属于"消极自由"的领域，如就业、医疗、住房等，开始越来越受到政府福利政策的影响。但另一方面，保障主体可以合法地享有行使各项权利的自由，即保障主体的"积极自由"。国家应为个人发展提供平等机会，使个人能够自由地追求自己的目标；同时，为了保障个人的积极自由，国家也必须提供必要的帮助。

（2）法律保障自由的具体方式

在现实生活中，自由受到的侵害可能来自三个方面：一是国家权力对主体自由的侵害；二是其他私主体对主体自由的侵害；三是主体自身对自由不负责任的放弃。为此，法律采取以下几种基本方式来保障自由。

第一，法律通过划定国家权力本身的合理权限范围，并明确规定国家权力正当行使的基本程序，排除国家权力对于主体自由的各种非法妨碍。

第二，法律对每个主体享有的自由进行界定和限制，防止主体之间对各自自由的相互侵害。通过法律来排除主体之间的相互侵害对于保障自由的真正实现也具有重大意义。

第三，法律也禁止主体自身任意放弃自由。自由是人的本质属性与本质要求，有一些最基本的自由是人之为人的基础条件，任何人都绝不可放弃。放弃这些最基本的自由不仅损害具体主体的自由，更是对人类尊严的否弃。因此，对于主体某些情况下不负责任任意放弃自身自由的行为（如自愿为奴的行为），法律也会加以禁止。

第四，法律为各种对主体自由的非法侵害确立救济手段与程序。"没有救济就没有权利"，没有救济也没有自由。对于各种侵害自由的行为，法律都将通过对侵害者进行惩罚，对自由受到侵害的主体进行赔偿等方式提供法律救济。

图书在版编目（CIP）数据

法理学配套测试／教学辅导中心组编. -- 12 版.
北京 ：中国法治出版社，2025. 8. --（高校法学专业核
心课程配套测试). -- ISBN 978-7-5216-5297-0

Ⅰ. D90-44

中国国家版本馆 CIP 数据核字第 20252WC830 号

责任编辑：孙静　　　　　　　　　　　　　　　封面设计：杨泽江　赵博

法理学配套测试
FALIXUE PEITAO CESHI

组编/教学辅导中心
经销/新华书店
印刷/三河市紫恒印装有限公司
开本/787 毫米×1092 毫米　16 开　　　　　　　印张/ 22.25　字数/ 447 千
版次/2025 年 8 月第 12 版　　　　　　　　　　　2025 年 8 月第 1 次印刷

中国法治出版社出版
书号 ISBN 978-7-5216-5297-0　　　　　　　　　　　　　　定价：56.00 元

北京市西城区西便门西里甲 16 号西便门办公区
邮政编码：100053　　　　　　　　　　　　　　　传真：010-63141600
网址：http：//www.zgfzs.com　　　　　　　　　编辑部电话：010-63141787
市场营销部电话：010-63141612　　　　　　　　印务部电话：010-63141606

（如有印装质量问题，请与本社印务部联系。）